Recht – Wissenschaft – Theorie

Standpunkte und Debatten

herausgegeben von

Matthias Jestaedt, Oliver Lepsius,
Christoph Möllers und Andreas Voßkuhle

10



ARTIBUS INGENUIS J·C·B·M· 1·8·0·1

# Selbstreflexion der Rechtswissenschaft

Herausgegeben von

Eric Hilgendorf und Helmuth Schulze-Fielitz

Mohr Siebeck

*Eric Hilgendorf*, Ordinarius für Strafrecht, Strafprozessrecht, Rechtstheorie, Informationsrecht und Rechtsinformatik an der Universität Würzburg.

*Helmuth Schulze-Fielitz*, Ordinarius für Öffentliches Recht, Umweltrecht und Verwaltungswissenschaften an der Universität Würzburg, seit 2012 emeritiert.

ISBN 978-3-16-153763-9
ISSN 1864-905X (Recht – Wissenschaft – Theorie)

Die Deutsche Nationalbibliothek verzeichnet diese Publikation in der Deutschen Nationalbibliographie; detaillierte bibliographische Daten sind im Internet über *http://dnb.dnb.de* abrufbar.



Das Buch wurde von Gulde Druck in Tübingen gesetzt, auf alterungsbeständiges Werkdruckpapier gedruckt und gebunden.

# Vorwort

Der vorliegende Band wäre ohne vielfältige tatkräftige Unterstützung nicht zu realisieren gewesen. Zu danken haben wir zunächst der Thyssen-Stiftung, die das Tagungsprojekt großzügig gefördert hat. Zu danken haben wir ferner den Mitarbeiterinnen und Mitarbeitern am Lehrstuhl Prof. Hilgendorf, vor allem Herrn Alexander Jünemann, die zum Gelingen der Tagung wesentlich beigetragen und auch die Drucklegung energisch unterstützt haben. Das Register wurde von Marcel Gernert erstellt. Zu danken haben wir des Weiteren dem Verlag Mohr Siebeck für die Bereitschaft, die Tagungsbeiträge abzudrucken. Frau Stefanie Egidy hat einen Tagungsbericht für die Juristenzeitung verfasst (2014, S. 32–34), wofür wir ihr ebenfalls herzlich danken möchten. Unser ganz besonderer Dank gilt schließlich Matthias Jestaedt, Oliver Lepsius, Christoph Möllers und Andreas Voßkuhle für die Aufnahme des Bandes in die Reihe „Recht – Wissenschaft – Theorie. Standpunkte und Debatten".

Würzburg, im Dezember 2014 Eric Hilgendorf und Helmuth Schulze-Fielitz

# Inhaltsverzeichnis

## *IV. Die Rolle von Reputation in der (Rechts-)Wissenschaft*



## *V. Organisation von Wissenschaft und wissenschaftssoziale Folgen*



## *VI. Soziale Folgen der Hochschulpolitik für die Rechtswissenschaft*

# Rechtswissenschaft im Prozess der Selbstreflexion

*Eric Hilgendorf/Helmuth Schulze-Fielitz*

## I. Krise der deutschen Rechtswissenschaft?

Seit einigen Jahren mehren sich in Deutschland Publikationen mit Titeln wie „Das Proprium der Rechtswissenschaft“,[1] „Rechtswissenschaftstheorie“[2] oder auch „Strafrechtswissenschaftstheorie“[3] und „Staatsrechtslehre als Wissenschaft“[4]. Dahinter steht das Bemühen von Rechtswissenschaftlern, sich über die Grundlagen, die Eigenheiten und die besonderen Probleme ihrer Disziplin, der „Rechtswissenschaft“ und ihrer verschiedenen Teildisziplinen, Rechenschaft abzulegen. Ähnliche Bestrebungen hatte es zwar auch in früheren Zeiten schon gegeben, etwa mit Blick auf die Sinnhaftigkeit einer spezifisch juristischen Methodenlehre[5] oder die jeweiligen Besonderheiten der juristischen Berufe;[6] dennoch fällt die neuartige Intensität auf, mit der seit einigen Jahren zur Selbstreflexion der Rechtswissenschaft aufgerufen wird.

*Radbruch* meinte schon zu Beginn des vorigen Jahrhunderts, die Beschäftigung mit derartigen Grundlagenfragen sei ein Krisensymptom.[7] Auch die heutige Hoch-

---

[1] *Engel/Schön* (Hrsg.), Das Proprium der Rechtswissenschaft, 2007 (Recht – Wissenschaft – Theorie, Bd. 1).

[2] *Jestaedt/Lepsius* (Hrsg.), Rechtswissenschaftstheorie, 2008 (Recht – Wissenschaft – Theorie, Bd. 2).

[3] *Duttge*, Anliegen und Grundfragen einer Strafrechtswissenschaftstheorie, in: *Korioth* u.a. (Hrsg.), Grundfragen des Strafrechts, Rechtsphilosophie und die Reform der Juristenausbildung, 2010, S. 31–53.

[4] *Schulze-Fielitz* (Hrsg.), Staatsrechtslehre als Wissenschaft, 2007 (Die Verwaltung, Beiheft 7); *Funke/Lüdemann* (Hrsg.), Öffentliches Recht und Wissenschaftstheorie, 2009; *Jestaedt*, Die deutsche Staatsrechtslehre im europäischen Rechtswissenschaftsdiskurs, JZ 2012, S. 1 ff.

[5] Die Fruchtbarkeit eines engen Bezugs zur allgemeinen Wissenschaftstheorie (mit der Rechtswissenschaft als besonderem Anwendungsfall) verdeutlichen die Arbeiten von *Herberger/Simon*, Wissenschaftstheorie für Juristen, 1980 und *Koch/Rüßmann*, Juristische Begründungslehre. Eine Einführung in Grundprobleme der Rechtswissenschaft, 1982; siehe auch *Hilgendorf*, Argumentation in der Jurisprudenz. Zur Rezeption von Analytischer Philosophie und Kritischer Theorie in der Grundlagenforschung der Jurisprudenz, 1991.

[6] *Berneker* (Hrsg.), Die juristischen Berufe in Vergangenheit und Gegenwart, 1948.

[7] *Radbruch*, Einführung in die Rechtswissenschaft (1910), hier verwendet die Gustav-Radbruch-Gesamtausgabe, hrsg, von *Arth. Kaufmann*, Bd. 1, 1987, S. 192: „[W]ie Menschen, die sich durch Selbstbeobachtung […] quälen, meist kranke Menschen sind, so pflegen […] Wissenschaften, die sich mit ihrer eigenen Methodenlehre zu beschäftigen Anlaß haben, kranke Wissenschaften zu sein, der gesunde Mensch und die gesunde Wissenschaft pflegt nicht viel von sich selbst zu wissen.“

konjunktur der „Rechtswissenschaftstheorie" lässt sich als Ausdruck einer Krise verstehen: In der Wissenschaft vom *Öffentlichen Recht*, vor allem in der *Staatsrechtslehre* und der *Grundrechtsdogmatik*, wurden schon vor Jahren die Weichen in Richtung auf eine größere Interdisziplinarität des wissenschaftlichen Arbeitens gestellt, was der Disziplin viele hochinteressante neue Perspektiven und Fragestellungen erschlossen, aber auch zu einer offenbar wachsenden Distanz zur Rechtsprechung geführt hat. Vor allem das Bundesverfassungsgericht, so eine häufig gehörte Klage, nehme kaum noch auf staatsrechtswissenschaftliches Schrifttum Bezug.[8] Es ist deshalb bemerkenswert, dass gerade die Staatsrechtslehre besonders frühzeitig und besonders intensiv mit der Prüfung ihrer eigenen Grundlagen und Fragestellungen begonnen hat.[9] Namentlich auch die breite Diskussion um den Stellenwert der Rechtsdogmatik[10] oder der „juristischen Methode" weist dabei über die Wissenschaft des Öffentlichen Rechts hinaus.[11]

Auch die deutsche *Zivilrechtswissenschaft* scheint von Krisenstimmung oder jedenfalls von kritischen Anfragen in Bezug auf ihre methodologische Selbstständigkeit nicht unbehelligt geblieben zu sein. Kritik entzündete sich insbesondere an der Frage, ob die traditionelle deutsche Zivilrechtsdogmatik, die noch vor 50 Jahren geradezu als Muster für dogmatisches Arbeiten schlechthin angesehen wurde,[12] angesichts der Öffnung des Zivilrechts gegenüber der Wirtschaft, der zunehmenden Verselbständigung der zivilrechtlichen Teilfächer und insbesondere der gerade im Zivilrecht besonders starken Europäisierung noch eine Zukunft hat.[13]

Von Selbstzweifeln am wenigsten berührt scheint die deutsche *Strafrechtswissenschaft* zu sein. Ihre Weltgeltung ist nach wie vor unumstritten und hat sich infolge der Zuwendung Chinas zur deutschen Verbrechenslehre, also der Dogmatik des Allgemeinen Teils, sogar noch verstärkt.[14] Die deutsche Strafrechtsdogmatik und mit ihr das deutsche Strafrecht sind ein „Exportschlager". Diese großen Erfolge im Ausland können aber nicht darüber hinwegtäuschen, dass in Deutschland selbst Krisensymptome aufgetreten sind.[15] Zum einen ist die dogmatische Differenzierung selbst bei

[8] Zur Plausibilität oder Notwendigkeit dieser Zurückhaltung *Schulze-Fielitz*, Staatsrechtslehre und Bundesverfassungsgericht – prozedural gesehen (2011), in: *ders.*, Staatsrechtslehre als Mikrokosmos, 2013, S. 394 ff.

[9] Exemplarisch vielleicht die Beiträge in *Schulze-Fielitz*, Staatsrechtslehre als Wissenschaft (Fn. 4).

[10] *Jestaedt*, Staatsrechtslehre (Fn. 4), S. 2 f.; *Kirchhof/Magen/Schneider* (Hrsg.), Was weiß Dogmatik?, 2012; *Schmidt-Aßmann*, Verwaltungsrechtliche Dogmatik, 2013, S. 3 ff.

[11] Zuletzt *Jestaedt*, Wissenschaft im Recht. Rechtsdogmatik im Wissenschaftsvergleich, JZ 2014, S. 1 ff.; *Bumke*, Rechtsdogmatik, JZ 2014, S. 641 ff.

[12] Exemplarisch insofern noch *Larenz/Canaris*, Methodenlehre der Rechtswissenschaft, 3. Aufl. 1995.

[13] *Smid*, The Mind and Method of the Legal Academic, 2012, S. 4 ff. und passim; *Stürner* (Hrsg.), Die Bedeutung der Rechtsdogmatik für die Rechtsentwicklung, 2012; *ders.*, Das Zivilrecht der Moderne und die Bedeutung der Rechtsdogmatik, JZ 2012, S. 10 ff.

[14] *Hilgendorf*, Contemporary German Criminal Jurisprudence, in Peking University Law Journal 1 (2013), S. 182 ff.

[15] *Hilgendorf*, Contemporary German Criminal Jurisprudence (Fn. 14), S. 182 (193 ff.).

Randproblemen bis zu einem Grad vorangetrieben worden, an dem weitere Differenzierungsbemühungen sinnlos erscheinen. Unterscheidungen, die so fein sind, dass sie in der Rechtspraxis nicht mehr verifiziert werden können, sind praktisch unbrauchbar. Außerdem fühlt sich auch die deutsche Strafrechtswissenschaft durch das Gespenst der Europäisierung bedroht – ob zu Recht oder zu Unrecht, soll hier dahingestellt bleiben.[16] Fest steht, dass die Aktivitäten des primär an Kategorien wie „Verbrechensbekämpfung" und „umfassende Prävention" orientierten, teilweise außerordentlich punitiv eingestellten europäischen Strafgesetzgebers von den meisten deutschen Strafrechtswissenschaftlern als bedrohlich eingestuft werden.[17]

Als gemeinsames Krisenzeichen lässt sich in allen drei Teildisziplinen der Rechtswissenschaft die Fülle an Einführungsliteratur, Fall-Lösungen und Urteilsbesprechungen interpretieren, die darauf hindeutet, dass der Bedarf nach der Lösung genuin wissenschaftlicher Probleme derzeit nicht mehr groß ist. Jedenfalls ist es ein Symptom für eine Vielzahl didaktischer Bemühungen, den gewachsenen und immer weiter anwachsenden Stoff der Juristenausbildung und die Ausdifferenzierung des Rechts und der Rechtswissenschaft zu disziplinieren. Dem korrespondiert der Versuch einer Reform der universitären Juristenausbildung (von 2002), in der das erste juristische Staatsexamen durch eine Universitätsprüfung in Schwerpunktbereichen ergänzt wurde, die die Ausbildung teils vom Wissensstoff entlasten, teils spezialisieren, teils verwissenschaftlichen sollte. Dieser Versuch kann zwar schwerlich als erfolgreich bezeichnet werden. Mit ihm verbinden sich aber möglicherweise Impulse für eine verstärkte Reflexion, inwieweit in der Juristenausbildung die Gewichte von der Fülle stofflicher Einzelheiten nicht wieder stärker hin zu einer Besinnung auf die Grundfragen der Rechtswissenschaft namentlich in Grundlagenfächern – nach dem Rückgang der Angebote für diese Bereiche ab Mitte der Achtzigerjahre – verschoben werden sollten.[18] Damit in engem Zusammenhang steht auch eine Selbstreflexion der Rolle der Rechtswissenschaft als Wissenschaft jenseits einer praxisbezogenen Klugheitslehre.

Weitere Gründe für die – mehr oder weniger – zunehmende Selbstreflexion in den Teildisziplinen der Rechtswissenschaft liegen nicht nur in dogmatik- oder fachinternen (Fehl-)Entwicklungen. Vielmehr gibt es eine Reihe von Impulsen im äußeren Wissenschaftssystem, die solche Anstrengungen mehr als nur verstärken. Die Forschungspolitik der DFG fördert die interdisziplinäre Zusammenarbeit in disziplinübergreifenden Sonderforschungsbereichen oder Graduiertenkollegs, die die beteiligten Wissenschaftsdisziplinen vor neue Fragen der Sensibilität für andere Problemzugänge und Probleme der Kompatibilität und Komplementarität unterschiedlicher

[16] Vgl. *Vogel*, Strafrecht und Strafrechtswissenschaft im internationalen und europäischen Rechtsraum, JZ 2012, S. 25 ff.

[17] Siehe nur *Schünemann*, Die Europäisierung der Strafrechtspflege als Demontage des demokratischen Rechtsstaats, 2014.

[18] Vgl. jetzt *Sörgel*, Die Implementation der Grundlagenfächer in der Juristenausbildung nach 1945, 2014, S. 289 ff.

Problemstellungen stellt und damit auch die wissenschaftlichen Selbstverständnisse der einzelnen Teildisziplinen berührt. In der ungeachtet gemeinrechtlicher Traditionen durch nationale wissenschaftliche Pfadabhängigkeiten besonders geprägten Rechtswissenschaft kommt hinzu, dass in den Staaten der Europäischen Union die immer stärkere Imprägnierung der mitgliedstaatlichen Rechtsordnungen durch vorrangiges Europäisches Recht und durch deren neuartige Formen rechtlicher Steuerung auch in Deutschland Fragen der Rechtsvergleichung[19] und des Wettbewerbs von Rechtsordnungen[20] zu einer Besinnung auf die eigenen Grundlagen zwingt, gerade auch im Vergleich mit den Rechtswissenschaftskulturen anderer europäischer Staaten.[21]

Mit diesen Tendenzen verbindet sich auf der Ebene der einzelnen Universitäten und ihren internen Schwerpunktbildungen die sich wohl verstärkende Dominanz einer von den Naturwissenschaften geprägten Wissenschaftskultur, die sich an dem traditionellen wissenschaftlichen Selbstverständnis von Rechtswissenschaft als (auch) praxisbezogener Klugheitslehre reibt (und umgekehrt). Gleiches gilt für die starke Orientierung am unzweifelhaft erfolgreichen angelsächsischen Wissenschaftssystem, das auch in der deutschen Rechtswissenschaft Spuren zeitigt und in ihren starken Abweichungen zur Selbstreflexion herausfordert. In diese Entwicklung fügt sich umstandslos, dass der Wissenschaftsrat neuestens zur Rolle der Rechtswissenschaft für die Juristenausbildung ausführlich Stellung genommen hat[22], ohne dass bislang eine breitenwirksame Resonanz auf die skizzierten Veränderungen spürbar geworden wäre.

## II. Ein Seitenblick auf die USA: motivierend, irritierend oder (des-)orientierend?

Die traditionelle Binnenperspektive der deutschen Rechtswissenschaft unterscheidet sich erheblich von der Art der akademischen Beschäftigung mit dem Recht, die seit den frühen 60er Jahren in den USA üblich geworden ist.[23] In den USA verwendet man für die systematische Beschäftigung mit dem Recht bekanntlich nicht den Begriff „Wissenschaft" („science"), sondern spricht von „law", ohne die akademische Disziplin begrifflich von ihrem Gegenstand zu trennen. „Law" wird sodann übli-

---

[19] Vgl. *Becker* (Hrsg.), Rechtsdogmatik und Rechtsvergleich im Sozialrecht, 2010; *v. Bogdandy*, Deutsche Rechtswissenschaft im europäischen Rechtsraum, JZ 2011, S. 1 (3 ff.).

[20] *Peters/Giegerich*, Wettbewerb von Rechtsordnungen, VVDStRL 69 (2010), S. 7 ff. bzw. S. 57 ff.

[21] Eindringlich *v. Bogdandy / Cassese / Huber* (Hrsg.), Verwaltungsrecht in Europa: Wissenschaft. IPE Band IV, 2011; dazu *Schmidt-Aßmann*, Zum Stand der Verwaltungsrechtsvergleichung in Europa: Wissenschaft, Die Verwaltung 45 (2012), S. 264 ff.

[22] Wissenschaftsrat. Perspektiven der Rechtswissenschaft in Deutschland. Situation, Analysen, Empfehlungen, Drs. 2558-12 vom 09.11.2012.

[23] Vgl. *Dedek*, Recht an der Universität: „Wissenschaftlichkeit" der Juristenausbildung in Nordamerika, JZ 2009, S. 540 ff.

cherweise den „humanities", also den Geisteswissenschaften, oder den „social sciences" (Sozialwissenschaften) zugerechnet. In den USA existiert keine allgemein konsentierte „Theorie" des Rechts, also eine Rechtsdogmatik im deutschen Sinne. Kennzeichnend für die heute dominierende Form der akademischen Beschäftigung mit dem Recht ist vielmehr ein betont interdisziplinärer Zugang, der in Forschungsthemen wie „law and literature", „law and economics", „law and gender" oder auch „law and the internet", „law and robotics" usw. ihren Ausdruck findet. Die häufig von Studierenden geführten US-amerikanischen Fakultätszeitschriften unterstützen diese dogmatikferne Form der akademischen Beschäftigung mit dem Recht.

Es besteht kein Zweifel, dass die forcierte Interdisziplinarität der US-amerikanischen Rechtswissenschaft eine Fülle von außerordentlich interessanten und weiterführenden Perspektiven eröffnet hat. Allerdings um einen sehr hohen Preis: Für die US-amerikanische Rechtspraxis scheint die an den Rechtsfakultäten geleistete Arbeit so gut wie keine Rolle mehr zu spielen. Dies gilt insbesondere für das Strafrecht, also für die öffentliche Strafverfolgung, die Tätigkeit der Strafgerichte, aber auch für die Strafpolitik. Dem US-amerikanischen Strafrecht ist damit eine kritische Instanz verlorengegangen, die sie möglicherweise gut gebrauchen könnte.

*Richard Posner*, der sich sowohl um die Theorie als auch um die Praxis des amerikanischen Rechts große Verdienste erworben hat, hat die oben skizzierte Entwicklung bereits vor gut 25 Jahren unter dem Titel „The Decline of Law As An Autonomous Discipline" eingehend analysiert.[24] „Recht als autonome Disziplin" meint nach Posner die Vorstellung, beim Recht handele es sich um „a subject properly entrusted to persons trained in law and in nothing else".[25] Ursprünglich habe es sich dabei um eine politische Idee gehandelt,[26] die *Christopher Columbus Langdell*, der Reformer des Rechtsunterrichts in den USA, lediglich auf die akademische Sphäre übertragen habe. Die Ausbildung der Studierenden sollte danach darin bestehen, Gerichtsentscheidungen und Rechtsmeinungen zu studieren und zu vergleichen. *Langdells* Position wurde von Rechtsrealisten wie Justice *Oliver Wendell Holmes* kritisiert, der auf die Zweckorientierung von Recht als Mittel zur Herbeiführung sozialer Veränderungen hinwies, was den Gedanken nahelegte, dass zu einer angemessenen juristischen Ausbildung auch die Beschäftigung mit der sozialen Wirklichkeit[27] und der Geschichte des Rechts[28] gehörte. Bei *Holmes* finden sich übrigens viele Formulierungen,

---

[24] *Posner*, The Decline Of Law As An Autonomous Discipline: 1962–1987, in: Harvard Law Review 100 (1987), S. 761–780.

[25] Harward Law Review 100 (1987), S. 761 (762)

[26] Ebenda. Zielsetzung war nach *Posner* die Sicherung richterlicher Entscheidungsmacht gegenüber den Eingriffsversuchen der Krone.

[27] „For the rational study of the law the black-letter man may be the man of the present, but the man of the future is the man of statistics and the master of economics" (*O. W. Holmes*, The Path of the Law, Harvard Law Review 10 (1897), S. 457 ff., hier zitiert nach: *ders.*, The Collected Legal Papers, 1920/2007, S. 167, 187); siehe auch dens., The Common Law, 1881.

[28] The Path of the Law, in: The Collected Legal Papers (Fn. 27), S. 167 (186).

die eine besondere Hochschätzung der europäischen, und vor allem deutschen, Rechtswissenschaft erkennen lassen.[29]

Die Vorstellung vom Recht als einer autonomen Disziplin war noch zu Beginn der 60er Jahre vorherrschend. *Posner* beschreibt die damalige Einstellung der Rechtsprofessoren in Harvard wie folgt:

The „faculty believed, or at least appeared to believe, that the only thing law students needed to study was authoritative legal texts – judicial and administrative opinions, statutes, and rules – and that the only essential preparation for a legal scholar was the knowledge of what was in those texts, and the power of logical discrimination and argumentation that came from close and critical study of them. The difference from Langdell's day – a difference that was the legacy of Holmes and the legal realists – was that law now was recognized to be a deliberate instrument of social control, so that one had to know something about society to be able to understand law, criticize it, and improve it."[30]

In einem anderen Text, publiziert 2002, beschreibt *Posner* das Selbstverständnis der US-amerikanischen Rechtswissenschaft um das Jahr 1960 in diesen Worten:

„The task of the legal scholar was seen as being to extract a doctrine from a line of cases or from statutory text and history, restate it, perhaps criticize it or seek to extend it, all the while striving for ‚sensible' results in light of legal principles and common sense. Logic, analogy, judicial decisions, a handful of principles such as stare decisis, and common sense were the tools of analysis. The humanities and the social sciences were rarely mentioned"[31]

Dieses Vertrauen auf das Recht als eine (mit Ausnahme geringer sozialwissenschaftlicher Beimengungen) autonomen Disziplin beruhte keineswegs nur auf dem Dünkel einer von der Praxis abgeschotteten universitären Juristenelite, sondern wurde ganz im Gegenteil durch überragende praktische Leistungen in der Anwendung und Fortbildung des US-amerikanischen Rechts bestätigt.[32] Bis zu Beginn der 60er Jahre schienen andere Disziplinen nichts Relevantes zum Recht und seiner Fortbildung beitragen zu können. Hinzu kam das Fehlen ideologischer Konflikte:

„At least in the academy, the radical right had been discredited, first by its isolationism and then by its racism, and the radical left had been squashed by the Cold War. Secular, humanistic, patriotic, and centrist, the American intellectual scene in the late 1950s and early 1960s was remarkably free from ideological strife. In such a period it was natural to think of law not in political but in technical terms, as a form of ‚social engineering' with the lawyers as the engineers."[33]

In der US-amerikanischen Rechtswissenschaft der Gegenwart finden sich dagegen neben (Rest-?)Elementen traditioneller Dogmatik („doctrinal scholarship") überwiegend stark interdisziplinär orientierte Strömungen, etwa „law and economics",

---

[29] Siehe etwa The Path of the Law, in: The Collected Papers (Fn. 27), S. 167 (198).
[30] *Posner*, Harvard Law Review 100 (1987), S. 761 (763).
[31] *Posner*, Legal Scholarship Today, in: Harvard Law Review 115 (2002), S. 1314 (1316).
[32] *Posner*, Harvard Law Review 100 (1987), S. 761 (763 f.).
[33] *Posner*, Harvard Law Review 100 (1987), S. 761 (765).

„law and moral philosophy" und „critical and feminist studies".[34] Der Rechtspraxis scheinen diese Forschungen gleichgültig zu sein. Immerhin stellt *Posner* die Fruchtbarkeit derartiger Ansätze für das Recht nicht pauschal in Frage,[35] weist aber auf die Gefahr von qualitativen Mängeln hin. Als Lackmustest empfiehlt er „the ability of the practitioners of this (interdisciplinary, E. H. und H. S.-F.)) scholarship to influence practice, rather than merely to circulate their ideas within the sealed network of a purely academic discourse."[36] Wenn man bedenkt, dass die Vertreter der „law and ... " – Ansätze in der rezipierten Disziplin in aller Regel nicht systematisch ausgebildet wurden und dass darüber hinaus ein fachkundiges Publikum, welches durch Kritik gewisse Standards sicherstellen und verteidigen könnte, fehlt, wird man *Posners* Warnung durchaus ernst nehmen müssen.

## III. Zu den Beiträgen in diesem Band

Angesichts der skizzierten Entwicklungen in der US-Amerikanischen Rechtswissenschaft stellt sich auch für die deutsche Rechtswissenschaft die Frage, welche Richtung sie einschlagen sollte: Dogmatik? Oder Interdisziplinarität? Oder beides? Die Beantwortung dieser Frage(n) setzt zunächst eine kritische Selbstreflexion voraus, zu der die im vorliegenden Band abgedruckten Texte einen Beitrag leisten sollen. Sie entstanden als Vorträge im Rahmen einer am 20. und 21. September 2013 an der Universität Würzburg von den beiden Herausgebern des Bandes durchgeführten Tagung[37], an welcher sich Vertreter des Öffentlichen Rechts, des Zivilrechts und des Strafrechts beteiligten. Die Vorträge galten sechs unterschiedlichen Problemschichten der Grundlagendiskussion, die die Hoffnung auf einen intradisziplinären Austausch eröffnen.

1. Unter dem offenen Dach der Frage nach „Schulenbildungen" widmen sich *Joachim Rückert* und *Oliver Lepsius* im ersten Problemfeld primär aus zivilrechtlicher bzw. öffentlich-rechtlicher Sicht – über Schulenbildung hinaus – charakteristischen rechtswissenschaftlichen Denktraditionen, Arbeitsweisen, Problemzugängen und Pfadabhängigkeiten. *Rückert* relativiert deutlich, vor dem Hintergrund des ambivalenten und heterogenen Wissenschaftsverständnisses von Jurisprudenz von der Zeit des römischen Rechts bis zur Begründung durch *Savigny*, die Existenz von rechtswissenschaftlichen Schulen im Zivilrecht, soweit es um mehr als personale Beziehungen oder Denk-Bündnisse geht. Jenseits der Historischen Rechtsschule und der Smend- und Carl-Schmitt-Schule sieht er keine soliden äußeren oder inneren Kriterien wie

[34] *Posner*, Harvard Law Review 115 (2002), S. 1314 (1317 ff.).
[35] *Posner*, Harvard Law Review 115 (2002), S. 1314 (1319).
[36] *Posner*, Harvard Law Review 115 (2002), S. 1314 (1317).
[37] Siehe auch den Tagungsbericht von *Egidy*, Selbstreflexion der Rechtswissenschaft, JZ 2014, S. 32 ff.

gemeinsame Programmschriften, Zeitschriften oder einen gemeinsamen Wirkungswillen i. S. von „Schulen", sondern eher polemische Abgrenzungsversuche Einzelner oder mehrerer Einzelner gegen ein dominierendes „Normaldenken". Auch der Versuch *Wieackers* zur Typologisierung von fünf geistesgeschichtlichen Epochen im europäischen Rechtsdenken benutze die Wissenschaftsgeschichte als „wehrlose Beispielsammlung" und tendiere zur Überhöhung und Bevorzugung gewisser idealer und stark werthaltiger Begriffe. Für *Rückert* stehen Wandlungen der Juristenarbeit am Problemfall seit Rom im Vordergrund, wie sie in einem jahrhundertlangen Wandel von Fallbezug und Fallvergleich hin zur zunehmenden Dogmatisierung durch Abstraktion von Einzelfällen in Form von Tatbestandselementen und Rechtsfolgenanordnungen zum Ausdruck kommen, exemplarisch belegt am Problem der Zufallsstörung im Dienstvertrag von *Irnerius* (um 111/20), *Wolff* (um 1740) und *Windscheid* (um 1870/80) bis hin zu § 615 BGB von 1900. Die doppelte Arbeitstradition der Jurisprudenz (Umsetzung abstrakter Konditionalsätze vs. problemorientierter Fallvergleich) habe mit allgemeinen geistesgeschichtlichen Denktraditionen nichts zu tun. Wohl aber präge die seit *Kant* Wissenschaft charakterisierende Systematik seit etwa 1800 auch die Rechtswissenschaft als eine sei es eher geschlossene, sei es eher offene Wissenschaft, über jene Traditionen des Fallvergleichs hinaus.

Auch *Lepsius* widmet sich weniger einzelnen „Schulen", sondern einem gemeinsamen Denkstil, der das „Denkkollektiv" (*Ludwik Fleck*) der Wissenschaftler des Öffentlichen Rechts in Deutschland wissenssoziologisch prägt. Ungeachtet einzelner individueller, aber nicht diskussionsprägender Bemühungen etwa um Interdisziplinarität werde der wissenschaftliche Diskurs im Öffentlichen Recht pfadabhängig unverändert durch Problemzugänge charakterisiert, die sich im Unterschied etwa zu den USA an einer Eigenrationalität von Recht und normwissenschaftlichem Diskurs orientieren und so die soziale Dimension von Fällen zu Gunsten von Rechtsfragen vernachlässigen. Auch die neuesten Versuche der „Neuen Verwaltungsrechtswissenschaft", diesen Denkstil neu auszurichten, hätten ebensowenig wie frühere Ansätze zu einer Abkehr von jenen Kontinuitäten geführt. Als Elemente dieses deutschen Denkstils werden akzentuiert: die primäre Orientierung am materiellen Recht (zulasten des Verfahrens- oder Organisationsrechts), die gerichtliche Ex-Post-Kontrolle (zulasten von Rechtsgestaltung), die Orientierung am positiven Recht unter übergreifenden Betrachtung von Verfassungs- und Verwaltungsrecht, der Systemanspruch (unter Vernachlässigung von Akteuren, Interessen und Kompetenzen), das Denken in Typologien und Begriffen (wie von „Staat" und „Gesellschaft" oder von Handlungstypen der Verwaltung), ein integratives (nicht arbeitsteiliges) interdisziplinäres Verständnis von Interdisziplinarität und schließlich ein wissenschaftlicher Zugang, der dogmatisch die Teilnehmer- zulasten der Beobachterperspektive favorisiert und deshalb durch die abweichenden Perspektiven des Europarechts, des sehr innovativen Richterrechts, der Grundlagenfächer oder der Interessenanalysen eher irritiert wird. *Lepsius* plädiert für eine Abkehr von diesem pfadabhängigen juristischen Denkstil, weil sich der materielle Systembegriff vor dem Hintergrund einer heterogenen und kompromisshaftem Rechtsetzung nicht durchhalten lasse, das deutsche dogmatische Denken international nicht export- und diskursfähig sei und die zu enge Verbindung von Wissenschaft und gerichtlicher Praxis zu Innovationsschwächen in der Wissenschaft führe. In der Überwindung jenes Denkstils sieht er die zentrale Zukunftsaufgabe der deutschen Staatsrechtslehre.

2. Der zweite Themenblock der Tagung war der Intra- und Interdisziplinarität gewidmet. In seinem Beitrag „Intra- oder Interdisziplinarität. Chance oder Störfaktor" betont *Thomas Gutmann* zunächst, dass das „Kerngeschäft" der Rechtswissenschaft nach wie vor die Dogmatik bilde, verstanden als „praxisorientierte Reflexion erster Ordnung des Rechtssystems, aus der Perspektive nicht des Beobachters, sondern des Teilnehmers". *Gutmann* spricht von einer die Rechtswissenschaft charakterisierenden „engen Theorie-Praxis-Verklammerung" und betont dementsprechend die Praxisorientierung auch der Rechtsdogmatik, die in erster Linie auf die systematisch strukturierte Lösung von Fällen ausgerichtet sei. Daneben sei die Rechtswissenschaft aber auch Teil des Wissenschaftssystems. Der in allen Wissenschaften feststellbare Trend zur Binnendifferenzierung habe längst auch die Rechtswissenschaft erfasst, was zu teilweise erheblichen Problemen führe. Eine der Folgen zunehmender Binnendifferenzierung sei die „Notwendigkeit interdisziplinären Arbeitens", deren Fruchtbarkeit für die Rechtswissenschaft Gutmann an mehreren Beispielen belegen kann.

„Wie kommt das Neue in die Rechtswissenschaft?" fragt sodann *Frank Saliger*, wobei er betont, dass der Begriff des „Neuen" weit und inhaltlich neutral zu bestimmen sei. Er unterscheidet analytische, normative und paradigmatische Neuerungen: Erstere betreffen die „analytische Durchdringung eines Sachproblems" durch Steigerung begrifflicher Präzision oder dogmatischer Konsistenz und Kohärenz. Normative Neuerungen beziehen sich dagegen auf neue Lösungen dogmatischer Sachprobleme, auch praeter und contra legem. Unter „paradigmatischen Neuerungen" versteht *Saliger* schließlich „fundamentale Veränderungen im grundbegrifflichen, methodischen oder perspektuellen Bezugsrahmen der gesamten Rechtswissenschaft oder einer juristischen Teildisziplin". Wie *Thomas Gutman* weist auch *Saliger* auf den engen Zusammenhang zwischen Spezialisierung und Intra- bzw. Interdisziplinarität hin und betont deren „produktive Wechselwirkung". Als Beispiele hierfür nennt er die Entwicklung des Rechts der Sterbehilfe und Auseinandersetzung mit den Problemen einer „Criminal Compliance".

3. Im dritten Problemfeld nimmt *von Bogdandy* die Selbstreflexionsschübe durch die Prozesse der Internationalisierung der Rechtswissenschaft auf. Nach seiner Ausgangsthese könne sich die deutsche Rechtswissenschaft nicht mehr als international exemplarisch und vorbildhaft begreifen, sondern müsse sich aufgrund der Zwänge der europäischen Integration mit ihrer politikgetriebenen Ausbildung eines europäischen Forschungsraums neu formieren. Dessen Entstehung stelle „etablierte Forschungsgegenstände, überkommene Methoden, Publikationsmuster, Karrieremuster, Reputationshierarchien und nicht zuletzt wissenschaftliche Identitäten"

grundsätzlich in Frage und zwinge für den europäischen Rechtsraum zu einer Neubestimmung der herkömmlichen Dogmatik des deutschen Rechts, will die deutsche Rechtswissenschaft in einem faktisch zunehmend durch die amerikanischen Law Schools und die englische Sprache geprägten kontinentaleuropäischen rechtswissenschaftlichen Diskurs präsent sein. Ungeachtet der Gefahren negativer Effekte für die deutsche Rechtswissenschaft plädiert der Autor vor dem Hintergrund der grundsätzlich positiven weltweiten Spezialisierung und wettbewerblichen Konkurrenz für eine neue Gewichtung der Rechtsvergleichung und eine Integration des europäischen rechtlichen Bezugsrahmens in den mitgliedstaatlichen Interpretationskontext. Die disziplinäre Identität müsse sich unter Bewahrung ihrer dogmatischen Ausrichtung verstärkt wandeln – hin zu einer stärker wirkungsorientierten, aufgabenbezogenen und nicht zuletzt kritischen Betrachtungsweise des Rechts im europäischen Rechtsraum, unter Überschreitung nationalstaatlicher rechtsquellentheoretischer Grenzziehungen.

4. Die weiteren Problemebenen gelten weniger den fachlich-internen als den sozialen, den organisatorischen bzw. den (hochschul-)politischen Rahmenbedingungen und Abhängigkeiten der rechtswissenschaftlichen Forschung. In einem wissenschaftssoziologischen Problemzugang eröffnen *Peter Weingart* in Anknüpfung an den Stand der internationalen Wissenschaftssoziologie und *Helmut Goerlich* in Anknüpfung an Beobachtungen insbesondere der konkreten Wissenschaftsgemeinschaft der deutschen Staatsrechtslehrer die Diskussion über die Rechtswissenschaft als reputationsgesteuertes soziales Feld mit spezifischen Eigengesetzlichkeiten. Weingart expliziert disziplinübergreifend die zentrale Steuerungsfunktion von Reputation nach wissenschaftsinternen Leistungskriterien, soweit ihre Verlässlichkeit nicht durch den Matthäus-Effekt, die Überlastung der Peer Review oder wissenschaftliches Fehlverhalten etwa aufgrund übermäßiger Konkurrenz gestört wird. Als solche verzerrenden Störfaktoren des wissenschaftlichen Anreizsystems können sich auch Leistungsindikatoren etwa im Blick auf Evaluationsverfahren erweisen oder die fortschreitende Orientierung an Erwartungen der Medienöffentlichkeit, für die weniger die Herstellung von Erkenntnisfortschritten als von Aufmerksamkeit von zentraler Bedeutung ist. Funktional steuert wissenschaftliche Reputation die Wissenschaft thematisch und kontrolliert die Qualität von Forschung – im Rahmen der Medialisierung der Wissenschaft können dann wissenschaftsexterne Kriterien die Themenwahl stärker bestimmen.

*Goerlich* bestätigt Reputation als praktische Orientierungshilfe, konkretisiert und differenziert dieses Bild für die Rechtswissenschaft aber durch Verallgemeinerungen aufgrund teilnehmender Beobachtung seiner Disziplin in mehrfacher Hinsicht, plausibilisiert durch zahlreiche konkrete oder anonymisierte Beispiele. Er bezieht die Rolle der wissenschaftlichen Praktiker und des Bezugs zu politischer Herrschaft mit ein, unterscheidet verschiedene kontextabhängige Reputationsmuster und akzentuiert den historischen und zeitgenössischen Wandel von Reputation unter Juristen. Danach bestimmen zahlreiche subjektive und objektive Elemente den Reputationserwerb als einen weithin informellen elitär-egalitären Kommunikationsprozess, die in ihrem unterschiedlichen Stellenwert ausführlich bestimmt werden – bis hin zur Rolle von Nebentätigkeiten etwa als Gutachter, Richter, Politiker oder Wissenschaftsmanager. Der Autor betont aber auch die Schwächen in Form von irreführenden Zuschreibungen, Fehlsteuerungen und Missbrauch zu wissenschaftsfremden Zwecken, gegen die er als ethischen Standard ein inneres Gleichgewicht, in Distanz zur Reputationsdynamik des Wissenschaftssystems, als Ausdruck eines selbstreflexiven Reputationsmanagements nahe legt.

5. Ein fünftes Problemfeld bilden die Organisation von Wissenschaft und die daraus sich ergebenden wissenschaftssozialen Folgen. *Hubert Rottleuthner* verweist gleich zu Beginn seiner Ausführungen über „Methodologie und Organisation der Rechtswissenschaft" auf die merkwürdige Diskrepanz „zwischen dem permanenten Selbstzweifel von Rechtswissenschaftlern an der Wissenschaftlichkeit und am Wissenschaftscharakter ihrer Disziplin" einerseits und der „traditionell festen organisatorischen Etablierung des Faches an den Universitäten" andererseits. Er erwähnt den gelegentlich sehr unspezifischen, bisweilen geradezu „unwissenschaftlich[en]" Gebrauch wissenschaftstheoretischer Konzepte wie „Theorie", „Hypothese", „Forschung" usw. in der Rechtswissenschaft. Auch das Dogmatik-Konzept der Rechtswissenschaft sei im Kern ungeklärt und werfe vor allem infolge der nicht durchgeführten Trennung zwischen Teilnehmer- und Beobachterperspektive große Probleme auf. Dagegen sei die Rechtswissenschaft organisatorisch fest im universitären Betrieb verankert, eine Stellung, die jedoch in jüngster Zeit gefährdet erscheine. *Rottleuthner* nennt in diesem Zusammenhang insbesondere die Schwierigkeiten der Rechtswissenschaftler, hinreichend Drittmittel einzuwerben, und allgemein die Gefahr einer radikalen Ökonomisierung der Universitäten, wie sie in Großbritannien bereits durchgesetzt worden sei.

„Vom schwindenden Beruf der Rechtswissenschaft unserer Zeit, speziell der Strafrechtswissenschaft" handelt der Beitrag *Bernd Schünemanns*. Eingangs stellt *Schünemann* fest, dass sich der Beruf des Universitätslehrers seit den Zeiten *Max Webers* erheblich gewandelt habe; als „juristischer Kohlverkäufer" wetteifere er heute mit den juristischen Repetitoren darum, „den Geist der Jurisprudenz sozusagen auf Trinkstärke für durch dessen Genuss eigentlich überforderte Studenten zu verdünnen". Die gesellschaftliche Aufgabe der (Straf-)Rechtswissenschaft sieht *Schünemann* in der intellektuellen Kontrolle der Rechtswissenschaft, ein sehr anspruchsvolles Konzept, das *Schünemann* dennoch auch in Europa und darüber hinaus als Leitmodell hinstellt. Die praktischen Verwirklichungschancen des „mos teutonicus" der Rechtsdogmatik im internationalen Kontext sieht er allerdings skeptisch.

6. In seinem abschließenden Beitrag über „Neue Entwicklungen in der Hochschulpolitik und ihre Folgen für die Rechtswissenschaften" behandelt *Wilhelm Krull* aus wissenschaftspolitischer Sicht die aktuellen Herausforderungen für die Rechtswissenschaft. Ein wichtiger Ausgangspunkt ist die Sonderrolle der Rechtswissenschaft (und der Medizin) im Bologna-Prozess, die im Festhalten an den Staatsprü-

fungen ihren deutlichsten Ausdruck findet. Allerdings scheine sich die Ablehnung einer Einführung des Bachelor-Master-Modells in der Rechtswissenschaft allmählich abzuschwächen. Wie *Krull* betont, erfordert eine erfolgreiche universitäre Ausbildung auch „die Förderung eines ‚(pro)aktiven', eines ‚lebendigen' und kreativen Studierenden". Interdisziplinarität könne dazu beitragen, an den rechtswissenschaftlichen Fakultäten ein Klima der Vielfalt herzustellen. In der Exzellenzinitiative seien die Rechtswissenschaften nur schwach vertreten gewesen; als eigenständige Disziplin wurden sie nicht gefördert. Umso wichtiger sei es, nicht den Anschluss an die Reformdiskussion insgesamt zu verpassen. Als für das Recht besonders wichtige Themenfelder nennt *Krull* die Rechts- und Vertragsgestaltung, Fragen von „Good Governance" und Compliance, Mediation und das internationale und europäische Recht. Im Anschluss an *Andreas Voßkuhle* sieht er in einem „Grundverständnis von gesellschaftlichen und politischen Strukturen, Interessen und Bedürfnissen" eine wichtige Voraussetzung gelingender juristischer Praxis. Dies gelte insbesondere im Hinblick auf die fortschreitende Europäisierung und Internationalisierung sowie die damit verbundene „Notwendigkeit verstärkter sprachlicher und ‚interkultureller' Kompetenz".

Insgesamt zeigen die abgedruckten Beiträge, dass die Auseinandersetzungen um die künftige Entwicklung der deutschen Rechtswissenschaft und ihre internationale Wirkung noch keineswegs abgeschlossen sind. Eine zentrale Weichenstellung ist die Entscheidung zwischen der Innen- oder der Außenperspektive auf das Recht, zwischen Dogmatik und einer – evtl. interdisziplinär angereicherten – „Meta-Dogmatik". Zu klären wäre weiterhin, inwieweit Mischformen möglich und zweckmäßig sind, und wie weit die Öffnung der Rechtswissenschaft zu Nachbardisziplinen wie der Politologie, der Ökonomie und der Soziologie gehen soll. Zu den großen Fragen der Zukunft gehört weiterhin auch die Reform der Juristenausbildung, die der veränderten Stellung von Recht und Rechtswissenschaft Rechnung tragen sollte.

# Denktraditionen, Schulbildungen und Arbeitsweisen in der ‚Rechtswissenschaft' – gestern und heute

*Joachim Rückert*[1]

Das nicht ganz kleine Thema bedarf einer etwas ordnenden Umschau. Ordnungs- und Orientierungsbedürfnisse scheinen dabei ja deutlich durch. Dieser Umschau gelten Teil I und II. Ein alternativer Blick auf die Juristenarbeit in Rom, die „Rechtswissenschaft" in Bologna, im Vernunftrecht und bei Windscheid wird in Teil III geworfen. In Teil IV wird das verknüpft mit Überlegungen zu den Wissenschaftsangeboten seit Kant auch an die Jurisprudenz und dazu, was daraus als Wissenschaft der Juristen wurde. Auf drei größere lange Linien verkürzt Teil V das Bild zum Schlussbild.

## I. Orientierungen: Warnungen, Hoffnungen, Weiterungen, Zweifel, Abwege, Traditionsträume

Sollte man das Thema besser meiden? Ist die Rechtswissenschaft eine kranke Wissenschaft, wenn sie sich solche Fragen stellt wie die nach ihren Denktraditionen? Nicht nur Gustav Radbruch sah das so:

> „Wie Menschen, die sich durch Selbstbeobachtung quälen, meist kranke Menschen sind, so pflegen aber Wissenschaften, die sich mit ihrer eigenen Methodenlehre zu beschäftigen Anlaß haben, kranke Wissenschaften zu sein, der gesunde Mensch und die gesunde Wissenschaft pflegt nicht viel von sich selbst zu wissen."[2]

Das schrieb Radbruch auf dem Höhepunkt der sog. Freirechtsbewegung 1910 und ließ es später so stehen. Seinem Bannspruch gegen Methodenüberlegungen gab er aber selbst keine Folge. Und offenbar sehen das auch die Veranstalter dieser „Reflexions"-Tagung anders. Als Historiker kann man den Bannspruch immerhin gelassen zur Kenntnis nehmen. Radbruchs biologistischer Gesund-Krank-Maßstab war offenbar ein Zeitphänomen des *fin de siècle* vor 1914. Und die historische Reflexion hat

---

[1] Der Text ist eng an meinen Vortragsnotizen ausgearbeitet, enthält aber auch einiges aus Zeitgründen Gekürzte, bes. in Teil IV. und V.

[2] *Gustav Radbruch*, Einführung in die Rechtswissenschaft, 1910, S. 116 zur Eröffnung im letzten Kapitel: „Rechtswissenschaft".

er in diesem Anflug von zeitgemäßem Sozialdarwinismus wohl nicht gemeint. Radbruch sollte uns und mich also nicht entmutigen.

Oder sollte man bei Jurisprudenz lieber nicht nach *Denken* fragen? Die Frage nach *Denk*traditionen erscheint wenig aussichtsreich, wenn womöglich von juristischem *Denken* gar nicht die Rede sein kann. Handelt es sich nicht eigentlich um eine Kunst, um eine *ars*? Jedenfalls war es so im immer wieder beschworenen römischen Musterfall. *Jus est ars boni et aequi* definierte Ulpian um 200, mit dem etwas älteren Celsus, und auf dem Höhepunkt der römischen Jurisprudenz. Justinian hat das prominent zu Beginn der berühmten Digesten, a° 533, in I 1.1.2.pr überliefert. Wie wurde bei *ars* gedacht? Die Kunst-Perspektive irritiert bei diesem sprichwörtlichen Musterjuristen. Einer der besten Kenner des „Geist(s) des römischen Rechts" und einer seiner einflussreichsten Lobredner schwärmte vom römischen Recht als „Kunstwerk", nicht als Denkwerk. In seinen „Augen ist die Geschichte dieses Rechts ein unübertroffenes Kunstwerk, in dem die höchste Einfachheit und Einheit mit der reichsten Fülle der Entwicklung sich paart."[3] Das schrieb Rudolf (von) Jhering, am Beginn eines großen juristischen Neuaufbruchs, 1852, unter der geflügelten Formel von 1857 „Durch das römische Recht über das römische Recht hinaus."[4] Jurisprudenz als Kunst statt als Wissenschaft wird auch heute durchaus hochgehalten, wenn es heißt: „Die Kunst des Juristen ist die Kunst der Argumentation". Das moderne rechtswissenschaftliche Studium biete wenig Gelegenheit, sie zu erlernen, und die Lehrbücher zur Methodik der Rechtswissenschaft seien zu abstrakt.[5] Die Perspektive der Jurisprudenz als Kunst muss jedenfalls bei der Frage nach ihren Traditionen beachtet werden.

Sind diese *Traditionen*, sei es Denken sei es *ars*, überhaupt beherrschbar? Wie soll man mit rund 2000 Jahren umgehen? Deutlich kleiner macht sich das öffentliche Recht, aber schon nicht mehr, wenn man vom Staat her denkt. Lässt sich also die gewiss folgenreiche römische Jurisprudenz so einfach als Anfang einer Rechtswissenschafts-Tradition bis heute verstehen, wie dies gern wie selbstverständlich geschieht? So heißt es z. B. in einer verbreiteten modernen Einführung unter der Überschrift „Rechtswissenschaft" lapidar: „Cicero hat in einer Schrift, die uns nicht mehr überliefert ist, gefordert, die Rechtskunde zu einer Wissenschaft zu entwickeln (*de iure civili in artem redigendo*). Diese Forderung fällt in die erste Blütezeit der römischen Rechtswissenschaft."[6] Aber Cicero war nicht Jurist, sondern Rhetor. Auch er spricht nicht von Wissenschaft, sondern von *ars*. Und *ars* war nicht Wissenschaft, sondern gekonntes Handwerk.[7] Einige vielzitierte römische Juristenformeln bestätigen das etwas Nebelhafte an diesem Bild. Denn von Wissenschaft reden die Römer

---

[3] *Rudolf Jhering*, Geist des römischen Rechts auf den verschiedenen Stufen seiner Entwicklung, Teil 1, 4. Aufl. Leipzig 1878, S. 62 und ebenso schon 1. Aufl. 1852.

[4] *Rudolf Jhering*, Unsere Aufgabe, in: Jahrbücher für die Dogmatik des heutigen römischen und deutschen Rechts, Bd. 1, 1857, hier S. 52.

[5] So *Ingeborg Puppe*, Kleine Schule des Juristischen Denkens, Göttingen 2008, Vorwort.

[6] So der historisch gewiss kompetente *Norbert Horn*, Einführung in die Rechtswissenschaft und Rechtsphilosophie, 4. Aufl. Heidelberg 2007, Rn. 270.

[7] Siehe nur die treffende Übersetzung von *Detlef Liebs*, Lateinische Rechtsregeln und Rechts-

nicht, wenn sie mit inzwischen berühmten Formeln Gerechtigkeit definieren als „Justitia est constans et perpetua voluntas suum cuique tribuere"[8] – Gerechtigkeitsarbeit entspringt hier aus *voluntas*, aus Wille und Haltung. Oder wenn sie die Gesetzeskenntnis definieren als „Scire leges non est verba eorum tenere, sed vim ac potestatem"[9] – es geht zwar nicht nur um die Worte, aber auch nicht um eine Wissenschaft, sondern um Wissen, um Kundigkeit, um *scire*. Oder wenn sie die Jurisprudenz definieren als „Juris prudentia est divinarum atque humanarum rerum notitia, iusti atque iniusti scientia"[10] – *prudentia* ist Klugheit, *notitia* meint Kenntnis und *scientia* Wissen. Die Eigenart römischer Jurisprudenz wird so nicht klarer und die Tradition auch nicht. Nicht zufällig kam das leitende Stichwort „Rechtswissenschaft" eben erst um 1800 und zuerst in der Strafrechtstheorie auf. Jedenfalls müsste man also ebenso über *ars* wie über Wissenschaft reden.

Oder wird es leichter mit dem Blick auf das Mittelalter? Hier findet man seit Savigny die Geburtsstunde der europäischen Rechtswissenschaft. Aber für die unstreitig große Blüte der Jurisprudenz seit Bologna im 11. Jahrhundert, wirken die Berichte auch nicht besonders stimmig. Zwar wird wieder erfreulich traditionsträchtig von „Rechtswissenschaft" gesprochen, ja geradezu „Die Entstehung der europäischen Rechtswissenschaft"[11] hierher verlegt, aber dann wird erläutert, sie sei ebenso wie die Theologie und Medizin dadurch „ausgezeichnet, dass im Mittelpunkt das Studium angesehener, mit Autorität ausgestatteter Texte stand."[12] Wie passt aber die Bindung an Autorität zu Wissenschaft? – für uns gewiss schlecht, es sei denn man denkt vor allem an die Gesetzesbindung. Sollte es also um mehrere Traditionen gehen?

Nun, vielleicht gibt es gar keine so lange Tradition und Denktradition? Auch daraus ließe sich ja lernen. In Jan Schröders grundlegender Darstellung „Recht als Wissenschaft" ist denn auch trotz des schönen Haupttitels nicht „Rechtswissenschaft" der rote Faden, sondern mit dem konkreteren Untertitel die „Geschichte der juristischen Methodenlehre in der Neuzeit (1500–1933)". Und in den „Zusammenfassende(n) Überlegungen" am Ende steht der lapidare Satz: „Im 19. Jahrhundert setzt sich

---

sprichwörter, 7. Aufl. München 2007, Nr. J 180: „Das Recht ist das Handwerk des Billigen und Gerechten", Dig. I 1.12.pr, oben zitiert im Text.

[8] *Pseudo-Ulpian*, Dig. 1.1.10.pr und Inst. 1.1.pr.: „Gerechtigkeit ist der stetige und fortwährende Wille, jedem das Seine zu geben", mit *Liebs* (Fn. 7), Nr. J 195.

[9] *Celsus*, Dig. 1.3.7: „Die Gesetze kennen heißt nicht, ihre Worte behalten, sondern ihre Macht und ihr Vermögen.", mit *Liebs* (Fn. 7), Nr. S. 6.

[10] Etwa: Rechtsklugheit ist die Kenntnis von den göttlichen und menschlichen Dingen, das Wissen vom Rechten und Unrechten; nicht bei *Liebs* (Fn. 7); die bewusst „zielsprachliche" Übersetzung in: Corpus Iuris Civilis. Text und Übersetzung, hg. von O. Behrends u. a., Bd. 2, Heidelberg 1995, mit „Rechtswissenschaft" für *Juris prudentia* verwischt diese Differenz; anders nach wie vor *H. G. Heumann/E. Seckel*, Handlexikon der Quellen des römischen Rechts, 1856 ff.), viele Aufl. bis heute, unter *prudentia*: Umsicht, Klugheit, Kenntnis, Rechtskenntnis.

[11] So die immer noch bewundernswerte Darstellung von *Franz Wieacker*, Privatrechtsgeschichte der Neuzeit unter besonderer Berücksichtigung der deutschen Entwicklung, 2. Aufl., Göttingen 1967, im 1. Teil: Die mittelalterlichen Grundlagen der neueren Privatrechtsgeschichte, und hier als Überschrift zu Kapitel 2, S. 45 ff.; ebda. S. 49 auch die „Geburt".

[12] Siehe nur *Horn* (Fn. 6), Rn. 291; ganz ähnlich *Wieacker* (Fn. 11), S. 49.

zum ersten Mal in der Neuzeit der Gedanke einer wissenschaftlichen (positiven) Rechtsfindung durch. Er beruht auf der Vorstellung, dass das positive Recht einen sinnvollen Zusammenhang aufweist, ein lückenloses inneres System bildet, aus dem über die geschriebenen und gewohnheitsrechtlichen Sätze hinaus neues Recht abgeleitet werden kann."[13] In der Tat hatte Savigny in seiner ebenso pionierhaften wie absolut grundlegenden „Geschichte des Römischen Rechts im Mittelalter" (6 Bände, 1.Aufl. 1815–1831)[14] eine „Wiederherstellung der Rechtswissenschaft" zum tragenden Gesichtspunkt gemacht und in diesem Sinne eine große Kontinuität betont: Vom „12. Jahrhundert bis zum Schluss des Mittelalters" sei „in diesem ganzen Zeitraum ... der wissenschaftliche Charakter im Römischen Recht vorherrschend", und daher vor allem „Literärgeschichte", Bücherwerk, zu finden.[15] Also Wissenschaft als Denktradition überall seit Rom? Aber hier verwendete Savigny einen nur relativ schwachen Begriff von Rechtswissenschaft im Sinne von „gründlichem" Wissen und gründlicher „Interpretation" der römischen Texte.[16] Eine „systematische Behandlung der Rechtswissenschaft" sei nur schmal in den sog. *Summen* angefangen worden, also in den schlichten, einführenden Übersichten über den Inhalt ganzer Titel, d.h. größerer Abschnitte der Justinianischen Rechtsbücher wie zu Kauf, Miete u.ä.[17] Auf diese recht anspruchslose Weise konnte Savigny dann eine gewaltige Linie bis in seine Gegenwart ziehen. Denn, so schreibt er, dieser „wissenschaftliche Sinn für das Recht" habe sich „von jetzt an ununterbrochen" erhalten, er sei im 16. Jahrhundert nur „tiefer begründet und vielseitiger angewendet"[18] worden, also im Humanismus, und, so kann man anschließen, er mündete offenbar in Savignys eigene wahrhaft-"geschichtliche Rechtswissenschaft", die gerade nicht nur „geschichtlich" war, sondern auch überaus anspruchsvoll „innerlich"-"systematisch". Denn Savigny zielte darauf und glaubte daran, etwas wie innere Notwendigkeiten, leitende Grundsätze und große Prinzipien für den ganzen Rechtstoff zu enthüllen. Diese weitgehende

---

[13] *Jan Schröder*, Recht als Wissenschaft ..., München 2001, § 67 I/S. 269f.; ebenso 2. Aufl. 2012, S. 275.

[14] Siehe dazu *Joachim Rückert*, Friedrich Carl von Savigny (1779 bis 1861). Geschichte des Römischen Rechts im Mittelalter, in: Hauptwerke der Geschichtsschreibung, hg. von V. Reinhardt, Stuttgart 1997, S. 152–156.

[15] Siehe den einschlägigen Bd. 3, Heidelberg 1822, Kapitel 18, S. 75–89, und Vorrede S. III und IV.

[16] Ebda. S. 75 „neue gründliche Kenntnis" und S. 514 „Der Hauptgegenstand aber der Bücher, wie der Vorlesungen, war stets die Interpretation des Corpus Juris", im Kapitel 24: Die Glossatoren als Schriftsteller. Ein leicht greifbares Beispiel für eine Interpretation findet man bei *Hans Hattenhauer/Arno Buschmann*, Textbuch zur Privatrechtsgeschichte der Neuzeit mit Übersetzungen, München 1967, im Abschnitt „Die Wiederbelebung des römischen Rechtes in Oberitalien", S. 43–48 aus Accursius (um 1230); ähnlich auch noch S. 82–86 aus Bartolus (um 1330) und 86–92 aus Jason de Mayno (um 1480).

[17] Ebda. S. 524. Beispiele für kleine Summen findet man bei *Hattenhauer/Buschmann* (Fn. 16), S. 35–38 aus Placentin und 38–42 aus Azo (um 1200); ein Quellenbeispiel einer freilich ganz kleinen Summe, einer *summula*, und einer *quaestio*, auch bei *Karl Kroeschell*, Deutsche Rechtsgeschichte, Bd. 1: Bis 1250, 13. Aufl. 2008, S. 256f. (Quelle Nr. 64f.) im Kap. „Bologna und die Erneuerung der Rechtswissenschaft".

[18] *Savigny*, Geschichte III (Fn. 15), S. 78.

Systemvorstellung kam in der Tat erst im 16. Jahrhundert auf, obwohl schon Azo, freilich sehr großzügig eine „große systematische Zusammenfassung des römischen Rechts" zugeschrieben wird.[19] Recht erscheint bei Savigny als Produkt organischer Entwicklung, als Tradition in diesem Sinne, als letztlich notwendig, nicht als kontingent. Geschichte war hier nicht bloßes Faktum, gar Chaos, sondern sinnerfüllte, prinzipiell organische Entwicklung, fortschreitendes System. Konsequent ergibt sich eine erhebende, große Kontinuität, eine Folge von bloßen Metamorphosen. Eine so lange Linie lässt sich auch durchaus modern, ohne Organologie, ziehen, wenn man schon zu den Römern vermerkt: „unwissenschaftlich kann sie nur derjenige nennen, der keinen Respekt hat vor der wissenschaftlichen Elementarleistung des Aufbaus von Terminologien", oder wenn man sich mit dem wissenschaftstheoretisch sehr unscharfen allgemeinen Stichwort „rational" begnügt.[20] Diese Kontinuität, mit oder ohne Organologie, deckt also wieder sehr verschiedene Formen von Wissenschaft und damit sehr verschiedene Denk-Traditionen. Wir hätten also eine lange, aber allzu unspezifische und daher inhaltlich wenig belehrende Kontinuität von ‚Rechtswissenschaft' als Denktradition.

Gerne zitiert wird auch der besonders bedeutende Glossator Azo (um 1200) mit einer ihm zugeschriebenen Eloge auf die „Rechtswissenschaft" gleich zu Beginn seiner *Summa institutionum*. Sie adle, verdoppele die Ehren und führe die *iuris professores* zur Herrschaft und sogar in die kaiserliche Aula, ins Kaisergericht.[21] Als zeitgenössisches Zeugnis wäre dies von besonderem Gewicht. Der Bezug für den mit *Haec* beginnenden Lobessatz wird aber in den Zitaten in Übersetzung ergänzt. Und das entscheidende Wort Rechtswissenschaft bzw. etwa *scientia* kommt bei Azo im Bezugssatz davor nicht vor, noch ganz abgesehen davon, dass *scientia* eher als Gelehrt-

---

[19] Zum 16. Jh. *Schröder*, 2012 (Fn. 13), § 18; *Kriechbaum* (Fn. 20), S. 266; zu Azo *Lange* (Fn. 17), S. 261.

[20] Und: „Die Römer haben Definitionen entwickelt nach Maßgabe einleuchtender und dauerhaft-gleichförmig zu gebrauchender Unterscheidungskriterien. Mit ihren Begriffen haben spätere Generationen das Recht immer geschickter systematisiert ...", so *Roland Dubischar*, Vorstudium zur Rechtswissenschaft. Eine Einführung in die juristische Theorie und Methode anhand von Texten, Stuttgart 1974, in seinem gedankenreich einführenden Kapitel über „Typen rechtswissenschaftlicher Theorie. Ein historischer Überblick" anhand klassischer Texte, S. 1–29; „rational" mit Bezug auf Franz Wieackers Definition genügte *Hans Thieme* im an sich repräsentativen Handwörterbuch zur deutschen Rechtsgeschichte, unter „Rechtswissenschaft" in Bd. 4, 1990 (hier 1986), Sp. 419–423. Die wissenschaftsgeschichtliche Pointe dieses nach 1933 paradox prominent gewordenen Stichworts aus Max Weber kann hier nicht vertieft werden. Auch in der neuen grundlegenden Darstellung der Zeit von *Hermann Lange* reduziert sich ‚Wissenschaft' ganz unscharf auf irgendwie „rational", s. *ders.*, Römisches Recht im Mittelalter, Bd. 1: Die Glossatoren, München 1997, hier S. 463; schön konkret und genau differenzierend aber ders./*Maximiliane Kriechbaum*, ebda., Bd. 2: Die Kommentatoren, München 2007, S. 265 ff. Auf die bekannte Bewertungsfrage zu Glossatoren und Kommentatoren kommt es hier, für die allgemeine Kontinuitätsbehauptung, nicht an.

[21] Siehe die grundlegende Arbeit von *Johannes Fried*, Die Entstehung des Juristenstandes im 12. Jahrhundert. Zur sozialen Stellung und politischen Bedeutung gelehrter Juristen in Bologna und Modena, Köln und Wien, 1974, hier das Quellenzitat auf S. 115, 26 f. zur aula-Funktion; das gleiche Zitat dann bei *Gerhard Otte*, Die Rechtswissenschaft, in: Die Renaissance der Wissenschaften im 12. Jahrhundert, hg. von Peter Weimar, Zürich u. München, hier S. 135, und *Lange* (Fn. 20), S. 259 f.

heit zu verstehen wäre. In den Quellen gilt der Bezug vielmehr einem längeren Satz, in dem es darum geht, *dogmata* und *doctrina* zu lernen.[22] Immerhin in der später vorangestellten kleinen Gliederung der Drucke, hier etwa 1566, steht als Inhalt für diesen Satz „Scientia iuris utilitas". Diesen Nutzen der Gelehrtheit mit Wissenschaft zu übersetzen ist hier freilich ebenso verwirrend wie für die Römer.

Lassen Sie mich zum Schluss dieser Orientierung einen Blick in die mutige Würzburger Problemreduktion von Eric Hilgendorf werfen, also in seinen Band „dtv-Atlas Recht. Bd. 1: Grundlagen Staatsrecht Strafrecht"[23]. Salomonisch weit beginnt der Abschnitt „Rechtswissenschaft"[24] mit den Worten: „Rechtswissenschaft und Rechtsanwendung bilden zusammen die Jurisprudenz ..." Die „Geschichte der Rechtswissenschaft" reicht hier von der griechischen Antike bis zum BGB 1900. In Griechenland habe es zwar eine „hoch entwickelte Rechtsphilosophie" gegeben, aber „noch keine Rechtswissenschaft im heutigen Sinn. Diese sei eine Erfindung der Römer und habe sich aus der Rechtsprechung der Priester" entwickelt, konkret dann aus „Gutachten und Vertragsgestaltungen", kurz aus „Kautelarjurisprudenz".[25] Unter diesem sehr großen Dach von „Rechtswissenschaft" leben jedenfalls recht unterschiedliche Versionen friedlich nebeneinander.

Unausgetilgt wie die olympische Flamme und das ewige Licht der katholisch-christlichen Kirchen scheint die ‚Rechtswissenschaft' von Rom zu uns gewandert zu sein, immer leuchtend und im Kern stabil trotz mancher Wandlungen. Aber diese Traditionsvorstellungen sind als Wissenschaftsgeschichten ebenso verführerisch wie trügerisch und träumerisch. Sie sind erkauft mit allzu allgemeinen und inhaltsarmen Formeln. Offenbar bedarf es konkreterer Nachschau und Fragestellung, um nicht in weiträumig beliebigen und heterogen zerfallenden Traditionen zu versinken. Für die eigene Nachschau könnte die Anknüpfung an das ebenfalls benannte, übergreifende Arbeitsthema „Schulenbildung" helfen. Schulen sind eine etwas greifbarere Erscheinung als Denken und Traditionen.

## II. Denktraditionen, Schulbildungen, Luftschlösser

Eine genauere Fragestellung kann nicht schaden. Sie lässt sich am besten in der Anschauung unserer näheren, eigenen Schul-Geschichte entwickeln. Worüber reden wir eigentlich bei rechtswissenschaftlichen Schulen? Im Lexikon steht dazu „Rechts-

[22] Siehe die Handschrift online der Cologny, Fondation Martin Bodmer, Cod. Bodmer 14, f. 207r – Azo Bononiensis. Hugolinus Bononiensis. Iohannes Bassianus. Placentinus (http://www.e-codices.unifr.ch/de/list/one/cb/0014) aus dem 14.Jh.; ebenso das Münchener Digitalisat des Drucks Venetiae 1566, Sp. 1043.

[23] *Eric Hilgendorf*, München 2003 und öfter.

[24] Ebda., S. 14–15.

[25] Diese übergreifende Kennzeichnung als „Rechtswissenschaft" wird in der parallelen bildlichen Epochendarstellung nicht übernommen und für die Zeit seit Bologna bis 1900 nicht eigens wiederholt.

schule ist eine Lehrstätte oder Geistesrichtung innerhalb der Rechtswissenschaft", Beispiele sind die Freirechtschule, die historische Rechtsschule, die Prokulianer, die Sabinianer, Beryt, Ravenna, Pavia, Verona und Bologna.[26] Mit „Geistesrichtung" ist Schule freilich für meine Zwecke viel zu weit gefasst.

Schulen brauchen Schüler und Schüler sammeln sich um Lehrer. Damit bilden sich Schulen. Wo aber findet man die juristischen Schüler und Lehrer und damit die Schulen? In Zeitschriften, Festschriften, Nachrufen, Zitierungen, bewusst gemeinsamen Inhalten? – eine langwierige Aufgabe. Ein *Citation Index* existiert dafür nicht.[27] Natürlich hat man da gewisse Vorverständnisse und Vermutungen. Als Zivilrechtler, wie ich es bin, denkt man etwa an Schulen unter Heck, Binder, Rabel, Flume, von Caemmerer, Westermann sr., Larenz, Esser, Coing, Wiethölter, Canaris. Glücklicherweise lässt sich das prüfen. Denn es gibt ein recht umfassendes „Verzeichnis der Zivilrechtslehrer deutscher Sprache. Lehrer – Schüler – Werke".[28] Das Werk enthält ca. 350 Namen und erfasst die Zeit von ca. 1900–1986. Es vermerkt sogar eigens die akademischen Lehrer- und Schülerbeziehungen[29] und zwar auf der Basis von Eigenaussagen der systematisch befragten Betroffenen, meist indiziert durch die Habilitation. Die Wirklichkeit sieht wie so oft etwas anders aus als die Vermutungen. Eine Durchsicht aller Schülernennungen ergibt folgende Rangliste:

1. Wolfgang Kunkel mit 12 Schülern – 2. Helmut Coing mit 11 – 3. Ernst Rabel mit 10 – 4. Claus-Wilhelm Canaris mit 9 – 5. Martin Wolff und Gerhard Schiedermaier mit 8 – 6. Und eine ganze Reihe von Lehrern mit 7 Schülern, nämlich von Caemmerer, Larenz, Mestmäcker, Wiethölter, Zweigert – dann 7. Esser, Habscheid, Steindorff, Thieme und Wieacker mit 6.

Es kommt nicht darauf an, ob diese Zahlen ganz exakt sind – sie sind es sicher nicht[30]. Die Dimensionen können hier genügen. Heck, Binder, Flume, Westermann sr., sind jedenfalls nicht dabei. Sie hatten nur 2 (Heck, Binder) bzw. 5 (wohl Flume, Westermann) Schüler.

An diesen Nennungen kann man persönliche Schulverhältnisse erkennen. Was diese wissenschaftlich bedeuten, ist damit noch nicht klar. In der gerade referierten Rangliste führt zum Beispiel nicht zuletzt die Fächerkombination von Zivilrecht mit Rechtsgeschichte oder Rechtsvergleichung zu höheren Schülerzahlen. Von Schulbil-

---

[26] Siehe den Artikel Rechtsschule in *Gerhard Köbler*, Lexikon der europäischen Rechtsgeschichte, München 1997; ebenso 4. Aufl. 2008.

[27] Vgl. aber aus dem seinerzeit vor 1990 auch von mir mitaufgebauten Projekt: Die Emigration deutschsprachiger Rechtswissenschaftler ab 1933. Ein bio-bibliographisches Handbuch, Bd. 1, Berlin 2012; die Untersuchung von *Leonie Breunung*, Romanistik in der Weimarer Republik – Das „Selbstbild" einer Disziplin, in: ZSRom 116 (1999), S. 279–312.

[28] Verzeichnis der Zivilrechtslehrer deutscher Sprache. Lehrer – Schüler – Werke, hg. von Hyung-Bae Kim Seoul/Wolfgang Freiherr Marschall von Bieberstein, Seoul und München 1988.

[29] Siehe ebda. jeweils die Rubriken Akademischer Lehrer und Schüler.

[30] Nicht alle Befragten haben geantwortet, es fehlen etwa Flume und H.H. Jakobs, aber einige Schüler nennen Flume als Lehrer. Für Canaris sind bis 1986 nur die zwei Schüler Koller und J. Hager genannt, es kommen aber bis heute ca. sieben weitere dazu, vgl. die Festschrift 2007.

dungen im wissenschaftlichen Sinn zu sprechen wird sinnvoll bei gemeinsamen Inhalten und Methoden. Diese müssen als gemeinsam vorgestellt, erklärt und betrieben werden. Das geschieht in Programmen, speziellen Zeitschriften, Gemeinschaftswerken und laufenden Bezugnahmen. Exemplarisch ist dafür die Historische Schule von 1815. Der AcP-Gruppe seit 1818, der Zeitschrift für Deutsches Recht unter Reyscher, Wilda und später Beseler ab 1839, den Jahrbüchern von Jhering und Gerber seit 1857 und anderen ist das nicht so klar gelungen.[31] Schulbildungen im wissenschaftlichen Sinn speisen sich auch nicht nur aus Schülern. Treue Anhänger können auch außerhalb der Promotions- oder Habilitationsbeziehung erwachsen und nicht jeder Habilitierte erweist sich als Schüler. So hat etwa bei der Historischen Schule Puchta nie direkt bei Savigny gelernt und ebenso wenig der germanistische Mitgründer von 1815, Eichhorn, oder der später führende Windscheid. Max Rümelin und Heinrich Stoll waren Mitstreiter für Hecks Interessenjurisprudenz, aber nicht seine Schüler. Die sog. Begriffsjurisprudenz, wenn sie überhaupt außer im übertriebenen Scherz-Artikel und einzelnen Beispielen Jherings existierte[32], lässt sich nicht als Schulbeziehung Savigny-Puchta-Windscheid-Gerber-Laband darstellen. Eher kann man von einer Prinzipienjurisprudenz sprechen, die freilich ihre Prinzipien durchaus unterschiedlich gewann. Die Freirechtsbewegung vor 1914 war eine heterogene Bewegung von drei bis vier sehr unterschiedlichen Protagonisten (Ehrlich, Stampe, Kantorowicz, Fuchs) mit einem sehr kleinen gemeinsamen Nenner und keine Schule, obwohl Fuchs sie später so ausrief.[33] Die neuere „Wertungsjurisprudenz" zerfällt erst recht in ein sehr verschiedenes Werten, nimmt man die Worte und die Kontexte etwas ernster, nämlich von Heinrich Lange in der NS-Zeit bis zu Westermann, Coing, Larenz und auch Nipperdey nach 1945.[34] Die Kritisch-Politische Jurisprudenz nach 1968 scharte sich etwas enger um Wiethölter und Wassermann.[35] Für die ökonomische Analyse des Rechts kam es wohl nicht zu einer eigenen Schulbildung.[36] Die Abwägungsjurisprudenz wurde und wird getragen vom Bundesverfassungsgericht und einer sog. Smend-Schule, besonders mit Konrad Hesse.[37] Die neuere Argumentationsjurisprudenz, besonders begründet durch und bei Alexy und Ulfrid Neumann,

---

[31] Siehe dazu meine Zeitschriftenuntersuchungen: Geschichtlich, praktisch, deutsch. Die „Zeitschrift für geschichtliche Rechtswissenschaft" (1815–1850), das „Archiv für die civilistische Praxis" (1818–1867) und die „Zeitschrift für deutsches Recht und deutsche Rechtswissenschaft" (1839–1861), in: Juristische Zeitschriften. Die neuen Medien des 18. bis 20. Jahrhunderts, hg. von M. Stolleis, Frankfurt 1999, S. 107–257; sowie: Zur Charakteristik juristischer Periodika im 19. Jahrhundert in Deutschland, in: Juridica International 17 (Tartu 2010), S. 19–39.

[32] Siehe jetzt *meinen* Überblick: Die Schlachtrufe im Methodenkampf – ein historischer Überblick, in: Methodik des Zivilrechts – von Savigny bis Teubner, hg. von J. Rückert und R. Seinecke, 2. Aufl. Baden-Baden 2012, S. 501–550.

[33] Ebda., S. 517–519 und genauer in *Joachim Rückert*, Vom „Freirecht" zur freien „Wertungsjurisprudenz" – eine Geschichte voller Legenden, in ZSGerm 125 (2008), S. 199–255.

[34] *Rückert*, Schlachtrufe (Fn. 32), S. 521–529.

[35] Ebda., S. 530–532.

[36] Ebda., S. 532 f.

[37] Ebda., S. 533–539.

lässt sich nicht klar in Schulbildungen bringen.[38] Es blieben also nur die Schule der geschichtlichen Rechtswissenschaft und im 20. Jahrhundert die sog. Smend- und ihr gegenüber die sog. Carl Schmitt-Schule.[39] Das ergibt keine großen Denktraditionen.

Man kann den Schulbegriff natürlich weiter fassen, mit allen Chancen und Risiken, etwa wie erwähnt im Lexikon. Savigny spricht sehr weit von einer „Glossatorenschule", immerhin sind das gut zwei Jahrhunderte, differenziert sie dann aber in eventuelle „Secten".[40] Ein Kenner wie Bellomo unterscheidet wieder anders „zwei große divergierende Denkschulen" seit ca. 1230, eine um Accursius auf der Grundlage von Azo und eine um Odofredus mit Hugolinus, die erste mit strenger Auswahl und Ergänzung, abstrakter und enger am Text, die zweite ausführlicher und breiter kommentierend.[41] Stintzings immer noch wichtige „Geschichte der deutschen Rechtswissenschaft" kennt in den Überschriften eine „niederländische" und eine „französische" Schule – das wird aber kaum inhaltlich präzisiert.[42] Ähnlich steht es mit der „Hallischen" Schule, der „deutschen eleganten Schule", der „Schule Nettelbladts" und der „historischen Schule" in der Fortsetzung durch Landsberg.[43] „Schule" ist hier immer nur eine recht locker gebrauchte Sammelbezeichnung, mal mehr personal gefügt, mal mehr räumlich, selten nach der konkreten Arbeitsweise.

Präziser scheint das wissenschaftsgeschichtliche und -soziologische Konzept der Denkstile und Denkkollektive von Ludwik Fleck (1935).[44] Damit wäre man schon sehr nahe bei der „geistesgeschichtlichen" Perspektive, die insbesondere Franz Wieackers „Privatrechtsgeschichte der Neuzeit" benutzt, deren Konzeption ebenfalls aus dieser Zeit stammt.[45] An dieser so einflussreichen Konzeption darf man in Sachen

---

[38] Ebda., S. 539–542, obwohl es eine Alexy-Schule gibt.

[39] In diesem Sinne recht prägnant *Frieder Günther,* Denken vom Staat her. Die bundesdeutsche Staatsrechtslehre zwischen Dezision und Integration. 1949–1970, München 2004. Hier finden sich auch die entsprechenden Überschriften: „Traditionen deutschen staatsrechtlichen Denkens seit den 19. Jahrhundert" (S. 29–34) und „Die Formierung der Denkkollektive ... Die Schmitt-Schule ... Die Smend-Schule" (S. 112–191).

[40] Siehe seine berühmte „Geschichte des Römischen Rechts im Mittelalter", Heidelberg 1815 ff., hier Bd. 5, 1829, S. 221 f. im zusammenfassenden Rückblick.

[41] *Mario Bellomo,* Europäische Rechtseinheit. Grundlagen und System des Ius Commune, München 2005 (zuerst 1988 in Italienisch), hier S. 176 f.

[42] Siehe die Überschriften bei *Roderich Stintzing,* Geschichte der deutschen Rechtswissenschaft, 1. und 2. Abteilung, München u. Leipzig 1880 u. 1884, Kap. 9 und 10 in Abt. 1.

[43] Siehe die Überschriften bei *Ernst Landsberg,* 3. Abteilung, 1. Halbband 1898, Kap. 4, 5 II 3, 11 II 1, 12 II, sowie 2. Halbband 1910 zur Hist.Schule: Kap. 15 Begründung, 16 Frühblütezeit, 17 Hochblütezeit und 19 Krisis, Kap. 20 VI 2: Glaser und die österreichische Strafrechtsschule.

[44] Siehe *Ludwik Fleck,* Entstehung und Entwicklung einer wissenschaftlichen Tatsache. Einführung in die Lehre vom Denkstil und Denkkollektiv (1935), hg. von L. Schäfer/Th. Schnelle, 4. Aufl. Frankfurt am Main 1999. Es wird insbesondere von *Günther* (Fn. 39) für die Staatsrechtswissenschaft verwendet, s. S. 15–19. Weniger ergiebig ist hier die Studie von *Wilfried Schröder,* Disziplingeschichte als wissenschaftliche Selbstreflexion der historischen Wissenschaftsforschung. Eine Darstellung unter Heranziehung von Fallstudien der Wissenschaftsgeschichte der Geophysik, 1982. Sie ist ganz auf die Naturwissenschaften zugeschnitten, vgl. aber S. 43 ff. instruktiv zu den Konzepten der Wissenschaftsgeschichte bei Kuhn, Popper, Feyerabend, Lakatos und anderen.

[45] *Wieacker,* Privatrechtsgeschichte (Fn. 11), S. 11; siehe zur Konzeption seit den 1930er Jahren

juristischer Denktraditionen nicht vorbeigehen. Wieacker „orientiert sich“, wie er 1967 betont, „an den Typen des wissenschaftlichen Denkens, welche die wechselnden Antworten des Geistes auf neue Erfahrungen der Rechtswirklichkeit waren“ und bewusst nicht an „methodischen Stilen des Rechtsdenkens“.[46] Typen also statt Stile – das sollte von den Belastungen der überzogenen Stilgeschichte befreien.[47] In der Sache ebenso, aber unbefangener und authentischer „geistesgeschichtlich“ orientierte er sich 1952 am „Geist des Rechtsdenkens“, an „Typen europäischer Geistigkeit“, an „objektiviertem abendländischen Geist in seinen strukturellen Entwicklungsprozessen“, zudem als „Ausdruck der wahren Geschichte des Geistes, nicht Begleiterscheinung des pragmatischen Materials und der zufälligen Begebenheiten“ – das waren ihm die entscheidenden, „geistesgeschichtlichen Prozesse“, die für ihn „den Verwandlungen der Rechtsanschauung zu Grunde“ lagen und ihm „eine zutreffende Periodisierung“ erlaubten.[48] Konsequent bildete er fünf geistesgeschichtliche Epochen anhand von „vier großen Wendungen des europäischen Rechtsdenkens“. Daraus wird (1) die Entstehung einer europäischen Rechtswissenschaft im 12. bis 14. Jahrhundert parallel zur Scholastik[49], (2) ihre Ausbreitung bzw. Rezeption in ganz Europa im 13. bis 16. Jahrhundert im Rahmen des Humanismus, (3) die Entstehung und geistige Vorherrschaft des modernen Naturrechts im 17. und 18. Jahrhundert im Rahmen des mathematischen Zeitalters und des sozialgesetzlich interessierten Ver-

---

*meine* Studien: Geschichte des Privatrechts als Apologie des Juristen – Franz Wieacker zum Gedächtnis, in Quaderni fiorentini 24 (1995), S. 531–562, und: Privatrechtsgeschichte der Neuzeit: Genese und Zukunft eines Faches, in: Franz Wieacker. Historiker des modernen Privatrechts, hg. von O. Behrends/E. Schumann, Göttingen 2010, S. 75–118, sowie jetzt umfassend *Viktor Winkler*, Der Kampf gegen die Rechtswissenschaft. Franz Wieackers „Privatrechtsgeschichte der Neuzeit“ und die deutsche Rechtswissenschaft des 20. Jahrhunderts, Hamburg 2014. Denktypus und Denkart sind auch Leitbegriffe in der bekannten Programmschrift von *Carl Schmitt*, Über die drei Arten des rechtswissenschaftlichen Denkens, Hamburg 1934.

[46] Ebda. S. 20 mit der langen Fn. 19.

[47] Dass *Wieacker* dabei nicht konsequent bleibt, sondern auf „Stil“ zurückfällt, zeigen Passagen wie Privatrechtsgeschichte S. 215, wo er „eine abkürzende Stilformel“ für das „wissenschaftliche Zeitalter“ des Usus modernus sucht, und Hilfe findet beim „allgemeinen Kulturstil“ des „europäischen Hochbarock“. Auf die evidenten Zusammenhänge mit der Kunstgeschichte (Winckelmann, Wölfflin, Frankl, Pinder) und Wirtschaftsgeschichte (Bechtel, Eucken, Müller-Armack) muss hier verzichtet werden; siehe für die Jurisprudenz nur die Spätschrift von *Heinrich Triepel*, Vom Stil des Rechts. Beiträge zu einer Ästhetik des Rechts, 1947, bes. Kap. 11: Stilarten der Rechtswissenschaft (S. 116–120); das „Wesen des Stils“ sei ein „Wählen und Wollen“ (S. 116), bes. der Methoden; und vor allem auch das große Kapitel „Stilgeschichte von Recht und Staat“ bei *Josef Esser*, Einführung in die Grundbegriffe des Rechtes und des Staates. Eine Einführung in die Rechtswissenschaft und in die Rechtsphilosophie, Wien 1949, S. 49–98. Esser geht hier aus von der „Wahrheit des Naturrechtsgedankens“ (S. V) und nennt seinen Stile auch „Typologie“ (S. 49 in der Fn.). Stil sei „geprägter Geist, der lebend sich entwickelt“ (S. 50), seit den germanisch- lateinisch-indisch-slawisch-griechischen „Urformen“ aller Kulturvölker (S. 50 f.); für weitere Verwendungen von „Stil“ *Joachim Rückert*, Autonomie des Rechts in rechtshistorischer Perspektive, Hannover 1988, S. 17 (zu Luhmann, Rothacker, von Kruedener/M. Weber, Proesler, O. Brunner, D. Simon u. a.).

[48] Alles *Wieacker*, 1. Aufl. 1952, S. 10.

[49] Ausdrücklich anschließend an die „allgemeinen Entwicklungsprozesse des europäischen Denkens“ 1. Aufl. S. 10 f.; in der Sache parallel, aber weniger deutlich 2. Aufl. S. 22–25.

nunftrechts[50], (4) die Historische Schule und der Wissenschafts- und Gesetzespositivismus des 19 Jahrhunderts im Rahmen des Neuhumanismus und des kausalgesetzlich interessierten natur- und sozialwissenschaftlichen Positivismus sowie des juristischen Naturalismus und (5) der „Zusammenbruch (der Rechtskultur) des Positivismus und die Rechtskrisis unseres Jahrhunderts".[51] Den Verwicklungen und Problemen dieses Deutungsschemas ist hier nicht tiefer nachzugehen. So war der besonders juristische und rechtspraktische sog. Usus modernus des 17. und 18. Jahrhunderts nur als Nebenschauplatz des Natur- und Vernunftrechts unterzubringen und für die privatrechtliche Institutionengeschichte fand sich kein rechter Ort. Die Weite und Maßgeblichkeit seines Begriffes von Geist bzw. wissenschaftlichem, nicht nur rechtswissenschaftlichem, Denken ermöglichte Wieacker dafür wie schon Savigny die Vorstellung einer gewaltigen Kontinuität, nämlich einer einzigen „einheitlichen geistigen Bewegung, die seit der Wende zum 12. Jahrhundert in Gang geriet".[52] Im Rahmen dieser einen einheitlichen Bewegung ereigneten sich dann nur „Neuansätze"[53] und „Taktschläge"[54].

Diese Kontinuitätserzählung preist in Wahrheit ihre Vorstellung von Rechtswissenschaft ununterbrochen an und benutzt die Wissenschaftsgeschichte als wehrlose Beispielsammlung. Denn man könnte die Geschichte auch mit guten Gründen ganz anders erzählen. Ihren Höhepunkt und ihre Absturzkante erreicht diese Art der Erzählung, wenn sie noch enger und konkreter zugespitzt auftritt. In dem bekannten Beispiel von Hermann Kantorowicz, dem so intensiven Quellenkenner, wird alles höchst geistreich reduziert auf eine „Pendelbewegung" zwischen „Formalismus" und „Finalismus": „Wer mit zusammenfassendem Blick die geschichtlichen Wandlungen der Rechtswissenschaft überschaut, muß bald bemerken, daß hinter immer wechselnden Formen und Namen der gleiche Gegensatz sich stets von neuem auftut" – so der erste Satz. [55] „Rechtswissenschaft" überall, „Wandlungen" nur, etwas „tut sich auf" – die objektivistischen Kontinuitätssprachspiele sprechen deutlich. Jherings Antithetik von Begriff und Zweck wird als Formalismus und Finalismus fortgeschrieben in dieser Suche nach dem ‚Geist des ... Rechts auf den Stufen seiner Entwicklung'.[56]

---

[50] Ebda., 1. Aufl., S. 11: „die geistige Begründung und die politische Herrschaft des Vernunftrechts."

[51] Ebda., 1. Aufl., S. 10 f. und 22 f.; „der Rechtskultur" ist in der 2. Aufl. gestrichen.

[52] So deutlich die 1. Aufl., S. 10; ähnlich 2. Aufl. gleich eingangs, S. 13.

[53] Ebda., S. 20 „methodische Neuansätze des europäischen Denkens ... Typen des wissenschaftlichen Denkens".

[54] Ebda., 2. Aufl., S. 20 in Fn. 19; 1. Aufl., S. 10 im Text.

[55] Siehe *Hermann Kantorowicz*, Die Epochen der Rechtswissenschaft (1914), erneut in *ders.*, Rechtshistorische Schriften, hg. von H. Coing/G. Immel, Karlsruhe 1970, S. 1–14, hier 1; auch 2: „Wechselspiel ..., welches den Gang der Rechtswissenschaft im Großen seit fast einem Jahrtausend bestimmt". Nach *Helmut Coing* (ebda., Einleitung, XII) eine Skizze der Gesamtgeschichte der Rechtswissenschaft, „gewiß ... verfrüht" und in einem „gewissen Schematismus"; für die sachliche Übereinstimmung Wieackers mit Kantorowicz trotz anderer Worte sehr aufschlussreich *Winkler* (Fn. 45), S. 89–95.

[56] Anspielung auf *Jherings* Titel „Geist des römischen Rechts auf den Stufen seiner Entwicklung"

Und Wieacker selbst wagt einmal eine Reduktion auf „Formalismus und Naturalismus in der neueren Rechtswissenschaft" – begrenzter also auf eine neuere Phase, aber ebenso zugespitzt.[57] Wenn diese Ikarusflüge in den grellen Widerschein der historischen Fülle geraten, bewähren sie sich leider nicht, so sehr das Flugerlebnis begeistert.

Die starken Prämissen dieses Zugriffs teilen wir nicht mehr ohne weiteres. Denn diese Geistesgeschichte tendiert zu einer substanzhaften Überhöhung und Bevorzugung gewisser idealer und stark werthaltiger Aspekte. Sie hat auch deutliche ideologische Vorlieben und Abneigungen. Sie will „sozialethisch" sein und auf keinen Fall besonders liberal. Sie traut dem Parlament und der Demokratie nur begrenzt und eher dem Asyl der Rechtswissenschaft und dem Juristen als fachlich neutraler, aber vor allem lebensnaher Figur. Sie vernachlässigt durchaus bewusst die Jurisprudenz der täglichen rechtlichen Problemlösung, der Falllösung, der Rechtskunst. Der große Atem wird atemberaubend.

Es kommt hinzu, dass die weittragenden Behauptungen über wissenschaftliche Typen, Stile und Schulen kaum empirisch eingelöst und einlösbar sind. Welch beträchtlicher Aufwand hier geleistet werden kann und anstünde, zeigt inzwischen das eindrucksvolle Beispiel von Schulze-Fielitz' Mikrokosmos-Studie zur Staatsrechtslehre. Sie vertagt deswegen die Antworten und mündet in zwölf erkenntnisleitende Fragen.[58] Auf historischem Felde zeigt die Pionierarbeit Kriechbaums zu den Kommentatoren, was zu leisten ist.[59]

Vielleicht waren also die Denktypen und -stile ohnehin nur zeitweilig dominierende Moden? Hat man ein genaueres Verzeichnis wie das zu den Zivilrechtslehrern seit 1900 an der Hand, so erweisen sich die Behauptungen über Schulen und Stile als höchst brüchig. Solidere äußere und innere Kriterien wie eine gemeinsame Programmschrift, eine gemeinsame Zeitschrift, ein offenes Denk-Bündnis, gemeinsame Programmpunkte, gemeinsame Denkhaltungen, gemeinsamer Wirkungswille, werden kaum und schon gar nicht systematisch vorgeführt. Sie erst unterfüttern aber die Suche nach Denkkollektiven und ihren Paradigmen, wie sie Thomas Kuhn vor gut 50

---

(1852 ff.), zu dem sein Torso „Der Zweck im Recht" (1877 ff.) ausdrücklich die Fortsetzung war; dazu genauer *Joachim Rückert*, Der Geist des Rechts in Jherings „Geist" und Jherings „Zweck", in RG 5 (2004), S. 128–149 und RG 6 (2005), S. 122–142; *Kantorowicz* bezieht sich ebda. (vorige Fn. 55) ausdrücklich auf Jhering.

[57] Siehe *Franz Wieacker*, Formalismus und Naturalismus in der neueren Rechtswissenschaft, in: Festschrift für Helmut Coing zum 70. Geburtstag, München 1982, Bd. 1, S. 703–717. Die Zuspitzung ist brisant, da mit Formalismus der Positivismus gemeint ist, mit Naturalismus der soziale Utilitarismus und der biologische Evolutionismus, und beide moralisch und politisch unbefriedigend, teils leer, teils opportunistisch, genannt werden, da bei ihnen der Zugang zu einem vorpositiven rechtlichen Sollen notwendig verlegt sei (s. S. 717, 713). Das strukturiert im Übrigen auch Wieackers Privatrechtsgeschichte, s. nur S. 563 ff. zu Naturalismus; eindringend dazu jetzt *Winkler* (Fn. 45), S. 320 ff., 353 ff.

[58] Siehe *Helmuth Schulze-Fielitz*, Staatsrechtslehre als Mikrokosmos. Bausteine zu einer Soziologie und Theorie der Wissenschaft des Öffentlichen Rechts, Tübingen 2013. Das Buch lag mir vor meinem Vortrag noch nicht vor.

[59] Siehe oben Fn. 20.

Jahren weiterentwickelt hat.[60] Die juristischen Schulbildungen erscheinen ohnehin eher als Bündnisse, denn als Lehrer-Schüler-Verhältnisse – man könnte passender von Denk-Bündnissen sprechen. Anschaulich wird das darin erfahrbar, dass sie meist polemisch gegründet wurden. Savigny und Eichhorn gründeten 1814/15 ihre Zeitschrift gegen zu unpositives und „ungeschichtliches" juristisches Denken und Arbeiten, Jhering und Gerber 1857 gegen zu historische, zu positive und zu nationale Jurisprudenz[61], ebenso die „Freirechtler" Ehrlich, Stampe, Kantorowicz und Fuchs 1903–1906, nun ohne Zeitschrift. Dagegen positionierten sich wiederum Heck, Rümelin und Stoll gegen zu gesetzesfreie Jurisprudenz (Heck, dann besonders als einflussreicher AcP-Redakteur). Dagegen traten wiederum Lange, Larenz u. a. an gegen eine zu gesetzlich-interessengeprägte Jurisprudenz. Oder später, 1962, vereinigten sich Böckenförde und Schnur mit der neuen Zeitschrift „Der Staat" für die Schmitt-Schule gegen das AöR unter Mallmann usw. Und 1968 schrieb Wiethölter einen Generalangriff, eine Entzauberung, da nach seiner Auffassung „ein Rechtssystem nicht mehr und eine Rechtswissenschaft noch nicht existieren."[62] Offenbar richtet man sich bei solchen Schulanstößen und Denkbündnissen jeweils gegen das eine Periode bestimmende „Normaldenken" im Sinne von Kuhn, d. h. einer Periode darin eingefahrener Tätigkeit ohne Grundsatzzweifel. Denktraditionen sind hier nur zeitweilige Denknormalitäten.

An solchen Quellen und konkreten Denkbündnissen lassen sich immerhin jüngere juristische Denkmöglichkeiten erschließen, die noch zu unseren Normalitäten gehören.[63] Auch ältere Traditionen lassen sich so aufnehmen, etwa der Gegensatz von *mos italicus* und *mos gallicus* im 16. Jahrhundert.[64] Aber der verbreitete Zugriff über Denktypen oder Stile oder Schulen und Schulbildungen in unseren einschlägigen Leitbüchern, also bei Wieacker, Larenz, Esser und ihren Epigonen, erst recht Boehmer und Schönfeld, erweist sich jedenfalls als zu geistes-, stil- oder methodengeschichtlich abstrakt, zu wertungsstark, zu ideologisch. Er führt in luftigste Höhen, aber nicht hinein in die eigentlichen Arbeitsweisen des juristischen Wirkens, in ihre Gemeinsamkeiten und Unterschiede. Ich werde daher einen radikal anderen Weg der historischen Reflexion versuchen. Es scheint mir einen Versuch wert, gewissermaßen die juristische Arbeitsweise am Fall und Problem selbst etwas konkreter zu betrachten, zu analysieren und diese Analysen zu verknüpfen.

---

60 *Thomas S. Kuhn*, The Structure of Scientific Revolutions, Chicago 1962; 2. erweiterte Aufl. 1970; dt. Übs.: Die Struktur wissenschaftlicher Revolutionen, Frankfurt a. M. 1967; 2. Auflage 1976.

61 Siehe *Rudolf Jhering*, Unsere Aufgabe, in: Jahrbücher für die Dogmatik des heutigen römischen und deutschen Privatrechts, 1 (1857), S. 1- 52.

62 *Rudolf Wiethölter*, Rechtswissenschaft (= Funkkolleg zum Verständnis der modernen Gesellschaft. Eine Vorlesungsreihe der Johann Wolfgang Goethe-Universität Frankfurt in Zusammenarbeit mit dem hessischen Rundfunk, Bd. 4), Frankfurt am Main und Hamburg, 1968. Der Titel sollte eigentlich „Recht" lauten, siehe die Notiz auf S. 6, sowie das Zitat auf S. 3 der Originalausgabe.

63 In diesem Sinne *mein* Überblick seit Savigny unter dem Titel: Schlachtrufe ..., s. o. Fn. 32.

64 Dazu nach wie vor besonders *Klaus Luig*, Mos gallicus, mos italicus, in: Handwörterbuch zur deutschen Rechtsgeschichte, Bd. 2, 1984, Sp. 691–698 (noch nicht in der 2. Aufl.).

## III. Juristenarbeit am Problem – seit Rom, oder ‚Rechtswissenschaft' in action

Ein solcher Zugriff muss an einem durchgehenden Problem erfolgen. Nur dann besteht die Chance, gerade die juristische Arbeitsweise in der Betrachtung zu isolieren und möglichst für sich betrachtet zu verfolgen. Anderenfalls sind Unterschiede der Arbeitsweise schon durch die unterschiedlichen Problemstellungen möglich und wahrscheinlich. Der Zugriff erfordert zweitens eine beträchtliche Problem- und Quellenkompetenz von Rom bis gestern. Selbstverständlich kann eine solche Kompetenz bei allem Respekt immer nur recht begrenzt eingelöst werden. Was mich betrifft, kann ich auf der Basis mehrerer Untersuchungen einen Versuch für das Problem der Zufallsstörungen oder Risikotragung im Dienstvertrag wagen.[65] Was bietet also die Tradition juristischen Denkens oder besser Arbeitens zu diesem Problem?

### *1. Römische Juristenarbeit*

Das überlieferte Material zum Problem der Zufallsstörung im Dienstvertrag ist verhältnismäßig schmal und in nur acht voll einschlägigen Quellenstellen fassbar.[66] Das hat den Vorteil, dass sie hier vollständig zur Anschauung gebracht werden können. Ohne solche unmittelbare Quellenanschauung kann man keine Vorstellung gewinnen.[67] Um Veränderungen zu sehen, wird dabei nicht die sachliche Ordnung der Digesten, sondern die Chronologie befolgt. Die Begründungen sind im Folgenden jeweils kursiv hervorgehoben:

**1. Ulpian 32 ad ed. D. 19,2,15,6** – für um 150 – **Schiffsverlust**[68]

In einem Fall, in dem von jemandem nach Untergang des Schiffes das Frachtgeld, das er als Gegenleistung bereits empfangen hatte, zurückgefordert wurde, wurde von Kaiser Antoninus [Caracalla] der Bescheid erteilt, der kaiserliche Procurator fordere zu Recht das Frachtgeld von

[65] Siehe *meine* Untersuchungen zu „Unmöglichkeit und Annahmeverzug im Dienst- und Arbeitsvertrag", in ZfA 14 (1983), S. 1–29, „Vom casus zur Unmöglichkeit und von der Sphäre zum Synallagma. Weichenstellungen bei der Risikoverteilung im gegenseitigen Vertrag, entwickelt am Beispiel des Dienstvertrages", in ZNR 6 (1984), S. 40–73, und jetzt *mein* Beitrag in: Historisch-kritischer Kommentar zum BGB, hg. von M. Schmoeckel/J. Rückert/R. Zimmermann, Bd. 3: Besonderes Schuldrecht, Tübingen 2013, zu § 615, S. 1061–1195.

[66] Siehe zum Quellenstand *Rückert* (Fn. 65), § 615 Rn. 124.

[67] Ich stütze mich im Folgenden auf *meine* ausf. Darstellung im HKK zu § 615 (s. Fn. 65); einen guten allgemeineren Überblick gibt *Laurens Winkel*, Ratio decidendi – Legal Reasoning in Roman Law, in: Ratio decidendi. Guiding Principles of Judicial Decisions, Vol. 1: Case Law, ed. by W. H. Bryson/S. Dauchy, Berlin 2006 (= Comparative Studies in Continental and Anglo-American Legal History, 25/1), S. 9–24.

[68] Nach *Ulpians* Bericht aus den Jahren 192–217 zu einem Bescheid von um 150: *Item cum quidam, nave amissa vecturam, quam pro mutua acceperat, repeteretur, rescriptum est ab Antonino Augusto non immerito procuratorem Caesaris ab eo vecturam repetere, cum munere vehendi functus non sit: quod in omnibus personis similiter observandum est.*

ihm zurück, *weil die Transportpflicht nicht erfüllt worden sei.* Dies gilt ähnlich für alle Personen [also nicht nur für den Fiskus].

**2. Papinian nach Ulpian 32 ad ed. D. 19,2,19,10** – um 206–211 – **Legatenassessor**[69]

Auch Papinian hat im 4. Buch seiner Rechtsgutachten geschrieben, daß beim Tod eines kaiserlichen Gesandten dessen Gefolgsleuten das Gehalt für den Rest der Zeit *auszuzahlen sei*[70]*, sofern sie nicht nachher in derselben Zeit Gefolgsleute bei anderen waren.*

**3. Ulpian 32 ad ed. D. 19,2,19,9** – um 210 – **Schnellschreiber**[71]

In einem Fall, in dem ein Schnellschreiber jemandem seine Dienste zur Verfügung gestellt hatte und danach derjenige, der ihn in Dienst genommen hatte, gestorben war, hat der Kaiser Antoninus [Caracalla] zusammen mit dem vergöttlichten Kaiser Septimius Severus auf die Eingabe des Schreibers folgenden Bescheid erteilt: „*Wenn es*, wie Du vorträgst, *nicht an Dir gelegen hat*, daß Du die zugesagten Dienste dem A.A. nicht geleistet hast, und *wenn Du in diesem Jahr von niemand anderem eine Vergütung empfangen hast*, ist es gerecht, daß die Vertragszusage erfüllt wird."

**4. Ulpian 8 de omn. trib. D. 50,13,1,13.** – wohl um 215 – **Advokatentod**[72]

Der vergöttlichte Kaiser Severus erlaubte nicht, von den Erben eines verstorbenen Advokaten den Lohn zurückzufordern, *da es nicht an diesem gelegen habe*, daß er die Rechtssache nicht geführt habe.

**5. Ulpianus 38 ad ed. D. 38,1,15 pr.** – aus 192–217 – **Krankheit im Freigelassenendienst**[73]

Ein Freigelassener, der nach der Auferlegung von Diensten gesundheitlich gehindert war, sie voll zu leisten, haftet nicht. Es läßt sich nämlich nicht erkennen, *daß es an ihm gelegen habe*, daß er nicht voll leistete.

**6. Codex 4,6,11** – a° 294 – **Advokatenlohn**[74]

Wenn wegen einer Anwaltssache Geld gegeben wurde und bewiesen wurde, *daß es an den Empfängern [des Geldes] gelegen hat*, daß die Vertragszusage nicht voll erfüllt wurde, ist man einig, daß das Geld zurückzuerstatten sei.

**7. Paulus lib.reg. D. 19,2,38 pr.** – kaum vor dem 4. Jh. – **Grundregel**[75]

Wer die Leistung von Diensten versprochen hat, muß den Lohn für die gesamte Zeit erhalten, *wenn es nicht an ihm lag*, daß er die Dienste nicht geleistet hat.

---

[69] *Papinian*, ebenso in D. 1,22,4: *Papinianus quoque libro quarto responsorum scripsit, diem functo legato Caesaris salarium comitibus residui temporis praestandum, modo si non postea comites cum alios eodem tempore fuerunt.*

[70] Die Begründung schließt ausdrücklich mit „Auch Papinian ..." an die im Fragment unmittelbar davor an, hier sogleich Nr. 3.

[71] Bericht Ulpians aus 197–217 zu um 210: *Cum quidam exceptor operas suas locasset, deinde is qui eas conduxerat decessisset, imperator Antoninus cum divo Severo resripsit ad libellum exceptoris in haec verba: „Cum per te non stetisse proponas, quo minus locatas operas Antonio Aquilae solveras, si eodem anno mercedem ab alio non accepisti, fidem contractus impleri aequum est."*

[72] *Ulpian*, wohl um 215 entstanden: *Divus Severus ab heredibus advocati mortuo eo prohibuit mercedem repeti, quia per ipsum non steterat, quo minus causam ageret.*

[73] *Ulpian*: *Libertus, qui post indictionem operarum valetudine impeditur, quo minus praestet operas, non tenetur: nec enim potest videri per eum stare, quo minus operas praestet.*

[74] *Justinian* im Codex, de condictione ob causam datorum: *Advocationis causa datam pecuniam, si per eos qui acceperant quominus susceptam fidem impleant, stetisse probetur, restituendam esse convenit.*

[75] *Pseudo-Paulus*: *Qui operas suas locavit, totius temporis mercedem accipere debet, si per eum non stetit, quo minus operas praestet.*

**8. Pseudo-Paulus lib.reg. D. 19,2,38,1.** – kaum vor dem 4. Jh. – **Advokatenhonorar**[76]
Auch Anwälte müssen das Honorar nicht zurückzahlen, *wenn es nicht an ihnen lag*, daß sie eine Sache nicht geführt haben.

Ob Jurist oder nicht, man wird sofort bemerken, dass diese Juristen fast ausschließlich vom Fall ausgehen. Nur einmal wird bloß eine etwas allgemeinere Regel berichtet (in Nr. 7). Aber auch sie gilt nur einer bestimmten Fallgruppe, der Zufallsstörung bei Diensten. Den sehr konzentrierten Fallberichten werden ebenso konzentrierte knappe Begründungen angeschlossen, in einem einzigen Satz oder Halbsatz. Die Begründungen verwenden eine bemerkenswert stabile Terminologie. In sechs der acht Stellungnahmen wird abgestellt auf *si non per eum stat/ wenn es nicht an ihm liegt*. Daraus wird in Nr. 7 eine allgemeinere Regel formuliert, zwar spät und eine seltenere Erscheinung in den römischen Quellen, aber doch. Zweimal ist die Rede von Nichterfüllung (Nr. 1 *functus non sit*, Nr. 6 *quominus fidem impleant*) – hier geht es um Gegenfälle, um dem Schuldner zurechenbare (Nr. 6 *per eos stetisse*) Nichtleistung und folglich Entgeltverlust.

Es handelt sich nicht um bloße Kasuistik, sondern um *eine* Begründung, formelartig stabilisiert, für im übrigen unterschiedliche Fälle – eine Dogmatisierung also. Denn obwohl die Einzelfälle in Rom unterschiedliche Vertragslagen betrafen (nominat, liberal, illiberal, innominat mit Reurecht), stimmen sie materiell überein und werden zusammengeführt. Die allgemeinere Regel in Nr. 7 bezieht sich zunächst nur auf *merces*/Geldlohn-Fälle, also speziell auf die einfache Dienstmiete, wie im Schnellschreiberfall (3.). Einbezogen wird aber als materiell ähnlich der Advokatenfall in Nr. 4, bei dem es eigentlich um Honorar, nicht *merces*, gehen müsste. Entscheidungstragend ist die ewige Juristenkunst des Fallvergleichs. Die Regel in Nr. 7 wird in der Pseudo-Paulus-Regel in später Zeit explizit verallgemeinert auf Advokaten und Honorar, das dann zu dieser Zeit, nach dem Wegfall des Formularprozesses, nicht mehr unklagbar war (in 8.). Das wird auch schon für das Gehalt/*salarium* der Gesandten durchgeführt (2.). Eine vergleichende Bestätigung der Störungsregel geben der Freigelassenen-Fall in 5. und die zurechenbaren Nichtleistungen beim Schiffsverlust (1.) und im umgekehrten Advokaten-Fall (6.). Die, wenn auch späte, Formulierung der allgemeinen Dienste-Regel in Nr. 7 leistet eine weitere Dogmatisierung. Sie legt die Vermutung nahe, dass die Unterschiede der genannten Beispiele im Status (Freigelassenendienste, freie Gelddienste, ‚freiberufliche' Dienste) und Vertrag (nominat, innominat, illiberal, liberal) keine wesentliche Rolle mehr spielten.

## 2. *Auf dem Weg zum BGB*

Im Mittelalter und der Frühen Neuzeit wurden die Statusunterschiede noch einmal ständisch belebt. Aber spätestens im 19. Jahrhundert wurden alle diese Rand-Bedin-

[76] *Pseudo-Paulus: Advocati quoque si per eos non steterit, quo minus causam agant, honoraria reddere non deberent.*

gungen im Zeichen von gleicher rechtlicher Freiheit scharf reduziert. Der Vertrag wird zum neuen allgemeinen Dienstvertrag in BGB § 611 universalisiert; die Zufallsstörung wird sehr generell gefasst unter nicht zu vertretender Unmöglichkeit in § $323^{1900}$ bzw. § $326^{2002}$, aber für den Dienstvertrag differenziert in endgültige Unmöglichkeit (§ $323^{1900}$) und Annahmeverzug in §§ 293 ff. und 615. Letzterer lautet nun lapidar:

Kommt der Dienstberechtigte mit der Annahme der Dienste in Verzug, so kann der Verpflichtete für die infolge des Verzugs nicht geleisteten Dienste die vereinbarte Vergütung verlangen, ohne zur Nachleistung verpflichtet zu sein. Er muss sich jedoch den Wert desjenigen anrechnen lassen, was er infolge des Unterbleibens der Dienstleistung erspart oder durch anderweitige Verwendung seiner Dienste erwirbt oder zu erwerben böswillig unterlässt. …

Der Unterschied zu Rom ist ersichtlich drastisch. Der Fallbereich wurde riesig (alle Dienste, Annahmeverzug). Eine Begründung fehlt. Nur die technischen Worte und ihr hierarchischer Zusammenhang (hier z. B. Störung, Verzug, Annahmeverzug) zählen. Die Konditionalstruktur des Textes mit Tatbestand und Rechtsfolge zielt auf bloße Subsumtion, nicht auf Sachbelehrung zum Problem. Eine lange Arbeitstradition ist verschwunden, genauer: verdrängt durch das Gesetz, noch genauer: abgedrängt in die Kommentarebene, die wiederum zuerst an den Gesetzesworten hängt, nicht an den Fällen und Begründungen. Diese Reduktion ist die Leistung einer immer weiter getriebenen juristischen Dogmatisierung der Regeln für immer mehr Fallgruppen und deren hierarchisch-systematische Ordnung nach Problembereichen (z. B. Privatrecht, Vertragsrecht, Leistungsstörung, zu vertreten, zufällig). Alle Zufallsstörungen in Verträgen zerfallen nur noch in dauernde Unmöglichkeit und Verzug. Als Grenze im Annahmeverzug bleibt lediglich das persönliche Im-Stande-Sein des Schuldners (§ 297), ein Rest des römischen *per eum stat/non stat*. Die Fallgruppen verschwinden in den Dogmen.

Diese enorm folgenreiche, bis heute bestimmende Leistung war der Ehrgeiz des Vernunftrechts- und Kodifikationszeitalters. Bis dahin und noch lange bis ins 19. Jahrhundert war das Kommentieren der Fall-Texte in der Legalordnung der Digesten bzw. Pandekten die zentrale Juristenarbeit, im Druck wie in den Vorlesungen. Es geschah teils enger exegetisch an den Worten der römischen Quellenstellen, teils etwas freier sachlich an ihren Problemen.[77] Schon im Druckbild stellte entsprechend die Glosse den Quellentext ins Zentrum und die Glossen in einen umgebenden Rahmen. Auch die zusammenfassende *Magna Glossa* oder *Glossa ordinaria* des Accursius zum gesamten Corpus iuris legt in diesem Stil ihre 96.940 Glossen kettenförmig um

[77] Siehe dazu die anschaulichen Schilderungen bei *Savigny*, Geschichte III (Fn. 15), S. 510 f. (Übersicht zum Gesamttitel/summa, Textlesung/perlego, Fallklärung/casus, Lösung scheinbarer Widersprüche, Benennung dabei vorkommender allgemeiner Rechtsregeln, weitere wahre oder ersonnene Rechtsfälle); *Stintzing*, Geschichte (Fn. 42), S. 107, nach Mopha 1554 (praemitto, scindo, summo casumque figuro/Perlego, do causas, connote, objicio), beide nach zeitgenössischen Zeugnissen.

den Text[78], davon rund 63.000 zu den Digesten. Die Nachwirkung war säkular; über 1200 Handschriften mit Texten daraus und zahllose Drucke schon seit 1468 und bis 1627, sowie zwei Neudrucke bezeugen es.[79]

Die kommentierende Arbeitsweise erreichte ihr unvollendetes, spätes Endformat erst mit dem Werk „Ausführliche Erläuterung der Pandekten nach Hellfeld. Ein Commentar“, das *Christian Friedrich Glück* 1790 begann und das 100 Jahre später, 1896, abgebrochen wurde mit Band 67, d.h. Teil 49 zu Buch 44 (von 50) der Digesten. Mit dem BGB von 1900 versank dieses riesige Kommentarwerk ohne großen Abschied in die Abgründe der Geschichte. Als dieser Schwanengesang erklang, begann bereits und dominierte bald die neue sachsystematische Arbeitsweise nach dem 5-Bücher-System zum Privatrecht seit Heise 1807 in sog. *Systemen*, besonders durch Thibaut 1803ff.; Savigny 1840ff.; Bekker 1886/89 und vielen sog. *Lehrbüchern*, besonders durch Hufeland 1808; Mackeldey 1814, [10]1833; Wening-Ingenheim 1822, [5]1837; Mühlenbruch 1835, [2]1844; Arndts 1852, [13]1886; Brinz 1857ff. und Windscheid 1862, [9]1906. Neue Kommentare zum Corpus iuris erschienen nicht mehr, folgerichtig aber zu den neueren Rechtsquellen etwa dem ALR (von C.F. Koch 1852ff., [5]1870f.).

Diese Titel und ihre Verbreitung zu nennen war wichtig, weil sie die Art und Tiefe der Veränderung anzeigen. Arbeitsweise und Gewichtung haben sich grundlegend geändert. Die Quellen wanderten nun in die Fußnoten, ob römischer oder neuerer Herkunft, die Meinungen in den Text als *System* oder *Lehre*. Folgerichtig wurde die Ordnung der Quellen verlassen und eine Ordnung der Probleme aufgebaut. Monographie und ‚inneres‘ System traten ihre Herrschaft an. Als Gipfel galt nun die Monographie zu einem Sachproblem, als Muster Savignys „Recht des Besitzes“ von 1803.[80] Daneben erarbeitete man die *Systeme*, d.h. die mehr oder weniger streng hierarchisch geordneten Gesamtüberblicke zu ganzen Rechtsgebieten oder sogar dem Recht überhaupt. Damit waren wohl alle denkbaren Arbeitsweisen einer konkreten Jurisprudenz im Angesicht bestimmter Fälle, Entscheidungen und Normen erprobt worden.

Seit 1900 wiederholen sich die Genres, nicht nur zum BGB. Vom frühen, exegetischen Wortkommentar wie bei der Glosse reicht wieder der Reigen bis zum mehr problemorientierten, ‚systematischen‘ und freieren Lehrbuch und dem Gesamtsystem.

---

[78] Abbildung dazu etwa bei *Lange* (Fn.20), S.368.

[79] Mit *Lange* (Fn.20), S.341f.: „Was die Wirkung auf die Nachwelt anlangt, so hat ihn keiner je übertroffen“, und S.351 zu den Drucken.

[80] 6.Aufl. 1837 mit LXII und 688 Seiten; 7.Aufl. 1865 durch A.W. Rudorff, etliche Neudrucke und Übersetzungen; eine Analyse der Arbeitsweise bei *Schröder*, 2012, (Fn.13), §65 I 4 unter dem Aspekt der Induktion, und insgesamt bei *Joachim Rückert*, Recht als Wissenschaft: Friedrich Carl von Savigny (1779 bis 1861). Der Greifswalder Ruf von 1804 und Savignys neue Wissenschaft im „Recht des Besitzes“, in: Greifswald – Spiegel der deutschen Rechtswissenschaft 1815 bis 1945, hg. von J. Lege, Tübingen 2009, S.61–91, jetzt auch in *ders.*, Savigny-Studien, Frankfurt am Main 2011.

Diese an sich recht bekannte Geschichte bleibt freilich immer wieder viel zu blass. Sie wird erst durch Anschauung lebendig und verstanden. Mindestens drei Stationen dieses Weges vor 1900 erscheinen besonders lehrreich.

### 3. *Irnerius – lucerna iuris um 1110/20*

Irnerius wird einhellig gefeiert als *der* Erneuerer der Jurisprudenz, in Bologna im 12. Jahrhundert, einer zuvor unbedeutenden Stadt. *Lucerna iuris*, Leuchte des Rechts, war sein Ehrentitel. Von ihm ist eine paradigmatische sog. Distinktion überliefert. Sie zeigt diesen frühen Glossator bei einem Schritt über die Exegese hinaus. Er unternimmt hier eine sehr versierte sachorientierte Systematisierung einer ganzen Reihe von Quellenentscheidungen. Die Quellenfälle der Zufallsstörungen in einem bestimmten Fallbereich (Dienste und Miete) sind vergleichend analysiert und nach bestimmten Sachlagen mit unterschiedlichen Rechtsfolgen geordnet.[81]

Wie das konkret aussieht – und man muss das wieder sehen –, zeigt der Text der Distinktion *locat quis quandoque*/es mietet jemand[82]. Ich gebe ihn übersetzt und zunächst um die Quellenbelege gekürzt wieder. Die maßgebende Sachproblemgliederung ist zur besseren Orientierung fett und in hinzugefügten Nummern hervorgehoben:

„Man vermietet entweder seine Sache oder seine Dienste.

[I.] Wenn einer seine **Sache vermietet** und – mag das nun am Vermieter liegen oder an einem Zufall, der sich in seiner Sphäre [ex ipsius parte von seiner Seite] ereignet – der Mieter die Sache nicht benutzen kann, dann haftet der Vermieter auf Grund der actio locati.

[1.] Aber im **ersten Fall** haftet er auf das **Interesse**, das auch den Gewinn umfasst, oder auf eine Strafe, die für den Fall des Vertragsbruchs vereinbart wurde, vorausgesetzt, dass der Mieter den Mietzinszahlungen nachgekommen ist oder ordnungsgemäß Sicherheit geleistet hat und mit der gemieteten Sache nicht schlecht umgegangen ist.

[2.] Im **zweiten Fall**, d.h. bei Zufall in der Sphäre [d.h. von der Seite] des Vermieters, geht dessen Verpflichtung dahin, daß der Mietzins für die entsprechende Zeit erlassen oder zurückgegeben wird, man denke etwa daran, daß das gemietete Haus ausgebrannt ist oder der am Berghang liegende Acker infolge eines Erdbebens abgerutscht ist. Dasselbe gilt, wenn der Vermieter die Sache zerstören muß, z.B. wenn er ein vermietetes Haus neu bauen will, oder wenn er beweist, dass er sie für eigene Zwecke benötigt, oder wenn der Mieter infolge unüberwindlicher berechtigter Furcht auszieht oder von jemandem an der Nutzung der Sache gehin-

---

[81] Siehe zu diesem Abschnitt alle Belege in *Rückert*, § 615 (Fn. 65), Rn. 133 ff.; die Quelle auch bei *Hattenhauer* (Fn. 16), S. 33–35 (nach Savigny); eine sehr gute wissenschaftsgeschichtliche Erklärung gerade auch dieses Beispiels gibt *Gerhard Otte*, Die Rechtswissenschaft, in: Die Renaissance der Wissenschaften im 12. Jahrhundert, hg. von Peter Weimar, Zürich u. München, S. 123–142. Er betont treffend, dass es in erster Linie um die „Fähigkeit zu juristischer Argumentation" gegangen sei, um die Entwicklung der Fähigkeit mit Gründen und Gegengründen an einem positiven Recht zu arbeiten (S. 136 ff.), durchaus mit Schulung in Dialektik/Logik, und S. 139 f. zum Wissenschaftsbegriff dabei. „Rechtswissenschaft" wird hier in diesem Sinne verstanden.

[82] Bis heute zitiert nach den Anfangsworten, wie z.B. noch die päpstlichen Enzykliken.

dert wird, den wegen seiner überlegenen Gewalt oder Stellung der Vermieter daran nicht hindern kann.

[II.] Wenn aber jemand **seine Dienste** vermietet und [1a] es **nicht an ihm liegt**, dass er sie nicht leisten kann, sondern er durch den Mieter, wenn auch nur zufällig, daran gehindert wird, dann erhält er trotzdem den Lohn für die ganze Arbeit. Dies gilt beispielsweise, wenn Arbeitskräfte für einen Transport gemietet worden sind, und auch z. B. für den Erben eines verstorbenen Anwalts, von dem das Honorar nicht zurückverlangt werden kann, denn es liegt nicht an ihm, daß er den Fall nicht vertritt. [1b] Wenn es aber **an dem, der seine Dienste vermietet hat, liegt**, daß er sie nicht leistet, oder an einem Zufall, dann haftet er im **ersten Fall** auf das Interesse.

[2.] Im **zweiten** [bei Zufall] ist er verpflichtet, den Lohn zu erlassen oder für die Zeit, für die vergeblich gezahlt wurde, zu erstatten, da er ja beispielsweise den Transport nicht durchgeführt hat."

Dieses Bild ist sachlich eindrucksvoll, aber teilweise falsch. Denn erst mit den Quellen zusammen zeigt sich das ganze Bild. Mit den Quellenbelegen, hier kursiv, sieht es für die Dienste unter II. so aus:

[II.] Cum autem quis **operas suas** locat, **nec per ipsum stat** quominus eas solvat [sed per conductorem licet **casu** fortuito impeditum].

[1.a] Si **per conductorem**, licet **fortuito** impeditur, mercedem totius operis consequitur. *vt D. de exceptio et de eo qui mancipia vehenda conduxit et de herede advocati, a quo non repetitur salarium, quia per ipsum non steterit, quominus causam ageretur, vt D. [50,13,1,13*[83] *– **Advokatentod**] de varijs. et extraordinariis. cognitionibus l. i.; et D. [19,2,19,9 – **Schnellschreiber**] locati. Sed addes. § Cum quidam; et l. [19,2,38 pr – **Regel**] qui operi[a]s. et [19.2.33 – **Baugrundzerstörung**] l. Si fundo et t. [D.14,2,10 – **Sklaventod bei Transport**] ad legem Rhodiam). de iactu. l. Si vehenda.*

Die unmittelbare Bedeutung der Belege wird sofort anschaulich. Man findet hier die meisten der oben für die römische Juristenarbeit zusammengestellten Fallentscheidungen wieder und noch einige mehr.[84] Sie erscheinen aber in einem neuen, abstrakteren dogmatischen Zusammenhang. Sie stehen nicht am Anfang, zumal mit Zitat, als zu interpretierende Worte und Texte wie in Glosse und Kommentar, sondern danach als Belege für die neu gewonnenen Dogmen zu den Sachlösungen. Damit erreichte Irnerius eine neue, abstraktere Dogmatisierungsstufe gegenüber dem Quellenmaterial. Die Reichweite erfasst nun über den Dienstvertrag hinaus auch die Quellenfälle zum Mietvertrag, wie sie in Rom auch terminologisch verbunden waren als *locatio conductio*. Die Regeln werden damit abstrakter und erhalten eine größere Reichweite. Die Beschreibung der Sachprobleme rückt nach vorne, die Quellen werden zu Belegstellen. Dafür sind die Falllösungen verglichen und harmonisiert. Der Fallvergleich ist so vorangetrieben und erweitert. Ein, nur *ein*, durchgehendes erstes Kriterium, nämlich Verschulden und Zufall (wenn es an ihm/nicht an ihm liegt), wird entwickelt, für Zufall dann ein zweites, nämlich die Herkunftssphäre (*ex parte*, von seiner Seite). Das sind erhebliche Dogmatisierungsgewinne.

---

[83] So die neuzeitliche Zitierweise nach Zahlen.

[84] Nämlich Nr. 4, 3, 7 und unter II 2 auch Nr. 1 und 6.

Jedoch: Eine ganz allgemeine Regel für Dienste und Miete wie Paulus zum Dienstvertrag, „wenn es nicht an ihm liegt/*si non per eum stat*", oder eine als Regel ausgebildete Personenbereichslehre nach *ex-parte* d. h. nach der Herkunft der Störung, wie sie später entwickelt wird, bildet Irnerius nicht. Sie liegt aber gewiss auf dem Weg einer solchen Ordnung der Probleme und Lösungen.

Irnerius hat also die juristische Fachkunst erheblich vorangebracht. Als ihr Kern erscheint hier die Dogmenbildung im Fallvergleich. Diese Lehrsatzbildung dient der rationalen Beherrschung bestimmter juristischer Fallbereiche. Damit wird das grundlegende Gerechtigkeitsbedürfnis der Gleich- bzw. Ungleichbehandlung rational handhabbarer. Dieses Vorgehen fruchtet umso mehr, je mehr Fallbereiche damit treffend erfasst werden. Es tendiert also zu immer universalerer Abstraktion, wie sie dann 1900 im erwähnten BGB-Text erscheint, mit all ihren Chancen und Risiken.

### 4. *Wolff – der ‚vernunftrechtliche' Systematiker um 1740*

Auch Christian Wolff gehört zu den besonders gepriesenen Denkern. Ich nenne ihn für meine Zwecke hier der Einfachheit halber und etwas unspezifisch „vernunftrechtlich", obwohl diese Bezeichnung als zu undifferenziert mit Recht kritisch gesehen wird.[85] Wolffs Ruhm gilt nicht seiner Jurisprudenz, denn er war nicht Jurist, sondern seiner Philosophie, seiner preußischen Aufklärungsphilosophie, seiner Weltweisheit und fast schon überholten Universalgelehrtheit. Hier interessiert vor allem das Lob seiner strengen „demonstrierenden" Darstellungsweise *methodo scientifica pertractatum*. So steht es im Titel seines umfassenden philosophischen Hauptwerks *Jus naturae methodo scientifica pertractatum*, in 8 Bänden 1740–48. Das Problem der Zufallsstörung beim Dienstvertrag behandelt er in § 1262 des 4. Teils seines Naturrechts, „de casu quo operarum praestatio impeditur"/über Zufall, durch den die Leistung der Dienste verhindert wird, wie folgt[86]:

> „Si locator operarum quodam impeditur, quominus operas praemissas praestare possit, locatio *per se nulla evadit*, mercedem tantum modo remittere aut acceptam restituere tenetur locator" bzw. in Übersetzung:
>
> Wenn der Dienstleister derart gehindert wird, daß er die versprochenen Dienste nicht leisten kann, *zerfällt der Dienstvertrag per se*, das Entgelt muß er erlassen oder ein schon erhaltenes zurückgeben.

Seine Begründung für diese dogmatisch wie praktisch gleichermaßen scharfe Lösung lautet:

[85] Siehe *Schröder*, 2012, (Fn. 13), § 41 vor I.: Prinzipienbildung und Darstellung seien ebenso zu unterscheiden wie die Gegenstände Naturrecht und positives Recht. Im Folgenden geht es zunächst um die Darstellungsmethode.

[86] *Christian Wolff*, Jus naturae methodo scientifica pertractatum, pars tertia (und quarta), Halle 1744, § 1262 (S. 889 f.). Hervorhebungen von mir.

[I.] „Praestatio operarum sine culpa locatoris impossibilis evadit. Quoniam itaque nemo ad impossibile obligari potuit conductori, *nisi sub tacita hac conditione resolutiva, nisi casu quodam impediatur,* quo minus operas praestare possit. Casu igitur emergente, promissio locatoris, consequenter eius obligatio (§ 363 III) *statim cessat* et ius conductoris tollitur (§ 530 III), consequenter locatio *per se nulla evadit.* Quod erat primum.

II.] Enimvero quoniam merces *datur pro operis* (§ 1194), si operae non praestentur, *nec merces debetur* locatori. Quamobrem mercedem exigere nequit, adeoque eam remittere (§ 95 III), vel acceptam restituere debet. Quod erat secundum."[87]

I. Die ohne Schuld des Anbieters unmögliche Leistung der Dienste entfällt. Denn niemand konnte dem Dienste Abnehmer sich zu Unmöglichem verpflichten, außer unter der auflösenden Bedingung, wenn er nicht durch irgendeinen Zufall so gehindert werde, dass er nicht leisten könne. Entsteht also ein solcher Zufall, dann erlischt sofort das Versprechen des Anbieters und konsequent die Obligation (§ 363 III), das Recht des Abnehmers wird aufgehoben (§ 530 III) und folgerichtig entfällt der Dienstvertrag per se. Was als erstes zu beweisen war.

II. Und da nämlich das Geld für die Dienste gegeben wird (§ 1194), wird, wenn sie nicht geleistet werden, auch das Geld dem Dienstleister nicht geschuldet. Deswegen kann er das Entgelt nicht einklagen) und muss das unterlassen (§ 95 III) bzw. empfangenes Geld zurückgeben. Was als zweites zu beweisen war.

Die Formulierung des vorangestellten Lehrsatzes „Wenn der Dienstleister ..." bei Wolff sieht fast genauso aus wie die des § 615 BGB. Auch sie geht nicht vom Fall aus, sie begnügt sich mit technischen Begriffen, sie enthält keine Begründung, sie bildet nur Tatbestand und Rechtsfolge und sie ist auf bloße Anwendung bzw. bloße Subsumtion angelegt. Aus dieser Darstellungsweise des Wolffschen Naturrechts entspringt also das Modell einer etwas anderen juristischen Arbeitsweise auch im positiven Recht. Nicht das Sachproblem und die Begründung einer Lösung, zudem gerne im Fallvergleich, stehen im Vordergrund, sondern die Subsumtion anhand möglichst präziser, oft sehr allgemeiner Begriffe. Die Gewichte sind deutlich verschoben auf die systematische Ordnung in Dogmen und deren Umsetzung.

Wolf liefert immerhin seine Begründung mit. Das BGB, das nur noch Gesetzbuch sein will, erspart sich dies konsequent, und ebenso halten es die anderen neuzeitlichen Kodifikationen. Wolffs Begründung war damals nicht nur in der demonstrativen Form neu („was zu beweisen war ..."), was allgemein bewusst ist, sondern oft auch in der Sache. Er stellt nicht darauf ab, an wem die Störung liegt, wie die Römer, auch nicht sekundär darauf aus welcher Sphäre sie kommt, wie Irnerius und Spätere, sondern auf eine auflösende Bedingung im Versprechen, moderner: das konditionelle Synallagma. Wolff formuliert diesen neuen Argumentationszusammenhang in schönster Geschlossenheit.[88] Er überlieferte auch das Stichwort selbst: *tacita conditione resolutiva* – anders könne gar nicht paktiert werden. *Bartolus'* früher Lösungsan-

---

[87] Hervorhebungen hinzugefügt.

[88] *Wolff* verweist auf §§ 363 und 530 III (S. 241, 366), wo er im Kap. III 4, „de modo sese obligandi, ubi de promissione et pactis in genere" unter „qualis sit obligatio promissoris" (§ 363) die Perfektion des Versprechens erläutert und unter „Effectus conditionis resolutiva extantis" (§ 530) die Bedingung. In § 95 III (S. 61 f.) erläutert er den Begriff remissio – überall ohne weiteres zur Sache Gefahrtragung.

satz beim wirklich versprochenen Willen hatte hier den Zustand einer konsequenten Vertragsmetaphysik erreicht, die dienlicherweise auch das *tacite* Gewollte heranzog.

An diesem zentralen Beispiel lassen sich eine bemerkenswerte Arbeitsteilung und eine wichtige Verlagerung der juristischen Arbeitsweise feststellen. Die Arbeit wird geteilt zwischen der Formulierung eines subsumierbaren Lehrsatzes und seiner systematischen Begründung aus weiteren, abstrakteren Annahmen. Dogma und Begründung kommen in eine Tendenz, getrennt zu werden. Entsprechend verlagert sich die Arbeitsweise von der Erfassung des Sachproblems im Fallvergleich und der entsprechenden Lösungsbegründung auf die Subsumtion bestimmter, allgemein begrifflicher Tatbestandsmerkmale. Aus beidem wurde eine neuzeitliche juristische Arbeitstradition. Es entstehen die Arbeitsteilung von gesetzter Norm und Normbegründung in Gesetz und Gesetzgebung und die Arbeitsteilung von Subsumtion der gesetzten Normen und Abwägung der Normbegründungen in der Legislation. Die Subsumtionstechnik soll Präzision bringen. Das definitorische Schärfen der Begriffe wird ebenso wichtig wie der systematisch-hierarchische, demonstrierende Zusammenhang konkreter Merkmale mit abstrakteren Begriffen und Prinzipien, hier etwa dem Verweis auf den allgemeinen Satz *merces … pro operis*/‚Geld für Arbeit‘. Dass Wolff diese und nur diese Darstellung *scientifica*, also wissenschaftlich nennt, bedeutet Werbung für einen neuen Wissenschaftsbegriff auch in der Jurisprudenz.

Die Werbung war erfolgreich. *System* wurde ein wissenschaftliches Modewort und, wie erwähnt, eine dominierende Arbeitsrichtung, spätestens seit um 1800.[89] Das gab der juristischen Literatur ein sehr ähnliches, in dieser Dominanz neues Gesicht. Die Inhalte waren freilich damit nicht fixiert. Denn die Frage war stets, woher die obersten Prinzipien genommen wurden.[90] Im Privatrecht als *pars pro toto* begann man etwa zu diskutieren über Systeme der Rechtsverhältnisse (Savigny), Systeme der Rechte (Puchta), Systeme der Zwecke (Jhering), Systeme der Interessen (Heck), Systeme der Pflichten (Larenz vor 1945) usw.

## 5. *Windscheid um 1870/80 – der angebliche Begriffsjurist als solcher*

Lassen Sie mich noch einen kurzen Blick in die Arbeitsweise von Bernhard Windscheid werfen, der wiederum eine ganze Epoche abschloss.[91] Der Blick kann schon

---

[89] Dazu vor allem auch *Schröder*, 2012 (Fn. 13), § 43: „dauerhaft gewisse Standards der wissenschaftlichen Darstellungen … [bald] schulmäßige Selbstverständlichkeiten … auch treibende Kraft bei der Neusystematisierung des Rechts“ (S. 186 f.) und für „eine Reihe von neuen allgemeinen Begriffen und Prinzipien“ (S. 187), s. o. nach Fn. 79 im Text.

[90] Dazu und für die Ausgangslage um 1800 *Joachim Rückert*, Heidelberg um 1804 – oder: die erfolgreiche Modernisierung der Jurisprudenz durch Thibaut, Savigny, Heise, Martin, Zachariä u. a., in: Heidelberg im säkularen Umbruch. Traditionsbewußtsein und Kulturpolitik um 1800, hg. von F. Strack, Stuttgart 1987, S. 83–116; erneut in *ders.*, Ausgewählte Aufsätze, Bd. 1: Grundlagen, Geschichte, Bewältigungen (Bibliotheca Eruditorum 42), Stockstadt 2012, S. 39*–72*; im Überblick und kritisch für die Zeit davor *Schröder*, 2012 (Fn. 13), § 42 I.

[91] Über ihn und die so evident ideologische Nachrede vom lebensfremden Begriffsjuristen zu-

deswegen kurz sein, weil Windscheid unser Problem ganz wie das BGB stark komprimiert hat. Auch Windscheid gehört ohne Zweifel zu den ganz großen Figuren der Jurisprudenz, in Lob wie in Tadel. Die Bewertung kann hier auf sich beruhen. Zum Problem Zufallsstörung bei Diensten schrieb er folgende drei Sätze:

> „Wird ihm das Leisten der Dienste ohne seine Schuld unmöglich, so gilt auch in dieser Beziehung die gleiche Regel, wie bei der Sachmiete: der Vermieter [d. h. der Dienstleistende] haftet zwar seinerseits nicht, bekommt aber auch keine Gegenleistung. Dagegen geht er des Anspruchs auf die Gegenleistung dadurch nicht verlustig, dass der Mieter [d. h. der Dienstberechtigte] die ihm zur Verfügung gestellten Dienste nicht abnimmt, gleichgültig ob mit oder ohne seine Schuld, und vorausgesetzt nur, dass der Vermieter seine Dienste nicht anderweitig in entsprechendem Maße verwertet hat.“[92]

Wie in einem Gesetzbuch beschränkt sich Windscheid auf die Nennung der Tatbestandsmerkmale (Leistung ohne Schuld unmöglich; Nichtabnahme; anderweitige Verwertung) und Rechtsfolge. Die bekannten Quellenbelege aus den Digesten stehen in den hier weggelassenen Fußnoten. Er erwähnt jedoch, im Sinne der römischen Tradition, die Parallelität der Regel mit der Sachmiete, und fügt den Nichtabnahmefall als dienstvertraglichen Sonderfall ein. In § 615 BGB wurde das wie erwähnt noch einmal verkürzt. In der Sache hat sich die neue Dogmatik der Unmöglichkeit und Nichtannahme durchgesetzt. Windscheids Text entspricht dem BGB-Gesetzestext weitgehend, aber er macht im Lehrbuchgenre deutlicher als das Gesetz die systematischen Zusammenhänge explizit, d. h. die Parallelität zur Miete und den Sondercharakter der Dienstvertragslösung. Das war das Ergebnis einer langen Diskussion im 19. Jahrhundert. Man hatte vergeblich versucht, ein rein allgemeines Prinzip für das Schicksal der Gegenleistung bei allen Zufallsstörungen aufzustellen.[93] Daher wurde zwar als allgemeine Regel der Wegfall der Gegenleistung festgehalten (§ $323^{1900}$, $326^{2002}$), aber diese allzu allgemeine Regel in wichtigen Vertragsverhältnissen in verschiedener dogmatischer Weise modifiziert (insbes. Gefahrübergang bei Kauf und Werk, Leistungsbegriff bei Miete, Annahmeverzug bei Diensten).

Windscheids Darstellung mag begriffsjuristisch erscheinen. Sie wäre das dann schon bei Christian Wolff gewesen. In der Tat ist der Zusammenhang mit dem Sachproblem am Fall kaum noch sichtbar und die Lösungsbegründung aus dem entscheidenden Zurechnungsgesichtspunkt ‚an wem es liegt‘[94] nur noch zu erahnen oder zu wissen. Dennoch handelt es sich natürlich nicht um ein ‚Rechnen mit Begriffen‘ (was auch Savigny wusste) und um eine einfach lebensfremde Jurisprudenz, sondern le-

---

letzt, mit allen Nachweisen, *Rückert*, Methode und Zivilrecht bei Bernhard Windscheid (1817–1892), in: Methodik des Zivilrechts (Fn. 32), S. 97–122, sowie 502 ff., 532, 559.

[92] *Bernhard Windscheid*, Lehrbuch des Pandektenrechts, Bd. 2, 9. Aufl. Frankfurt am Main 1906, § 401/S. 746 f. Im Folgenden wird, wie bei solchen Standardwerken üblich, nach Paragraphen, Ziffern und Fußnoten zitiert, die anders als die Seitenzahlen in allen Auflagen verifizierbar sind.

[93] *Windscheid*: „für die übrigen Fälle läßt sich ein Prinzip nicht aufstellen“, siehe Pandekten II 1865, § 321 bei Fn. 20; siehe zur Diskussion *Rückert*, § 615 (Fn. 65), Rn. 57.

[94] An keiner der Parteien bei der reinen Unmöglichkeit; doch im Bereich des Gläubigers beim Annahmeverzug.

diglich um eine sehr starke dogmatisch-systematische Reduktion von immer wieder erprobten Falllösungen, die jederzeit auf Fallgruppen und Begründungen zurückführbar war und auch so verstanden wurde. Geleistet waren damit eine enorme Übersichtlichkeit der Rechtsbereiche, und, jedenfalls für die Kernfallgruppen, eine leichtere und schnellere Rechtsanwendung durch einfache Subsumtion. Das bedeutete zugleich einen erheblichen Beitrag zu einer bemerkenswert rechtssicheren Jurisprudenz, und es musste keineswegs die Sachprobleme und die Aufgaben der Rechtsfortbildung verwischen.

Die Arbeitsweise dieser Jurisprudenz im Lehrbuch war also betont dogmatisch-systematisch. Die materiellen Fallvergleiche und Begründungen lagen weitgehend durchgearbeitet hinter ihr, präsent, aber nicht mehr im Vordergrund. Das ist jedoch nur die halbe Geschichte. Wieder bei Windscheid lässt sich gut die Gegenprobe nehmen an dem berühmten Beispiel der Haftung für *culpa in contrahendo*, eine noch uns vertraute Diskussion über eine Haftungsgrundlage außerhalb von Vertrag und Delikt und außerhalb einer allgemeinen Vertrauenshaftung.[95] Windscheid tritt für eine Haftung ein mit folgenden Worten:

„Was die Begründung der Entschädigungspflicht angeht, so darf man den allgemeinen Satz aufstellen, daß jeder Vertragsschließende einstehen muss für die nachteiligen Folgen des durch seine Erklärung in dem Gegner erregten Vertrauens auf den Erwerb eines Forderungsrechts aus dem Vertrag, insofern dieser Erwerb durch einen Grund ausgeschlossen wird, den der Gegner nicht kennt und nicht zu kennen verpflichtet ist." (II § 307 A. 5)

Wieder erhalten wir einen kühnen dogmatischen Satz, eine sehr allgemeine Regel. Sie dient sogar explizit als „Begründung". Das war deutlich, und es ist ein weiteres Beispiel für die Art und Qualität, mit der Windscheid Rechtssätze formulierte. Der Text ab „daß jeder …" lässt sich ohne weiteres als Gesetzestext lesen. Lehrbuch und Gesetz waren sich sehr nahe gekommen. Soweit die kurze Betrachtung. Sie wäre aber zu kurz, denn es bedarf noch eines Blicks hinter die dogmatische Kulisse.

Gab es eine materielle Begründung? Wenn ja: Wie sah sie aus? Die Diskussion drehte sich gerade damals, seit Jherings sog. Entdeckung im Jahre 1860, die nur für ihn eine war[96], um die sog. *culpa in contrahendo*, heute generalisierend bekannt als Vertrauenshaftung. Mit einer bloß ‚quellenmäßigen' Begründung war es hier nicht getan, da die rezipierten römischen Rechtsquellen zu diesem Problem keine direkten Entscheidungen enthielten. Eine höchst vielfältige Diskussion um die Quellen und die Lösungsmöglichkeiten war die Folge. Die dogmatischen Vorschläge reichten von Vertragsverschulden über vermutetes Verschulden zu Verschuldensfiktionen und verschuldensunabhängiger Haftung, über Willens- und Erklärungsprinzip schon bei der Willenserklärung sowie zu Vertrauens- oder Erfüllungshaftung. Windscheid hat

---

[95] Ich stütze mich im Folgenden auf meine Analyse in *Rückert*, Windscheid (Fn. 91), S. 119–121.

[96] In der jüngeren Dogmengeschichte vor Jhering war das Problem bekannt und zum Beispiel im Naturrecht und preußischen Allgemeinen Landrecht von 1794 gelöst, dazu jetzt statt aller *Jan D. Harke*, zu § 311a Rn. 5 in: Historisch-kritischer Kommentar zum BGB, hg. von M. Schmoeckel/J. Rückert/R. Zimmermann, Bd. II, 2007.

diese Diskussion in einer zweiseitigen Anmerkung umfassend dokumentiert und diskutiert.[97] Er selbst stellte recht kühn die erwähnte allgemeine Regel auf, nach der eine verschuldensunabhängige Haftung auf den Vertrauensschaden, jedoch nicht auf den Erfüllungsschaden, anzunehmen sei.

Die Argumente aus Wortlaut und Grammatik, aus Historie und System der römischen Fallfragmente waren erschöpft. Es blieben damit zwei methodische Möglichkeiten: einmal eine Prinzipienbildung, d.h. die Begründung einer Regel, eines „allgemeinen Satzes", die auch diesen Fall decken konnte, oder eine offene Rechtsfortbildung.

Windscheid bevorzugte die *Prinzipienbildung*. Er nahm sie freilich vor im Hinblick auf das von ihm anerkannte neue „Bedürfnis des Verkehrs"[98] – so lapidar wie lebensnah. Er nennt das den „inneren Grund" und wendet sich dabei gegen Jherings „gewaltsamste Anstrengungen"[99], in diesen Fällen ein Verschulden zu finden. Seine Hauptstütze für seine Regel findet er dann im Fallvergleich und in einer weitgespannten Wertungsparallele: Die römischen Quellen boten eine verschuldensunabhängige Haftung bei der anfänglichen objektiven Unmöglichkeit der Lieferung bestimmter Sachen, wie sie bis 2001 auch in § 306 BGB stand und nun umgestellt ist auf eine Verschuldenshaftung in § 311a – es handelt sich um einen alten Wertungsstreit. Dabei nimmt Windscheid den Wortlaut dieser römischen Quelle in seinem Sinne (Dig. 11.7.8.1. und 81.1.62.1[100]), aber etwas ungewohnt eng, da man darin meist ein Verschulden gesehen hatte. Hinzu kam die willensorientierte Deutung solcher Erklärungen. Sie erweckten als stillschweigende Garantieübernahme eben Vertrauen. Zuletzt verwies er auf die römische *bona fides* in Verträgen, grob gesagt das Treu-und-Glauben-Argument – das alles zusammen ergibt für ihn hier „das Recht". Er resümiert:

> „Die Entschädigungspflicht des Urhebers der Willenserklärung beruht nicht auf seinem Willen, sondern das Recht legt sie ihm ohne seinen Willen auf. Das Recht ist es, welches will, dass der Empfänger einer Willenserklärung sich darauf muß verlassen können, dass durch sie ein Vertrag durch Annahme entstehen könne bzw. daß durch sie ein Vertrag zu Stande gekommen sei." (II § 307 A. 5, Abkürzungen hier aufgelöst)

Windscheid statuiert also eine objektive Haftung und zwingende Privatrechtsregel. Das BGB 1900 hat das nicht als Regel, sondern nur in den §§ 122, 179 II und 307 als Einzellösung übernommen[101]. Erst mit § 311 II von 2002 wurde daraus ein Prinzip im Gesetz. Pathetisch nennt Windscheid *„das Recht"* als Grundlage. Gestaltet hat dieses

---

[97] *Windscheid*, Pandektenrecht (Fn. 92), II § 307 in Fn. 5.

[98] Ebda. S. 250 unten, bei Ablehnung einer Deliktshaftung: „Aber die actio doli leistet nicht, was das Bedürfnis des Verkehrs verlangt, wegen ihrer beschränkten Vererblichkeit."

[99] Ebda., § 307 Fn. 10.

[100] Siehe dazu die neue Ausgabe mit Übersetzung von *Okko Behrends u. a.*, Corpus Iuris Civilis, Text und Übersetzung: Digesten, 1995 ff.

[101] Dazu präzise *Dieter Medicus*, Zur Entdeckungsgeschichte der *culpa in contrahendo*, in Iuris Professio, Festschrift für M. Kaser, 1986, S. 168–181.

objektive Recht maßgebend er selbst im Rahmen der juristischen Fachdiskussion und damaligen Methode. Man kann dieses sein Vorgehen relativ freizügig nennen. Dazu passt, dass es um eine Prinzipienbildung auf der Grenze zur Rechtsfortbildung ging. Windscheid argumentiert hier mit seinen Materialien so, wie es wohl jeder Jurist auch noch heute gut nachvollziehen kann. Von „*Begriffsjurisprudenz*“ jedenfalls keine Spur. Tragend ist vielmehr die alte Methode des Fallvergleichs, die an den römischen Fallquellen erprobt war und gerade durch deren Gestalt nahegelegt war, sowie der Blick auf das „Bedürfnis des Verkehrs“. Allenfalls fällt eine stärkere Orientierung an Regel- und Ausnahmebildung auf. Der beste Kenner dieser Fragen urteilt treffend: „Man mag über den Wert und die Berechtigung dieser Entscheidung sehr verschieden urteilen, einen begriffsjuristischem, formalistischen oder positivistischen Einschlag besitzt sie nicht.“[102]

### 6. *Eine doppelte Arbeitstradition*

Bei Windscheid kann man nun zwei bewährte Arbeitstraditionen vorfinden, je nach Normlage. Zum einen führt er die strenge Darstellungstradition in systematischen dogmatischen Sätzen fort, die die Jurisprudenz des Kodifikationszeitalters vom philosophischen Vernunftrecht gelernt hatte – wohlgemerkt die Darstellungstradition, nicht auch die Begründungstradition. Denn dieses abgekürzte Vorgehen genügte nur, wenn die materielle Begründungsarbeit aus Fallentscheidungen, Fallgruppen und Fallvergleichen bereits weitgehend geleistet war. Stellten sich Sachprobleme neu und offener wie bei der *culpa in contrahendo*-Frage, so ging auch Windscheid zurück auf die klassische Methode des Fall- und Wertungsvergleichs. Seine fortgeschrittene Jurisprudenz hat also die in Rom so gut sichtbare grundlegende juristische Arbeitsweise vollkommen gewahrt. Diese Arbeitsweise war Windscheid anders als uns noch aus dem täglichen Umgang mit der römischen Erbschaft vollkommen vertraut.

Der Rückblick macht also eine doppelte Arbeitstradition der Jurisprudenz sichtbar. Entsprechend ihrer modernen, verfassungsmäßigen Rolle im Gesetzesdienst und der Konjunktur der modernen Gesetzgebung seit dem 19. Jahrhundert ist die Umsetzung der in Gesetze gegossenen abstrakten Konditionalsätze in den Vordergrund getreten. Aber die alte offene Problemorientierung an erprobten Fallentscheidungen und Fallvergleichen ist keineswegs verschwunden und darf nach wie vor als klassische Arbeitstradition der Jurisprudenz bezeichnet werden – ja in dieser Methode liegt gewiss das dauerhaftere und fundamentalere Moment, auch gegenüber dem modern gewordenen Abwägen.[103] Als entscheidend für das Bild einer ‚Rechtswissen-

---

[102] *Ulrich Falk*, Ein Gelehrter wie Windscheid. Erkundungen auf den Feldern der sogenannten Begriffsjurisprudenz, Frankfurt am Main 1989, hier S. 46 f.

[103] Dazu *Joachim Rückert*, Abwägung – die juristische Karriere eines unjuristischen Begriffs, in JZ 66 (2011), S. 913–923, auch gegen die rechtstheoretische Ignoranz zu den historischen Bedingungen.

schaft' erscheint jedenfalls die Art des Zusammenspiels der Rechtsbildungsfaktoren. Je stärker die Gesetzgebung und/oder die Rechtswissenschaft an dogmatischem System verlieren und der Faktor Rechtsprechung relevanter wurde und wird[104], desto mehr wendet sich die juristische Arbeitsweise wieder den Fallentscheidungen und Fallvergleichen und ihrer ‚kleineren' Dogmatik zu.

Der Durchgang durch die juristischen Arbeitsweisen seit Rom legt am Ende eine überraschende Behauptung nahe, auch wenn er natürlich etwas selektiv ausfallen musste. Mit Denkschulen und allgemeinen geistesgeschichtlichen Denktraditionen, gar mit Formalismus, Finalismus und Naturalismus[105], haben die beiden traditionellen Arbeitsweisen nämlich nicht so viel zu tun, wie es oft scheint. Die Bildung abstrakter Lehrsätze, sprich Dogmen, beherrschte auch schon Irnerius ersichtlich virtuos. Und auch die Römer überlieferten in Buch 50 Titel 17 am Ende der Digesten nicht weniger als 211 *regulae iuris*. Sie bieten eine Reihe etwas allgemeinerer Lehrsätze. Dagegen fehlt in den Digesten und noch lange ein durchgehendes hierarchisch gegliedertes System der Dogmen. Die Schulbündnisse der Juristen für ihre konkrete Normarbeit blieben durchweg innerhalb dieser beiden Arbeitsweisen. Der Einfluss allgemeiner Denkstimmungen scheint sich nur darin niederzuschlagen, in welcher Weise die konkrete Jurisprudenz bestimmter Epochen die Gewichte verteilte. Dafür spielte offenbar die Philosophie bisweilen eine erhebliche Rolle, z. B. nach Wolff als demonstrierend-philosophische Darstellungsweise, bei Hugo als positivrechtlicher, kritischer Kantianismus, bei Savigny als objektiver Idealismus mit innerem System, bei Puchta als Schellingsche Philosophie der Freiheit und System der Rechte, bei Windscheid als rechtsstaatlich positiv konkretisierter Idealismus, bei Smend als integrierend-verstehende Kultur- und Lebensphilosophie von Theodor Litt her, bei Kelsen als eine Art Neukantianismus mit Betonung des positiven Rechts, bei Binder, Holstein, Schönfeld, Larenz mit neohegelianischem Überbau, usw. usw. – wenn denn die Philosophie brauchbare Modelle anbot. Es wäre eine andere Frage, dies halbwegs auszuarbeiten. Die geistesgeschichtlichen Stile und Typen treffen jedenfalls trotz Wieacker für die eigentlich juristischen Arbeitsweisen erstaunlich wenig.

## IV. Rechtwissenschaft?

In meinem Rückblick auf einige prominente Hauptfälle juristischer Arbeitsweisen habe ich das eingangs aufgeworfene Thema ‚Rechtswissenschaft seit Rom' oder wenigstens Bologna bisher etwas beiseite gelassen. Es kam mir zunächst auf die Phänomene an. Es bleibt also zu klären, ob es in diesen Arbeitsweisen ein gemeinsames Element gibt, das man ‚wissenschaftlich' nennen sollte.

---

[104] Übersicht bei *Schröder*, 2012 (Fn. 13), 4. Teil: Der Aufstieg der Rechtsprechung (1850–1933).
[105] Dazu oben im Text bei Fn. 56.

## *1. Angebote für Wissenschaft*

Alle diese Juristen arbeiteten an dem Recht, dass sie als positives, unmittelbar geltendes Recht betrachten. Das gilt auch für den Philosophen Christian Wolff, soweit er den gegebenen juristischen Stoff in eine bessere Darstellungsordnung bringen wollte. Insofern handelt es sich durchweg um Wissenschaft zu einem bestimmten, gesetzten Gegenstand, um positive Wissenschaft. Systematische Rechtskritik oder Suche nach überpositiven Ewigkeiten findet sich dabei nicht oder nur als Nebenkenntnis eingestreut.[106] Man betrachtet seinen Gegenstand als relativ autonom. Philosophie, Philologie, Geschichte und andere Kenntnisse sind Hilfskenntnisse. Selbstreflexion ist hier ein anderes Kapitel. Man betreibt, mit einer klassischen Unterscheidung, *cognitio ex datis*, nicht *ex principiis;* Erkenntnis aus *facts*, aus empirisch Gegebenem, nicht aus *science* oder Vernunfteinsicht.[107] Im Naturrecht wird beides verknüpft. Positives als solches wird dagegen klassifiziert und geordnet und so gelehrt, aber ohne prinzipiellen Anspruch auf Anteil an der Ewigkeit. Für die Ewigkeit sorgt man in philosophisch-metaphysischer oder theologischer Beleuchtung. Deshalb kollidierten z.B. Thomasius und Wolff als Naturrechtler mit den Theologen, aber nicht mit den Juristen. Auch der humanistischen Textkritik geht es um den positiven Rechtstoff in seiner gereinigten Echtheit und nicht um grundsätzliche Kritik an diesem Stoff selbst. Sollte man diese juristische Arbeitsweise Wissenschaft nennen?

Um einer Antwort darauf näher zu kommen, muss man den Wissenschaftsbegriff spezifizieren. Die beste Anleitung dazu hat auf der Schwelle zum modernen Forschungsbegriff Immanuel Kant gegeben. Seine Vorschläge lösten eine intensive Diskussion auch unter Juristen aus, zuerst im Strafrecht[108] und bald auch im Privatrecht und Prozessrecht.[109] Nimmt man die Epochen vor Kant und seit Savigny hinzu, so kann man genauer ordnen nach sechs wesentlichen Möglichkeiten von Wissenschaft und Rechtswissenschaft:[110] Ausgangspunkt ist Kants Abwendung vom subjektiv-di-

---

[106] Zur Vorstellung eines positiven Rechts in Abgrenzung zu anderen Vorstellungen nach wie vor grundlegend *Sten Gagnér*, Studien zur Ideengeschichte der Gesetzgebung, Stockholm usw. 1960, bes. S. 48 zu den „drei Hauptfällen" von Idealrecht, Gewohnheitsrecht, Gesetz, Rechtswissenschaft und Rechtsprechung.

[107] Dazu, mit Blick auf Baco, Locke, Leibniz, Hobbes und Kant besonders klar *Friedrich Kambartel*, Erfahrung und Struktur. Bausteine zu einer Kritik des Empirismus und Formalismus, Frankfurt am Main 1968, S. 81–86.

[108] Zu diesem Bereich verfügen wir über die Pionierstudie von *Sten Gagnér*, Ørsteds Rechtswissenschaft, die deutschen Kriminalisten und die Naturrechtslehre, dänisch 1980, jetzt in dt. Übers. in *ders.*, Abhandlungen zur europäischen Rechtsgeschichte, Keip Goldbach, S. 521*–608* und die ältere Studie von *Richard Loening*, Über geschichtliche und ungeschichtliche Behandlung des deutschen Strafrechts, in: Zsfdges Strafrechtswiss. 3, 1883, S. 219–375, auch separat Berlin 1883, S. 147.

[109] Siehe *Rückert*, Heidelberg um 1804 (Fn. 90), S. 92 ff.

[110] Ich stütze mich hier u. a. auf meine Analyse des Wissenschaftscharakters der drei berühmten Zeitschriften seit 1815, also bei Savigny, Mittermaier, Reyscher und anderen in: Geschichtlich, praktisch, deutsch (Fn. 31), hier S. 165 ff.; vgl. zu diesen Wissenschaftsstufen knapp und klar *Kambartel*, 1968, (Fn. 107); zur Jurisprudenz bes. *Jan Schröder*, Wissenschaftstheorie und Lehre der „Praktischen Jurisprudenz" auf deutschen Universitäten an der Wende zum 19. Jahrhundert,

daktischen Wissensbegriff, der in seine neue Definition mündete: „Eine jede Lehre, wenn sie ein System, d. h. ein nach Prinzipien geordnetes Ganze der Erkenntnis sein soll, heißt Wissenschaft.“[111] Und er prägte den knappen Satz, es könne „dasjenige Ganze der Erkenntnis, was systematisch ist, schon darum Wissenschaft heißen“[112].

*Systematisch* wurde entscheidend, aber das war nicht die ganze Palette der wesentlich gewordenen Angebote. Für die Absicht hier muss sie erweitert werden auf vor Kant (1) und nach Kant (6). Kriterium ist die Art der Verknüpfung von Empirie und Vernunft, von Anschauung und Begriff, von Einzelheit und Allgemeinheit. Damit sind folgende sechs Variationen möglich. Es soll die Empirie Belege geben:

(1) bloß für die Herleitung aus notwendigen ersten Gründen (so der ältere philosophische Wissenschaftsbegriff vor Kant; in der Form axiomatisch oder demonstrativ, so z. B. oben Wolff; nicht dazu gehören Geschichte als Annalen o. ä., Fallentscheidungen wie die Digesten, Pflanzenordnungen nach Ähnlichkeiten wie bei Linné),

(2) oder für die Erkenntnis von Notwendigkeiten in rational einsehbarem systematischem Zusammenhang, also nach Grundsätzen/Gründen und Folgen und mit apodiktischer Gewissheit, *ex principiis* (strenge Wissenschaft nach Kant, etwa als Metaphysik der Natur; Geschichte usw. gehören auch hier nicht dazu),

(3) oder immerhin für rational, nach Grundsätzen/Gründen und Folgen, einsehbare, wenn auch nicht apodiktische, bloß empirische Zusammenhänge (rationale empirische Wissenschaft nach Prinzipien; etwa als sonstige „Naturgeschichte“, auch Physik),

(4) oder wenigstens für systematisch zusammengefügte Kenntnisse von Tatsachen (uneigentliche, bloß systematische Wissenschaft der Form nach; evtl. solche Geschichtsdarstellung, so geordnete Fallentscheidungen, evtl. schon Linnés Pflanzenordnung),

(5) oder bloß für je zeitgemäß geordnete Kenntnisse *ex datis* (nur Klassifikation, nicht nach Prinzipien geordnet, keine Wissenschaft, nur Aggregate; so meist Geschichte, Linné, alphabetische Fallsammlungen),

(6) oder schließlich – nun nicht mehr mit, sondern nach und gegen Kant, anspruchsvoll-umgekehrt für wissenschaftlich erkannte, als gegeben angenommene innere Notwendigkeiten auch in der Geschichte (Savignys „Neue Ansicht der Wissenschaft“ 1802/03, s. sogleich, nun gegen Kant objektiv-idealistisch).

Entscheidend für Wissenschaft wird also die systematische Verknüpfung nach Grundsätzen und Folgen, der Aufbau aus Prinzipien vom Allgemeinen zum Besonderen. Man kann das *formal* nennen, da erkenntnistheoretisch für Kant die Zusammenhänge nicht in den Materien selbst liegen. Aber natürlich bedeutet das keine

---

Frankfurt 1979, S. 147 ff. mit Beispielen für die Juristenversuche, und *Rückert*, Heidelberg (Fn. 90), S. 103 f. bes. für Kant, Thibaut, Savigny.

[111] So *Kant*, Metaphysische Anfangsgründe der Naturwissenschaft, 1786, Vorrede, A IV f.; von allgemeinem Anspruch für jede Wissenschaft, s. *Schröder*, 1979, (Fn. 110), S. 147.

[112] Ebda.; siehe für die Kurzformel ex datis-ex principiis *Kant*, Kritik der reinen Vernunft, $^{2}$1787, B 864.

Lebensfremdheit oder dergleichen, wie formal seit Hegels Polemik gegen Kant[113] oft verwendet wird.[114] System als nach Prinzipien geordnete Ganzheit ist das wesentliche Kennzeichen, ob es nun als formal oder material angesehen wird.

Jede positive Wissenschaft hat nur die Möglichkeiten (3) bis (6). Welche Stufen der Wissenschaftlichkeit die positive Rechtswissenschaft erreichen kann, hat Kant selbst nicht ausdrücklich beantwortet. Wie für Wolff verstand sich für ihn, dass die Benennung „Rechtswissenschaft ... der systematischen Kenntnis der *natürlichen* Rechtslehre" zukommt, während das positive Recht ins bloß Historische und Empirische fällt.[115] Die Flüchtigkeit ihrer Gegenstände begrenzt die Chancen der positiven Wissenschaften. Von Kirchmanns vielzitiertes Klagelied von Ende 1847, gedruckt Anfang 1848, war längst ausgesungen. Für die Jurisprudenz besonders bezeichnend ist dazu die Lageeinschätzung in einer Rezension vom Juli 1800 zu drei Werken des seinerzeit sehr berühmten juristischen Kantianers und Systematikers Gottlieb Hufeland.[116] Die früheren Bedenken gegenüber einem *System* des positiven Rechts (nicht des Naturrechts) seien nun überwunden, denn:

„So lange und allgemein herrschend auch der Glaube war, daß der Ursprung unserer positiven Rechte aus ungleichartigen und unzusammenhängenden Elementen [sc. deutsche, römische, kanonische, moderne] zugleich die unabänderliche Natur der Rechtswissenschaft bestimme, daß also das Studium dieser Normen sich auf einzelne Bestandtheile, ohne Vergleichung und Abstraction, gleich der Erlernung des Alphabets beschränke; so hat derselbe doch beynahe alle seine Anhänger verloren, und die rechtliche Möglichkeit einer wissenschaftlichen Bearbeitung der Jurisprudenz ist beynahe keinem erheblichen Zweifel mehr unterworfen."[117]

Wissenschaft durch System lag also in der Luft, entsprach „allgemeiner Stimmung".[118] 1803 gab Thibaut seinem bis Windscheid 1862 vielbenutzten Hauptwerk erstmals den Titel „System" (des Pandekten-Rechts). Die Fallentscheidungen der Pandekten wurden ausdrücklich zum System gestaltet. Savigny steigerte das schon

---

[113] Besonders in *Georg Fr. W. Hegel*, Über die wissenschaftlichen Behandlungsarten des Naturrechts, 1802/03, siehe Werke, ed. Moldenhauer, Frankfurt a. M., Bd. I 434–533, auch schon 1801 und bei Schelling 1802, dazu *Joachim Rückert*, Idealismus, Jurisprudenz und Politik bei Friedrich Carl von Savigny (Münchener Univ.schriften. Jur. Fakultät. Abh. zur rechtswiss. Grundlagenforschung, 58), Ebelsbach 1984, hier S. 412 f.

[114] Einiges ist zusammengestellt ebda., S. 101, sowie bes. in *Rückert*, Savignys Einfluß auf die Jurisprudenz in Deutschland nach 1900, in: Rechtsgeschichte in den beiden deutschen Staaten ..., Frankfurt 1991, S. 54, jetzt in Savigny-Studien (Fn. 80), hier S. 543; zur Konzeption und Verwendung seit Hegel und auch zum 20. Jahrhundert *ders.*, Formalismus und vergleichbare Konzepte im 19. Jahrhundert, in: Deutsche Rechtswissenschaft und Staatslehre ..., hg. von R. Schulze, Berlin 1990, 169–174.

[115] Siehe nur *Schröder*, 1979, (Fn. 110), S. 149.

[116] Grundlegend jetzt *Michael Rohls*, Kantisches Naturrecht und historisches Zivilrecht. Wissenschaft und bürgerliche Freiheit bei Gottlieb Hufeland (1760–1817), Baden-Baden 2004 (Fundamenta Juridica, 48).

[117] (Hallesche) Allg. Lit. Zeitung 1800, Nr. 212 vom 24.7., Sp. 219 ff., hier 219; auch bei *Rückert*, Heidelberg (Fn. 90), S. 94.

[118] Siehe weitere Beispiele ebda., S. 94 f.

1802/03 zu seiner wahrhaft-geschichtlichen Perspektive. Er notierte in seinem Marburger Vorlesungsmanuskript:

„Neue Ansicht für die Wissenschaft: *historische* Behandlung im eigentlichen Sinn, d.h. Betrachtung der Gesetzgebung als sich fortbildend in einer gegebenen Zeit. – Zusammenhang unserer Wissenschaft mit der Geschichte des Staates und des Volks. – Das *System selbst* muss als fortschreitend gedacht werden …“[119].

Und er fügt hinzu, es werde auf diese Weise, in dieser „Verbindung des exegetischen und systematischen Elements … die juristische Methode vollendet.“[120] Das Einzelne der Exegese und das Allgemeine des Systems werden also ganz im philosophischen Sinne der Zeit zusammengeführt. Savignys Zutat ist ‚nur' der Gedanke, dies aus „der Geschichte“ selbst entnehmen zu können, während Geschichte bis dahin nur als eine Häufung von einzelnen Daten gegolten hatte. 1809 lesen wir in Savignys zweiter Fassung der Vorlesung auch das wesentliche neue Stichwort „historische Entwicklung“ und das kantische „Anschauung“ für die Hinwendung zum Einzelnen:

„Wissenschaft … ist selbst nichts anderes als das System in seiner historischen *Entwicklung* … und aus unmittelbarer vollständiger *Anschauung der Quellen* geschöpft.“[121]

Jhering, ja in der Tat der doch so begriffskritische Jhering, hat das noch und wieder 1852 gesteigert zu einer Ewigkeitsbehauptung für die ganze sittliche Welt:

„Wunderbarer als die Bewegung der Weltkörper im Raum ist die Bewegung der sittlichen Gedanken in der Zeit, denn *sie* gehen nicht unangefochten einher wie die Gestirne, sondern sie stoßen bei jedem Schritt auf den Widerstand, den menschlicher Eigensinn und Unverstand und alle bösen Gewalten des menschlichen Herzens ihnen entgegensetzen. Wenn *sie* dennoch sich verwirklichen im bunten Gewirre widerstrebender Kräfte, wenn das sittliche Planetensystem mit derselben Ordnung und Harmonie sich bewegt wie das Planetensystem des Himmels, so liegt darin ein glänzenderer Beweis der göttlichen Weltleitung als in allem, was man der äußeren Natur entnehmen kann.“[122]

Jhering hatte diese metaphysische Hoffnung keineswegs abgelegt.[123]

---

[119] *Savigny*, Methodologie 1802/03, fol. 4r, s. die Edition mit der Originalblattzählung *ders.*, Vorlesungen über juristische Methodologie 1802–1842, hg. und eingeleitet von Aldo Mazzacane, 2. erweiterte Auflage 2004; auch schon bei *Rückert*, Savigny (Fn. 113), S. 98 und mit den Kontexten.

[120] *Savigny*, Methodologie fol. 3 v, siehe *Rückert* loc. cit.; Hervorhebungen im Original unterstrichen.

[121] *Savigny*, 1809, 2v, auch bei *Mazzacane*; siehe auch schon *Rückert*, Savigny (Fn. 113), S. 94. Hervorhebungen im Original unterstrichen.

[122] *Rudolf Jhering*, Geist (Fn. 3), 1852, 4. Aufl. 1878, S. 62.

[123] Siehe *Rückert*, Geist des Rechts, 2004/05 (Fn. 56), jetzt auch in *ders.*, Aufsätze (Fn. 90); auch nicht im „Zweck“; durchweg herrscht Entwicklungsmetaphysik.

## *2. „Wissenschaft" der Juristen. Argumentation und Fallvergleich*

Warum ist dieser Rückblick auf Kants und Savignys Wissenschaftsbegriffe wichtig? Er ist wichtig, da sich von diesen beiden Konzepten die Wissenschaftsdiskussion der Neuzeit herleitet, bis heute.[124] Überall setzt man seitdem auf *systematische* Darstellung im Sinne eines nach Prinzipien, mit Grundsätzen und ihren Folgen, geordneten Ganzen, mit Kant *und* bei den Juristen mit Savigny. Überall versucht man nun die Darstellung an sich bloß positiver Gegenstände der Natur wie der Geschichte und des positiven Rechts in dieser Weise. Die Ergebnisse sehen sehr wissenschaftlich aus. So erscheint nun das, was immer nur *cognitio ex datis* gewesen war als wahre Wissenschaft, nicht nur als gesammeltes Wissen, als Lehre oder Gelehrtheit. Erst an der Frage des Ursprungs der Systemprinzipien bzw. ihrer Notwendigkeit und Objektivität scheiden sich dann die Geister. Sollte man annehmen, dass diese Prinzipien *a priori* aus der Vernunft kommen, oder aus der Offenbarung bzw. dem Begreifen einer geschichtlichen Vernunft (Schelling 1802/03, Hegel, Savigny – bei allen sonstigen Unterschieden) oder aus den rechtlich relevanten Tatsachen, als „nature des choses" im Geist der Gesetze (Montesquieu 1748) oder aus der „göttlichen Weltleitung" wie bei Jhering 1852? Oder überzeugen neuere Substanzstichworte mehr, wie etwa „Leben"[125], „Natur der Sache"[126], „Zweckabsichten"[127], „konkrete Ordnungen"[128], „Evo-

[124] Dazu nach wie vor bes. *Alwin Diemer*, Die Begründung des Wissenschaftscharakters der Wissenschaft im 19. Jahrhundert. Die Wissenschaftstheorie zwischen klassischer und moderner Wissenschaftskonzeption, in Studien zur Wissenschaftstheorie. 19. Jahrhundert, hg. von A. Diemer, Bd. 1, 1963: Beiträge zur Entwicklung der Wissenschaftstheorie im 19. Jahrhundert, S. 1–63; *ders.*, Die Differenzierung der Wissenschaften in die Natur- und Geisteswissenschaften und die Begründung der Geisteswissenschaften als Wissenschaft, in Studien, ebda., S. 174–224; s. auch die Beiträge in Bd. 2, 1968: System und Klassifikation in Wissenschaft und Dokumentation, sowie in Bd. 4: 1970: Der Wissenschaftsbegriff. Historische und systematische Untersuchungen; neuere Überblicke etwa in: Lexikon der Erkenntnistheorie, hg. von Th. Bonk, Darmstadt 2013; Lexikon des Kritischen Rationalismus, hg. von H.-J. Niemann, Tübingen 2004.

[125] Siehe etwa *Hans-Peter Haferkamp*, Der Jurist, das Recht und das Leben, in: Fakultätsspiegel Sommersemester 2005, hg. vom Verein zur Förderung der Rechtswissenschaft, Köln 2005, S. 83–98 (für drei Konzepte 1814–1960). Der Lebenstopos ist vielfach von mir berührt, s. etwa *Joachim Rückert*, August Ludwig Reyschers Leben und Rechtstheorie. 1802–1880, Berlin 1974 (Münchener Univ.schriften. Jur. Fakultät. Abh. zur rechtswiss. Grundlagenforschung, 13), S. 247 ff.: Der Lebensbezug; *ders.*, Savigny (Fn. 113) s. Reg.; Der Rechtsbegriff der Deutschen Rechtsgeschichte, der Sieg des „Lebens" und des konkreten Ordnungsdenkens, seine Vorgeschichte und seine Nachwirkungen, in: Die deutsche Rechtsgeschichte in der NS-Zeit, hg. von ders./D. Willoweit, Tübingen 1995, S. 177–240; jetzt auch in: Ausgewählte Aufsätze (Fn. 90), I; s. auch die Nachweise im Sachregister s.v. in *ders.*, Savigny-Studien (Fn. 80) und bes. s.v. im Reg. von *ders.*, Aufsätze (Fn. 90) mit vielen Belegen.

[126] Siehe etwa *Schröder*, 2012 (Fn. 13), S. 265–268, s. auch Reg.; *Rückert*, Reyscher (Fn. 125), S. 351 f.; *ders.*, Handelsrechtsbildung und Modernisierung des Handelsrechts durch Wissenschaft zwischen ca. 1800 und 1900, in: Modernisierung des Handelsrechts im 19. Jahrhundert, hg. von K.-O. Scherner, Beiheft der ZHR 66, Heidelberg 1993, S. 19–66, hier 34 ff., 52 ff.

[127] Siehe *Rudolf Jhering*, Der Zweck im Recht, Leipzig 1877, u. ö.; auch die Interessenjurisprudenz mit ihrem Bezug auf die Zweckentscheidung im, Gesetz; dazu generell *Schröder*, 2012 (Fn. 13), S. 394 f.: Zweckjurisprudenz beherrscht das frühe 20.Jh.

[128] Siehe *Rückert*, Rechtsbegriff (Fn. 125); *ders.*, Das „gesunde Volksempfinden" – eine Erbschaft

lution"[129]? Oder sind die Prinzipien eben nur unvollständig induktiv ermittelbar und mehr oder weniger gut bewährt, aber nie volle Erkenntnis von notwendigen Zusammenhängen (Kant 1786/87, Popper, Logik der Forschung, 1935)? Das ist hier nicht weiter zu verfolgen. [130] Es genügt, um nun klären zu können:

Von Wissenschaft im modernen Sinne sollte man für die Juristenarbeit in den Digesten nicht sprechen, trotz vieler eindrucksvoller Dogmatisierungen. Wichtiger wäre es, ihre fallvergleichende Arbeitsweise zu betonen. Bei den Glossatoren findet man erneut einige Dogmen- und auch einige Systembildung, aber nicht als ein nach Prinzipien geordnetes Ganzes des Rechts. Die Fallvergleiche vertiefen sie durch intensive Beachtung von Parallelstellen. Ähnlich steht es in der Frühen Neuzeit[131] – von philosophisch geprägten Beispielen abgesehen – bis zu Christian Wolffs Wirkung auf die Jurisprudenz. Bis dahin handelt es sich um kunstfertiges Wissen, um *ars* in der Tat. Das Einzelne als Anwendungsfall einer allgemeinen Regel aufzufassen, etwa einer Gattung zuzuordnen wurde zwar im Rationalismus auch als Tätigkeit des Verstandes und damit „Wissenschaft" bezeichnet[132] und von daher konnte auch die *Kunst der Regelanwendung* als Wissenschaft gesehen werden[133], also auch die Jurisprudenz als *ars*. Aber dieser sehr weite Wissenschaftsbegriff ist nicht mehr der unsere. Erst mit der insoweit durchschlagend positiven Reaktion auf Kants prinzipienorientierte Wissenschaftsvorstellung gerade auch in der Jurisprudenz[134], sollte man heute von Wissenschaft sprechen, nun freilich in doppeltem Sinn, als formal-systematische und als material-systematische. Der Unterschied beruht auf der verschiedenen Herkunft der Prinzipien. Darin stecken erkenntnistheoretische und ontologische Grundsatzdifferenzen, die heute eher beiseite gelassen werden.

Besonders betont und bearbeitet wird dafür seit längerem die allgemeine Wissenschaftstheorie. Die Jurisprudenz kommt dabei eher etwas kurz. Wie verhalten sich ihre Denktraditionen oder besser Arbeitsweisen zu den Maßstäben der Wissenschaftstheorie für wissenschaftliche Erklärungen? Ulfrid Neumann, der sich mit diesen Fragen besonders beschäftigt hat, resümiert: „Die Wissenschaftstheorie der Rechtswissenschaft mündet in eine Theorie der juristischen Argumentation."[135] Mit

---

Savignys?, in ZSGerm 103 (1986), S. 199–255, jetzt auch in: Ausgewählte Aufsätze (Fn. 90), I, s. auch dort das Sachreg.

[129] Prominent bei *Niklas Luhmann*, Rechtssoziologie, Reinbek 1972; dazu *Joachim Rückert*, Autonomie des Rechts in rechtshistorischer Perspektive, Hannover 1988, S. 14–35.

[130] Siehe nun für Vieles grundlegend *Schröder*, 2012 (Fn. 13).

[131] Siehe dafür das Beispiel Joannes Bolognettus um 1550, dazu *Rückert*, HKK (Fn. 65), Bd. 1, 2003, (Fn. 79), vor § 1 Rn. 80–85.

[132] Dazu *Schröder*, 1979, (Fn. 110), S. 172 ff.

[133] Siehe *Schröder*, 1979, (Fn. 110), S. 187.

[134] Siehe dazu *Gagnér*, 1980, (Fn. 108); *Schröder*, 1979 (Fn. 110), S. 147 ff.; *Rückert*, 1974 (Fn. 125), S. 297 ff.; *ders.*, 1987 (Fn. 90).

[135] *Ulfrid Neumann*, Wissenschaftstheorie der Rechtswissenschaft, in: Einführung in Rechtsphilosophie und Rechtstheorie der Gegenwart, hg. von A. Kaufmann/W. Hassemer und U. Neumann, 7. Aufl. Heidelberg 2004, S. 385–400, hier 400; siehe auch seinen weiterführenden Aufsatz zur Übertragbarkeit des allgemeinen HO-Modells und der deduktiv-nomologischen Erklärung in

der allgemeinen Wissenschaftstheorie geht es auch hier nicht mehr um Erklärungen für unveränderliche, ‚ewige' Gegenstände und entsprechende Methoden. Geblieben ist die Forderung, eine wissenschaftliche Erklärung müsse Allgemeines und Besonderes rational verknüpfen, etwa in Form der Verknüpfung von Gesetzesaussagen und Einzelfallbeschreibungen. Man spricht dann von nomologisch-deduktiver Erklärung und bezieht sich damit auf das in der Wissenschaftstheorie seit langem anerkannte sog. HO-Schema der Kausalerklärung von Tatsachen von Hempel und Oppenheim im Gefolge von Popper.[136] Danach ließe sich mit meinem Beispiel Zufallsstörung schließen wie folgt: Immer dann, wenn eine Zufallsstörung nicht am Diensteanbieter liegt, behält er seinen Lohn. Diensteanbieter im Dienstvertrag und Zufallsstörung wären die Tatsachen, die vorliegen müssen, um mit Hilfe der Gesetzesaussage zu erklären, dass der Lohn bleibt. Die Gesetzesaussage enthält zwei systematische Abgrenzungen, zum einen die der Zufallsstörung von zurechenbaren Störungen und zum zweiten die als Dienstvertrag gegenüber anderen Verträgen. Akzeptiert man das als rationale Erklärung, so kann man Jurisprudenz in diesem Sinne als wissenschaftlich bezeichnen. Auch dass zugleich anderweit erworbenes Entgelt angerechnet werden muss, ließe sich hier in die Gesetzesaussage als negative Bedingung einbauen.[137]

Demgegenüber kann man natürlich der Meinung sein, es handele sich gar nicht um eine tragfähige Begründung, sondern nur um einen logischen oder gar tautologischen Schluss aus entsprechenden Prämissen. Das Erklärungsproblem liege in den Prämissen. Dann will man einfach eine andere Erklärung als nur die aus diesen Prämissen, sondern eine der Gesetzesprämisse selbst. In den Tatsachenwissenschaften geht es bei den Prämissen um empirisch gegebene, überprüfbare Tatsachen. In der Jurisprudenz liegt es anders. Denn das Zufällige an einer Störung ist nicht ohne weiteres als Tatsache sichtbar. Aber die Parallele braucht nicht abgebrochen zu werden. Das Verfahren der Prämissenbildung erscheint mir durchaus vergleichbar. Die Gesetzeshypothese „Alle Schwäne sind weiß" resultiert aus fortlaufenden Beobachtun-

---

die Rechtswissenschaft, mit Rücksicht auf die grundlegenden Erklärungen und Diskussionen u.a. bei *Wolfgang Stegmüller*, Probleme und Resultate der Wissenschaftstheorie und analytischen Philosophie: Bd. 1: Erklärung. Begründung. Kausalität, 2. verbesserte und erweiterte Aufl., Berlin u.a. 1983, in: Rechtstheorie und allgemeine Wissenschaftstheorie, hg. von Neumann, (1993, Festschrift für Günter Jahr, S. 157–168), jetzt in dem Sammelband *Ulfried Neumann*, Recht als Struktur und Argumentation ..., Baden-Baden 2008, S. 243–256.

[136] Siehe *Carl G. Hempel* und *Paul Oppenheim*, Studies in the Logics of Explanation, in: Philosophy of Science Bd. 15, 1948, S. 135–175, und erneut in *Hempel*, Aspects of Scientific Explanation, New York-London 1965. Mit den beiden Elementen Gesetzesaussage (Explanans) und bestimmte Fallbeschreibung (Explanandum), s. nur *Stegmüller*, Probleme (Fn. 135), S. 120f., und seine wichtigen Ausführungen zur alltäglichen und wissenschaftlichen Verwendungen von „Erklärung" S. 110ff.

[137] Soweit ich sehe, würde sie dann auch weder ihren Regelcharakter verlieren, da und insoweit es sich um die einzige Ausnahme handelt. Der Einwand Stegmüllers zum Ausnahmeproblem, der Nachweis der Vollständigkeit könne nicht gelingen, gilt hier meines Erachtens nicht. Er trifft zwar bei Tatsachenphänomenen zu, aber nicht bei normativen Ausnahmen in einem gegebenen Recht, die auf bestimmte Fälle begrenzt sind.

gen und ist falsifiziert und erklärt nichts mehr bei schwarzen Schwänen. Wesentlich ist dabei die vergleichende Beobachtung, dass schwarz nicht weiß ist. Die Aussage Zufallsstörung erklärt nichts mehr bei zurechenbaren Störungen. Wesentlich ist dabei die fallvergleichende Feststellung, dass ein Brand durch Blitz etwas anderes ist als ein Brand durch Brandstiftung. Diese Feststellung lässt sich empirisch und intersubjektiv überprüfen. Dass die Fälle bisweilen schwierig zu unterscheiden sind, ändert daran nichts. Der Schluss auf eine unterschiedliche Bewertung und normative Lösung der beiden Fälle gewinnt seine Sicherheit ebenso wie die allmähliche Bewährung der Tatsachenbeobachtungen aus dem Vergleich mit bisherigen Fallentscheidungen zum Problem. Je mehr ähnlich entschiedene Fälle für Zufall oder gegenteilig entschiedene für Zurechnung vorliegen, desto sicherer wird die Bewertung und mit ihr die juristische Gesetzesaussage. In diesem Sinne hat schon die alte fallvergleichende Jurisprudenz der Römer ein auch nach heutigen Maßstäben hohes wissenschaftliches Potential. Es wäre nicht die schlechteste Frucht einer Reflexion auf diese Arbeitstradition, wenn diese Methode des Fallvergleichs wieder systematischer bedacht und bewusster praktiziert würde, gerade an den Grenzen der herkömmlichen Dogmatik.[138] Der Fallvergleich begründet und erklärt die juristischen Gesetzesaussagen, sprich Dogmen, ebenso wie der Tatsachenvergleich die empirischen Gesetzesaussagen. Das ist lediglich im abkürzenden Verfahren der kontinentalen Dogmatik so stark zurückgetreten, dass es fast vergessen ist.[139] Dass das Fundament der juristischen Dogmatik hier und nur hier liegt, wird deswegen oft gar nicht mehr verstanden.

Die Jurisprudenz wäre damit noch nicht im kantischen Sinne als ein nach Prinzipien geordnetes Ganzes verstanden. Käme das hinzu, so wäre eine anspruchsvollere Stufe von Wissenschaft erreicht, modern: eine Erklärung im Rahmen umfassender Theorien mit Hierarchien von Gesetzesaussagen.[140]

## V. Drei größere Linien

Vielleicht bietet es einen Reflexionsgewinn, zuletzt einige größere Linien zu versuchen. Dafür ließe sich denken an das Element systematisch, an die Orientierung mehr an Fallvergleichen oder abstrakten Tatbeständen und an die relative Offenheit oder Geschlossenheit der Zugriffe.

---

[138] In diesem Sinne mein Vorschlag in *Rückert*, Abwägung (Fn. 103), S. 921 f.

[139] In den juristischen Methodenlehren erwähnen, soweit ich sehe, nur *Zippelius* und *Wank* den Fallvergleich.

[140] Siehe *Stegmüller*, Probleme (Fn. 135), S. 122.

### 1. *System überall, aber aus vielen Quellen*

Linien um *systematisch* soll heißen: Die Denktraditionen und Schulbildungen der Rechtswissenschaft kreisen seit Kant vor allem um ein eher formales oder eher materiales Verständnis des überwiegend systematischen Vorgehens. Im Rahmen der materialen Verständnisse findet sich dann sehr viel Dissens über die wahre Substanz eines richtigen Rechts. System lässt man aus vielen Quellen zum Strom entspringen. Diese Dissense sind nicht verschwunden, obgleich sie nicht mehr so oft die konkrete juristische Arbeit formen.

### 2. *Fallvergleich und abstrakte Tatbestände*

Linien zu *Fallvergleich und abstrakten Tatbeständen* soll heißen: Fallorientierung und Fallvergleich war die Domäne der römischen Juristen. Sie haben das Modell dieser Möglichkeit und Fertigkeit uns bis heute vorbildlich überliefert. Im Fallvergleich bildeten sie Unterscheidungskriterien aus. Am Beispiel der Risikotragung im Dienstvertrag war es das Kriterium: kein Risiko *si per eum non stat*/wenn es nicht an ihm, dem Diensteanbieter, liegt. Mit Blick auf diese Formulierung lässt sich ein Funktionswandel beobachten. Denn aus dem Entscheidungskriterium im Fallvergleich, das die Römer von Fall zu Fall prüften und wiederholend anwendeten oder nicht, machten spätere Juristen Tatbestandsmerkmale im Konditionalprogramm. Das leisteten zunächst philosophische Vernunftrechtler wie Christian Wolff. In seinem Gefolge wurden konditionale Tatbestandsmerkmale zur dominanten Technik der neuzeitlichen Kodifikationen. Im Ausgang von allgemeinen Prinzipien und in Verbindung mit konkreteren Lösungen konnte man so eine hohe Vollständigkeit erreichen und in der Ausbildung von Tatbeständen und Rechtsfolgen eine relativ hohe Anwendungssicherheit.[141] Der Weg über den Fallvergleich sollte nicht jeweils neu gegangen werden müssen. Jedoch erkaufte man diesen Vorteil mit dem Nachteil, dass überschießende Verallgemeinerungen der abstrakten Tatbestandsmerkmale entstanden, die wieder mühsam eingefangen werden mussten. Ein berühmtes Beispiel ist § 817 Satz 2 BGB[142], ein anderes die sog. allgemeine Sphärentheorie zu Risikotragung[143],

---

[141] Zu alledem jetzt wichtig *Bernd Mertens*, Gesetzgebungskunst im Zeitalter der Kodifikationen. Theorie und Praxis der Gesetzgebungstechnik in historisch-vergleichender Sicht, Tübingen 2004, hier besonders Teil C: Die Entwicklung der formalen Anforderungen an den Gesetzesinhalt, S. 287 ff.

[142] Siehe dazu exemplarisch *Heinrich Honsell*, Die Rückabwicklung sittenwidriger oder verbotener Geschäfte: eine rechtgeschichtliche und rechtsvergleichende Untersuchung zu § 817 BGB, München 1974 (Münchener Univ.schriften Jur.Fak. 29).

[143] Siehe dazu nur *Martin J. Schermaier*, HKK II 2007, § 326 Rn. 22–24; aber auch *Rückert*, § 615 (Fn. 65), Rn. 23 f., 44, 54, 199, 221.

weitere der Wegfall der Geschäftsgrundlage[144] und die Dogmatik des Bereicherungsrechts.[145]

Einen ganz anderen, dritten Weg beschreitet die neuere verfassungsrechtliche Abwägungsjurisprudenz. Sie betont weder den Fallvergleich noch abstrakte Tatbestandmerkmale, sondern die freie Güter- und Werteabwägung im Einzelfall. Diese sei nötig wegen kollidierender Normprogramme. Die Prinzipien seien nun zu optimieren, nicht mehr einfach anzuwenden. Damit hat die Verfassungsjustiz einen durchaus traditionellen Weg betreten, der freilich bis dahin der Politik und Gesetzgebung vorbehalten gewesen war.[146]

### 3. *Eher offener oder eher geschlossener Zugriff*

Linien um *offen/geschlossen* soll heißen: Fasst man den Wissenschaftsbegriff im Blick auf die lange juristische Arbeitstradition seit Rom weniger scharf systematisch, sondern argumentativ, so bietet sich eine weitere, freilich entsprechend allgemeine Unterscheidung der Arbeitsweisen und insofern auch Denktraditionen an. Man kann dann einen eher offenen und einen eher geschlossenen Zugriff auf das Rechtsmaterial unterscheiden. Offen heißt dann auch reflexionsoffen. Das führt nicht schon auf überzogene Kategorien wie Finalismus, Formalismus, Naturalismus, Positivismus usw.

Wenn ich recht sehe, öffnet diese Unterscheidung ergiebige Reflexionsperspektiven. In diesem Sinne war der Zugriff der Glossatoren und des Ius commune der frühen Neuzeit *eher geschlossen* im Sinne einer Konzentration auf das positive Rechtsmaterial und – später – vor allem das Fallentscheidungsmaterial der Digesten. Die Literaturformen bezeugen es. Immer hat hier das Arbeiten in der Legalordnung dominiert. Die partikularrechtlichen und einheimischen Arbeitstraditionen bilden hier, ohne dass darin eine Abwertung läge, keine relevante Ausnahme. Anders steht es natürlich mit der Juristenrolle in oralen Rechtskulturen. Eher geschlossen war auch der dezidiert positivrechtliche Zugriff der Jurisprudenz des späten 19. Jahrhunderts, ebenso der der gesetzesorientierten Interessenjurisprudenz Hecks nach 1900 und wohl auch der der aktuellen Argumentationsjurisprudenz.[147]

*Vergleichsweise offener* würde ich dagegen nennen: die Freirechtsbewegung, die Wertungsjurisprudenz nach 1933 und 1945, die Abwägungsjurisprudenz seit ca. 1960, die kritisch-politische seit ca. 1968, die systemtheoretische Jurisprudenz nach

---

[144] Siehe nur *Rudolf Meyer-Pritzl*, HKK II (Fn. 96), 2007, §§ 313–314 Rn. 1 f., 51 ff., 85; *Martin J. Schermaier*, HKK II 2007, vor § 275 Rn. 82 f.

[145] Siehe nur *Frank L. Schäfer*, HKK III (Fn. 65), 2013, §§ 812–822 Rn. 5–14 zu den sieben historischen Modellen. Bes. aufschlussreich ist hier die fallvergleichende Dogmenbildung bei Savigny, dazu *Joachim Rückert*, dogmengeschichtliche und Dogmengeschichte im Umkreis Savignys, bes. in seiner Konditionslehre, ZSRom 104 (1987), S. 666–678.

[146] Dazu *Rückert*, Abwägung (Fn. 103); zus.fassend jetzt in: Schlachtrufe (Fn. 32), S. 533–539.

[147] Überblick dazu bei *Rückert*, Schlachtrufe (Fn. 32).

ca. 1970, usw. Den Bestimmungsgründen dieser Wandlungen nachzugehen wäre reizvoll. Geöffnet wurde der Zugriff der Juristen nicht selten von der Theologie her, was ich hier vernachlässigt habe, und immer wieder von der Philosophie, vor allem vom philosophischen Naturrecht. Dieses erlangte freilich, entgegen manchen Legenden, keinen praktischen Vorrang vor dem positiven Recht.[148] Auf diesem Wege wurde die Jurisprudenz bereichert. Freilich übernahm sie damit auch alle Unsicherheiten der Philosophien und wendete sich dann wieder ab. Dieser Vorgang der Übernahme und Abwendung wiederholte sich im geschichtlichen Wechsel der jeweiligen Leitdisziplinen teils mehr normativer, teils mehr empirischer Art, z. B. mit der Philologie im Humanismus des 16. Jahrhunderts, der Philosophie und Geschichte mehrfach nach ca. 1780, der Nationalökonomie nach ca. 1850, der Soziologie nach ca.1900, des Sozialdarwinismus nach 1933, der rhetorischen Topik nach Viehweg 1953, der Hermeneutik nach ca. 1960, der Systemtheorie nach ca. 1970 usw. usw. – dies natürlich ohne Vollständigkeit.

Institutionell betrachtet kann man sich fragen, welcher Rechtsbildungsfaktor dabei jeweils profitiert, die Justiz, der Juristenstand oder die Politik und Gesetzgebung. Die Öffnungen des juristischen Zugriffs begünstigen am Ende wohl die Justiz. Sie hat darüber das letzte Wort. Jedenfalls erscheint das als die Signatur unseres Zeitalters. Die Verfassungsjustiz hat sich in diesem Sinn den Königsweg der Abwägung gewählt. Für die Rechtswissenschaft führen Öffnungen leicht dazu, sich von der jeweiligen Praxis zu entfernen und in die immer präsente Theoriekritik zu geraten – eine in der Profession fast immer wenig dankbare Rolle. Savigny fürchtete noch eine Rolle als „Schreibersdienst bey dem Gerichtsgebrauch", denn „eine Rechtswissenschaft, die nicht auf dem Boden gründlich historischer Kenntnis ruht, versieht eigentlich nur Schreibersdienst bey dem Gerichtsgebrauch. So ist es in Frankreich in der That ..."[149] – gemeint war 1814, zu Zeiten der sog. exegetischen Schule.

Auf welchem gründlichen Boden die Jurisprudenz heute ruht, wäre gewiss eine lohnende neue Reflexionsfrage.

---

[148] Siehe vor allem *Schröder*, 2012 (Fn. 13), § 24 I.

[149] *Savigny*, Vom Beruf unsrer Zeit für Gesetzgebung und Rechtswissenschaft, Heidelberg 1814, S. 79. Die Originalseitenzahlen sind in den neueren Editionen durchweg enthalten. Savigny kannte die Arbeitsweise zum französischen Recht durch seinen Studienaufenthalt in Paris 1804/05 und spätere Kontakte besser als viele.

# Problemzugänge und Denktraditionen im Öffentlichen Recht

*Oliver Lepsius*

## I. Einleitung

Zur Annäherung an das mir aufgetragene Thema gibt es wohl kaum einen bessren Einstieg als Helmuth Schulze-Fielitz' Buch „Staatsrechtslehre als Mikrokosmos".[1] Dort trifft der Leser sowohl auf eine Klassifikation von Denktraditionen als auch von Problemzugängen im öffentlichen Recht. Es sind jeweils fünf Unterteilungen, die Schulze-Fielitz vorschlägt. Bei den Problemzugängen lauten sie:

(1) der rechtsdogmatische Ansatz, der das positive Recht systematisiert und auslegt und zwar, so Schulze-Fielitz, im Verfassungsrecht primär im Sinne eines Verfassungsgerichtspositivismus,[2] im Verwaltungsrecht entlang der Dogmatik des allgemeinen Verwaltungsrechts; (2) eine Anreicherung mit Hilfe der empirischen Grundlagen des Rechts im Sinne einer sozialwissenschaftlich-interdisziplinär angereicherten Jurisprudenz; (3) ein Zugang mit Hilfe übergreifender Theorien rechtsdogmatischer Art, sei es mit gesellschaftstheoretisch-verfassungstheoretischem, sei es mit historischem oder philosophischem Schwerpunkt; (4) der Zugang über das Europa- und Völkerrecht, auch im Zusammenhang mit der Rechtsvergleichung; (5) ein zum Teil dazu quer liegender politisch ausgerichteter Problemzugriff mit progressiven oder konservativen Meinungstendenzen, was sich bei der Gewichtung von Grundkategorien wie Staat, Rechtsstaat, Souveränität, Demokratie, Verfassung zeige. Ergänzend

---

[1] *Helmuth Schulze-Fielitz*, Staatsrechtslehre als Mikrokosmos, 2013, 35, 242.

[2] Den Begriff führte Schlink ein; er kennzeichnet inzwischen eine verbreitete Haltung, der man sich weithin schicksalshaft ergeben hat, auch wenn gegen die Reduzierung der Staatsrechtslehre auf ihre Gerichtsorientierung immer wieder aufgemuckt wird. Praxis und Mainstream sind davon indes wenig beeindruckt. Vgl. etwa *Bernhard Schlink*, Die Entthronung der Staatsrechtswissenschaft durch die Verfassungsgerichtsbarkeit, in: Der Staat 28 (1981), 161–172; *Peter Lerche*, Rechtswissenschaft und Verfassungsgerichtsbarkeit, in: BayVBl. 2002, 649–652; ders., Die Verfassung in der Hand der Verfassungsgerichtsbarkeit, in: ders., Ausgewählte Abhandlungen, 2004, 522–528; *Matthias Jestaedt*, Phänomen Bundesverfassungsgericht. Was das Gericht zu dem macht, was es ist, in: ders. u. a., Das entgrenzte Gericht, 2011, 77 (124ff.); *ders.*, Verfassungsgerichtspositivismus. Die Ohnmacht des Verfassungsgesetzgebers im verfassungsgerichtlichen Jurisdiktionsstaat, in: O. Depenheuer u. a. (Hrsg.), Nomos und Ethos. Hommage anläßlich des 65. Geburtstags von Josef Isensee, 2002, 183–228.

lesen wir, innerhalb der Staatsrechtslehre ließen sich (in grober Vereinfachung) fünf Arten des Problemzugriffs typisieren: methodisch, politisch, gegenständlich, sozial oder regional geprägte Zugriffe.[3]

Damit ist das Thema schon bestens umrissen. Um etwas Neues beisteuern zu können, möchte ich die in meinen Augen maßgebliche Denktradition im deutschen öffentlichen Recht als einen Denkstil analysieren, der als Ausgangspunkt einer Entwicklungsgeschichte für die weiteren Problemzugänge im öffentlichen Recht leitend wird. Zugleich wird zu zeigen sein, wie die deutsche Staatsrechtslehre eigentlich ständig versucht hat, den Denkstil fortzuentwickeln und zu reformieren. Sie ist in einem dauerhaften Reformprozess befangen; sie will die gegenständlichen Veränderungen aufgreifen und methodisch reflektieren. Dieses Reformprogramm, das sich auch als Binnenpluralismus in der Staatsrechtslehre beschreiben ließe, stößt jedoch immer wieder an Grenzen – man sollte besser sagen: an Beharrungstendenzen und Pfadabhängigkeiten, über die bestimmte Denktraditionen fortwirken. Das führt zu der Frage, warum es trotz pluralistischer Problemzugänge und einem permanenten Reformanspruch nur teilweise gelungen ist, sich von Denktraditionen zu befreien. Diese Frage beantworte ich in zwei Richtungen: Zum einen deutet diese Haltung auf eine ausgeprägte Identität im Fach sowie eine kontinuierliche Fächerkultur hin. Zum anderen erschwert sie, die Veränderungen im öffentlichen Recht der Gegenwart zu verarbeiten. Martin Morlok hat von „Reflexionsdefiziten" im öffentlichen Recht gesprochen,[4] und ich möchte diese auf die Pfadabhängigkeiten und Beharrungskräfte des Denkstils zurückführen.

## II. Denktraditionen und Denkstile

### 1. *Ludwik Fleck und die kollektive Natur der Forschung*

Den Begriff „Denktradition" verstehe ich im Sinne Ludwik Flecks. Er hat die kollektive Natur der Forschung beschrieben[5] und dabei die Bedeutung feststehender Lehrsätze betont, also solcher Lehrsätze, die nicht primär im Denken des Einzelnen verankert sind und auch mit dem Begriff des Vorverständnisses oder Erkenntnisinteresses nur unzureichend beschrieben werden können.[6] Da Wissenschaft ein Kol-

---

[3] *Schulze-Fielitz* (Fn. 1), 36.

[4] *Martin Morlok*, Reflexionsdefizite in der deutschen Staatsrechtslehre, in: H. Schulze-Fielitz, Staatsrechtslehre als Wissenschaft, 2007, 49ff.; Kritik auch bei *Markus Pöcker*, Stasis und Wandel der Rechtsdogmatik, 2007, insbes. 27ff. Von Rationalitätsdefiziten in der täglichen wissenschaftlichen Arbeit, die durch eine zu selbstverständliche Verwendung der juristischen Methode entstünden, spricht *Andreas Voßkuhle*, Diskussionsbemerkung, VVDStRL 67 (2008), 343 (344).

[5] Vgl. aber auch *Schulze-Fielitz*, Mikrokosmos (Fn. 1), 13ff. zur Wissenschaft als Sozialisationsprozess.

[6] *Ludwik Fleck*, Entstehung und Entwicklung einer wissenschaftlichen Tatsache. Einführung in die Lehre vom Denkstil und Denkkollektiv, hg. v. L. Schäfer/T. Schnelle, 1980, insbes. 129ff. [1935].

lektivvorgang ist, Fleck spricht von „Denkkollektiven" als den gemeinschaftlichen Trägern des Denkstils,[7] setzt der Fortschritt die kollektive Weiterentwicklung des Denkstils voraus. Es sind also nicht einzelne Beiträge, es ist nicht die Kreativität von Individuen, die den maßgeblichen Einfluss auf den wissenschaftlichen Fortschritt haben, sondern es ist die Veränderung des Denkstils selbst als ein wissenssoziologisches Phänomen. Erst dann können neue Beiträge wirklich rezipiert, aufgegriffen und verarbeitet werden. Nach Fleck kann Neues erst hinzutreten, wenn die Vorannahmen verschoben worden sind, mit anderen Worten: wenn der Denkstil als solcher überwunden wird. Das aber ist außerordentlich schwierig. Fleck beschreibt, warum sich ein einmal etablierter Denkstil als „Stimmungskameradschaft" langfristig immer wieder durchsetzt.[8]

Für die Wissenschaft vom öffentlichen Recht ist dieser wissenssoziologische Ansatz hilfreich, denn er kann erklären, warum es einerseits eine inhaltlich und methodisch reichhaltige wissenschaftliche Literatur gibt, die sich nicht zuletzt permanent mit der Selbstreflexion der Wissenschaft vom öffentlichen Recht, ihren Reflexionsdefiziten und Reformimpulsen beschäftigt, warum es aber andererseits gerade die innovativen Einzelbeiträge nicht schaffen, den Wissenschaftsdiskurs insgesamt zu prägen oder neu auszurichten. Nimmt man Flecks These ernst, ist es wohlfeil, auf diesen oder jenen Beitrag, Ansatz oder Autor zu verweisen, um den nötigen Binnenpluralismus und die Innovationsfähigkeit des Faches als solches zu belegen. Es kommt nicht darauf an, das Bild aus reformfreudigen Einzelfacetten zusammenzusetzen, sondern den beharrlichen Bildaufbau zu durchschauen. Welche Beiträge und Forschungsrichtungen sind anschlussfähig, welche sind es nicht? Welche prägen den Zugriff, welche nicht? Welche erzeugen Nachfrage, welche nicht?

## 2. *Denkstil und Interdisziplinarität*

Man überprüfe die Fragestellung, die uns Fleck mitgibt, an Beispielen: Die Forderung nach Interdisziplinarität und Internationalität ist ein fast schon abgedroschenes Dauerdesiderat der deutschen Staatsrechtslehre. Zweifellos wird man, überblickt

[7] Ebd., 135.

[8] Vgl. ebd., 139 f.: Bei gleichgestellten Teilnehmern desselben Denkkollektivs „besteht immer ein gewisses Gefühl der Denksolidarität im Dienste einer überpersönlichen Idee, das eine intellektuelle Abhängigkeit der Individuen voneinander und gemeinsame Stimmung bewirkt: ... Diese Stimmungskameradschaft ist sofort, nach einigen Sätzen fühlbar und ermöglicht erst echte Verständigung, wogegen man ohne sie nur aneinander vorbeiredet. Jeden intrakollektiven Denkverkehr beherrscht also ein spezielles Abhängigkeitsgefühl: Die allgemeine Struktur des Denkkollektivs bringt es mit sich, *daß der intrakollektive Denkverkehr ipso sociologico facto – ohne Rücksicht auf den Inhalt und die logische Berechtigung – zur Bestärkung der Denkgebilde führt:* Vertrauen zu den Eingeweihten, deren Abhängigkeit von der öffentlichen Meinung, gedankliche Solidarität Gleichgestellter, die im Dienste derselben Idee stehen, sind gleichgerichtete soziale Kräfte, die eine gemeinsame besondere Stimmung schaffen und den Denkgebilden Solidität und Stilgemäßheit in immer stärkerem Maße verleihen." [Hervorhebung im Original.]

man die Literaturproduktion in der Wissenschaft vom öffentlichen Recht der letzten Jahrzehnte, eine lange Reihe von Publikationen finden, die sich mit der Frage der Interdisziplinarität in der Rechtswissenschaft befasst haben. Als Thema ist die Einbindung interdisziplinärer Erträge in den normwissenschaftlichen Diskurs der Juristen präsent und wird iterativ behandelt. Jedem fallen sicher sogleich entsprechende Werke, die Namen bestimmter Autoren und auch Forschungsrichtungen und -ansätze ein. Aber hat die Forderung nach Interdisziplinarität den Denkstil verändert? Was ist aus der Dauerforderung nach Interdisziplinarität bis in unsere Gegenwart geworden? Wo und wie wird ein interdisziplinäres öffentliches Recht, was immer man darunter verstehen mag, praktiziert? Man sollte deswegen unterscheiden zwischen dem Denkstil, den Pfadabhängigkeiten des Denkkollektivs, das über die Anschlussfähigkeit befindet, und den Beiträgen einzelner oder von Gruppen, die die Wissenschaft bereichern, irritieren und ihr pars pro toto auch einen interdisziplinären Anstrich geben können, deswegen aber weder die Problemzugänge noch die Denktraditionen eines Faches beeinflussen noch gar bestimmen.

Fragt man genauer etwa nach dem Einfluss der Sozialwissenschaften in der Wissenschaft vom öffentlichen Recht, so wird man aller wissenschaftlicher Bemühungen zum Trotz zu einem nüchternen Ergebnis kommen. Der öffentlich-rechtliche Denkstil scheint mir davon unbeeindruckt. Natürlich gab und gibt es genügend Plädoyers für Sozialwissenschaften im Recht,[9] doch durchgesetzt haben sie sich, Hand aufs Herz, nicht.[10] In der Juristenausbildung ist die den Tellerrand überblickende Perspektive der 1970er Jahre längst einer Falllösungstechnik gewichen mit der entsprechenden thematischen und methodischen Verengung. Man verzerrt das Bild wohl nicht, wenn man feststellt, dass die Forschungslandschaft heute eine klare Trennung zwischen praktischer und theoretischer Perspektive beherrscht. Praxis

---

[9] Vorbildlich immer noch *Dieter Grimm* (Hrsg.), Rechtswissenschaft und Nachbarwissenschaften, 2 Bände, 1976; *Wolfgang Hoffmann-Riem* (Hrsg.), Sozialwissenschaften im Öffentlichen Recht, 1981. Siehe auch *Hubert Rottleuthner*, Rechtswissenschaft als Sozialwissenschaft, 1973. Aus jüngerer Zeit etwa *Wolfgang Hoffmann-Riem*, Sozialwissenschaften im Verwaltungsrecht: Kommunikation in einer multidisziplinären Scientific Community, in: Die Verwaltung, Beiheft 2, 1999, 83ff. Siehe im Überblick auch *Karl-Heinz Ladeur*, Die rechtswissenschaftliche Methodendiskussion und die Bewältigung des gesellschaftlichen Wandels, RabelsZ 64 (2000), 60ff. Schon 1976 konnte *Dieter Grimm* feststellen, der Ruf nach stärkerer Hinwendung der Juristen zu den Sozialwissenschaften gehöre mittlerweile schon zum Repertoire der Reformdiskussion, vgl. *D. Grimm*, Staatsrechtslehre und Politikwissenschaft, in: ders (Hrsg.), Rechtswissenschaft und Nachbarwissenschaften, Band 1, 2. Aufl. 1976, 53.

[10] Positiver gesehen von *Hoffmann-Riem*, Sozialwissenschaften im Verwaltungsrecht (Fn. 9), 84, der feststellt: „Juristen ist es gelungen, einen Teil des sozialwissenschaftlichen Wissens in ihren sozialen Kontext zu integrieren, d.h. ihren Bedürfnissen, Interessen, evtl. auch Machtinteressen anzupassen." Besonders zu würdigen sind die Beiträge, die Christoph Engel mit der Integration verhaltensökonomischer Ansätze ins öffentliche Recht erbracht hat. Vgl. etwa *Christoph Engel*, Öffentliches Wirtschaftsrecht aus Sicht der ökonomischen Theorie, in: D. Ehlers/M. Fehling/H. Pünder (Hrsg.), Besonders Verwaltungsrecht, Band 1: Öffentliches Wirtschaftsrecht, 2012, 40–62; *ders.*, Behavioral Law and Economics, Preprint Bonn 2013.

und Theorie leben voneinander recht unbeeinträchtigt nebeneinander her.[11] Die Praxis braucht keine interdisziplinären Erträge, weil es ihr im dogmatischen Rechtsdiskurs gelingt, die Normauslegung rein normativ zu betreiben. Dafür braucht sie keine empirische Hilfestellung, denn es ist im normwissenschaftlichen Diskurs weitgehend unerheblich, welche Eigenheiten oder sozialen Tatsachen der Fälle, die zu einer bestimmten Normauslegung geführt haben, auszeichnen und was die in diesen Fällen entscheidungserheblichen Sachprobleme waren. Im Praxisdiskurs geht es weitgehend um Rechtsfragen, nicht um Probleme, die im Tatsächlichen wurzeln oder einen sozialen Bezug aufweisen. Jedenfalls gelingt es dem Praxisdiskurs, die soziale Bedeutung des Falles gegenüber der normativen Frage, die die Normauslegung aufwirft, zu minimieren. Positiv ausgedrückt: Deutsche Juristen behandeln Rechtsprobleme, nicht gesellschaftliche Probleme.

Man erkennt diese Trennung der Rechtsfrage vom Fall, der zur Rechtsfrage führte, die Abschottung von der Tatsachenfrage, die zu empirischer, sozialwissenschaftlicher oder zeithistorischer Forschung einlüde, etwa an der Bedeutung, die Kommentare in der deutschen Rechtswissenschaft haben: Es ist ja gerade die Leistung eines Kommentars, die Rechtsfragen von den Fallfragen zu abstrahieren und normwissenschaftlich diskutierbar zu machen. Ein anderes Beispiel: Bekanntlich werden deutsche Gerichtsentscheidungen kontextlos zitiert ohne Jahreszahl und ohne weitere Angaben zum Sachverhalt oder zu den Prozessbeteiligten zu machen. Die deutsche Zitierpraxis unterscheidet sich hier grundlegend vom ansonsten Üblichen. Dieser Unterschied ist keine formalistische Petitesse, sondern weist auf eine grundsätzliche Eigenheit hin: Dogmatiker vermissen weder den Entstehungs- noch den Sachverhaltskontext bei der Angabe einer Gerichtsentscheidung, weil weder das Jahr noch der Sachverhalt eine für den dogmatischen Diskurs der Rechtsfrage erhebliche Information liefert. Wenn man aber zum Zwecke des Rechtsdiskurses die Kontexte nicht benötigt, dann erzeugt der Praxisdiskurs auch keine Nachfrage nach interdisziplinären Beiträgen und Hilfestellungen.

Hinter der scheinbaren Professionalisierung, die in der Tatsachenabgewandtheit des dogmatischen Diskurses liegt, verbirgt sich auch ein Machtfrage: Ginge es nämlich um Kontexte, wären Juristen nicht mehr die Herren des Diskurses. Man kann den Vertretern anderer Disziplinen, dem Common Sense und der Zivilgesellschaft die Mitsprache über Tatsachenfragen kaum verwehren. Geht es aber um einen rein rechtlichen Diskurs, der um Normauslegung und Fragen der normativen Systembildung kreist, errichtet man eine für andere schwer überwindliche Zutrittshürde und darf unter sich bleiben.

Der Preis einer Konzentration auf Praxisdiskurse im Zuschnitt der juristischen Dogmatik ist, dass es irgendwann bei hinreichender Verselbständigung normwissen-

---

[11] Praxisbezug als Theoriedefizit analysierend *Matthias Jestaedt*, Die Verfassung hinter der Verfassung, 2009, 32ff. Siehe auch *Oliver Lepsius*, The Quest for Middle-Range Theories in German Public Law, in: I·CON, International Journal of Constitutional Law 12 (2014), 692–709.

schaftlicher Diskurse nicht mehr auf die Fallkonstellationen ankommt und infolgedessen auch keine praktisch-professionelle Nachfrage nach interdisziplinärer Forschung besteht. Die Tatsachendimension des Rechts mutiert zur Frage der Normsubsumtion im Einzelfall – und die Vielfalt der Anwendungsfälle erlaubt es der Rechtswissenschaft, sich mit dem Tatsächlichen nicht mehr beschäftigen zu müssen. Vereinfacht gesagt: Der Denkstil wird dann anti-empirisch und monodisziplinär und daran ändern auch die quantitativ und qualitativ bedeutsamen Rufer nach einer sozialwissenschaftlichen Orientierung nichts. Man kann dann lakonisch feststellen: Tatsachen sind ein Problem für Richter, nicht für Rechtswissenschaftler.

### 3. *Kontrast zu den USA*

Der Kontrast wird besonders deutlich, wenn man sich den Denkstil der US-amerikanischen Rechtswissenschaft vor Augen führt.[12] Dort schlägt das Extrem in die andere Richtung aus: Seit dem Legal Realism sind amerikanische Rechtswissenschaftler davon überzeugt, dass Rechtswissenschaft immer mit einem gesellschaftlich oder politisch relevanten Zweck betrieben werden muss.[13] Rechtswissenschaft ist Mittel zum Zweck, nicht Selbstzweck, und die heftigsten Diskussionen werden oft über die Frage geführt, welchem Zweck Recht denn nun zu dienen habe (eine Frage, die in Deutschland schon als latent un-rechtswissenschaftlich gilt, weil sie notgedrungen eine politische Haltung voraussetzt). In den USA misstraut man einer sich selbstreferentiell gebenden Wissenschaft, die nach der Eigenrationalität des Rechts sucht, die politische Neutralität erstrebt oder auch nur Formen verteidigt. Von der Eigenrationalität des Rechts ist in den USA niemand überzeugt, Neutralität gilt als gleichermaßen verkappt politisch und Formalismus ist per se verdächtig. In den USA ist der Denkstil seit dem Realism auf seine Weise genauso pfadabhängig wie bei uns.

### 4. *Denkstil und „Neue Verwaltungsrechtswissenschaft"*

Das Problem des pfadabhängigen Denkstils ist der Sache nach auch von der Neuen Verwaltungsrechtswissenschaft thematisiert worden und zwar als „überkommene Dominanz der Juristischen Methode innerhalb der Verwaltungsrechtswissenschaft in der Bundesrepublik Deutschland".[14] Was Andreas Voßkuhle dort als „juristische

---

[12] Näher auch *Oliver Lepsius*, Was kann die deutsche Staatsrechtslehre von der amerikanischen Rechtswissenschaft lernen?, in: Schulze-Fielitz, Staatsrechtslehre (Fn. 4), 319 ff.; *ders.*, Sozialwissenschaften im Verfassungsrecht – Amerika als Vorbild?, JZ 2005, 1.

[13] Zur Transformation des Denkstils durch den Legal Realism *David M. Rabban*, Law's History. American Legal Thought and the Transatlantic Turn to History, 2013, 2 ff., 524 ff.; *Neil Duxbury*, Patterns of American Jurisprudence, 1995, 65 ff.

[14] *Andreas Voßkuhle*, Neue Verwaltungsrechtswissenschaft, in: W. Hoffmann-Riem/E. Schmidt-Aßmann/A. Voßkuhle (Hrsg.), Grundlagen des Verwaltungsrechts, Band I, 2006, § 1 Rn. 2–7. Dies aufgreifend *Ivo Appel*, Das Verwaltungsrecht zwischen klassischem dogmatischen

Methode" kennzeichnet (Rechtsaktsbezogenheit, Gerichtszentrierung, Kontrollperspektive, Systemorientierung, Rechtsdogmatik), ist nichts anderes als die Beschreibung eines Denkstils. Auch in der Umschreibung der „juristischen Methode" durch Martin Eifert als „Chiffre einer nicht fest umrissenen, aber durch bestimmte, historisch verfestigte Merkmale charakterisierten Arbeitsweise" kommt gleichfalls schön zum Ausdruck, dass damit ein Denkstil gemeint ist. Insofern verdient die „Neue Verwaltungsrechtswissenschaft" als Versuch eines Denkkollektivs gewürdigt zu werden, den Denkstil zu verändern. Schon in dieser wissenssoziologischen Hinsicht bleibt das Unternehmen wertvoll, auch wenn die gewählte Terminologie („Neue Verwaltungsrechtswissenschaft" versus „juristische Methode") sicher nicht die zweckmäßigste ist[15] und zu Missverständnissen und falschen Zuschreibungen geführt hat.[16] Dass mit der „Neuen Verwaltungsrechtswissenschaft" in erster Linie die Korrektur einer Pfadabhängigkeit beabsichtigt war verdeutlicht im Umkehrschluss auch die Kritik von Rainer Wahl an ihr. Einerseits erkennt er den Impetus, mit dem ein Denkkollektiv den Denkstil zu verändern versucht,[17] andererseits meint er, dass der Fortschritt in der Wissenschaft eben nicht vom „korrigierende[n] Fortschreiten" und von „Kritik am Bisherigen und der Weiterentwicklung" lebt,[18] und verkennt dadurch Flecks Einsicht, dass der Fortschritt mehr voraussetzt, nämlich die Veränderung des Denkstils. Wahl erkennt und behandelt zwar die Pfadabhängigkeit der Wissenschaft vom öffentlichen Recht, stellt die Pfadabhängigkeit selbst aber nicht in Frage, die „Neue Verwaltungsrechtswissenschaft" schon.

---

Verständnis und steuerungswissenschaftlichen Anspruch, VVDStRL 67 (2008), 226 (236–239). In der Konzeption ähnlich *Martin Eifert*, Das Verwaltungsrecht zwischen klassischem dogmatischen Verständnis und steuerungswissenschaftlichen Anspruch, VVDStRL 67 (2008), 286 (289–294), der vor allem die Rechtsaktsbezogenheit der „juristischen Methode" betont. Den „gängigen Rekurs auf die juristische Methode" stellt auch *Appel* fest, ebd., 235.

[15] Darauf weist etwa *Matthias Jestaedt* hin, Diskussionsbemerkung, VVDStRL 67 (2008), 352 (353).

[16] Vgl. etwa die Kritik von *Josef Isensee*, Diskussionsbemerkung, VVDStRL 67 (2008), 338 oder die Besprechung von *Fritz Ossenbühl*, Grundlagen des Verwaltungsrechts, in: Die Verwaltung 40 (2007), 125–134 (127 ff.), der nach dem Neuen in der „Neuen Verwaltungsrechtswissenschaft" fragte und darauf verweisen konnte, dass das Angemahnte in der einen oder anderen Form bekannt sei und praktiziert werde. Die Stoßrichtung des neuen Ansatzes, den Denkstil zu verändern, erfasst die Besprechung von *Klaus Lange*, ebd., 135–140 (135 f.) treffender. Zur Replik *Andreas Voßkuhle*, Diskussionsbemerkung, VVDStRL 67 (2008), 343. Vorzüglicher Überblick bei *C. Bumke*, Die Entwicklung der verwaltungsrechtswissenschaftlichen Methodik in der Bundesrepublik Deutschland, in: E. Schmidt-Aßmann/W. Hoffmann-Riem (Hrsg.), Methoden der Verwaltungsrechtswissenschaft, 2004, 73 ff. Siehe auch: *H.-H. Trute*, Die Wissenschaft vom Verwaltungsrecht, in: Die Verwaltung, Beiheft 2, 1999, 9 (13 ff.), der eher das „Modell subsumtiven Vollzuges" anprangert. Gegen eine Reduzierung des genuin Rechtswissenschaftlichen auf die Wissenschaft subsumtionsbezogener Argumentation auch *Hoffmann-Riem*, Sozialwissenschaften im Verwaltungsrecht (Fn. 9), 97.

[17] *Rainer Wahl*, Herausforderungen und Antworten: Das Öffentliche Recht der letzten fünf Jahrzehnte, 2006, 87 ff. (89): „Die programmatischen Schriften zeigen ein umfassend formuliertes Konzept, einen hohen Anspruch, ein Zäsurbewußtsein und kräftige Elemente einer Gruppenbildung."

[18] Ebd.

Die Auseinandersetzung um die Programmatik der „Neuen Verwaltungsrechtswissenschaft"[19] mag hier nur als Beispiel angeführt werden, wie in der deutschen Wissenschaft vom öffentlichen Recht Diskurse über die Pfadabhängigkeiten und die Beharrungskraft von Denkstilen geführt wurden und werden. Ob es der „Neuen Verwaltungsrechtswissenschaft" gelungen ist, über perspektivische Anregungen hinaus den Denkstil tatsächlich zu verändern, mag der Leser für sich beurteilen. Die andauernde und teils unerbittliche Ablehnung spricht jedenfalls dafür, dass die Bewahrer eines überkommenen Denkstils in der Mehrheit sind. Man mag auch das neueste Buch von Eberhard Schmidt-Aßmann, einem der Väter der „Neuen Verwaltungsrechtswissenschaft" als Reverenz vor dem Mainstream und dem dogmatischen Kerndiskurs deuten.[20] Würdigt man dieses Werk unter einer wissenschaftsstrategischen Perspektive, wird man jedenfalls zum Eindruck kommen, dass die einst so forcierte Abgrenzung von der „juristischen Methode" und der sie einschließenden verengten Dogmatik nun einem entspannten Miteinander gewichen ist,[21] in der der Begriff „Dogmatik" so weit ausgedehnt wurde, dass er praktisch jedwede rechtswissenschaftliche Perspektive einschließt und damit seine exkludierende Bedeutung verloren hat.[22] Der Impetus, den Denkstil zu verändern, ist ersichtlich dem Arrangieren mit den Pfadabhängigen gewichen;[23] einem Arrangement, das unter dem Oberbegriff „Verwaltungsrechtliche Dogmatik" alles vereinnahmt und Anschlussfähigkeiten herstellt, dadurch aber die Funktionslosigkeit dieses Begriffes in Kauf nimmt.

### 5. *Andere Herausforderer des Denkstils*

In diesem Zusammenhang könnte noch auf eine ganze Reihe von wissenschaftlichen Ansätzen und Neubeschreibungen verwiesen werden, die es sich zum Ziel gesetzt haben, den Denkstil zu verändern, darin aber selbst bei plausiblen und überzeugenden Argumenten gescheitert sind. Man mag die Rufe nach „Multikulturalität der Wissenschaftlergemeinschaft oder der transdisziplinären Interaktion[24] als Versuche begreifen, den Denkstil aufzubrechen und neu auszurichten. Man denke etwa an die Lehre vom Verwaltungsrechtsverhältnis.[25] Auch der Versuch, das Denken in der Di-

---

[19] Vgl. pars pro toto die Diskussion auf der Freiburger Staatsrechtslehrertagung, VVDStRL 67 (2008), 334ff.

[20] *Eberhard Schmidt-Aßmann*, Verwaltungsrechtliche Dogmatik. Eine Zwischenbilanz zu Entwicklung, Reform und künftigen Aufgaben, 2013.

[21] Zur Relativierung der Abgrenzung ebd., 11–13.

[22] Vgl. ebd., 3ff. Zur Verwaltungsrechtsdogmatik zählt Schmidt-Aßmann potentiell auch rechtshistorische und rechtsvergleichende Ansätze.

[23] Nach *Schmidt-Aßmann*, ebd., 18, lautet die neue Gegenwartsaufgabe der Dogmatik: Ausdifferenzierung, Verknüpfung, Kohärenzsicherung.

[24] So etwa *Hoffmann-Riem*, Sozialwissenschaften im Verwaltungsrecht (Fn. 9), 101. Vgl. mit diesem Ziel etwa auch *Gunnar Folke Schuppert*, Schlüsselbegriffe der Perspektivenverklammerung von Verwaltungsrecht und Verwaltungswissenschaft, in: Die Verwaltung, Beiheft 2, 1999, 103ff.

[25] Dazu statt vieler: *Jost Pietzcker*, Das Verwaltungsrechtsverhältnis – archimedischer Punkt

chotomie von Staat und Gesellschaft als vordemokratisch zu überwinden,[26] dürfte im Rückblick nur wenig bewirkt haben, blickt man auf die Grundrechtslehren, die diese Dichotomie kontinuierlich voraussetzen. Ganz generell kann man feststellen, dass die deutsche Staatsrechtslehre ihre Grundbegrifflichkeit im ausgehenden 19. Jahrhundert gefunden hat und an ihr unter völlig veränderten Staats- und Rechtsformen mit erstaunlicher Treue festhält.[27] Man erinnere sich auch an das staatsrechtliche Theorieangebot von Hans Kelsen, das als ein Versuch gedeutet werden kann, der überkommenen Traditionsfortschreibung der deutschen Staatsrechtslehre in nahezu jedem Punkt zu widersprechen, ihre Pfadabhängigkeit aufzuspießen und zu beenden.[28]

## III. Elemente eines kollektiven Denkstils in der deutschen Staatsrechtslehre

Was könnte man nun im Sinne Flecks als den kollektiven Denkstil der deutschen Staatsrechtslehre bezeichnen? Ich bin mir bewusst, dass diese Frage zu beantworten nur unter Inkaufnahme einer erheblichen Schematisierung möglich ist, die vielen Einzelstimmen Unrecht tun wird – aber wenn es um Denkstile geht, darf (im Sinne Flecks) der Beitrag Einzelner jedenfalls dann vernachlässigt werden, wenn er am Ende für die Art und Weise, wie Forschung kollektiv betrieben wird, nicht relevant geworden ist. Wie bereits gesagt: Beim Denkstil geht es nicht darum, der Vielfalt der Forschungsthemen und Ansätze gerecht zu werden, sondern eine Grundhaltung jenseits der individuellen Ansichten zu beschreiben.[29] Dass damit eine typologisierende Schematisierung einhergeht, liegt in der Fragestellung selbst. Nach meiner Wahrnehmung zeichnet sich der Denkstil durch folgende Eigenschaften aus:

---

oder Münchhausens Zopf? Die Verwaltung 30 (1997), 281 ff.; *Rolf Gröschner*, Vom Nutzen des Verwaltungsrechtsverhältnisses, ebd., 301 ff.; *Thomas von Danwitz*, Zu Funktion und Bedeutung des Verwaltungsrechtsverhältnisses, ebd., 339 ff.

[26] Diese Dichotomie kritisierend schon *Horst Ehmke*, „Staat" und „Gesellschaft" als verfassungstheoretisches Problem, FS Rudolf Smend 1962, S. 23 ff., erneut in: ders., Beiträge zur Verfassungstheorie und Verfassungspolitik, 1981, S. 300–324; die Dichotomie bekräftigend *Ernst-Wolfgang Böckenförde*, Die verfassungstheoretische Unterscheidung von Staat und Gesellschaft als Bedingung der individuellen Freiheit, 1973.

[27] Zur Analyse *Thomas Vesting*, Die Staatsrechtslehre und die Veränderung ihres Gegenstandes, VVDStRL 63 (2004), 41 (42–48).

[28] Vgl. *Oliver Lepsius*, Hans Kelsen und die Pfadabhängigkeit in der deutschen Staatsrechtslehre, in: M. Jestaedt (Hrsg.), Hans Kelsen und die deutsche Staatsrechtslehre, 2013, 241 (241–247, 264–266).

[29] In diesem Sinne hat übrigens *Peter Lerche* den Begriff „Stil" verwendet, vgl. Stil, Methode, Ansicht, DVBl. 1961, 690–701.

Franzius, RW 16, 62 (65 FN 12)

### 1. *Materielles Recht (nicht Verfahren, Organisation, Kompetenzen)*

Es geht bei „öffentlichem Recht" in erster Linie um das positive materielle Recht – also nicht um Verfahrensrecht und nicht um Organisationsrecht. Es geht primär um Substanz, um Ergebnisse, nicht um den Weg dorthin. Die Verfahren der Rechtserzeugung durch Gesetzgebung, Verwaltung und Rechtsprechung bleiben in der deutschen Rechtswissenschaft unterbelichtet bis ausgeblendet, genauso wie auch die Zuständigkeitsfragen (Kompetenzrecht) vernachlässigt werden. Materielles Recht dominiert die Perspektive, nicht Verfahrensrecht, nicht Organisation, nicht Kompetenzen.[30] Hinter dieser Fixierung auf materielles Recht steckt eine Trennung des Rechts in einen Bereich der Rechtsetzung und der Rechtsanwendung. Die Rechtsetzung, die Entstehungsbedingungen und Entstehungsprozesse des Rechts werden als vermeintlich vor-rechtswissenschaftliche Zustände ausgeblendet. Man beschäftigt sich primär mit dem Produkt Recht, anders gesagt: mit einem Rechtsbegriff, der Recht als einen genuin juristischen Gegenstand behandelt und die gesellschaftlichen und politischen Entstehungszusammenhänge von Recht als unjuristische Fragen ausklammert,[31] nicht selten auch das Rechtserzeugungsrecht geringschätzt oder ignoriert.[32] Wie unpassend eine Ausblendung der Prozesse der Rechtserzeugung ist, erhellt der Umstand, dass aller Rechtsanwendung immer ein konstruktives Element innewohnt, jede Rechtsanwendung zugleich also immer auch Recht erzeugt, man also zwischen Rechtsetzung und Rechtsanwendung nicht so schematisch trennen kann, dass Rechtserzeugungsprozesse prinzipiell unterbelichtet bleiben. Wer sich auf das materielle Recht konzentriert, Verfahren, Kompetenzen und Organisationsnormen ausklammert, wer dergestalt die Rechtserzeugung zugunsten des Endprodukts materielles Recht ausblendet, der verengt den Gegenstand der Rechtswissenschaft gefährlich. Als materielles Recht ist Recht schon deswegen höchst unvollkommen beschrieben, weil jede Anwendung des materiellen Rechts immer ein Element der Rechtserzeugung enthält (und sei es nur im Normbefehl des Urteils im Einzelfall, das die Geltung des Gesetzes in eine individuelle Handlungspflicht umformuliert).[33] Wenn die Behandlung von Recht ohne Rechtserzeugung letztlich aber problematisch wenn nicht sinnlos ist, dann gibt es auch keinen Sinn, die Rechtserzeugung bis zum

[30] Ebenso *Appel* (Fn. 14), 238 f. Seiner Beobachtung nach seien Verfahren und Organisation für das Zustandekommen richtiger Rechtserkenntnis sogar „prinzipiell irrelevant."

[31] Deutlich moniert etwa von *Appel* (Fn. 14), 233: „Gerade in Abgrenzung zur Rechtspolitik inszeniert sich die Rechtswissenschaft als Gralshüter des positiven Rechts und der daran anknüpfenden Dogmatik. Dieses Verhältnis ist aber nicht vorgegeben, sondern durch Vorverständnisse geprägt."

[32] Als Gegenentwurf lobenswert indes *Gunnar Folke Schuppert*, Governance und Rechtsetzung, 2011, insbes. 33 ff., 57 ff.

[33] *Adolf Merkl*, De Lehre von der Rechtskraft entwickelt aus dem Rechtsbegriff, 1923, 81 ff.; *Hans Kelsen*, Reine Rechtslehre, 2. Aufl. 1960, 250; *Martin Kriele*, Theorie der Rechtsgewinnung, 2. Aufl. 1976, 195 ff.; *René Rhinow*, Rechtsetzung und Methodik, 1979, 134 ff. und öfter; *Matthias Jestaedt*, Grundrechtsentfaltung im Gesetz, 1999, 287 ff., 307 ff.; *ders.*, Das mag in der Theorie richtig sein ..., 2006, 22 ff.; *Appel* (Fn. 14), 256–259.

Normerlass wissenschaftlich anders zu behandeln als die Rechtserzeugung nach dem Normenerlass. Anders gefragt: Warum interessiert sich die Rechtswissenschaft ganz überwiegend[34] für Recht erst ab dem Zeitpunkt, in dem es zu Gesetzen geronnen ist und in der Regel durch Gerichte angewendet wird?

### 2. *Kontrollperspektive (nicht Rechtsgestaltung, Rechtserzeugung)*

Das führt zum zweiten Aspekt des vorherrschenden Denkstils. Das materielle Recht wird primär aus der Perspektive der Kontrolle betrachtet, also einer Perspektive, in der Recht eingreift und begrenzt und deshalb kontrolliert und überprüft werden muss. Diese Kontrollperspektive ist oft mit der Einnahme einer richterlichen Normenkontrollperspektive verbunden, nicht hingegen geht es – erneut – um Rechtsgestaltung oder Rechtserzeugung.[35]

### 3. *Rechtsnormen (nicht Kontexte, Interessen, Zweckmäßigkeit, Gerechtigkeit)*

Gegenstand des öffentlichen Rechts sind Rechtsnormen und ihre Rechtmäßigkeit. Das scheint eine triviale Aussage zu sein, die erst in der negativen Ausgrenzung ihr Charakteristikum erhält: Es geht also nicht um Tatsachen, Kontexte, Sachbereiche, Realbereiche, Interessen. Es geht auch nicht um außerrechtliche Normen, also nicht um Effizienz, Gerechtigkeit, Moral oder auch nur Zweckmäßigkeit. Es geht um die Dichotomie rechtmäßig-rechtswidrig, was sich wieder mit der Kontrollperspektive und der Orientierung am materiellen Recht verträgt.

### 4. *Verfassungsrecht und Verwaltungsrecht (Normen unterschiedlicher Hierarchiestufen)*

Die Rechtsnormen des öffentlichen Rechts umfassen Normen unterschiedlicher Hierarchiestufen, nämlich solche des Verfassungs- wie des Verwaltungsrechts. Öffentliches Recht in Deutschland zeichnet sich durch das Aufeinanderbeziehen von Verfassungsrecht und Verwaltungsrecht aus. Fritz Werners Diktum vom Verwaltungsrecht als konkretisiertem Verfassungsrecht drückt dies kongenial aus,[36] aber auch in der Habilitationskultur, die für die venia „Öffentliches Recht“ typischerweise eine

[34] Diesen Eindruck bestätigt *Schuppert*, Governance (Fn. 32), der gerade ein vernachlässigtes Thema behandeln will.

[35] An dieser Eigenheit des Denkstils setzt die Kritik durch die sog. Neue Verwaltungsrechtswissenschaft an, die in erster Linie die Kontrollperspektive ergänzen und damit auch die Fixierung auf das materielle Gesetzesrecht aufbrechen möchte. Vgl. nur den konzeptionellen Beitrag von *Andreas Voßkuhle*, Neue Verwaltungsrechtswissenschaft (Fn. 14), § 1 insbes. Rn. 2–9; siehe auch *Eifert* (Fn. 14), 290 f.; vgl. auch *Schmidt-Aßmann*, Dogmatik (Fn. 20), 12 f.

[36] *Fritz Werner*, Verwaltungsrecht als konkretisiertes Verfassungsrecht, DVBl. 1959, 527–533.

Doppelqualifikation sowohl im Verfassungs- als auch im Verwaltungsrecht einfordert. „Verwaltungsrecht" und „Verfassungsrecht" sind Rechtsgebiete; sie begründen aber nicht die Disziplin.[37] Als Fach bezieht sich „Öffentliches Recht" auf die übergreifende Behandlung von Verfassungs- und Verwaltungsrecht, also auf das Verhältnis von Rechtsschichten unterschiedlicher Rangstufe zueinander. Im Verwaltungsrecht setzt sich diese Perspektive, ein Fach durch die Perspektive zu kennzeichnen, mit der Normen unterschiedlicher Hierarchiestufe behandelt werden, im Verhältnis des Gesetzes zur Verordnung oder zur Satzung fort.

Im internationalen Vergleich ist diese die Rechtsschichten Verfassung und Verwaltung übergreifende, den Stufenbau der Rechtsordnung selbst zum Merkmal der Fachorientierung nehmende Haltung, im Übrigen eine deutsche Besonderheit. Die romanischen Länder trennen hier strikt: Man ist entweder Verfassungs- oder Verwaltungsrechtler.[38] Auch in Asien (so etwa in China) wird entsprechend gegliedert. Umgekehrt beziehen die angelsächsischen Rechtskulturen Verfassungs- und Verwaltungsrecht selten aufeinander; beide stehen hier zwar nicht in einem Verhältnis strikter Abgrenzung aber doch häufiger Beziehungslosigkeit. In den USA ist es völlig normal, sowohl constitutional law als auch civil procedure zu unterrichten, während administrative law (samt seinen Unterbezirken wie etwa environmental law) in der Fächerhierarchie der law schools am unteren Ende steht. Entsprechend selten trifft man in den USA auf Verfassungsrechtler, die sich auch auf das Verwaltungsrecht einlassen.[39] In Großbritannien, dessen Rechtswissenschaftskultur erst jüngeren Datums ist, hat sich inzwischen der Begriff „public law" etabliert,[40] mit dem die besonderen Strukturprinzipien in Abgrenzung zum Privat- und Strafrecht erfasst,[41] weniger indes normenhierarchische Perspektiven behandelt werden. Jedenfalls stellt

---

[37] Näher *Matthias Jestaedt*, „Öffentliches Recht" als wissenschaftliche Disziplin, in: C. Engel/W. Schön (Hrsg.), Das Proprium der Rechtswissenschaft, 2007, 241 ff.

[38] Erklärungen bei *Luc Heuschling*, Verwaltungsrecht und Verfassungsrecht, in: A. v. Bogdandy/S. Cassese/P. M. Huber (Hrsg.), Handbuch Ius Publicum Europaeum Band 3, 2010, § 54 Rn. 17 ff. Zur Sonderstellung des Verwaltungsrechts in Frankreich auch *Jean-Louis Mestre*, Staat, Verwaltung und Verwaltungsrecht: Frankreich, ebd., § 43 Rn. 51 ff.

[39] Natürlich gibt es prominente Ausnahmen, z. B. *David Currie*, der nicht nur zwei mehrbändige Werke zum Verfassungsrecht verfasst hat (The Constitution in the Supreme Court, 2 Bände, 1985/1990; The Constitution in Congress, 4 Bände, 1997–2005) sowie ein Buch über deutsches Verfassungsrecht (The Constitution of the Federal Republic of Germany, Chicago 1992), sondern auch zu den Pionieren der US-amerikanischen Umweltrechtswissenschaft gezählt werden darf. Currie verfasste den Illinois Environmental Protection Act 1970 und war der erste Vorsitzende des Illinois Pollution Control Board, vgl. auch *David Currie*, Air Pollution. Federal Law and Analysis, 1982. Vgl. zu Currie den Nachruf von *Oliver Lepsius*, JZ 2008, 137. Als Ausnahme verwiesen werden darf auch auf *Cass Sunstein*, der ursprünglich vom Verwaltungsrecht (Regulierungsrecht) kommt, sich dann dem Verfassungsrecht und der Rechtstheorie zuwandte, schließlich Regulierungsrecht mit einer verhaltensökonomischen Perspektive aus seiner „klassischen" Verankerung im administrative law lösen wollte. Stellvertretend aus dem umfangreichen Oeuvre Sunsteins: Reconceiving the Regulatory State, 1991; The Partial Constitution, 1993; Democracy and the Freedom of Speech, 1993; Nudge, 2008 (gemeinsam mit Richard Thaler).

[40] Man denke nur an die Zeitschrift „Public Law", seit 1956.

[41] Besondere Verdienste erlangte *Martin Loughlin*, dessen Ansätze jedoch nicht repräsentativ

sich die deutsche Fächerkultur des öffentlichen Rechts im Rechtsvergleich als eine Besonderheit dar.

### 5. *Systemanspruch (nicht Akteure und Interessen)*

Fünftes Merkmal des deutschen Denkstils ist schließlich sein ausgesprochener Systemanspruch.[42] Das Bekenntnis zum systematischen Denken, ja zur Systembildung als Inbegriff der Rechtswissenschaft hat fast schon etwas Rituelles. Es geht der Wissenschaft vom öffentlichen Recht primär ums Ordnen des Rechtsstoffs, um die Vermeidung von Widersprüchen im Normenmaterial, um das Herstellen von Rechtssicherheit und Berechenbarkeit, die aus dem System abgeleitet werden. Das Interessante dabei ist, wie sich die Systemorientierung zugleich auf ein materielles System bezieht.[43] Die Rechtsordnung wird aus einer materiellen Wertordnung abgeleitet, nicht aus einem bloß formellen Kompetenzsystem, das sich mit dem Errichten von Verfahrens- und Zuständigkeitsregeln begründen könnte und die Sicherung der Normenhierarchie bezweckte. Deutsche Öffentlichrechtler indes pflegen einen materiellen Systemanspruch. Deswegen lässt sich aus dem System auch Neues ableiten nach der Devise: Das System weiß mehr als der Einzelne und natürlich auch mehr als Verfassungsorgane im Rahmen ihrer Zuständigkeit. Der Systemanspruch verbindet sich mit Topoi wie jenem der Einheit der Rechtsordnung, der Widerspruchsfreiheit der Rechtsordnung oder spezifischen Rationalitätsansprüchen.[44]

Mit dem Systemanspruch und der Systemorientierung einher geht eine Vernachlässigung von Akteuren, Interessen und Kompetenzen. Zu einem kognitiven Problem stilisiert der Systemanspruch nolens volens den Pluralismus der rechtserzeugen-

---

sind für Großbritannien; vgl. The Idea of Public Law, Oxford 2003; *ders.*, Foundations of Public Law, Oxford 2010.

[42] *Friedrich Schoch*, Verwaltungsrechtslehre und Staatsrechtslehre, in: Schulze-Fielitz (Hrsg.), Staatsrechtslehre (Fn. 4), 177 (191 f.): „Die deutsche Rechtswissenschaft ist traditionell dem Systemdenken verpflichtet."

[43] Zu den Problemen vgl. *Jestaedt*, Das mag in der Theorie richtig sein ..., 2006, 81 ff.; *Jan H. Klement*, Verantwortung, 2006, 97 ff.; *Lepsius*, Themen einer Rechtswissenschaftstheorie, in: M. Jestaedt/ders. (Hrsg.), Rechtswissenschaftstheorie, 2008, 1 (36–41).

[44] Welche momentan besonders vom Bundesverfassungsgericht eingefordert werden, vgl. die Auseinandersetzung um die Rechtsprechung zu den Geboten der Widerspruchsfreiheit, Folgerichtigkeit, Konzeptbefolgung und ähnlicher neuer verfassungsrichterlicher Rationalisierungsgebote. Kritisch Sondervotum Masing, BVerfGE 121, 317 (381 ff.): „Gefahr paternalistischer Bevormundung". Aus der Literatur dazu etwa *Klaus Meßerschmidt*, Gesetzgebungsermessen, 2000, §§ 8, 9; *Andreas Hanebeck*, Die Einheit der Rechtsordnung als Anforderung an den Gesetzgeber? Zu verfassungsrechtlichen Anforderungen wie „Systemgerechtigkeit" und „Widerspruchsfreiheit" der Rechtsetzung, Der Staat 41 (2002), 429–451; *Christian Bumke*, Die Pflicht zur konsistenten Gesetzgebung, Der Staat 49 (2010), 77–105; *Philipp Dann*, Verfassungsrechtliche Kontrolle gesetzgeberischer Rationalität, Der Staat 49 (2010), 630–646; *Schuppert*, Governance (Fn. 32), 30–32; *Oliver Lepsius*, Die maßstabsetzende Gewalt, in: M. Jestaedt u. a., Das entgrenzte Gericht, 2011, 159 (247–251); *Bernd Grzeszick*, Rationalitätsanforderungen an die parlamentarische Rechtsetzung im demokratischen Verfassungsstaat, VVDStRL 70 (2012), 49 (52–55).

den Akteure und die damit verbundene dem Rechtssystem inhärente Dynamik. Akteure und ihre Interessen fordern über den Pluralismus der Rechtserzeugungen und ihre nur relative Richtigkeit das Systemdenken kontinuierlich heraus. Schwer tut sich die Orientierung an einem materiellen System auch mit dem Relativismus, was naturgemäß besondere Spannungen in einer demokratisch erzeugten Rechtsordnung auslöst, in der Recht ein legitimes, nämlich verfassungsrechtlich vorgesehenes Mittel der demokratischen Mehrheitsherrschaft ist. Materielle Systemansprüche vertragen sich schließlich schlecht mit einem relationierenden wissenschaftlichen Zugriff, also wissenschaftlichen Aussagen, die nicht nach kontextindifferenter Gültigkeit und Richtigkeit trachten, sondern sich mit der Richtigkeit von graduellen Aussagen im Stile von „wenn-dann-Sätzen" begnügen. Einem solchen Zugang würde es etwa entsprechen, Normkonflikte nicht abstrakt und systematisch zu beheben, sondern je nach den Kontexten, in denen diese auftreten (also differenziert nach institutionellen, materiellen oder prozessualen Kontexten). Diese relationierende Perspektive ist in der deutschen Wissenschaft vom öffentlichen Recht bislang wenig verbreitet, obwohl sie sich eigentlich bereits aus der Umsetzung des Stufenbaus der Rechtsordnung ergibt[45] (denn Normen jeder Stufe stellen sich nicht nur als Rechtsanwendung der höheren Stufe dar, sondern sind zugleich eine eigenständige, konkretere Rechtserzeugung), obwohl das deutsche öffentliche Recht mit dem Verhältnismäßigkeitsgrundsatz über eine mustergültige Methode zur Produktion von relationierenden Ergebnissen verfügt und obwohl es in der Staatsrechtslehre bedeutende Vorbilder für – der Sache nach – solche Ansätze gibt.[46]

Mit dem Systemanspruch verfolgt die Wissenschaft vom öffentlichen Recht übrigens auch ein institutionelles Eigeninteresse. Denn mit ihm gelingt die Selbstermächtigung der Wissenschaftler zu einem rechtserzeugenden Akteur.[47] Die Selbstermächtigung der Wissenschaft zur Rechtserzeugung geht mit der Entstehung der Rechtswissenschaft im Mittelalter einher; sie kennzeichnet das ius commune genauso wie später die Historische Rechtsschule. Bedenklich ist nicht die Selbstermächtigung an sich, sondern das fehlende Vermögen, diese zu erkennen und kompetentiell zu reflektieren.[48]

---

[45] Eindringlich *Jestaedt*, Theorie (Fn. 43), 22 f.

[46] Ich nenne *Peter Lerche*, dessen vielgerühmtes Buch „Übermaß und Verfassungsrecht", Köln 1961, 2. Aufl. Goldbach 1999, ein Angebot zur relationierenden Rechtserkenntnis darstellt; oder *Karl Loewenstein*, dessen Verfassungslehre, Tübingen 1959, Verfassungsrecht aus konkreten politischen und historisch-vergleichbaren Entscheidungskontexten heraus begreift und konkretisiert, vgl. *Oliver Lepsius*, Karl Loewenstein, in: P. Häberle/M. Kilian/H. Wolff (Hrsg.), Staatsrechtslehrer, Berlin 2015, 411 ff.

[47] Vgl. dazu *Oliver Lepsius*, Kritik der Dogmatik, in: Kirchhof, Gregor/Magen, Stefan/Schneider, Karsten (Hrsg.), Was weiß Dogmatik?, Tübingen 2012, 39–61. Siehe auch *Matthias Jestaedt*, Wissenschaftliches Recht, ebd., 117 (124–126), der das Problem beschreibt, indem er zeigt, wie aus Recht Wissenschaft und aus Wissenschaft Recht wird.

[48] Eine Selbstermächtigungsfunktion der systemorientierten Dogmatik bestreitet indes *Schmidt-Aßmann*, Dogmatik (Fn. 20), 4 mit Fn. 8.

## 6. *Typologien und Begriffe*

Im deutschen öffentlichen Recht denkt man gerne in Typologien und Begriffen. Von beidem verspricht man sich eine höhere Diagnosekompetenz und die Fähigkeit, komplexe Vorgänge zu verdichten und dadurch zu erfassen. Begriffsschöpfungen genießen hohes Ansehen und lösen lange Debatten aus. Man denke nur an die Faszination der Begriffe von Carl Schmitt oder auch der Begriffe für Carl Schmitt,[49] oder die Idealtypisierung, die Ernst Forsthoff in den 1950er Jahren mit dem Begriff des Rechtsstaats bezweckt hatte, der in einer angeblich typisierbaren und behauptet historisch-realen Form zur Analysekategorie der Gegenwart eingesetzt wurde.[50] Oder man denke an die Inbrunst, mit der die deutsche Staatsrechtslehre die Rechtsnatur der Europäischen Vertragswerke in Begriffen wie dem Staatenverbund,[51] später dann im Verfassungsverbund[52] zu erkennen meinte.[53] „Staat" und „Verfassung" sind typologische Leitbegriffe oder auch Leitbilder geworden, unter denen sich viele Positionen versammeln. Besonders „Staat" als Begriff hat eine eigentümliche, einheitsstiftende, substanzvergewissernde und disziplinenerweiternde Funktion im deutschen öffentlichen Recht.[54] Das Denken vom Staat her indiziert dabei nicht notwendig eine konservative Grundhaltung: Rechtsstaat, Sozialstaat oder: Gewährleistungsstaat, Dienstleistungsstaat, aktivierender Staat markieren zeitgenössische Versuche, die Diagnosekompetenz, die sich mit dem Begriff „Staat" verbindet, zu erhalten.[55] In jüngerer Zeit scheint der Begriff der (Verfassungs-) „Identität" solche Hoffnungen zu

---

[49] Dazu *Matthias Jestaedt*, Carl Schmitt (1888–1985), in: P. Häberle/M. Kilian/H. Wolff (Hrsg.), Staatsrechtslehrer, 2015, 313 (320).

[50] Vgl. *Ernst Forsthoff*, Die Umbildung des Verfassungsgesetzes, Festschrift für Carl Schmitt, 1959, 35–62; über Forsthoffs Methode der begrifflichen Typisierung näher *Florian Meinel*, Der Jurist in der industriellen Gesellschaft, 2011, 369 ff.; für zeitgenössische Kritik schon *Peter Lerche*, Stil, Methode, Ansicht, DVBl. 1961, 690–701; *Alexander Hollerbach*, Auflösung der rechtsstaatlichen Verfassung? AöR 85 (1960), 241–270; *Peter Häberle*, Zum Staatsdenken Ernst Forsthoffs, in: ders., Kleine Schriften2002, 169–179. Kerntexte der Debatte sind veröffentlicht bei R. Dreier/F. Schwegmann (Hrsg.), Probleme der Verfassungsinterpretation, 1976.

[51] BVerfGE 89, 155 – Maastricht [1993]. Zum neugeschöpften Begriffsverständnis des Staatenverbundes *Paul Kirchhof*, Europäische Union: Der europäische Staatenverbund, in: A. v. Bogdandy/J. Bast (Hrsg.), Europäisches Verfassungsrecht, 2. Aufl. 2009, 1009–1043.

[52] Dazu *Ingolf Pernice*, Verfassungsverbund, in: C. Franzius u. a. (Hrsg.), Strukturfragen der Europäischen Union, 2010, 102–118.

[53] Die zeitgenössische Diskussion um die rechtliche Gestalt der Europäischen Union wird im Rahmen der europäischen wissenschaftlichen Literatur reflektiert und mit einem eigenen Beschreibungsangebot kontrastiert von *Armin v. Bogdandy*, Supranationaler Föderalismus als Wirklichkeit und Idee einer neuen Herrschaftsform, 1999, insbes. 33 ff., 61 ff.

[54] Diese Funktion und die aus ihr folgenden inhaltlichen Positionen analysiert *Christoph Möllers*, Staat als Argument, 2000. Zur Fruchtbarmachung etwa *Udo Di Fabio*, Die Staatsrechtslehre und der Staat, 2003, der (7) zusammenfasst: „Der Staat war und ist eine kategoriale Größe rechtswissenschaftlicher Argumentation; er repräsentiert Einheit, zumindest des öffentlichen Rechts, von ihm aus entfaltet sich ein System rechtlicher Ordnung."

[55] Vgl. *Oliver Lepsius*, Funktion und Wandel von Staatsverständnissen, in: A. Voßkuhle/C. Bumke/F. Meinel (Hrsg.), Verabschiedung und Wiederentdeckung des Staates im Spannungsfeld der Disziplinen, 2013, 37–58.

stillen.[56] Verwiesen werden darf auch auf Uwe Volkmanns Beobachtungen, wie Verfassungsbilder verwendet werden, um ihnen Direktionskraft und Diagnosekompetenz zuzuschreiben.[57]

### *a) Die nicht eingelöste Dichotomie von Staat und Gesellschaft*

Wer „Staat" sagt, denkt natürlich an eine davon abzugrenzende Gesellschaft. Mit der Dichotomie von Staat und Gesellschaft wird bis in die Gegenwart eine Orientierungsleistung verbunden – heute meist mit Hilfe der Grundrechtsbindung. Dabei freilich ist der Begriff der Gesellschaft in der deutschen Staatsrechtslehre wenig reflektiert worden und insgesamt blass geblieben. In ihm sammelt sich das rechtlich Unregulierte: Gesellschaft verkörpert in einer bisweilen doch erstaunlichen unpolitischen Naivität einen Raum der Freiheit, in der vermeintlich Gleiche ihre Interessen verfolgen und ihre Angelegenheiten auf dem Boden der formalen Rechtsgleichheit mit dem Mittel der Privatautonomie regeln können. Die Dichotomie von Staat und Gesellschaft markiert eine Freiheitsvermutung, die mit der Trennung der Rechtsordnung in Öffentliches Recht und Privatrecht einhergeht. Das Öffentliche Recht ermächtigt den Staat und begrenzt seine Kompetenzen, schützt dadurch den Bürger vor hoheitlichen Freiheitseingriffen. Das Privatrecht dient der autonomen Ausgestaltung eines prinzipiell freiheitlichen bürgerlichen Rechtsraums. Diese Freiheitsvermutung, deren Sozialmodell schon im 19. Jahrhundert nicht mehr passte,[58] wird durch die kapitalistische Industriegesellschaft sozial und politisch überholt und unglaubwürdig. Nicht in der staatlichen, sondern in der „gesellschaftlichen Sphäre" sammeln sich zusehend die sozialen Bereiche, in denen die bürgerlichen Freiheitsrechte tatsächlich bedroht werden (Arbeitsleben, Oligopolstrukturen, Medienmacht, Eigentumsordnung und Vermögensungleichheit, Geschlechterverhältnisse, Infrastrukturabhängigkeiten, um einige zu nennen). Für die freiheitliche Selbstbestimmung des Einzelnen wird der privatrechtliche Eingriff immer problematischer, während der hoheitliche Eingriff zusehends seine Schrecken verliert, zumal in einem politischen System, das die hoheitliche demokratischer Legitimation und rechtsstaatlichen Bindungen unterwirft und in dem überdies der Staat Schutzpflichten und

---

[56] Ausgelöst durch BVerfGE 123, 267 – Lissabon [2009].

[57] Vgl. *Uwe Volkmann*, Leitbildorientierte Verfassungsanwendung, AöR 134 (2009), 157–196; *ders.*, Rechtsgewinnung aus Bildern: Beobachtungen über den Einfluß dirigierender Hintergrundvorstellungen auf die Auslegung des heutigen Verfassungsrechts, in: J. Krüper/H. Merten/M. Morlok (Hrsg.), An den Grenzen der Rechtsdogmatik, 2010, 77–90; *ders.*, Der Aufstieg der Verfassung: Beobachtungen zum grundlegenden Wandel des Verfassungsbegriffs, in: T. Vesting/S. Korioth (Hrsg.), Der Eigenwert der Verfassung, 2011, 23–39.

[58] *Sibylle Hofer*, Freiheit ohne Grenzen?, 2001; *Joachim Rückert*, „Frei und sozial" als Rechtsprinzip, 2006; ders., Natürliche Freiheit – Historische Freiheit – Vertragsfreiheit, in: J.-F. Kervégan/H. Mohnhaupt (Hrsg.), Recht zwischen Natur und Geschichte, 1997, 305 ff.; *Dieter Grimm*, Bürgerlichkeit im Recht, in: ders., Recht und Staat der bürgerlichen Gesellschaft, 1987, 11 ff.; *ders.*, Soziale, wirtschaftliche und politische Voraussetzungen der Vertragsfreiheit, ebd., 165 ff.; *Michael Grünberger*, Personale Gleichheit, 2013, 71–79, 106–115.

eine Gewährleistungsfunktion für die effektive Inanspruchnahme von Rechtspositionen ausübt.

Die Dichotomie Staat-Gesellschaft prägte das öffentliche Recht perspektivisch, vor allem als Freiheitsregel und Freiheitsverteilung. In einer demokratisch erzeugten Rechtsordnung ändern sich aber die Vorverständnisse, die mit Begriffen wie Staat und Gesellschaft verbunden sind. In der Demokratie gibt es nur so viel Staat, wie die Verfassung entstehen lässt. Die Gesellschaft ist kein freiheitlicher Raum in Abgrenzung zum Staat, sondern aus Sicht des Individuums eine gleichermaßen freiheitlich problematische Sphäre, geprägt von der gesellschaftlichen Gewalt von Arbeitgebern, Grundeigentümern oder Infrastrukturbetreibern, von juristischen Personen, die sich der Legitimationsbedürftigkeit ihrer Macht entziehen, das allgemeine Lebensrisiko nicht tragen und kein Gewissen kennen, sich als transnationale Konzerne mit Sitzvolatilität und nicht mehr nachvollziehbarer Eigentümerstruktur bisweilen auch nationalen Rechtsordnungen zu entziehen verstehen. Wenn Kapitalgesellschaften aus miteinander verschachtelten weiteren Kapitalgesellschaften bestehen, sich in einer undurchschaubaren Eigentümerstruktur die natürliche Person als Rechtsträger invisibilisiert hat, wenn sich das Kapital von Realitäten abzulösen versteht und einen selbstreferentiellen Kapitalismus begründet (Kapital legitimiert, kontrolliert und motiviert Kapital), dann besetzt nicht mehr der Staat das Freiheitsproblem, sondern zum einen die Mehrheitsherrschaft in der Demokratie, zum anderen die Macht gesellschaftlicher Akteure und juristischer Personen in der kapitalistischen Wirtschaftsordnung. An die Stelle der Dichotomie von Staat und Gesellschaft muss daher eine andere Codierung treten: eine die Herrschaftsstrukturen und Machtverhältnisse thematisiert. Sonst droht die öffentlich-rechtliche Grundbegrifflichkeit, einem Freiheitsmuster des 19. Jahrhunderts verhaftet, unbewusst Machtträger zu privilegieren, die sich der Demokratie und den nationalstaatlichen Rechtsordnungen entziehen.

Das Verteilungsmodell von Staat und Gesellschaft lässt sich heute nicht mehr in Freiheitsgraden bestimmen. Während diese Entwicklung am Beispiel des Begriffs „Staat" intensiv abgearbeitet wurde, – man denke nur an die chronische Präsenz von Staatsdiagnosen und Staatsverfallshypothesen – fehlt eine damit korrespondierende rechtswissenschaftliche Beschäftigung mit der Gesellschaft. Dabei scheinen vor allem juristische Personen als Machtträger keine Rolle zu spielen. Der Unterschied von Kapital und Leben, der Privatrechtsakteure trennt, spielt keine Rolle. Vielmehr weht das die tatsächlichen Machtverhältnisse verschleiernde Mäntelchen der Privatautonomie und der formalen Rechtsgleichheit gerade unter den deutschen Öffentlichrechtlern weiter,[59] während die Diskussionen im Privatrecht selbstkritischer verlaufen und die Schutzbedürftigkeit bestimmter Privatrechtssubjekte thematisie-

---

[59] Vgl. etwa das idealisierende Vorverständnis der Privatautonomie bei *Matthias Ruffert*, Vorrang der Verfassung und Eigenständigkeit des Privatrechts, Tübingen 2001; dort auch weitere Nachweise für die in der Wissenschaft vom öffentlichen Recht verbreitete Idealisierung privatrechtlicher Freiheit.

ren.[60] Jedenfalls trägt das Denken vom Staat her prinzipiell das Potential in sich, das soziale Gefüge, auf das sich Recht bezieht, auch aus juristischer Warte zu thematisieren. Ob das, trotz aller Bemühungen, die dafür den Staatsbegriff ausgebeutet haben, hinreichend gelungen ist, darf bezweifelt werden. Mir scheint der interwissenschaftliche Anspruch, der mit diesem Denken verbunden ist, einherzugehen mit der unreflektierten Übernahme eines formalistischen Personenbegriffs, dem die tatsächlichen Machtfragen entgleiten. Auch würde ich dem Staatsdenken eine unterentwickelte Analysekompetenz bei den politischen Herrschaftsbedingungen zuschreiben. Fragen der Legitimation der Rechtsordnung und der Demokratie jedenfalls haben in der spezifisch „staatsrechtlichen" Tradition des deutschen öffentlichen Rechts eine eher geringe Rolle gespielt. Dies ist wahrscheinlich die Kehrseite des Umstandes, dass „Gesellschaft" als komplementärer Begriff des Staatsdenkens nicht die nötige Zuwendung fand, weil man ihn intradisziplinär dem Privatrecht zuschob.

### *b) Handlungsformen der Verwaltung*

Auch im Verwaltungsrecht findet man die Orientierung an Typologien und Begriffen.[61] Interessant ist etwa die Auffächerung von Handlungstypen der Verwaltung. Als Grundtypus dient die Eingriffsverwaltung. Sie entspricht dem Modell des bürgerlichen Rechtsstaats im 19. Jahrhundert, in dem auch die Verteilungsregel zur privatrechtlich verwalteten Freiheit noch zu stimmen schien. Als Grundtypus beherrscht „Eingriffsverwaltung" bis heute die Juristenausbildung und weitgehend auch die verwaltungsrechtliche Systembildung. Schon die Leistungsverwaltung stellte für das deutsche Verwaltungsrecht ein kognitives Problem dar. Ursprünglich passte sie nicht zu den rechtsstaatlichen Grundbegriffen des subjektiven Rechts, zur Kontrollperspektive des Verwaltungsrechtsschutzes, zur Kontext- und Akteurslosigkeit der verwaltungsrechtlichen Begriffsbildung. Überdies war sie aufgrund der Vielfalt der Rechtsbeziehungen und der dafür notwendigen meist politischen Diagnose von Bedürftigkeitslagen schwer zu verallgemeinern und zu systematisieren. Es ist schon ein wissenschaftsgeschichtliches Phänomen disziplinärer Unfähigkeit, dass Ernst Forsthoff das kategoriale Problem, wie die Leistungsdimension in das verwaltungsrechtliche Denken integriert werden kann und welche Herausforderung dies für das Bild des Rechtsstaats des 19. Jahrhunderts darstellt, als erster erst thematisierte, als es Leistungsverwaltungsrecht der Sache nach schon rund 50 Jahre gab.[62] Die Leistungsverwaltung auf einem Abstraktionsniveau zu konzeptionalisieren, das der Eingriffsverwaltung ebenbürtig ist, ist bis heute eigentlich nicht gelungen. Auch neue Typen des Verwaltens wie Planung, Risikoverwaltung, Infrastrukturverwaltung oder In-

---

[60] Für Überblicke m. w. N. vgl. *Rückert*, Freiheit (Fn. 58); *Grünberger* (Fn. 58).

[61] Besonders hilfreich sind die Untersuchungen von *Gunnar Folke Schuppert* sowie Einzelbeiträge in den Grundlagen der Verwaltungsrechtswissenschaft (Fn. 14).

[62] *Ernst Forsthoff*, Die Verwaltung als Leistungsträger, 1938; dazu *Meinel* (Fn. 50), 154–216 mit Besprechung durch *Oliver Lepsius*, Die Verwaltung 45 (2012), S. 610–612.

formationsverwaltung zeigen einerseits das Bedürfnis nach einer typologischen Ausdifferenzierung, andererseits die Schwierigkeiten, Verwaltungsrecht in seiner gegenständlichen, handlungsförmlichen und akteursspezifischen Vielfalt systematisch zu erfassen.[63]

### *c) Beschreibung von Dynamik und Wandel*

Ein weiterer Anwendungsfall von Typologien und Begriffskonstruktionen ist die Beschreibung von Dynamik und Wandel im Recht. Es mag erstaunen, dass man gerade zur Erfassung von Bewegungsprozessen dem Grunde nach auf statische Kategorien wie Begriffe und Typen zurückgreift. Besonders deutlich kommt dieses Vorgehen in „von-zu-Metaphern" zum Ausdruck, die versuchen, Veränderungen in Gestalt von begrifflichen Varianten auszudrücken, etwa: vom bürgerlichen Rechtsstaat des 19. Jahrhunderts zum demokratischen sozialen Rechtsstaat. Dynamik und Veränderung dergestalt zu typologisieren gelingt nur, wenn Idealtypen verwendet werden, also artifizielle Typen, in denen bestimmte Eigenschaften, die für erheblich gehalten werden, abstrahiert werden, um den Typus dann auf andere Phänomene (auch zeitlich) übertragen zu können. Im Bilden von aussagekräftigen Idealtypen liegt eine höchst anspruchsvolle wissenschaftliche Konstruktionsleitung.

Man darf freilich nicht dem Irrtum verfallen zu glauben, es handele sich dabei um empirisch nachweisbare gebündelte Umstände. In den begrifflichen Verlaufsszenarien, die im deutschen öffentlichen Denken beliebt sind, können daher auch Defizite schlummern. Häufig wird die konstruktive Eigenleistung nicht erkannt, besonders wenn an vielfach überzeichnete Begriffe wie „Rechtsstaat" oder andere Großformeln angeknüpft wird. Es droht dann übersehen zu werden, dass es sich bei solchen Begriffen gerade nicht um natürliche Idealtypen handelt, sondern um politisch variable Begriffe, die in den jeweiligen Epochen unterschiedliche Konnotationen annehmen und mit denen auch Interessen verfolgt werden. Des Weiteren ist das Abstraktionsniveau meist zu hoch gewählt, so dass die rechtliche Ergebnisrelevanz begrifflicher Verlaufshypothesen zu gering bleibt. Um zu tragfähigeren Ergebnissen bei der Analyse von Dynamik und Veränderung zu kommen, empfiehlt es sich vielmehr, Kategorien zu bilden, die nur einen mittleren Abstraktionsgrad aufweisen. Das käme auch der Vergewisserung der eigenen wissenschaftlichen Konstruktionsleitung bei der Typenbildung zu Gute. Schließlich steht grundsätzlich zu fragen, warum gerade Typen zur Erfassung von Veränderungen besonders prädestiniert sein sollen. Wäre es nicht sinnvoller, statt begrifflicher Aussagen relationale Sätze aufzustellen, in denen spezifische Entscheidungssituationen nicht abstrakt-begrifflich, sondern nach der Relevanz der Interessen, Akteure, Mehrheiten und Institutionen behandelt werden, kurzum: in denen Kontexte in der Form von „wenn-dann-Sätzen" analysiert werden und nicht Zustände in Form von „von-zu-Sätzen"?

---

[63] Erhellend die entwicklungsgeschichtliche Analyse von *Anna B. Kaiser*, Die Kommunikation der Verwaltung, 2009, die die Entwicklung als verschieden ausgerichtete Diskurse aufarbeitet.

*7. Integratives Interdisziplinaritätsverständnis*

Im Hinblick auf die Erträge aus Nachbarwissenschaften und die Anschlussfähigkeit zu Diskursen in anderen Disziplinen ist das deutsche öffentliche Rechtsdenken durch ein integratives Interdisziplinaritätsverständnis geprägt. Man kann eine kontinuierlich hohe Bereitschaft zur Wahrnehmung und Verarbeitung interdisziplinärer Erkenntnisse in unserem Fach feststellen. Das verdeutlicht schon ein Blick auf die Tradition der deutschen Staatsrechtslehre: von Jellinek über Smend bis zu Hoffmann-Riem. Doch wird Interdisziplinarität im deutschen öffentlichen Recht nicht arbeitsteilig organisiert, sondern integrativ,[64] d.h. das Idealbild ist der umfassend gebildete Rechtswissenschaftler: sozialwissenschaftlich belesen, mit der Fähigkeit ausgestattet, Theorien in den geltend-rechtlichen Diskurs einzuspeisen.[65] Der Preis für diese Offenheit ist eine gewisse methodologische Beliebigkeit, die Vermengung normativer mit deskriptiven Kategorien sowie der Diskursausschluss von Nicht-Juristen.[66] Zu einem fruchtbaren arbeitsteiligen interdisziplinären Diskurs, bei dem Juristen integral und nicht bloß rezipierend mitwirken, ist es m.E. nicht gekommen.[67] Wir vermögen es zu wenig, unsere Beschreibungsangebote anderen Disziplinen zu vermitteln, während wir umgekehrt doch erstaunlich offen für sozialwissenschaftliche Beschreibungsangebote anderer Disziplinen sind.[68] Diese Gegenläufigkeit von Integration nach Innen und Abschottung nach außen, von Importstärke und Exportschwäche, ist wohl auch die Folge unserer eigenen Grundbegrifflichkeit, wie sie sich nicht nur in der dogmatischen Orientierung an Normen ausdrückt, sondern auch der recht eigenwilligen Typologisierung und Begriffsbildung eigen ist, auf

---

[64] Vgl. etwa das Plädoyer von *Andreas Voßkuhle* für ein differenziert-integratives Vorgehen, freilich nicht nur bezogen auf die Verarbeitung nachbarwissenschaftlicher Erkenntnisse: Methode und Pragmatik im Öffentlichen Recht, in: H. Bauer u.a. (Hg.), Umwelt, Wirtschaft und Recht, 2002, 171, 188ff.; *ders.*, Neue Verwaltungsrechtswissenschaft (Fn. 14), § 1 Rn. 39.

[65] *Helmut Schulze-Fielitz*, Was macht die Qualität öffentlich-rechtlicher Forschung aus?, JöR 50 (2002), 1 (50–55), auch in: ders., Staatsrechtslehre als Mikrokosmos, 2013, 298ff.; vorzüglich reflektiert für die Verfassungsgeschichte durch *Martin Morlok*, Was heißt und zu welchem Ende studiert man Verfassungstheorie?, 1988.

[66] Vgl. stellvertretend etwa die Kritik an der juristisch-normativen Verwendung systemtheoretischer Konstruktionen: *Oliver Lepsius*, Steuerungsperspektive, Systemtheorie und Parlamentarismuskritik, Tübingen 1999.

[67] Ähnliche Bewertungen: *Morlok*, Verfassungstheorie (Fn. 65), 26f.; *Jochen A. Frowein*, Kritische Bemerkungen zur Lage des deutschen Staatsrechts aus rechtsvergleichender Sicht, DÖV 1998, 806 (811); *Christoph Möllers/Andreas Voßkuhle*, Die deutsche Staatsrechtswissenschaft im Zusammenhang der internationalisierten Wissenschaften, Die Verwaltung 36 (2003), 321 (330ff.); *Lepsius*, Rechtswissenschaftstheorie (Fn. 43), 12–14 m.w.N.; *Appel* (Fn. 14), 240, spricht zurückhaltender von einer nur eingeschränkten Offenheit für Interdisziplinarität.

[68] Dazu *Christoph Möllers*, Theorie, Praxis und Interdisziplinarität in der Verwaltungsrechtswissenschaft, VerwArch. 93 (2002), 22, 31, 38–45, der (60) zusammenfasst: In der aktuellen verwaltungsrechtlichen Interdisziplinaritätsdiskussion würden „weder aktuelle soziale Tendenzen noch nachbarwissenschaftliche Erkenntnisse, sondern systematisch wenig abgesicherte, dafür narrativ aufgeladene Aussagesysteme [rezipiert], deren Konstruktion deutlich in der staats- und verwaltungswissenschaftlichen Tradition der Staatsrechtslehre des deutschen 19. Jahrhunderts steht".

die bereits oben hingewiesen wurde. Selbst der Begriff des „Staates", der eine Öffnung zu so vielen anderen disziplinären Zugriffen verspricht, ermöglichte zwar die Rezeption anderer fachwissenschaftlicher Aspekte, verhinderte aber zugleich jeden nennenswerten Theorietransfer in andere Disziplinen.

Nach meinem Eindruck ist das Interesse an nachbarwissenschaftlichen Erträgen unter den deutschen Öffentlichrechtlern ausgesprochen hoch: seien es Soziologie, Ökonomie, Geschichte, politische Wissenschaft oder auch (Sozial-)Psychologie (Verhaltensforschung). Mit dieser intellektuellen Neugier kontrastiert aber die prinzipielle Abwesenheit der deutschen Rechtswissenschaft, jedenfalls der deutschen Staatsrechtslehre, in den großen gesellschaftstheoretischen und sozialen Diskursen. Die Abwesenheit jedenfalls der dogmatisch vorgehenden Rechtswissenschaft in den Projekten der universitären Exzellenzinitiativen belegt dies; vertreten sind hier nur die Grundlagenfächer der Rechtswissenschaft, nicht aber die dogmatisch orientierten Fächer. Die Rechtswissenschaft ist eben, jenseits ihrer Grundlagenfächer, interdisziplinär nicht diskursfähig, oder, um es in zeitgemäßer Terminologie auszudrücken: nicht „exzellenzfähig", weil sie sich eine introvertierte Welt geschaffen hat, nicht nur was die Behandlung des Normenmaterials anbelangt, sondern vor allem im Hinblick auf die Kategorien, die das Normenmaterial in soziale, historische und politische Kontexte einbetten.

Diese paradoxe Introvertiertheit dient natürlich auch einem spezifischen disziplinären Zweck, nämlich der Selbstermächtigung der Juristen für sozialwissenschaftlich informiertes interdisziplinäres Arbeiten. Wir können als Juristen unter Juristen scheinbar interdisziplinäre Diskurse führen, bewahren uns den Blick über den dogmatischen Tellerrand, beziehen gesellschaftliche Folgen und Entwicklungen ein, ohne doch unsere Thesen und Annahmen im Diskurs mit den Vertretern anderer Fächer überprüfen zu müssen. Für die theoretische Leistungsfähigkeit des deutschen öffentlichen Rechts mag dies sicherlich ein Kompliment sein und – gerade auch im internationalen Vergleich – das Ansehen der deutschen Rechtswissenschaft erklären helfen. Die damit einhergehenden Verluste in einer arbeitsteiligen Wissenschaftswelt darf man dabei freilich nicht übersehen, wie man auch als Jurist selbstkritischer gegenüber der behaupteten Diagnosefähigkeit der Rechtswissenschaft werden sollte.

## *8. Die Perspektive des Rechtswissenschaftlers auf Recht*

### *a) Dogmatische Perspektive*

Rechtswissenschaft behandelt Recht meistens aus einer Teilnehmer-, weniger aus einer Beobachterperspektive. Der Rechtswissenschaftler (auch jener im öffentlichen Recht) versteht sich überwiegend als Dogmatiker,[69] also als Teilnehmer an der

---

[69] *Helmuth Schulze-Fielitz* spricht von der „Dominanz der Dogmatik als entscheidungsorientierter Systematik", siehe *ders.* Staatsrechtslehre als Wissenschaft, in: Mikrokosmos (Fn. 1), 220 (228).

Rechtskonkretisierung im institutionalisierten Zusammenwirken mit der Praxis.[70] Er will gerne Richter sein (oder auch konkret: werden), und viele drängt es, über Rechtsberatung Einfluss zu nehmen, sei es als Sachverständige, sei es als Gutachter.[71] Die heutige deutsche Rechtswissenschaft ist als anwendungsorientierte Professionswissenschaft erfolgreich.[72] Mit der Kommentarliteratur erbringt sie eine Dienstleitung für die Rechtspraxis,[73] die primär der Vermittlung solider Rechtskenntnisse dient und deswegen einen nur begrenzten Originalitätsanspruch haben darf. Die wissenschaftliche Aufbereitung und Systematisierung der praktischen Entscheidungstätigkeit und ihr Abgleich mit dem Normengerüst bewirkt eine Rationalisierungsleistung, die die Arbeit praktisch tätiger Juristen erleichtert und berechenbar macht. Kommentare müssen, um ihrem Anspruch gerecht zu werden, wissenschaftliche Leistungen zügeln; sie verfolgen praktische Verwertbarkeit und keine individuelle Kreativität, die auf Kosten des Rechtssystems geht. Sie sind notgedrungen Wissenschaft zweiter Klasse, weil der redundante Anteil notwendiger Teil der Dienstleistung für die Praxis ist. Rechtssicherheit durch dogmatische Systematisierung ist sicherlich ein Gütesiegel der deutschen Rechtswissenschaft und ein Standortvorteil des Rechtsstaats deutscher Prägung. Auch wird man anerkennen müssen, welchen tatsächlichen Einfluss die Wissenschaft durch dogmatisches Arbeiten auf die Rechtspraxis, also das Entscheidungsverhalten der Gerichte und Verwaltungsbehörden aber auch der Einschätzung der Handlungsspielräume durch die rechtsetzenden Organe hat, wenn auch gelegentlich übertreiben wird, wie gut der Diskurs zwischen Wissenschaft und Praxis funktioniere. An den entscheidenden Stellen in der Rechtsentwicklung, bei der Begründung juristischer Innovationen könnte die Rechtswis-

---

Die Ausbildung einer Dogmatik als Kennzeichen der verbreiteten juristischen Methode konstatieren auch *Voßkuhle*, Neue Verwaltungsrechtswissenschaft (Fn. 14), § 1 Rn. 6; *Appel* (Fn. 14), 236. Zum teils diffusen, integrativen Begriffsverständnis von Dogmatik *Christian Bumke*, Rechtsdogmatik: Überlegungen zur Entwicklung und zu den Formen einer Denk- und Arbeitsweise der deutschen Rechtswissenschaft, JZ 2014, 641 ff.

[70] *Wissenschaftsrat*, Perspektiven der Rechtswissenschaft in Deutschland. Situation, Analysen, Empfehlungen, 2012, 31, formuliert hierzu: Die Rechtsdogmatik schafft einen gemeinsamen Kommunikationsraum für Wissenschaft und Praxis.

[71] Erhellend *Andreas Voßkuhle*, Die politischen Dimensionen der Staatsrechtslehre, in: Schulze-Fielitz, Staatsrechtslehre (Fn. 4), 135 ff.

[72] Das würdigt auch der Bericht des *Wissenschaftsrats* (Fn. 70), 25–27, 30, 35. Zum Wert der Verfassungsdogmatik auch *Jestaedt*, Phänomen Bundesverfassungsgericht (Fn. 2), 130–135.

[73] Vgl. *Wissenschaftsrat* (Fn. 70), 68: In einigen rechtswissenschaftlichen Bereichen sei der Kommentar zur dominierenden Literaturgattung geworden. Der Wissenschaftsrat bezweifelt einen nennenswerten wissenschaftlichen Mehrwert durch zusätzliche Kommentierungen. Zum Genre des Kommentars siehe *Thomas Henne*, Die Prägung des Juristen durch die Kommentarliteratur – Zu Form und Methode einer juristischen Diskursmethode, in: Betrifft Justiz 2006, 352–364; *ders.*, Die Entstehung des Gesetzeskommentars in Deutschland im 19. und 20. Jahrhundert, in: D. Kästle/N. Jansen (Hrsg.), Kommentare in Recht und Religion, 2014, 317–329; *Gralf-Peter Calliess*, Kommentar und Dogmatik im Recht. Funktionswandel im Angesicht von Europäisierung und Globalisierung, ebd., 381–392. Im erweiterten Problemhorizont erhellend *Nils Jansen*, Methoden, Institutionen, Texte: Zur diskursiven Funktion und medialen Präsenz dogmatisiernder Ordnungsvorstellungen und Deutungsmuster in normativen Diskurs, ZRG GA 128 (2011), 1–71.

senschaft nach meinem Eindruck eine wichtigere Rolle spielen. Der dogmatische Zugriff prämiert naturgemäß das Vorhandene und Vorentschiedene und dreht die Beweislast zugunsten des Bewährten um. Neues gerät demgegenüber unter Rechtfertigungsdruck. Kontexte bleiben bedeutungslos und lösen deswegen keine interdisziplinäre Neugier aus. Politik steht neben dem Recht und wird als kontrollbedürftiges außerrechtliches Phänomen wahrgenommen.[74] Man darf, bei aller Wertschätzung dogmatischen Arbeitens, nicht vergessen, dass Dogmatik zur beharrenden Verselbständigung neigt,[75] strukturell affirmativ und habituell distanzlos ist.[76] Matthias Jestaedt hat es so formuliert: Die Dogmatik, die sich der Konsistenzialisierung des positiven Rechts verschrieben hat, hat nach eigenem Selbstverständnis ein Interesse daran, den Störfaktor in Gestalt der Kontingenz des positiven Rechts zu neutralisieren oder wenigstens zu dissimulieren.[77] Und sein Freiburger Kollege Rolf Stürner sekundiert: Die traditionelle (zivilistische) Dogmatik verführe nur allzu leicht zu einer systematischen Selbstgenügsamkeit. Sie zeige ein grundlegendes Defizit in der mangelnden Rückkoppelung des ausgefeilten Systems an die Grundregeln und Grundprinzipien, die als notwendiges Korrektiv unterschätzt werden.[78] Dadurch gerät sie meiner Meinung nach in Gefahr, interessenblind und dadurch ideologisch zu werden.

### *b) Irritation durch Europarecht*

Wirft man nur einen kursorischen Blick auf große Neuerungen im Bereich des öffentlichen Rechts in jüngerer Zeit, wird man feststellen, dass wir Vieles dem Nachvollzug europäischen Rechts verdanken (Informationsfreiheitsgesetz, Regulierungsrecht, Aufbruch von Wettbewerbsstrukturen, Identifikation personalisierter Schutzbedürftigkeit, z. B. durch Verbraucherschutz- und Gleichstellungsrecht, Aufwertung des Verfahrensgedankens). Ich will den Beitrag einzelner bei der Identifikation von Zukunftsfeldern nicht kleinreden, aber der Eindruck dürfte nicht trügen, dass jedenfalls der Fachdiskurs und der Denkstil diese und andere europarechtliche Errungenschaften eher als systemwidrigen Übergriff auf das überkommene rechtsstaatliche Gerüst angesehen und – jedenfalls anfangs – eher abgelehnt als angenommen hat.[79] Nicht selten geschah dies aus dem Gedanken heraus, ein überkommenes und bewährtes System verteidigen und vermeintlich rein halten zu müssen. Anders gesagt:

[74] Näher *Lepsius*, Kritik der Dogmatik (Fn. 47).

[75] So *Martin Eifert*, Zum Verhältnis von Dogmatik und pluralisierter Rechtswissenschaft, in: Was weiß Dogmatik (Fn. 47), 79 (86).

[76] So *Jestaedt*, Theorie (Fn. 43), 37.

[77] Ebd., 35.

[78] *Rolf Stürner*, Die Zivilrechtswissenschaft und ihre Methodik – zu rechtsanwendungsbezogen und zu wenig grundlagenorientiert?, AcP 214 (2014), 7 (17).

[79] Vgl. zu diesem Punkt näher *Oliver Lepsius*, Hat die Europäisierung des Verwaltungsrechts Methode? Oder: Die zwei Phasen der Europäisierung des Verwaltungsrechts, in: P. Axer u. a. (Hrsg.), Das Europäische Verwaltungsrecht in der Konsolidierungsphase. Systembildung – Disziplinierung – Internationalisierung, 2010, 179–204 m. w. N.

Es gelingt dem Europarecht leichter als dem nationalen Rechtsdenken, Pfadabhängigkeiten und Denkstile aufzubrechen und qualitativ zu verändern. Die Formel von der „zweiten Phase“ des öffentlichen Rechts ist gerade auch vor dem Hintergrund der Veränderung des Denkstils treffend gewählt.[80]

*c) Irritation durch Richterrecht*

Wirft man einen kursorischen Blick auf die andere Quelle erheblicher juristischer Innovationen, die höchstrichterliche Rechtsprechung, so bestätigt sich dieser Eindruck. Ich will nicht im Einzelnen aufzeichnen, welche Neuerungen wir seit jeher der Rechtsprechung des Bundesverfassungsgerichts verdanken. Auch die jüngere Rechtsprechung ist immer wieder von hoher innovativer Kraft gekennzeichnet, man denke etwa an die Fortentwicklung des Rechts auf informationelle Selbstbestimmung (die Begründung des modernen Datenschutzrechts durch die Rechtsprechung)[81] durch das Grundrecht auf Gewährleistung der Integrität informationstechnischer Systeme.[82] Nun mag man einwenden, dass hinter vielen dieser judikativen Neuerungen Wissenschaftler stehen;[83] für manche Gebiete, wie etwa das Steuerverfassungsrecht ist dies offensichtlich. Doch es ist eben nicht die Rolle und Funktion eines Wissenschaftlers, aus der heraus es gelingt, innovativ zu wirken – verantwortlich ist letztlich das Richteramt, die Kollektiventscheidung eines Senats, die Autorität einer Institution. Die neue Institution der Verfassungsgerichtsbarkeit hat der Wissenschaft den Rang abgelaufen: als Stimulant, Theorieproduzent, Diskursgegenstand. Den relativ geringen Anteil der Wissenschaft belegt auch ein Blick auf die Begründungen solcher Gerichtsentscheidungen. Gerichten gelingt es nicht selten, Neuerungen aus der eigenen Rechtsprechung heraus abzuleiten und zu begründen; die entscheidenden Passagen stützen sich jedenfalls, alles in allem, doch recht selten auf Stimmen aus der Wissenschaft.[84] Dass es vielversprechender ist, Gerichtsentscheidungen, zunehmend auch Entscheidungen anderer europäischer Gerichte, bei Begründungen heranzuzie-

[80] *Rainer Wahl*, Zwei Phasen des Öffentlichen Rechts nach 1949, in: ders., Verfassungsstaat, Europäisierung, Internationalisierung, 2003, 411–435

[81] BVerfGE 65, 1 – Volkszählung [1983].

[82] BVerfGE 120, 274 – Computergrundrecht [2008].

[83] Vgl. *Helmuth Schulze*-Fielitz, Staatsrechtslehre und Bundesverfassungsgericht: prozedural gesehen, FS Rainer Wahl, 2011, 405–431, auch in: ders., Staatsrechtslehre als Mikrokosmos, 2013, 375 ff.; *Jestaedt*, Phänomen (Fn. 2), 124 ff.; *Frieder Günther*, Wer beeinflusst hier wen? Die westdeutsche Staatsrechtslehre und das Bundesverfassungsgericht während der 1950er und 1960er Jahre, in: R.C. van Ooyen/M.H.W. Möllers (Hrsg.), Das Bundesverfassungsgericht im politischen System, 2006, 129–139; *Peter Lerche*, Rechtswissenschaft und Verfassungsgerichtsbarkeit, in: ders., Ausgewählte Abhandlungen, 2004, 529–539; *Thomas Oppermann*, Das Bundesverfassungsgericht und die Staatsrechtslehre, in: FS BVerfG, 1. Band, 2001, 421 ff.

[84] Näher analysiert, dabei das Zitierverhalten des BVerfG durchaus kritisierend: *Matthias Jestaedt*, Autorität und Zitat. Anmerkungen zur Zitierpraxis des Bundesverfassungsgerichts, FS Herbert Bethge, 2009, 513–533; *Helmuth Schulze-Fielitz*, Staatsrechtslehre und Bundesverfassungsgericht: prozedural gesehen, FS Rainer Wahl, 2011, 405 (423 ff.); siehe auch *Peter Häberle*, Konrad Hesse (1919–2005), in: ders./M. Kilian/H. Wolff (Hrsg.), Staatsrechtslehrer, i.E. 2014, 841 (852), der

hen und auf das Zitieren von wissenschaftlichen Belegen zu verzichten, hat auch mit dem mangelnden autoritativen Charakter von Wissenschaft zu tun: Wissenschaftliche Meinungen und Empfehlungen können keine Geltung beanspruchen – anders als Gerichtsentscheidungen oder Dokumente anderer Staatsorgane. Stützte man sich auf wissenschaftliche Meinungen, müsste zusätzlich begründet werden, warum diesen zu folgen ist. Dies setzte ein Statement persönlicher Überzeugung durch den Senat voraus, was einer Entscheidung notgedrungen etwas Subjektives, Diskursives, Anfechtbares gibt. Wie viel leichter und angenehmer mag es demgegenüber sein, den eigenen Entscheidungsbeitrag hinter dem Objektiven, Geltenden, Rationalen oder Sachgesetzlichen zu verdecken, das durch andere Entscheidungen repräsentiert wird. Jedenfalls verfolgt die Rechtswissenschaft eine professionspolitisch erfolgreiche und praktisch relevante Teilnehmerperspektive, die Wissenschaft und Praxis zueinander anschlussfähig macht, dem Praktischen theoretisch Erhebliches abgewinnt und dem Theoretischen praktische Relevanz vermittelt – in der Theorie jedenfalls.

Die Institutionalisierung eines Entscheidungsdiskurses zwischen Wissenschaft und Praxis wird jedenfalls deutlich, wenn man den Einfluss, den deutsche Rechtswissenschaftler auf die Praxis haben, mit der Situation in anderen Ländern vergleicht. Dabei fällt sowohl die Wissenschaftslastigkeit der deutschen Rechtspraxis als auch die Praxisorientierung der deutschen Rechtswissenschaft auf. Aber auch wenn dies im internationalen Vergleich als ein deutsches Spezifikum auffällt, darf man doch den tatsächlichen Einfluss der Wissenschaft vom öffentlichen Recht nicht überschätzen. In den vergangenen Jahrzehnten hat sich die deutsche Staatsrechtslehre insgesamt eher auf das Nach-denken von Entscheidungen des Bundesverfassungsgerichts verstanden als ihr Über-Denken oder Voraus-Denken. Bernhard Schlinks Diktum von der Entthronung der Staatsrechtslehre durch das Bundesverfassungsgericht gilt fort;[85] es mag sich die Situation mit der neuen grundrechtlichen Rivalität zum EuGH und dem EGMR ändern, weil die institutionelle Rivalität, der entstehende „dialogue des juges“ neue Interpretationsfreiräume eröffnet und mit der neuen Europäischen Grundrechte-Charta auch wieder ein unverbrauchter interpretationsbedürftiger Text zur Verfügung steht. Jedenfalls dürfte auch 30 Jahre nach Schlinks schmerzlicher Einsicht die Beobachtung nicht zu kurz greifen, dass die Wissenschaft vom öffentlichen Recht auf das Nachzeichnen, die Systematisierung und dogmatische Aufbereitung der Karlsruher Rechtsprechung deutlich mehr Zeit verwendet hat als auf ihre Anleitung, Fortschreibung, Relativierung oder Überwindung.[86] Auch insofern zeigt sich der systemstabilisierende Charakter von Dogmatik.

---

die Zitierweise des BVerfG eigenwillig, punktuell, mitunter fast zufällig vorgehend nennt und vermerkt, dass das Gericht vieles auch ohne Nachweis übernimmt.

[85] *Schlink*, Entthronung (Fn. 2); siehe auch *Jestaedt*, Verfassungsgerichtspositivismus (Fn. 2). Die Schlink-These kontextualisierend *Christoph Schönberger*, Bundesverfassungsgerichtspositivismus: zu einer Erfolgsformel Bernhard Schlinks, in: FS Schlink, 2014, 41–49.

[86] Als zu affirmativ jüngst etwa moniert von *Bernd Rüthers*, Die heimliche Revolution vom Rechtsstaat zum Richterstaat, 2014, 104 ff.

### d) *Irritation durch Grundlagenperspektiven*

Demgegenüber sind diejenigen, die Recht aus einer Beobachterperspektive behandeln, doch deutlich in der Minderheit. Rechtsgeschichte, Rechtstheorie, Rechtssoziologie, Rechtsphilosophie ringen im Denkstil des deutschen öffentlichen Rechts heute um ihren Platz. Es überwiegt eine eher konfrontative als integrative Fächerorientierung. Geschichte, Soziologie, oder Philosophie werden in ihrer juristischen Relevanz dem geltendrechtlichen Diskurs in den dogmatischen Fächern gern als „Grundlagenfächer" entgegengestellt.[87] Man erwartet von ihnen keine Hilfestellung bei der Lösung von konkreten Rechtsfragen oder der Behandlung aktueller Rechtsprobleme.[88] Die Anwendung des geltenden Rechts und seine Aufbereitung kommt, schenkt man der gängigen Wissenschaftspraxis Glauben, ohne diese Bezüge aus, was immer wieder beklagt[89] und auch widerlegt wird.[90] Gerade mit den Perspektiven der sog. Grundlagen wechselt die Rechtswissenschaft aber von der Teilnehmer- in die Beobachterperspektive. In der Formationsphase der Staatsrechtswissenschaft in der zweiten Hälfte des 19. Jahrhunderts waren beide noch verbunden,[91] und auch die Wissenschaftsentwicklung in der Weimarer Republik mit ihrem Methoden- und Richtungsstreit, der jedenfalls ohne Berücksichtigung der philosophischen Vorverständnisse unverständlich bleibt, kann ohne die Bezüge zur politischen Theorie, Philosophie und die Einbindung in die geistige Situation der Zeit nicht verstanden werden. In der Weimarer Republik waren Methodendiskussionen auf die Lösung von Sachproblemen bezogen; in der Bundesrepublik nahm man davon bewusst Abstand. Konrad Hesses Bemerkung auf der Innsbrucker Staatsrechtslehrertagung 1980, im

---

[87] *Wissenschaftsrat* (Fn. 70), 40, spricht von einer „dysfunktionalen Gegenüberstellung von dogmatischen und Grundlagenfächern." Der Bericht hat eine lebhafte Diskussion ausgelöst, die jedoch alsbald in einem unbeirrten „Weiter so" versiegt ist. Vgl. zur Bewertung des Berichts in der Rechtswissenschaft selbst die Beiträge in: JZ 2013, Heft 14. Bei der dortigen Bewertung durch Rechtswissenschaftler fällt auf, dass sich viele primär mit Ausbildungsfragen und dem Curriculum beschäftigen, obwohl diese im Bericht nur am Rande eine Rolle spielen und der Bericht den Schwerpunkt auf die rechtswissenschaftliche Forschung legt, zu deren Bewertung die Stimmen aus der Rechtswissenschaft eher schweigen.

[88] Das beklagt als Trend zu einer „splendid isolation rechtswissenschaftlicher Grundlagenfächer" auch *Stürner* (Fn. 78), 30–40.

[89] Vgl. *Wissenschaftsrat* (Fn. 70), 29, 32, 36f. Der Wissenschaftsrat trennt im Übrigen zwischen einer applikativen Verwendung von Grundlagenfächern, die dem besseren Verständnis des geltenden Rechts dient, und einer kritisch-reflexiven Funktion von Grundlagenfächern, die als Maßstab und Richtschnur zur Bewertung des Rechts dient. Gerade in dieser Doppelbedeutung lobt er die wissenschaftliche Leistungsfähigkeit der Grundlagenfächer, die eine besondere Stärke der deutschen Rechtswissenschaft ausmache.

[90] Vgl. etwa *Rainer Wahl*, Herausforderungen und Antworten (Fn. 17), 26ff.; *Matthias Jestaedt* u. a., Das entgrenzte Gericht, Berlin 2011; *Kaiser*, Kommunikation (Fn. 63).

[91] Klassisch inzwischen *Peter v. Oertzen*, Die soziale Funktion des staatsrechtlichen Positivismus, 1974; siehe auch *Dieter Grimm*, Methode als Machtfaktor, in: FS Helmut Coing, 1982, 470–492, auch in: ders., Recht und Staat in der Bürgerlichen Gesellschaft, 1987; *Ernst-Wolfgang Böckenförde*, Gesetz und gesetzgebende Gewalt, 2. Aufl. 1981; *Ernst Fraenkel*, Deutschland und die westlichen Demokratien, 1964, 9. Aufl. 2011; *Ehmke*, Staat und Gesellschaft (Fn. 26).

Gericht halte man sich nicht mit abstrakten Methodenerörterungen auf, sondern wende sich den Sachfragen zu, kann als weithin geteilte, paradigmatische Kennzeichnung der Situation gelten.[92] Wie der Erfolg der Verfassungsinterpretation als Wertsystem und der hohe Wirkungsgrad des Verfassungsrechts die Wissenschaft partiell verstummen ließ, hat Stefan Korioth prägnant zusammengefasst: „Dem geltenden Recht konsequent vorgeordnete Staats- und Verfassungstheorien erhielten einen exotischen Charakter; zum Verständnis der verfassungsrechtlichen Lehren war eine Beschäftigung mit diesen im Unterschied zu Weimar entweder zunehmend verselbständigten oder in der Verfassungsinterpretation aufgehenden Disziplinen nicht erforderlich. Es verstand sich fast von selbst, dass der so geprägten Staatsrechtslehre nicht der Sinn danach stand, in Fortführung der Weimarer Neugier Bereicherung für das Verständnis des geltenden Verfassungsrechts von anderen Disziplinen zu erhoffen. Seit dem Ende der 1950er Jahre bis zu einer in den 1980er Jahren einsetzenden Gegenbewegung galt die Erörterung von Methodenfragen und inhaltlichen Grundkategorien für verpönt oder überflüssig; der Konsens der vernünftig und gerecht Denkenden war das Ziel der fallbezogenen Auslegung."[93]

Nach meinem Eindruck schwächt es die analytischen und kreativen Möglichkeiten der Rechtswissenschaft erheblich, wenn die Beobachterperspektiven heute in erster Linie auf die Grundlagenfächer abgewälzt werden, während sich die dogmatischen Zugänge teilnehmerorientierter präsentieren als sie es müssten. Auch Dogmatik lässt sich aus einer Beobachterperspektive betreiben. Um der Klarheit willen sollte man dann aber von Meta-Dogmatik oder von Dogmatisierung sprechen. Eine klare Begrifflichkeit besteht hier nicht. Nach meinem Verständnis liegt Dogmatik immer ein professionswissenschaftliches, praktisches Erkenntnisinteresse zugrunde. Das Reflektieren über Dogmatik ist etwas anderes als Dogmatik selbst und sollte dann auch anders bezeichnet werden: etwa als Dogmatisierung des vorgefundenen dogmatischen Tuns. Erst dieser Schritt aus der Teilnehmer- zur Beobachterperspektive, letztlich der Schritt aus der Praxiskompatibilität zur Elfenbeinmentalität, markiert den Unterschied zwischen Praxis und Wissenschaft. Jetzt wird Wissenschaft als Wissenschaft tätig, nämlich nicht mit dem Anspruch, praxisverwertbare Lösungen für die juristischen Professionen anzubieten.

### *e) Irritation durch Interessenperspektive*

Mit der Einnahme einer Beobachterperspektive geht auch ein anderer Entwicklungsschritt einher: Die Kriterien erweitern sich, denn nun sind die juristisch relevanten Kriterien nicht mehr solche, die sich entscheidungsorientiert an den Kategorien der normativen Geltung und ihren argumentativen Reduktionen orientieren müssen.

---

[92] *Konrad Hesse*, Diskussionsbemerkung, VVDStRL 39 (1981), 207 (208).

[93] *Stefan Korioth*, in: P. Cancik u. a. (Hrsg.), Konfession im Recht. Auf der Suche nach konfessionell geprägten Denkmustern und Argumentationsstrategien in Recht und Rechtswissenschaft des 19. und 20. Jahrhunderts, 2009, 121 (142 f.).

Völlig andere Kriterien stehen zur Verfügung und verlangen geradezu nach Einbeziehung: Zweckmäßigkeit, Gerechtigkeit, Effizienz, oder auch: historische Verlaufsanalysen, das Aufdecken der politischen und ökonomischen Interessen, psychologische Aspekte des Rollenverhaltens und Standesbewusstseins, um nur einige zu nennen. Bei einem realistischen Blick auf die tatsächlichen beobachterperspektivischen Zugänge in der zeitgenössischen Wissenschaft vom öffentlichen Recht wird man wohl oder übel einräumen müssen, dass solche Aspekte nicht nur zu kurz kommen, sondern im Grunde marginalisiert bis inexistent sind. Wer Fragen der Gerechtigkeit thematisiert, wird im Diskurs der dogmatischen Fächer nicht ernst genommen; solche Fragen sind schlichtweg nicht „anschlussfähig“[94] und werden als rechtsphilosophische oder rechtspolitische Bereicherung empfunden, nicht aber als Teil einer wissenschaftlich zu würdigenden Diskussion. Wird „Anschlussfähigkeit“ vermisst, ist dies in der Regel ein verlässlicher Indikator für eine Wagenburgmentalität in der Rechtsdogmatik.

Auch mag man selbstkritisch fragen, ob und in wie weit im heutigen rechtswissenschaftlichen Diskurs noch die Frage nach den Interessen gestellt wird, die sich mit bestimmten dogmatischen Positionen verbinden. Versierten Dogmatikern ist natürlich klar, welche Positionen welchen Interessen dienen, und sie mögen es auch als Vorteil empfinden, dass Interessenkonflikte nicht offen ausgetragen, sondern als verkappte dogmatische Konflikte verfremdet werden. Das erleichtert bisweilen die Auseinandersetzung, weil weder über Vorverständnisse noch über Interessen gestritten wird, über die eh kaum eine Einigung erzielt werden kann, sondern über scheinbar neutrale, unpolitische und prinzipiell verallgemeinerungsfähige dogmatische Positionen, bei denen die gegenseitige Einsichtsfähigkeit, Diskussions- und Kompromissbereitschaft unterstellt werden darf. Diese reflektierte Form dogmatisch verfremdeter Interessendiskurse setzt allerdings eine gute Kenntnis der Akteure, ihrer Ziele sowie der Bandbreite der dafür zur Verfügung stehenden juristischen Argumentationsangebote voraus. Umgekehrt folgt daraus: Die Unkenntnis und Verschleierung dieses ins Beliebige gehenden Zusammenhangs von dogmatischen Positionen und den damit verfolgten Zielen kann in der Dogmatik strategisch eingesetzt werden. Denn warum dieses oder jenes Argument stark oder schwach geredet wird, erschließt sich nicht, wie behauptet wird, einem dogmatischen Argumentationsabgleich, sondern den im juristischen Diskurs nicht mitgeteilten Interessen. Dogmatik ist insofern nicht nur eine Kunstform entpolitisierter Argumentation, sondern auch eine Verschleierungstaktik, die Ross und Reiter nicht nennen mag. Hier liegt auch ein Grund, warum sich dogmatische Zugänge mit sozialwissenschaftlichen Bezügen so schwer tun: Sozialwissenschaften würden dazu beitragen, die Interessenstrukturen aufzudecken, während Dogmatik daran gerade kein Interesse hat, weil dies die sachgesetzliche Richtigkeit der dogmatischen Lösung in Zweifel zöge oder sogar als inte-

[94] Eine nur begrenzte kommunikative Anschlussfähigkeit des klassischen dogmatischen Verständnisses beklagt auch *Appel* (Fn. 14), 241, 268 f.

ressengeleitete Paragraphenreiterei diskreditierte. Nimmt die dogmatische Perspektive zu, nimmt automatisch die interdisziplinäre ab. Dogmatik ist eben auch ein Mittel, um den juristischen Diskurs im Rechtssystem autonom zu praktizieren.

*f) Irritation durch Vergleichsperspektive*

Eine interessante Variante zum Verhältnis Teilnehmer- oder Beobachterperspektive der Rechtswissenschaft auf Recht bringt die Rechtsvergleichung ein. Während sich die anderen Grundlagenfächern vom geltendrechtlichen, dogmatischen Diskurs separieren lassen, gelingt dies für die Rechtsvergleichung nicht im gleichen Maße. Gerade sie besitzt die Fähigkeit, Recht sowohl aus einer Teilnehmer- als auch aus einer Beobachterperspektive zu behandeln, was der Rechtsvergleichung einen epistemologisch besonderen Charakter unter den Grundlagenfächern verleiht,[95] der allerdings nach meinem Eindruck weder in der Wissenschaft noch in der Ausbildung systematisch genutzt wird.

## IV. Wider die Pfadabhängigkeiten und Denkstile

Es sei selbstverständlich zugestanden, dass die obigen acht Punkte erhebliche Vereinfachungen und Schematisierungen mit sich bringen. Hier soll und kann nicht im Stile einer Wissenschaftsgeschichte des öffentlichen Rechts der tatsächlichen Vielfalt und dem Pluralismus innerhalb der Staatsrechtslehre Rechnung getragen werden, denn nicht die akkurate Beschreibung, sondern die typologische Analyse von Problemzugängen, die Suche nach dem Denkstil, ist das Ziel dieser Ausführungen. Lässt man sich freilich auf diese Zusammenstellung ein und betrachtet man Denktraditionen und Denkstil epochenübergreifend, so fällt eine im Ergebnis doch hohe Kontinuität des juristischen Denkstils auf. Daran schließen sich Fragen zur Zukunftsfähigkeit an. Sollen wir der Pfadabhängigkeit vertrauen und erprobte Denkstile pflegen? Wie lange kann die Modernisierung von Grundbegrifflichkeiten, deren Sinn und Analysewert dem Rechtsstaat des 19. Jahrhunderts entstammen, gelingen? Lässt sich mit dem etablierten Denkstil eine Rechtswissenschaft betreiben, die auch in der Zukunft in der Lage ist, mehr als eine praxisorientierte Aufbereitung, Kommentierung und Systematisierung zu leisten und es auch vermag, inhaltliche und methodische Anstöße zu geben – bei der Rechtserzeugung, für interdisziplinäre Fragestellungen und natürlich auch im rechtsvergleichenden Wissenschaftsdialog? So gesehen stellen sich für eine Rechtswissenschaft, die zu großen Stücken auf der Leistungsfä-

---

[95] Klassisch dazu *Max Rheinstein*, Einführung in die Rechtsvergleichung, 1974; programmatisch *Christoph Schönberger*, Verfassungsvergleichung heute, VRÜ 43 (2010), 16–27; siehe auch *ders.*, Verwaltungsrechtsvergleichung: Eigenheiten, Methoden und Geschichte, in: A. v. Bogdandy (Hrsg.), Handbuch Ius Publicum Europaeum Band 4, 2011, § 7; *Karl-Peter Sommermann*, Die Bedeutung der Rechtsvergleichung für die Fortentwicklung des Staats- und Verwaltungsrechts in Europa, DÖV 1999, 1017 ff.

higkeit einer pfadabhängigen Dogmatik fußt, spezifische Herausforderungen, die sich nach meinem Eindruck in vier Fragenkomplexen bündeln lassen:

### *1. Herausforderungen*

#### *a) Materieller Systembegriff*

Welche Rolle wird in Zukunft das Denken aus einem materiellen Systembegriff heraus spielen? Im öffentlichen Recht jedenfalls wird das Vertrauen auf einen materiellen Systembegriff immer brüchiger: In der Demokratie kann eine Normsetzung, die an einem materiellen System als Hintergrundvorstellung orientiert ist, nicht erwartet werden. Die Rechtspolitik und die Gesetzgebung arbeiten nicht an einem gemeinsamen Haus des Rechts, das mit der Zeit immer prächtiger ausgeschmückt wird und dabei einem genialen Architekten namens „Gesetzgeber" oder „System" folgt. Heutige Gesetzgebung reagiert punktuell auf akute Probleme, ist getrieben von einer medial angeleiteten Öffentlichkeit, unterliegt dem Einfluss mächtiger Interessengruppen und Lobbyisten und steht in der Regel vor dem Problem, eine Reihe unterschiedlicher Rechtsgüter in einen abwägenden Ausgleich zu bringen, so dass es eindeutige, richtige und prinzipiell konsentierte Lösungen kaum geben dürfte.[96] Vergegenwärtigt man sich zusätzlich, dass für viele Themen heutiger Gesetzgebung nur eine unvollständige Tatsachengrundlage vorhanden ist und es Gesetzgebung typischerweise mit Prognosen und Verlaufsszenarien zu tun hat, so wird man noch weniger ein Gesetzgebungsprodukt erwarten, dass sich in ein materielles System einfügen oder als solches präsentieren ließe.

Eine Gesetzgebung mit Systemanspruch dürfte außerdem am verfassungsrechtlich vorgesehenen Gesetzgebungsverfahren scheitern: Wenn ein Gesetzesbeschluss eine Mehrheitsentscheidung ist, darf selten mehr als ein Kompromiss zu erwarten sein, weil es unter den Bedingungen der pluralistischen Demokratie keine feststehenden Mehrheiten gibt, sondern eine Mehrheit schon per se immer das Ergebnis einer Willensbildung ist, die nur auf dem Kompromisswege überhaupt die hinreichende Zustimmungsquote erreichen wird. Wenn das Grundgesetz eine Mehrheit fordert, dann setzt es dadurch implizit den Kompromisscharakter des Mehrheitsbeschlusses voraus. Kompromisse werden aber nie den Aspirationen einer materiellen Systematik genügen. Unter den Bedingungen einer parlamentarischen Gesetzgebung ist mehr als ein Kompromiss also nicht zu erwarten[97] – und diese Erwartung ist nicht die Folge eines verlorenen Zutrauens in die Fähigkeiten oder die Weisheit des politischen Prozesses und seines Personals, sondern eine von der Verfassungsordnung selbst gestellte Bedingung. Der notwendig kompromisshafte Charakter moderner

[96] Plastisch analysiert von *Schuppert*, Governance und Gesetzgebung (Fn. 32).

[97] Siehe auch *Helmuth Schulze-Fielitz*, Theorie und Praxis parlamentarischer Gesetzgebung, 1988, 393 ff., 404 ff.

demokratischer Rechtserzeugung wird zusätzlich durch das Bundesstaatsprinzip erhöht. Die Mitwirkung der Länder bei der Gesetzgebung des Bundes im Bundesrat zwingt „den Gesetzgeber" nämlich nicht nur zu einem Kompromiss, um im Bundestag zu einer Mehrheit zu gelangen, sondern erweitert die Kompromisszwänge auf die eventuell notwendige Zustimmung im Bundesrat oder das Verfahren im Vermittlungsausschuss. Welche Systematik wird man von einem Gesetz erwarten dürfen, das den Vermittlungsausschuss durchlaufen hat und am Ende einen doppelten Kompromiss (links-rechts und Bund-Land) verkörpern muss? Erneut: Die prognostizierbare fehlende Systematizität des gesetzgeberischen Endprodukts ist nicht nur die Folge politischer Interessen, sondern gerade auch die Folge eines von der Verfassung gerade so gewollten und angeordneten Gesetzgebungsverfahrens.

Hinzu kommt, dass die Zeitdimension der Demokratie in regelmäßigen Abständen die Mehrheiten verändert (Legislaturperiode, Neuwahlen), was dazu führt, dass Kompromisse wieder aufgeschnürt und neujustiert werden. Darunter leidet die Beständigkeit und Berechenbarkeit der Rechtsordnung – ein Umstand, der oft beklagt und in bestimmten Rechtsgebieten, man könnte auf das Steuerrecht verweisen, zum Makel stilisiert wird. Auch hier muss vor dem Hintergrund der Erzeugungsbedingungen im politischen Prozess aber realistisch festgestellt werden: Mehrheitsentscheidungen sind für die Minderheit doch nur zu ertragen, wenn sie als Kompromisse ergehen und deswegen die Chance der Abänderbarkeit bieten. Dass Lösungen aufgrund neuer Mehrheiten überdacht und geändert werden, ist kein bedauerlicher Schaden für die Rechtssicherheit oder eine systemische oder dogmatische Erwartungsstabilität, sondern eine Grundbedingung für das Funktionieren und die Akzeptanz der demokratischen Gesetzgebung: Nur wenn die Chance auf Abänderbarkeit besteht wird sich nämlich die Minderheit den Normen der Mehrheit unterwerfen. Deswegen sollte man eine womöglich geringe Halbwertszeit von Rechtsnormen weder beklagen noch als Ausdruck eines Niedergangs an Gesetzgebungskunst brandmarken, sondern als verfassungsrechtlich unvermeidlichen Effekt akzeptieren, der auch seine integrationspolitischen und partizipativen Vorteile hat.

Noch aus einem weiteren Grund sollte die Pfadabhängigkeit des materiellen Systemdenkens überdacht werden: Das öffentliche Recht besteht in der Regel sowohl aus Bundes- als auch Landesrecht; seine Regelungen folgen nicht nur aus Gesetzen, sondern auch aus Verordnungen und Satzungen. Im öffentlichen Recht hat man es grundsätzlich mit einem Konglomerat an Normen unterschiedlicher Hierarchiestufe sowie unterschiedlicher rechtserzeugender Akteure zu tun. Man denke nur an eine Baugenehmigung, deren Erlass das Zusammenwirken von Bauplanungsrecht (Bundesrecht), Bauordnungsrecht (Landesrecht), Bebauungsplänen und Gestaltungssatzungen (kommunales Satzungsrecht) voraussetzt. Die Vielfalt an Verbandszuständigkeiten und entsprechenden Rechtsquellen lässt jede Erwartung an eine materielle Systematizität, dem diese Rechtserzeuger folgen, zur Illusion werden. Das für den Erlass einer Baugenehmigung von der Rechtsordnung vorgesehene Normenmaterial dient nicht einem System, sondern der arbeitsteiligen Berücksichtigung unterschiedlicher Regelungsinteressen und lokaler Gestaltungsbedürfnisse. Es ist ein „System", das auf die Verarbeitung von Vielfalt und Pluralismus abstellt, nicht jedoch materielle Einheit bezweckt. Dasselbe Grundproblem vervielfältigter rechtserzeugender Akteure mit einem entsprechend komplexen Zusammenwirken der jeweiligen Rechtsquellen zeigt sich, wie hinlänglich bekannt, auch auf der supranationalen Ebene. Man kann schon der föderativ und kompetentiell zergliederten Rechtsquellenlehre im öffentlichen Recht einen grundsätzlichen Trend entnehmen, an die Stelle eines materiellen Systems ein Kompetenzgefüge zu setzen, das gerade divergierenden Regelungsinteressen dient und schon deswegen nicht materiell homogenisiert werden sollte.

Kann es sein, dass das materielle Systemdenken seine Wurzeln letztlich im Zivilrecht findet,[98] auf das es auch viel besser passt, weil wir es dort in der Regel nur mit einer hoheitlichen Rechtsquelle zu tun haben (Gesetz), die auch nur der Verbandskompetenz des Bundes entspringt? Unter den Bedingungen der Zivilrechtsordnung mag die Suche nach einem materiellen System seine Berechtigung haben; sie stößt dort jedenfalls auf eine Rechtsordnung, die vom Normenmaterial eine hinlängliche Verwirklichungschance für einen solchen Denkstil bietet (auch wenn das moderne Zivilrecht sich in puncto Rechtsquellenvielfalt und Erweiterung der Verbandskompetenz – Unionsrecht – immer mehr dem Zustand im öffentlichen Recht annähert). Der Gedanke ist jedenfalls eine Überlegung wert, ob nicht das öffentliche Recht, wenn es sich den Denkstil des materiellen Systems verordnet, unterschwellig seinen distinktiven Charakter aufgibt, indem es sich einer im Abklingen befindlichen zivilrechtlichen Perspektive unterordnet?

Kurzum: Die Bedingungen, unter denen in der Verfassungsordnung der Bundesrepublik Gesetze erzeugt werden können, sind einem materiellen Systemdenken nicht förderlich.[99] Nun kann man aus dieser Beobachtung natürlich folgern, dass es umso mehr die Aufgabe der Rechtswissenschaft sei, einzubringen oder einzufordern, was der politische Prozess nicht leisten kann. Sollte man jedoch nicht eher den materiellen Systemanspruch auf das auch tatsächlich Mögliche zurückfahren und ihn nicht idealistisch überspannen, damit wissenschaftliche Erwartungen und Beschreibungsleistungen nicht in einen Zielkonflikt zu den demokratischen Erzeugungsbedingungen von Normen geraten? Leider kann man insofern der Rechtsprechung des Bundesverfassungsgerichts zur Folgerichtigkeit, Widerspruchsfreiheit, Systemgerechtigkeit und der dieser zustimmenden wissenschaftlichen Literatur den Vorwurf der Verfassungsferne nicht ersparen. Diese seit den 1990er Jahren entstandene Recht-

---

[98] Dazu zusammenfassend *Claus-Wilhelm Canaris*, Systemdenken und Systembegriff in der Jurisprudenz, 2. Aufl. 1983; siehe zuvor schon *ders.*, Die Feststellung von Lücken im Gesetz, 2. Aufl. 1983. Zur Geschichte und Entwicklung des Systembegriffs in der Rechtswissenschaft *Mario Losano*, Sistema e Struttura nel Diritto, 3 Bände, 2002

[99] Skeptisch fragt auch *Helmuth Schulze-Fielitz*, Staatsrechtslehre als Wissenschaft, in: Mikrokosmos (Fn. 1), 230: „Nagt nicht zudem die Inkonsistenz der von den Gesetzgebern geschaffenen Rechtsordnung an der Stringenz von dogmatischen Aussagen"?

sprechungslinie ist einem zeitgemäßen Verständnis im Umgang mit pluralistischer, demokratischer Gesetzgebung alles andere als dienlich. Hier wirkt sich die Pfadabhängigkeit negativ aus, weil sie die Bedingungen der Rechtserzeugungen eines vordemokratischen Zustandes, wie er im vermeintlich goldenen Zeitalter gelungener Gesetzgebung am Ende des 19. Jahrhunderts geherrscht haben mag, in die Gegenwart verlängert – ohne dass das den Propagandisten des Systemdenkens in Gestalt von Folgerichtigkeit, Widerspruchsfreiheit oder Konzeptbefolgung in der Regel bewusst wäre.[100] Der rechtswissenschaftliche Denkstil wurde in einer Zeit entwickelt, als die Normproduktion in viel geringerem Umfang den Kompromisszwängen einer Mehrheitsdemokratie unterworfen war und sich im Übrigen eher dem Leitbild beständiger Kodifikationen ganzer Rechtsmaterien verpflichtet sah. Die Bedingungen, unter denen systematisch kohärente Normen erwartet werden konnten, existieren aber nicht mehr, und diesen Wandel in der Verfassungsordnung und dem ihr zugrundeliegenden pluralistischen Gesellschaftsmodell muss die Rechtswissenschaft akzeptieren. Will sie am Systemdenken festhalten, muss sie sich dem Problem zuwenden, was „System" unter den institutionellen und sozialen Bedingungen unserer Zeit noch heißen kann und in wie weit auf ein materielles System noch vertraut werden kann.

*b) Trennung von Theorie und Praxis*

Die bislang gepflegte Trennung von Theorie und Praxis, von Dogmatik und Grundlagen, man könnte auch ergänzen: von Recht und Politik oder Recht und Nicht-Recht behindert ersichtlich die rechtswissenschaftliche Forschung, weil zentrale aktuelle Themenstellungen solche Dichotomien, die lange klare Orientierung geboten haben, überschreiten oder sogar negieren. Man kann das Problem auch anders formulieren: Wo ist in der Rechtswissenschaft der Platz für Interdiszplinarität, für Zweckmäßigkeitserwägungen (auch für Rechtspolitik) und für die Grundlagenreflektion? Es ist bekanntlich nicht so, dass diese Aspekte nicht bereits aufgegriffen und behandelt würden. Die Frage ist jedoch, wie sie systematisch in den Denkstil integriert werden können.

*c) Internationalisierung und Europäisierung*

Ein ungelöstes Problem des juristischen Denkstils ist nach wie vor die Internationalisierung des Rechts und in seinem Gefolge auch der Rechtswissenschaft.[101] Überblickt man die obigen acht Eigenschaften des Denkstils, so bleibt die Frage struktu-

---

[100] Hier rächt sich womöglich auch eine mangelnde Kontextualisierung und Grundlagenorientierung des mehrheitlich gepflegten Denkstils.

[101] Vgl. *Armin v. Bogdandy*, Das deutsche öffentliche Recht im europäischen Rechtsraum, FS Rainer Wahl, 2011, 651 (661 ff.) u. a. mit der Prognose von verfassungsrechtsdogmatischen Revisionen; *Schulze-Fielitz*, Mikrokosmos (Fn. 1), 28–32, der eine ganze Reihe von Problemen und Aufgaben benennt, die mit der Europäisierung und Internationalisierung zusammenhängen.

rell offen, wie mit dem Phänomen der Internationalisierung umzugehen ist. Ein primär materiell-rechtlich ausgerichteter Zugriff ist zur Erfassung von Recht, das einer verschachtelten Kompetenzstruktur entspringt und keine klare Geltungshierarchie aufweist (internationales Recht steht nicht über Verfassungsrecht, der Vorrang des Europarechts ist nur ein sektoraler), das häufig keine klare Konditionalprogrammierung kennt, sondern auf finale Bewirkung mit prozedural einzulösender Gesetzesbindung beruht, und das seine Gestalt erst in bestimmten Fallkonstellationen und Institutionenarrangements gewinnt, schlicht unzweckmäßig. Auch darf nicht vergessen werden, dass der vorherrschende Blick der deutschen Rechtswissenschaftler auf das Recht, nämlich die dogmatische Teilnehmerperspektive, in anderen Rechtswissenschaftskulturen keine oder nur begrenzte Entsprechung findet.[102] Damit wird anderen Rechtswissenschaftskulturen nicht vorgeworfen, hinter der deutschen Dogmatik zurückzubleiben, sondern der Blick auf den Umstand gelenkt, dass in anderen Ländern die wissenschaftlichen Strukturierungsleistungen und Erkenntnisziele nicht der Dogmatik, wie sie in der Bundesrepublik betrieben wird, entsprechen. Man spricht im romanischen Rechtskreis etwa von „doctrine" und meint damit primär die Meinung der Lehre, nicht aber, wie es das Charakteristikum der Dogmatik ist, eine gemeinsame Diskurskultur von Wissenschaft und Praxis.[103] Auch die Strukturierungsleistungen der angelsächsischen Welt funktionieren anders, nämlich teils über allgemeine Prinzipien, teils über sachverhaltsorientierte kleinteilige Tests, jedoch selten auf der dogmatisch relevanten mittleren Abstraktionsebene (z. B. durch Restatements). Vertreter des anglo-amerikanischen Rechtskreises, stellt Rolf Stürner fest, begegneten deutscher und kontinentaler Dogmatik mit deutlicher Distanz.[104]

Im Einzelnen hängt hier sicher vieles von dem jeweiligen Verständnis des Begriffs „Dogmatik" ab. Fasst man dessen Inhalt so weit, dass er im Grunde jedes professionelle rechtswissenschaftliche Tun umfasst, mag man im funktionellen Sinne auch von Dogmatik in anderen Ländern sprechen. Das Spezifische des jeweiligen Denkstils erfasst man damit aber nicht. Dass Dogmatik doch die spezifische Vorgehens-

[102] Die Differenzen beginnen schon in Österreich, vgl. *Ewald Wiederin*, Denken vom Recht her: über den modus austriacus in der Staatsrechtslehre, in: Schulze-Fielitz (Hrsg.), Staatsrechtslehre (Fn. 4), 293–317; *Andras Jakab*, Two opposing paradigms of continental european constitutional thinking: Austria and Germany, International & Comparative Law Quarterly 58 (2009), 933–955; *ders.*, Die Dogmatik des österreichischen öffentlichen Rechts aus deutschem Blickwinkel: ex contrario fiat lux, Der Staat 46 (2007), 268–291; *Paul Oberhammer*, Kleine Differenzen – Vergleichende Beobachtungen zur zivilistischen Methode in Deutschland, Österreich und der Schweiz, AcP 214 (2014), 155–182; *Helmut Koziol*, Glanz und Elend der deutschen Zivilrechtsdogmatik, AcP 212 (2012), 1–55. Siehe auch *Matthias Jestaedt*, Wissenschaftliches Recht, in: Was weiß Dogmatik (Fn. 47), 117 (117–121): Dogmatik als „Markenzeichen der Rechtswissenschaft im deutschen Sprachraum".

[103] Zur Abgrenzung von Dogmatik und *doctrine* siehe ebenso *Nils Jansen*, Dogmatisierungsprozesse in Recht und Religion: Einführung, in: G. Essen/ders. (Hrsg.), Dogmatisierungsprozesse in Recht und Religion, 2011, 1 (1 f. mit Fn. 3); vgl. auch *Philippe Jestaz/Christoph Jamin*, La doctrine, 2004.

[104] *Stürner*, Zivilrechtswissenschaft und ihre Methodik (Fn. 78), 9.

weise der deutschen Rechtswissenschaft meint, erhellt der Umstand, warum sie in weiten Teilen Europas nicht export- und diskursfähig ist. Wenn wir einen Einflussverlust der deutschen Rechtswissenschaft in Europa beobachten, mag dies auch damit zusammenhängen, dass Juristen anderer Länder sich auf dogmatische Diskurse nicht einlassen, sei es, weil sie sie nicht kennen und schätzen, sei es aber auch, weil sie erkennen, dass sie für die Behandlung der europäischen Rechtserzeugung und ihrer Themen ungeeigneter ist als die Strukturierungsleistungen, die in anderen Rechtswissenschaftskulturen überwiegen.[105] Die europäische Entwicklung jedenfalls ist der Fortentwicklung der traditionellen deutschen Dogmatik nicht günstig und weist ihr auf Dauer einen Nischenplatz in den europarechtlich weniger zentralen Gebieten zu.[106] Anders gesagt: Man muss mit der Dogmatik Maß halten und andere Denkstile entwickeln, um auf der europäischen Bühne präsent zu bleiben und in Brüssel Gehör zu finden. Die deutsche Rechtswissenschaft darf nicht in Gefahr geraten, in dogmatischer Schönheit europäisch zu sterben.

### *d) Fehlende Distanz zur Praxis*

Ein letzter Punkt betrifft das Verhältnis von Wissenschaft und Praxis. Die im internationalen Vergleich einzigartig enge Verbindung von Wissenschaft und gerichtlicher Praxis,[107] führt weithin zu einem Distanzverlust, der zu Lasten der Wissenschaft geht. Da sich die deutsche Rechtswissenschaft einem dogmatischen Denkstil verschrieben hat, werden die Rechtsaussagen von Gerichten als dem prominentesten praktischen Akteur der Dogmatik überproportional wichtig. Die Besprechung und Kommentierung von Rechtsprechung nimmt in der rechtswissenschaftlichen Literatur einen beträchtlichen Umfang ein, der durch die Dominanz des Kommentars als Literaturgattung zusätzlich verstärkt wird. Genuin wissenschaftliche Diskurse oder Lösungsstrategien bleiben gegenüber dem gerichtsorientierten Praxisdiskurs zweitrangig. Es liegt im Ziel der Dogmatik, das geltende Recht auch zur Deduktion von Lösungen aufzubereiten, also die Dogmatik zur Erkenntnisquelle zu stilisieren. Eine Geltungschance erhalten dogmatische Aussagen aber nur durch ihre Rezeption durch Institutionen, die Rechtssätze mit Geltung versehen. Dies sind in erster Linie Gerichte. Bindungswirkung haben dogmatische Aussagen nur über Urteile. Dass die deutsche Rechtswissenschaft besonders gerichtsbezogen denkt und argumentiert hat

---

[105] Erhellend sind hierzu etwa die vergleichenden Beobachtungen von *Stürner* (Fn. 78), 10–14, der die wesentliche Besonderheit der spezifisch deutschen Dogmatik, die sie von fast allen anderen Rechtsordnungen unterscheidet, in der Entwicklung einer Feinsystematik sieht, die sich als eine Art Zwischenschicht zwischen die Einzelfallkasuistik und die Grundregeln und Grundprinzipien schiebt. Anders als etwa in Frankreich, England und Italien behielt die tradierte Dogmatik ihren bestimmenden Einfluss auf die gerichtliche Praxis. Die deutsche Zivilrechtsdogmatik, so ließe sich die Bestandsaufnahme Stürners resümieren, ist zu rechtsanwendungsbezogen und zu wenig grundlagenorientiert.

[106] So *Stürner* (Fn. 78), 22, 23.

[107] So *Armin v. Bogdandy*, Wissenschaft vom Verfassungsrecht: Vergleich, in: ders./ P.C. Cruz Villalón/P.M. Huber (Hrsg.), Handbuch Ius Publicum Europaeum, Band II, 2008, § 39 Rn. 69.

auch mit der Geltungschance zu tun, die sie durch den Diskurs mit Gerichten über die gemeinsame dogmatische Orientierung gewinnt. Die Selbstermächtigungsfunktion der Dogmatik borgt die Geltung ihrer normativen Aussagen primär bei der Dritten Gewalt. Das Interesse der Wissenschaft an der Rechtsprechung ist daher nicht primär auf Distanz oder Kritik bezogen, sondern auf die Fortentwicklung der Dogmatik, anders gesagt: tunlichst auf das Einflüstern eigener Gedanken, die durch gerichtliches Urteil dann in Geltung erwachsen und über die Rechtsprechung wieder in den normativen Diskurs zurückgespeist werden können.[108] Kritische Auseinandersetzungen mit der Rechtsprechung sind deswegen eher selten, was nicht für die Makellosigkeit der Rechtsprechung spricht, sondern das Eigeninteresse der Rechtswissenschaft dokumentiert, die ihren Einfluss nicht verlieren will. Besonders auffällig wird die Distanzlosigkeit gegenüber Gerichten, die einen begrenzten Zuständigkeitsbereich haben und in letzter Instanz entscheiden. So trägt der Umgang mit einzelnen Zivilsenaten des BGH schon Züge der kritiklosen Unterwerfung. Mit mächtigen Senatsvorsitzenden will man es sich nicht verscherzen. Von ihnen zitiert zu werden ist die Hoffnung vieler.

Helmuth Schulze-Fielitz hat hervorgehoben, dass nur höchstrichterliche Entscheidungen der Verfassungs- und Verwaltungsgerichtsbarkeit wissenschaftlichen Positionen zu nachhaltiger Wirksamkeit verhelfen können.[109] Eine Durchsetzungsmacht erhalten wissenschaftliche Ideen nur mit Hilfe der Rechtsprechung. Diese Einsicht beeinflusst natürlich den Umgang mit den Gerichten. Schulze-Fielitz führt diesen Effekt auf die Pluralisierung innerhalb der deutschen Staatsrechtslehre zurück, in der es keine dominanten Schulen oder Paradigmen mehr gebe. Die Rechtsprechung erscheint dann als die neutrale Instanz, die über die Vorzugswürdigkeit wissenschaftlicher Ansichten befindet. Doch Gerichte sind nicht in der Rolle des Paris. Ihre „Schiedsrichterfunktion" filtert aus der Masse der Meinungen nur diejenigen heraus, die für ein Gericht anschlussfähig sind, sich also in ein Urteil integrieren lassen. Nur ein Bruchteil der juristischen Literatur ist für Gerichte verwertbar.

Das Dilemma des dogmatischen Rechtsgesprächs von Wissenschaft und Praxis wird hier deutlich: Die Gerichtsorientierung der Wissenschaft führt zur Selbstbeschränkung des Meinungswettbewerbs und verringert die wissenschaftliche Innovation, wenn die Fremdbeschränkung der Gerichte über Akzeptanz, Verwertbarkeit und Durchsetzbarkeit von Literaturansichten entscheidet. Denn Gerichte können im Rahmen ihrer Kompetenz nur begrenzt entscheiden: gebunden an das Recht, gebunden an den Sachverhalt, gebunden an das Verfahren. Orientiert sich die Rechtswissenschaft also zu sehr an der Rechtsprechung, dann mag sie ihre Geltungschancen erhöhen, sie gibt aber zugleich ihren eigenständigen Charakter als Wissenschaft preis und engt sich thematisch auf den Bereich ein, der auch Gerichten als Diskurspartnern zugänglich ist. Diese Schnittmenge ist aber viel kleiner als es einer selbstbe-

---

108 Zur Geltungskomponente von Dogmatik *Lepsius*, Kritik der Dogmatik (Fn. 47), 43–45.

109 *Schulze-Fielitz*, Mikrokosmos (Fn. 1), 27.

wussten Rechtswissenschaft würdig ist. Der Wirkungskreis der Rechtswissenschaft wird dann aus freien Stücken reduziert in der Hoffnung, einen Einfluss auf die Gestaltung des geltenden Rechts zu gewinnen. Die Misslichkeit wird außerdem noch dadurch erhöht, dass in jenem Bereich der eigenständige Beitrag der Rechtswissenschaft kaum noch erkennbar ist und in die Aussagen des Gerichts eingeht, in ihnen bisweilen untergeht. Ein Gericht kann ein Urteil nicht gestützt auf eine Lehrmeinung sprechen. Die Gesetzesbindung verlangt, dass jedenfalls die Darstellung der Begründung die Bindung an Gesetz und Recht befolgt.[110] Das impliziert aber die jedenfalls teilweise Invisibilisierung des Beitrags der Wissenschaft. Was Wissenschaft oder Praxis ist, bleibt am Ende unkenntlich.

Aus diesen Beobachtungen folgt zweierlei: Will die Rechtswissenschaft als Wissenschaft erkennbar bleiben, muss sie eine größere Distanz zur Praxis beziehen. Das muss sich gerade auch im dogmatischen Diskurs widerspiegeln. Im Umgang mit Gerichten muss die Rechtswissenschaft ein neues Rollenverständnis finden, das nicht mehr in der Funktion des Ideengebers ruhen kann, weil dies zum Verlust des Distinktiven führen würde. In einer Zeit, in der die Rechtserzeugungsmacht besonders von Obergerichten groß ist und größer werden wird und in der die Bedeutung des Richterrechts als Rechtsquelle zunimmt, besteht schon aus Gründen der institutionellen Gewaltenkontrolle ein gesellschaftlich vitales Interesse an einer Instanz, die Gerichte in ihrer Letztentscheidungskompetenz kontrolliert. Diese Instanz kann nur die Wissenschaft sein. Gerichte haben nicht das letzte Wort. Sie haben im Rahmen ihrer Zuständigkeit nur die Kompetenz zur letzten Entscheidung. Vor allem dies sollte eine selbstbewusste Rechtswissenschaft immer wieder betonen und durch alternative Lösungen und Perspektivenerweiterungen bekräftigen. Außerdem darf sich die Wissenschaft den Bereich des rechtlich Relevanten nicht durch die Fokussierung auf Gerichtsentscheidungen und praktische Rechtsfragen einengen lassen. Die Reduzierung auf eine Professionswissenschaft ginge mit einer Verstümmelung einher und würde dem gesellschaftlichen Auftrag der Wissenschaft nicht gerecht, der nicht darin liegt, der Praxis zur Seite zu stehen. Die Rechtswissenschaft sollte ihren Auftrag zur kritischen Reflexion stärker wahrnehmen. Schließlich wird Wissenschaft institutionalisiert und alimentiert und durch die Wissenschaftsfreiheit geschützt, damit sie aus dieser geschützten Position heraus Missstände aufdeckt und den gesellschaftlichen Zuständen den Spiegel vorhält. Diese Irritations- und Innovationsrolle ist umso wichtiger, weil sie im Rechtswesen sonst niemand einnehmen kann.

---

[110] Was bedeutet, dass auf die Herstellung der Entscheidung besondere Sorgfalt verwendet werden muss, dazu *Wolfgang Hoffmann-Riem*, Die Klugheit der Entscheidung ruht in ihrer Herstellung – selbst bei der Anwendung von Recht, in: A. Scherzberg (Hrsg.), Kluges Entscheiden, 2006, 3 (3, 9ff.).

## *2. Überwindung des Denkstils*

Den Denkstil zu verändern ist also eine Zukunftsaufgabe der deutschen Staatsrechtslehre. Folgt man erneut Fleck, dann kann dies nicht durch die Originalität Einzelner bewerkstelligt werden, sondern setzt die Anstrengungen von Denkkollektiven voraus. Man wird daher keine Patentrezepte erwarten dürfen. Angesichts der großen Reformtradition in der deutschen Rechtswissenschaft, dem beständigen Aufmucken gegen sich verfestigende Denkstile sowie einem pluralistischen Binnendiskurs wäre dies auch ganz vermessen und blauäugig: Denktraditionen können nur kollektiv weiterentwickelt werden, durch die Ergänzung, Erweiterung und schließlich Umwandlung des Denkstils.[111] Im Folgenden kann daher nicht mehr geleistet werden als ein paar Wegweiser für die weitere Denkstilergänzung zu geben. Hierzu ist schon viel geschrieben worden und man darf für eine Zusammenfassung des inzwischen weithin Konsentierten auf Schulze-Fielitz zurückgreifen. Er erkennt einen Trend zur Transformation der disziplinären Identität hin zu einem Wissenschaftsverständnis, das stärker grundbegrifflich, interdisziplinär, theoretisch, kritisch und durch Rechtsvergleichung inspiriert ist und sich auch nicht mehr an Abgrenzungen wie national/europarechtlich/völkerrechtlich oder öffentlich-rechtlich/privatrechtlich orientiert.[112] Soweit scheint inzwischen weithin Konsens zu bestehen. Dann aber stellt Schulze-Fielitz die entscheidende Frage nach der Ablösung und Umwandlung des Denkstils und legt den Finger in die Wunde: „Sollte es indessen zu jener rechtswissenschaftlichen Schwerpunktverlagerung kommen, so könnte die deutsche Staatsrechtslehre allmählich ihre disziplinenbegründende rechtsdogmatische Mitte verlieren."[113]

Auf die klar gestellte Frage kann es nur eine klare Antwort geben: Die deutsche Staatsrechtslehre muss ihre „disziplinenbegründende rechtsdogmatische Mitte" aufgeben, wenn sie als Wissenschaft in Europa, als Wissenschaft gegenüber der Praxis und als interdisziplinär wahrgenommenes Fach an den Universitäten überleben will. „Systemisch-wissenschaftliche Substanzverluste" beim dogmatischen Arbeiten liegen dann im Bereich des Möglichen.[114] Blickt man aber auf die vorzüglichen Beiträge aus Praktikerhand und verschließt man sich nicht der Einsicht, dass gerade in der genuin dogmatischen Literatur (Kommentare) nicht prinzipiell (sondern nur individuell) zwischen den Beiträgen von Praktikern und Wissenschaftlern unterschieden werden kann, relativiert sich die Verlustangst schon ex ante. Rechtsdogmatik wird auch weiterhin in den Händen von Praktikern gut aufgehoben sein. Die Aufgabe der Wissenschaft muss über sie hinausgehen.

Ich würde im Übrigen das Aufgeben der „rechtsdogmatischen Mitte" weder als Verlust noch als Gefahr für die Staatsrechtslehre rubrizieren, sondern als Wiederer-

---

[111] So die Interpretation Flecks durch *Lothar Schäfer/Thomas Schnelle* (Fn. 6), XXIX.

[112] *Schulze-Fielitz*, Mikrokosmos (Fn. 1), 30, unter Verweis u. a. auf v. Bogdandy.

[113] Ebd.

[114] Befürchtet von *Schulze-Fielitz*, ebd., 31.

langung einer Tradition, mit der sie ihr Ansehen erst erlangte. Für die Weimarer Zeit, wie kaum eine Epoche eine Hochzeit der deutschen Staatsrechtslehre, lässt sich eine disziplinenbegründende Funktion von Dogmatik bestimmt nicht konstatieren. Auch auf die Formationszeit der Bundesrepublik trifft dies nicht zu. Weil es noch nichts zu kommentieren gab, war die kreative Eigenleistung höher. Blicken wir auf die Jahrzehnte von 1950 bis 1970, vermissen wir Dogmatik nicht wirklich. Man denke nur an Autoren wie Dürig, Bachof, Forsthoff, Ehmke, Hesse, Lerche, Häberle, Isensee. Keiner benutzte das Wort Dogmatik, wie wir dies heute tun. Keiner würde heute als „Dogmatiker" durchgehen. Wo immer die disziplinenbegründende Mitte gelegen haben mag: Dass sie in der Dogmatik liegen soll, ist erst der Entwicklung des Denkstils in den letzten 30 Jahren geschuldet. Hier umzusteuern und Freiräume zu gewinnen, mag besonders von denjenigen, die in den letzten 30 Jahren an der Entwicklung mitwirkten, als Verlust empfunden werden. Prinzipiell spricht aber nichts dagegen, dass diese Phase in der Entwicklungsgeschichte der deutschen Staatsrechtslehre auch nur eine Phase bleibt. Man steht immer wieder vor der Frage, wie eine einmal begründete Pfadabhängigkeit korrigiert werden kann. Die Erfahrung der letzten 30 Jahre lehrt uns eher, dass Denkstile nicht durch die Selbstreflexion der Wissenschaft verändert werden. Leider wird wohl nicht die Überzeugungskraft des Arguments diese Frage entscheiden, sondern die Unausweichlichkeit des europäischen Rechtsraums, für den eine dogmatische Rechtswissenschaft einen Wettbewerbsnachteil darstellt.

Ließen sich solche Ziele nicht auch mit einer „guten", „aufgeklärten" oder „verbesserten" Dogmatik umsetzen, wie viele hoffen?[115] Ich bleibe skeptisch, weil Dogmatik kein autonom rechtswissenschaftlicher Zugangsmodus ist, sondern von der Symbiose mit der Praxis lebt und das in doppelter Hinsicht: der institutionellen Symbiose mit den Akteuren der Praxis und der materiellen Symbiose mit den Gegenständen der Praxis. Wer auf eine Fortentwicklung oder Verbesserung der Dogmatik hofft, muss sich fragen lassen, wie dies mit ihrer institutionellen und materiellen Ausrichtung vereinbar ist. Man sollte nicht ein allseits offenes Dogmatikverständnis propagieren, so dass mit dem Begriff von Dogmatik keinerlei Exklusionswirkung mehr verbunden ist. Der Pluralismus der rechtswissenschaftlichen Erkenntnisinteressen und Methoden sammelt sich nicht unter einem gemeinsamen Dach namens „Dogmatik";[116] es muss eine Exklusionswirkung erkennbar bleiben, sonst wäre die ubiquitäre Rede von Dogmatik sinnlos, weil alles Dogmatik sein müsste. Mich irritiert das Festhalten an einem mit diesem Begriff verbundenen Denkstil, dessen Schwächen seit längerem diskutiert werden,[117] dessen Stärken aber offensichtlich so verpflich-

[115] Darauf hoffen *Bumke*, Rechtsdogmatik (Fn. 69), 649 f.; *Schmidt-Aßmann*, Verwaltungsrechtliche Dogmatik (Fn. 20), 11–13, 18; *Schulze-Fielitz*, Mikrokosmos (Fn. 1), 33 f.; *Christian Waldhoff*, Kritik und Lob der Dogmatik. Rechtsdogmatik im Spannungsfeld von Gesetzesbindung und Funktionsorientierung, in: Was weiß Dogmatik (Fn. 47), 17 (30–36).

[116] Das arbeitet auch heraus *Eifert*, Dogmatik (Fn. 75), (87–95).

[117] Vgl. oben bei III. 8. a).

tend scheinen, obwohl die deutsche Staatsrechtslehre bis weit in die 1970er Jahre keine genuin dogmatische Tradition kennt.

Es sei wiederholt: Denktraditionen, Denkstile und Pfadabhängigkeiten setzen sich durch, nicht weil es keine anderen Problemzugänge gegeben hätte. Dies war bekanntlich auch in der Beschäftigung mit dem öffentlichen Recht in Deutschland nie der Fall. Den Denkstil zu verändern heißt konkret: die Orientierung an einem materiellrechtlichen Systembegriff, an der Kontrollperspektive sowie einer Begriffslastigkeit aufzugeben und zu ersetzen durch einen Denkstil, der (1) dem materiellen Recht das Verfahrens-, Kompetenz- und Organisationsrecht gleichberechtigt an die Seite stellt, deswegen (2) die institutionellen Kontexte der Rechtsverwirklichung ernst nimmt und zur Erklärung der Rechtsentwicklung und der konkreten Normbindung heranzieht, also materielles Recht nicht außerhalb seiner Verwirklichungsbedingungen behandelt, (3) aus diesem Grund auch die faktischen Kontexte (Sachverhalte, soziale Problemlagen) einbezieht, (4) über die kompetentielle und kontextuelle Differenzierung auch die Interessen der Akteure thematisiert, also die Relativität des Rechts betont, (5) dabei nicht stehen bleibt, sondern die Zweckmäßigkeit und Gerechtigkeit der Lösungen selbst thematisiert, (6) keine Scheu vor einem arbeitsteiligen Interdisziplinaritätsverständnis hat, schließlich (7) Distanz zum geltenden Recht einnimmt und nicht die Kritikfähigkeit in einer Teilnehmerperspektive am Rechtsdiskurs zu verlieren droht. Keiner dieser Punkte ist von der Europäisierung und Internationalisierung des Rechts abhängig, aber wahrscheinlich werden sie es sein, die die Kontextualisierung des Rechts unvermeidlich machen und zur Ausbildung von relationalen Settings als primärem wissenschaftlichen Ziel führen, um die Wirkung und Geltung von Recht erklären und auch vorhersagen zu können.

# Intra- und Interdisziplinarität: Chance oder Störfaktor?

*Thomas Gutmann*

Die Antwort auf die Frage, ob Intra- und Interdisziplinarität[1] in der Rechtswissenschaft Chancen oder Störfaktoren sind, lautet natürlich: beides. Zumindest der Wissenschaftsrat ist sich insoweit jedoch sicher. Er fordert in seinem im November 2012 veröffentlichten Bericht über die „Perspektiven der Rechtswissenschaft in Deutschland" die „Stärkung der Grundlagenfächer, die Intensivierung des interdisziplinären wie disziplinären Austausches und eine Öffnung der Rechtswissenschaft in die Universität wie in das Wissenschaftssystem"[2]. Eine „Dynamisierung der Forschung" in der Rechtswissenschaft, so die Analyse, sei überhaupt nur durch eine Verstärkung der Interdisziplinarität, d.h. vor allem des Austausches mit den geistes- und sozialwissenschaftlichen Nachbarfächern möglich; dies setze zugleich intradisziplinär eine intensivere Befassung mit den Grundlagenfächern voraus.[3] Der Rat hat Recht. Aber was kann das konkret heißen? Es bietet sich an, zur Beantwortung dieser Frage gleichsam von innen nach außen vorzugehen, also vom dogmatischen Kern der Rechtswissenschaft zu ihren vermeintlichen Rändern.

---

[1] Die Verwendung der Begriffe oszilliert in der Literatur; die hier vorgeschlagene Terminologie – anders z.B. *Roland Czada* (Disziplinäre Identität als Voraussetzung von Interdisziplinarität?, in: Kilian Bizer/Martin Führ/Christoph Hüttig (Hrsg.), Responsive Regulierung. Beiträge zur interdisziplinären Institutionenanalyse und Gesetzesfolgenabschätzung, 2002, S. 23 ff.), der „Interdisziplinarität" für den Austausch oder Transfer kognitiver Erklärungsansätze oder methodischer bzw. technischer Hilfsmittel zwischen Disziplinen reserviert wissen will – ergibt sich aus dem folgenden Text.

[2] *Wissenschaftsrat*, Perspektiven der Rechtswissenschaft in Deutschland. Situation, Analysen, Empfehlungen, November 2012, S. 7. Abrufbar unter http://www.wissenschaftsrat.de/download/archiv/2558–12.pdf (6.1.2014).

[3] *Wissenschaftsrat*, Perspektiven der Rechtswissenschaft (Fn. 2), S. 8.

## I. Das Kerngeschäft

### 1. *The Strictly Legal Point of View*

Zunächst gilt natürlich, dass das Kerngeschäft oder „Proprium“[4] der Rechtswissenschaft in der Dogmatik liegt, der um innere Konsistenz und Kohärenz bemühten Systematisierung der Materien des positiven Rechts – ein Bemühen, das die Rechtswissenschaft ungeachtet der Kontingenz und des dezisionistischen Moments demokratischer Gesetzgebung, ja des (in den Worten Horst Dreiers) „Irrationalitätsprivilegs der Politik“[5] anleiten muss.

Dogmatik ist die praxisorientierte Reflexion erster Ordnung des Rechtssystems, aus der Perspektive nicht des Beobachters, sondern des Teilnehmers. Die Rechtswissenschaft ist primär eine Gebrauchs-[6] und Professionswissenschaft, die den (unablässig und exponentiell anwachsenden) Rechtsstoff für seine Vermittlung in der Ausbildung und seine Anwendung in der Rechtspraxis der Gerichte und Verwaltungen aufbereitet, ordnet, stabilisiert und handhabbar macht. Die zentrale Rolle der Dogmatik ist die notwendige Konsequenz der für die Rechtswissenschaft charakteristischen engen Theorie-Praxis-Verklammerung[7], d.h. ihrer Kopplung an die Professionsausbildung und damit an das Ziel konsistenten Entscheidens. Die Eigenrationalität der methodisch-dogmatisch arbeitenden Rechtswissenschaft ist Folge der Eigenrationalität des Rechts[8], also der Ausdifferenzierung des Rechtssystems als gesellschaftliches Funktionssystem.[9] Die Kernkompetenz der Rechtdogmatik liegt deshalb in ihrer „Fähigkeit zur Falllösung“, in der Kompetenz also, dazu anzuleiten, Sachverhalte zu strukturieren, einschlägige Normen argumentativ nachvollziehbar auszulegen, Lücken und Wertungswidersprüche zu erkennen und diese methodengerecht zu schließen.[10] Gerade hierdurch trägt sie nicht nur zur Herstellung von Rechts- und Erwartungssicherheit, sondern auch zur Rationalität des Rechts bei. Im Streit um das Recht macht sie „eine ‚Begründung‘ im anspruchsvollen Sinn überhaupt erst möglich“ und öffnet diese der professionellen Auseinandersetzung und Kritik.[11] Dogmatik in diesem Sinn ist ein spezifisches Produkt, ein „Markenzei-

---

[4] *Christoph Engel/Wolfgang Schön (Hrsg.)*, Das Proprium der Rechtswissenschaft, 2007.

[5] *Horst Dreier*, Bioethik. Politik und Verfassung, 2013, S. 78ff.

[6] *Matthias Jestaedt*, Wissenschaft im Recht. Rechtsdogmatik im Wissenschaftsvergleich, JZ 69 (2014), S. 1ff., 5.

[7] *Wissenschaftsrat*, Perspektiven der Rechtswissenschaft (Fn. 2), S. 5.

[8] Vgl. *Matthias Jestaedt*, Das mag in der Theorie richtig sein ... Vom Nutzen der Rechtstheorie für die Rechtspraxis, 2006, S. 37.

[9] *Niklas Luhmann*, Das Recht der Gesellschaft, 1993, S. 34, 54ff.; *ders.*, Ausdifferenzierung des Rechts. Beiträge zur Rechtssoziologie und Rechtstheorie, 1981.

[10] *Stephan Lorenz*, Forschung, Praxis und Lehre im Bericht des Wissenschaftsrats „Perspektiven der Rechtswissenschaft in Deutschland“, JZ 68 (2013), S. 704ff., 706.

[11] *Winfried Hassemer*, Dogmatik zwischen Wissenschaft und richterlicher Pragmatik, in: Gregor Kirchhof/Stefan Magen/Karsten Schneider (Hrsg.), Was weiß Dogmatik? Was leistet und wie steuert die Dogmatik des Öffentlichen Rechts?, 2012, S. 3ff., 14.

chen"[12], wenn nicht gar der „Markenkern"[13] deutschsprachiger Jurisprudenz. In der Tat liegt „ein wesentliches Merkmal der deutschen Rechtswissenschaft [...] in der systematischen Durchdringung des positiven Rechts mit hoher terminologischer Präzision".[14] Man wird *Wolfgang Ernst* darin folgen können, dass bis heute wesentliche Leistungen der Jurisprudenz „auf strikt durchgehaltener Dekontextualisierung der juristischen Frage", also „ihrer Beschränkung auf den *strictly legal point of view*"[15], beruhen. Die Dogmatik verwaltet die Recht/Unrecht-Unterscheidung am besten, wenn sie dabei nicht durch andere Perspektiven gestört wird. Schon deshalb muss für das Verhältnis der Dogmatik zu den Grundlagenwissenschaften des Rechts jedenfalls aus der Sicht der Dogmatik eine epistemische *default and challenge*-Regel gelten: Soweit sie (im Kuhn'schen Sinn) als „Normalwissenschaft" arbeiten und ihre Probleme mit Bordmitteln lösen kann, braucht sie sich nicht theoretisch irritieren zu lassen.

Immanuel Kant hatte am Ende des 18. Jahrhunderts noch gespottet, dass „eine bloß empirische Rechtslehre" – er meinte damit die damals übliche Form der Rechtsdogmatik – wie der hölzerne Kopf in Phädrus' Fabel ein Kopf sei, der „schön sein mag, nur schade! Daß er kein Gehirn hat."[16] Derlei geht heute auch dem selbstbewusstesten Vertreter der Grundlagenfächer nicht mehr von den Lippen, und dies nicht zuletzt deshalb, weil die meisten Rechtsfragen von der Rechtsdogmatik nicht nur erfolgreich (und bisweilen sogar auf schöne Weise) abgearbeitet werden, sondern von ihr auch abgearbeitet werden müssen. Dogmatische Fragen brauchen dogmatische Antworten. Es geht um *technê*, nicht *epistêmê*.

Auch wissensökonomische Gründe sprechen dafür, die Praxisorientierung der Rechtswissenschaft ernst zu nehmen. Rechtliche Kommunikation ist eine knappe Ressource, aber Entscheidungen müssen gefällt werden. Der Pragmatismus erinnert uns daran, dass die rechtsdogmatische Praxis – wie beispielsweise der Blick in die Kommentarliteratur zum Bürgerlichen Gesetzbuch lehrt – im Alltag zu einem erheblichen Teil von *incompletely theorized agreements* lebt, d.h. von bereichsspezifischen Konsensen in Bezug auf die Behandlung konkreter Rechtsfragen und von herrschenden Meinungen mittlerer Reichweite, die ungeachtet unterschiedlicher und nicht selten kontroverser normativer Vorverständnisse und rechtstheoretischer Ausgangspositionen der Beteiligten entstehen.[17] Und das ist auch gut so. Die konkreten Prob-

---

[12] *Christoph Möllers/Andreas Voßkuhle*, Die deutsche Staatsrechtswissenschaft im Zusammenhang der internationalisierten Wissenschaften, Verw 36 (2003), 321ff., 330f.; im Anschluss *Gregor Kirchhof/Stefan Magen*, Dogmatik: Rechtliche Notwendigkeit und Grundlage fächerübergreifenden Dialogs – eine systematisierende Übersicht, in: Gregor Kirchhof/Stefan Magen/Karsten Schneider (Hrsg.), Was weiß Dogmatik? Was leistet und wie steuert die Dogmatik des Öffentlichen Rechts?, 2012, S. 151ff., 171f.

[13] *Jestaedt*, Wissenschaft im Recht (Fn. 6), S. 4.

[14] *Wissenschaftsrat*, Perspektiven der Rechtswissenschaft (Fn. 2), S. 34.

[15] *Wolfgang Ernst*, Gelehrtes Recht. Die Jurisprudenz aus der Sicht des Zivilrechtslehrers, in: Christoph Engel/Wolfgang Schön (Hrsg.), Das Proprium der Rechtswissenschaft, 2007, S. 3ff., 16.

[16] *Immanuel Kant*, Die Metaphysik der Sitten, Akademieausgabe, 1900ff., Bd. VI, S. 230.

[17] Hierzu *Cass Sunstein*, Legal Reasoning and Political Conflict, 1996, S. viii, 6ff., 35ff., 37, 50ff.

leme lassen sich in der Regel lösen – und müssen sich lösen lassen –, ohne dass man sich zuerst über die „letzten Dinge“ einigt. Das Recht funktioniert nur, weil wir nicht immer alles zu Ende denken, und Dogmatik fungiert gerade in ihrem hermeneutischen Bezug auf das je vorgegebene, positive Recht immer zugleich als eine „Stoppregel für Begründungen suchendes Räsonieren“.[18] Würden wir alle Fragen unseres juristischen Tagesgeschäfts mit einer rechtsphilosophischen, -historischen oder -soziologischen Meta-Analyse überfrachten, müsste das Rechtssystem mit einem lauten Ächzen zum Stillstand kommen. Soviel zur Sollseite der Bilanz, zur Intra- und Interdisziplinarität als Störfaktor.

### *2. Rechts- und Wissenschaftssystem*

Nun resultiert eine erhebliche Spannung daraus, dass die Jurisprudenz sowohl zum Rechts- als auch zum Wissenschaftssystem gehört. Wenn man die Juristische Fakultät der Bundesuniversität Porto Alegre in Brasilien betritt, kann man zwischen zwei Aufgängen wählen. Beide verfügen jeweils über ein Glasfenster, auf dem eine Dame dargestellt ist. Die linke trägt den Namen „Dogmatik“ (*doutrina*), die rechte, etwas dynamischer auftretende, den der „Wissenschaft“ (*sciencia*). Es handelt sich möglicherweise um Schwestern. Beide sind außerordentlich gutaussehend, beide wirken ein wenig streng, vor allem aber sind sie nicht identisch. Man muss sich jeweils für eine der Treppen und damit für eine der Damen entscheiden. Rechtswissenschaftler sind Diener zweier Herren (oder Herrinnen), und das geht, wie bei Goldoni, auch in diesem Fall nicht ganz ohne Verwicklungen ab.

Dies zeigt sich zunächst in dem alten und nicht allzu fruchtbaren Streit um den Wissenschaftscharakter der Rechtsdogmatik. Zunächst gilt: Dogmatik ist, in ihrem systematisierenden Zugriff auf den jeweiligen Ausschnitt des dynamischen Gegenstands „geltendes Recht“, selbstverständlich Wissenschaft (was nicht bedeutet, dass deshalb schon alle juristischen Kurzkommentare, Lehrbücher und sonstigen Gebrauchstexte zwangsläufig auch unter den Begriff der „Forschung“ subsumiert werden müssten). Der Umstand, dass die allgemeine Wissenschaftstheorie sich mit der Einordnung der Dogmatik als Episteme schwer tut[19], ist zunächst ein Problem erste-

---

und passim. Vgl. auch *André Brodocz*, Judikativer Minimalismus. *Cass R. Sunstein* und die Integration demokratischer Gesellschaften, KJ 2008, S. 178 ff.

[18] *Luhmann*, Das Recht der Gesellschaft (Fn. 9), S. 387 (hier Josef Esser, Juristisches Argumentieren im Wandel des Rechtsfindungskonzepts unseres Jahrhunderts, 1979, S. 20 ff., zitierend). Zu den Abschlussregeln und nicht weiter hinterfragten Asymmetrien in der Argumentationskultur des Rechtssystems ebd., S. 404.

[19] Vgl. *Jestaedt*, Wissenschaft im Recht (Fn. 6), S. 8. Worüber sich streiten ließe, siehe etwa *Ulfried Neumann*, Wissenschaftstheorie der Rechtswissenschaft, in: Arthur Kaufmann/Winfried Hassemer/Ulfried Neumann (Hrsg.), Einführung in Rechtsphilosophie und Rechtstheorie der Gegenwart, 8. Auflage 2011, S. 385 ff. und, immer noch, *Eike von Savigny/Ulfried Neumann/Joachim Rahlf*, Juristische Dogmatik und Wissenschaftstheorie, 1976. Vgl. auch *Andreas Funke/Jörn Lüdemann (Hrsg.)*, Öffentliches Recht und Wissenschaftstheorie, 2009 sowie *Helmuth Schulze-Fielitz*,

rer, nicht letzterer. Dass die Rechtsdogmatik „Wissenschaft in Praxis"[20] und das „Recht [...] gerade in der Praxis eine wissenschaftliche Disziplin"[21] ist (oder jedenfalls an einer solchen teilhat), trifft also zu, wenngleich die Produktion von „Dogmatik", denkt man an das Richterrecht und die Literatur der Rechtspraktiker, zu einem großen Teil nicht im Wissenschafts- sondern im Rechtssystem erfolgt und Rechtsdogmatik schon aus diesem Grund nicht *simpliciter* „Wissenschaft" sein kann.[22]

Auch für das berechtigte Lob der Rechtsdogmatik *made in Germany* gilt indes: *everything comes at a price.* Die Gesichtsfeldausfälle und Verengungen einer sich auf den Status einer bloßen Gebrauchswissenschaft zurückziehenden Jurisprudenz sind erst jüngst wieder zum Gegenstand rechtswissenschaftlicher Selbstkritik geworden. Diese Kritik stellt nicht nur auf das häufig zu unmittelbare Interesse dogmatischer Rechtswissenschaft an der praktischen Geltungschance ihrer Erträge und ihre Tendenz zur Selbstermächtigung[23] ab, die in ihrem oft allzu leichtfüßigen Übergang von der Auslegung der *lex lata* zur Schaffung der *lex ferenda* liegt.[24] Sie thematisiert auch die Gefahr des „disziplinären Autismus"[25] und einer übersteigerten disziplinären Au-

---

Staatsrechtslehre als Wissenschaft: Dimensionen einer nur scheinbar akademischen Fragestellung. Eine einführende Problemskizze, (wiederabgedruckt) in: ders., Staatsrechtslehre als Mikrokosmos. Bausteine zu einer Soziologie und Theorie der Wissenschaft des Öffentlichen Rechts, 2013, S. 219 ff., 222 ff.

[20] *Jestaedt*, Wissenschaft im Recht (Fn. 6), S. 5 ff.

[21] *Lorenz*, Forschung, Praxis und Lehre im Bericht des Wissenschaftsrats (Fn. 10), S. 705.

[22] Zum epistemologisch präkären Status der Rechtsdogmatik und zur Gefahr des Verlusts des eigenständigen Charakters der Wissenschaft im Rahmen der Dogmatikproduktion siehe auch *Oliver Lepsius*, Kritik der Dogmatik, in: Gregor Kirchhof/Stefan Magen/Karsten Schneider (Hrsg.), Was weiß Dogmatik? Was leistet und wie steuert die Dogmatik des Öffentlichen Rechts?, 2012, S. 39 ff., 42, 45, 58; *ders.*, Themen einer Rechtswissenschaftstheorie, in: Matthias Jestaedt/Oliver Lepsius (Hrsg.), Rechtswissenschaftstheorie, 2008, S. 1 ff., 19 und *Jestaedt*, Wissenschaft im Recht (Fn. 6), S. 6. Zur Rechtsdogmatik als gemeinsamen Kommunikationsraum von Rechtswissenschaft und Rechtspraxis *Matthias Jestaedt*, Wissenschaftliches Recht. Rechtsdogmatik als gemeinsames Kommunikationsformat von Rechtswissenschaft und Rechtspraxis, in: Gregor Kirchhof/Stefan Magen/Karsten Schneider (Hrsg.), Was weiß Dogmatik? Was leistet und wie steuert die Dogmatik des Öffentlichen Rechts?, 2012, S. 117 ff., 127 ff.

[23] *Lepsius*, Kritik der Dogmatik (Fn. 22), S. 58; *Jestaedt*, Wissenschaftliches Recht (Fn. 22), S. 136 f. Siehe zum Ganzen auch die weiteren Beiträge in diesem Band. Zur Problematik des Oszillierens der Dogmatik zwischen den Polen, Normwissenschaft, d. h. der Normen bezogene Wissenschaft, und normative, d. h. selbst Normativität beanspruchende und setzende Wissenschaft zu sein, *Jestaedt*, Das mag in der Theorie richtig sein ... (Fn. 8), S. 52. Rundherum affirmativ indessen argumentieren diesbezüglich *Wolfgang Ernst*, Gelehrtes Recht (Fn. 15), S. 10 und insbesondere *Nils Jansen*, der jüngst in seinem Buch The Making of Legal Authority, Non-Legislative Codifications in Historical and Comparative Perspective (2010) gezeigt hat, dass das bürgerliche Recht im Kern nie wesentlich von Parlamenten gemacht, sondern seit jeher von akademischen Eliten entwickelt und verwaltet worden ist.

[24] Es ist vor allem Matthias Jestaedt, der mit Recht dafür plädiert, in der Dialektik der Rechtsdogmatik zwischen Gebrauchsorientierung und Wissenschaftlichkeit letztere, in Form einer konstruktiven Rechtserkenntnis- (statt Rechtserzeugungs-)dogmatik, zu stärken und im Begriff der Rechtswissenschaft die letzten drei Silben zu betonen, vgl. etwa *Jestaedt*, Wissenschaftliches Recht (Fn. 22), S. 136 f. und *ders.*, Wissenschaft im Recht (Fn. 6), S. 11.

[25] *Jestaedt*, Wissenschaftliches Recht (Fn. 22), S. 131.

toreferenz der Dogmatik sowie den „disziplinären Provinzialismus“ einer Wissenschaft, deren Schicksal es ist, überwiegend nur National- oder gar Regionalwissenschaft sein zu können.[26] Kritisiert wird schließlich auch der „disziplinäre Isolationismus“[27] der Jurisprudenz qua Dogmatik, die aus eigener Kraft, d.h. mit ihren inhärenten methodischen Ressourcen, keine Verbindungen zu ihren Nachbarwissenschaften herstellen kann. Es ist letztlich also die richtig verstandene Dogmatik selbst, die über sich hinausweist. Die Notwendigkeit einer Rechtswissenschaft, die sich – vermittels der Selbstreflexion auf ihre historischen, theoretischen und empirischen Grundlagen – um Interdisziplinarität bemüht, folgt bereits aus dem Wissen um die immanenten und im Ergebnis dysfunktionalen Grenzen juristischer Methodik.[28] *Matthias Jestaedt* ist an dieser Stelle nichts hinzuzufügen:

> „In dem Maße, in dem die Rechtswissenschaft auf Praxisorientierung setzt und damit notwendigerweise einen hochselektiven Zugang zum Phänomen Recht wählt, bedarf sie – um der Sicherung ihrer Wissenschaftlichkeit willen – sozusagen komplementär der inter- wie intradisziplinären Sensibilität. Nur so kann sie ihre disziplinäre Bedingtheit und ihre – mit dem ‚strictly legal point of view‘ einhergehenden – disziplinären ‚blinden Flecke‘ lokalisieren und thematisieren; nur so kann sie nachbarwissenschaftliche Erkenntnisse auf ihre dogmatikinterne Verwertbarkeit hin prüfen; nur so kann sie inter- wie intradisziplinäre Anschlussnotwendigkeiten und -möglichkeiten adäquat identifizieren und reflektieren.“[29]

Die Frage lautet also nicht, ob Rechtsdogmatik „Wissenschaft“ ist, sondern ob sie den Begriff der Rechtswissenschaft erschöpft. Letzteres ist offensichtlich nicht der Fall. Ein „disziplinäre[r] Hegemonial- oder gar Alleinvertretungsanspruch der Dogmatik“[30] für die Rechtswissenschaft wäre Hybris. Die Rechtswissenschaft ist vielmehr in eine Struktur eingebettet, die man mit *Roland Czada* als „epistemologisches Mehrebenensystem“[31] bezeichnen kann, in dem komplexe Formen der akademischen Arbeitsteilung und variierende Möglichkeiten der Zusammenarbeit zu finden sind.[32]

---

[26] Vgl. *Jestaedt*, Wissenschaft im Recht (Fn. 6), S. 1 f. und *Armin von Bogdandy*, Deutsche Rechtswissenschaft im europäischen Rechtsraum, JZ 66 (2011), S. 1 ff. (5: „Für die Sichtbarkeit einer Rechtswissenschaft und eines Rechtswissenschaftlers im europäischen Rechtsraum wird es vor allem auf grundbegrifflich ausgerichtete dogmatische Arbeit sowie die interdisziplinär und theoretisch informierte Forschung ankommen“).

[27] *Jestaedt*, Wissenschaft im Recht (Fn. 6), S. 2 f.

[28] *Helmuth Schulze-Fielitz*, Staatsrechtslehre als Wissenschaft (Fn. 19), S. 232.

[29] *Jestaedt*, Wissenschaft im Recht (Fn. 6), S. 11.

[30] Ebd., S. 4.

[31] *Czada*, Disziplinäre Identität als Voraussetzung von Interdisziplinarität? (Fn. 1), S. 29.

[32] Im Bereich der Lehre entspricht dem die Zielvorstellung einer „Wissenschaftlichkeit des Studiums“ (*Wissenschaftsrat*, Perspektiven der Rechtswissenschaft [Fn. 2], S. 59), in dem „eine breit angelegte und umfassend verstandene ‚Juristische Bildung‘“ entwickelt, „die Vermittlung von Kontext- und Grundlagenwissen systematisch gestärkt, die Methodenkompetenz zur Erfassung von strukturellen und systemischen Zusammenhängen gefördert und zum Ausgleich das Studium von Detailwissen entlastet wird“ (ebd., S. 57). Hier kommen abermals die Grundlagenfächer ins Spiel, denen die Aufgabe zukommt, das Irritationspotential der Nachbardisziplinen, insbesondere der Philosophie, Geschichtswissenschaft, Soziologie, Politikwissenschaft, Psychologie und Kriminolo-

## II. Intradisziplinarität

Die wissenschaftliche Binnendifferenzierung hat längst auch die Rechtswissenschaften ergriffen und mittlerweile auch die herkömmliche Drei-Säulen-Architektur der Jurisprudenz (Privatrecht, Öffentliches Recht, Strafrecht) mit ihren spezifischen Teil-Dogmatiken[33] hinter sich gelassen. Während das deutsche Ausbildungsideal des Einheitsjuristen immer noch eine Klammer um das Fach zu legen vermag (die zumindest dabei hilft, dass man sich bei Vorträgen von Kollegen und Habilitanden anderer ‚Säulen' nicht notwendigerweise blamiert), orientieren sich die wissenschaftlichen Produktionsgemeinschaften[34] – die, auf einen gemeinsamen Arbeitsgegenstand bezogen, kollektiv aufeinander aufbauende Beiträge produzieren und das symbolische Kapital fachlicher Anerkennung verteilen – auch in der Wissenschaft vom Recht in aller Regel an sehr viel kleineren Gegenständen.[35] Eine weitere Erhöhung der binnendisziplinären Spezialisierungsdynamik scheint unausweichlich, weil die Eigenkomplexität des Gegenstandsbereichs der Rechtswissenschaft evolutionär und autopoietisch zunimmt. Die Subdifferenzierung des Fachs erhöht die Anzahl der Probleme, die in seinem Forschungsfeld generiert und bearbeitet werden können[36], und darum geht es zumindest aus der Sicht der Wissenschaft. Für die kognitive Ökonomie des Fachs bedeutet dies jedoch, wie überall, eine Zunahme selektiver Aufmerksamkeit[37]: Je mehr Fachwissen produziert wird, umso größer wird auch die Menge dessen, was der einzelne Forscher nicht mehr überblicken kann. Es droht die Gefahr, dass die kommunikative Distanz zwischen den Subdisziplinen so groß wird, dass der wechselseitige Transfer von Anregungen nicht mehr möglich

---

gie, für die wissenschaftliche Reflexion des Rechts zu entbinden: „Die angrenzenden Disziplinen können die Jura-Studierenden dazu bringen, sich auf fremde Denkweisen, Methoden und Befunde einzustellen und sich einen fremden Blick auf den eigenen Gegenstand anzueignen. Dadurch wird die Reflexivität in Bezug auf das eigene Fach erhöht und ein besseres Verständnis des geltenden Rechts sowie der Komplexität und Vielschichtigkeit der juristischen Praxis erworben" (ebd., S. 60).

[33] Dazu *Matthias Jestaedt*, Die Dreiteilung der juridischen Welt. Plädoyer für ihre intradisziplinäre Relationierung und Relativierung, in: Festschrift für Rolf Stürner zum 70. Geburtstag, 1. Teilbd., 2013, S. 917 ff. und *ders.*, Wissenschaft im Recht (Fn. 6), S. 7 f. Querschnitts-Subdisziplinen wie beispielsweise das Medizinrecht können sich institutionell nur bedingt verfestigen. Man wird gerade dem Medizinrecht aber eine intradisziplinäre – und in seiner insgesamt fruchtbaren Affinität zur Moral- und Sozialphilosophie auch eine interdisziplinäre – Vorreiterrolle zuschreiben können.

[34] *Jochen Gläser*, Wissenschaftliche Produktionsgemeinschaften. Die soziale Ordnung der Forschung, 2006.

[35] Für das öffentliche Recht siehe exemplarisch *Helmuth Schulze-Fielitz*, Staatsrechtslehre als Wissenschaft (Fn. 19), S. 242 ff.

[36] *Rudolf Stichweh*, Differenzierung der Wissenschaft, ZfS 8 (1979), S. 82 ff., 97.

[37] *Peter Weingart*, Wissenschaftssoziologie, 3. Auflage 2013, S. 37; vgl. *Eric Hilgendorf*, Bedingungen gelingender Interdisziplinarität – am Beispiel der Rechtswissenschaft, JZ 65 (2010), S. 913 ff., 915. Die Problematik selektiver Aufmerksamkeit zeigt sich im Übrigen auch innerhalb der wissenschaftlichen Produktionsgemeinschaften, wie der dramatische Niedergang einer wissenschaftlichen Rezensionskultur in den meisten juristischen Arbeitsfeldern in Deutschland belegt.

ist.[38] In dem Maß, in dem die Disziplin „Rechtswissenschaft" sich in Spezialdiskurse zerlegt, hängt ihre Kohärenz deshalb von einer Verständigung über die gemeinsamen methodischen und theoretischen Grundlagen ab, die von bloßer Dogmatik (oder gar von den Teil-Dogmatiken) allein nicht geleistet werden kann.[39] Ansonsten droht zugleich eine weitere Spannung zwischen Forschung und Lehre: Weil die Rechtswissenschaft zu jenen Disziplinen gehört, die zugleich Einheiten der Professionsbildung sind, muss sie „eine hinreichende Breite der Ausbildung und der beruflichen Verwendungsmöglichkeiten" sichern.[40] Ohne ein gemeinsames Grundlagenverständnis der Rechtswissenschaft wäre es dann letztlich nur mehr dieser „nicht spezifisch wissenschaftlich" legitimierte Umstand[41], der dem eigendynamischen Ausdifferenzierungseffekt der auf weitere Spezialisierung zielenden Forschung als zentripetale Kraft entgegenträte.

## III. Interdisziplinarität

Die Notwendigkeit interdisziplinären Arbeitens ist eine Folge der weiter zunehmenden Binnendifferenzierung des Wissenschaftssystems und der damit einhergehenden disziplinären Fragmentierung des Wissens.[42] Die Ausdifferenzierung der Disziplinen, die sich jeweils um Gegenstandsbereiche und Problemstellungen herum bilden, produziert blinde Flecken in der kognitiven Schematisierung der Wirklichkeit. Übergreifendende Fragestellungen und Positionen, die „sich keinem der disziplinären Raster zuordnen lassen, werden dethematisiert oder einfach vergessen; auf diese Weise wirkt Disziplinenbildung, wie auch andere Teilprozesse der Ausdifferenzierung der Wissenschaft, selektiv auf die Fragen, die Wissenschaft sich noch stellen kann."[43] Es kommt „zu Interdependenzunterbrechungen und damit zu Möglichkeitsverlusten [...], und interdisziplinäre Forschung kann nur heißen, daß man die damit gegebenen Sichtbehinderungen, so weit möglich, thematisiert und in die For-

---

[38] *Stichweh*, Differenzierung der Wissenschaft (Fn. 36), S. 97.

[39] Auch die zunehmende Konstitutionalisierung des einfachen Rechts und die theoretische Reflexion dieses Umstands, die in der Privatrechtswissenschaft seit einiger Zeit selbstverständlich geworden ist (vgl. etwa *Claus-Wilhelm Canaris*, Grundrechte und Privatrecht – Eine Zwischenbilanz, 1999 und *Thomas Gutmann*, Iustitia Contrahentium. Zu den gerechtigkeitstheoretischen Grundlagen des deutschen Schuldvertragsrechts, 2015), in der Strafrechtslehre aber noch starke Abwehrreflexe auszulösen scheint, kann die Integration der Rechtswissenschaft nicht leisten.

[40] *Niklas Luhmann*, Die Wissenschaft der Gesellschaft, 1992, S. 449.

[41] Ebd.

[42] Hierzu bereits *Stichweh*, Differenzierung der Wissenschaft (Fn. 36); siehe auch *Weingart*, Wissenschaftssoziologie (Fn. 37), S. 35 ff. sowie zur institutionellen Differenzierung des deutschen Wissenschaftssystems: *Wissenschaftsrat*, Perspektiven des deutschen Wissenschaftssystems (12.07.2013), abrufbar unter http://www.wissenschaftsrat.de/download/archiv/3228–13.pdf (16.1.2014).

[43] *Stichweh*, Differenzierung der Wissenschaft (Fn. 36), S. 84.

schung wiedereinbringt."[44] Es ist die Logik der Wissenschaft selbst, die nach Interdisziplinarität verlangt, weil es eine Vielzahl von Fragen und Problemen gibt, die innerhalb der bestehenden Disziplingrenzen nicht nur nicht adäquat bearbeitet, sondern noch nicht einmal gesehen werden können. Wer glaubt, die Konjunktur des Interdisziplinären rühre vor allem daher, dass sie als Worthülse bei der Einwerbung großer Drittmittelprojekte hilft, verkennt Ursache und Wirkung. Die „Öffnung der Rechtswissenschaft in das Wissenschaftssystem" vollzieht sich indessen auf unterschiedlichen Wegen und Ebenen.

### *1. Die kognitive Offenheit des Rechts*

Das Recht kann ohne die Wahrnehmung seiner Umwelt nicht funktionieren. Weil das Rechtssystem kognitiv offen operieren muss[45], können sich weder die Gesetzgebung noch die Normanwendung kognitiv abschließen. Sowohl der Gesetzgeber als auch der Rechtsanwender müssen eine Vorstellung von dem Gegenstandsbereich haben, auf den sie einwirken; dies gilt umso mehr für die wissenschaftliche Reflexion dieses Verhältnisses. „Rechtstatsachen-" oder besser: Rechtsumweltforschung im weitesten Sinn hat deshalb eine unverzichtbare kognitive Funktion. Es schadet nicht, wenn der Normgeber im Familienrecht über die empirischen Befunde der Familiensoziologie oder im Finanzmarktrecht über die ökonomische Dynamik der Kapitalströme orientiert ist. Es schadet nicht, wenn das europäische Verbraucherschutzrecht sich von der *Behavioral Law & Economics*-Forschung darüber aufklären lässt, was für ein seltsames Wesen der Verbraucher in Wirklichkeit ist. Es hätte nicht geschadet, wenn die Abgeordneten des Deutschen Bundestags beispielsweise bei der Regelung der Präimplantationsdiagnostik oder der Verteilung menschlicher Organe zur Transplantation wissen hätten wollen, was sie da eigentlich normieren. Die aufklärende Funktion insbesondere der sozialwissenschaftlichen und der ökonomischen Beobachtung des Rechts erschöpft sich nicht in ihrer Bedeutung für die Rechtspolitik; sie hat Bedeutung auch für die anwendungsorientierte Rechtsdogmatik, die (soweit wir überhaupt annehmen können, dass Steuerung durch Recht möglich ist) im Rahmen der ihr überantworteten Interpretationsleistungen versuchen sollte, ihr jeweiliges Rechtsgebiet auf eine Weise zu systematisieren, die nicht schon in empirischer Hinsicht dysfunktional ist. Das alles setzt jedoch noch keine Interdisziplinarität im eigentlichen Sinn voraus, sondern nur die Bereitschaft, die einschlägigen Debatten und Ergebnisse der anderen Einzelwissenschaften wenigstens bereichsspezifisch und auszugsweise zur Kenntnis zu nehmen.[46]

---

[44] *Luhmann*, Die Wissenschaft der Gesellschaft (Fn. 40), S. 460.

[45] *Luhmann*, Das Recht der Gesellschaft (Fn. 9), S. 77 f.

[46] Dies, oder die Wahrnehmung von „Theorien […], die Gesetzgeber, Verwaltungspraxis und Gerichte, häufig vulgarisiert, in [die in Gesetzen verwendeten] Begriff[e] projizieren" macht freilich noch keine „theoretisch informierte, grundlagensensible Dogmatik" aus, so aber *Stephan Rixen*,

## 2. *Mägde des Rechts*

Interdisziplinarität kommt erst auf der nächsten Stufe ins Spiel. Hier geht es um das, was *Matthias Jestaedt* die „Umwegrentabilität der Grundlagenforschung"[47] nennt. So kann beispielsweise die analytische Rechts- und Moralphilosophie als *ancilla juris*, als Magd des Rechts, zu einer besseren, weil trennschärferen Rechtsdogmatik beitragen. Die Rechtsdogmatik braucht die Rechtstheorie keineswegs überall, aber dort, wo sie sie braucht, benötigt sie sie meistens dringend, denn nicht selten ist die Magd klüger als die Herrin. Auch wenn das Recht und seine Reflexionsform, die Rechtswissenschaft, autonom über die Anschlussfähigkeit außerrechtlicher Theorieangebote entscheiden müssen[48], ist die heuristische Funktion der oft differenzierteren Diskurse in den Nachbarwissenschaften doch in aller Regel nicht verzichtbar.[49] Im Folgenden drei knappe Exempel[50]; die Liste der Beispiele dafür, dass Interdisziplinarität nicht nur „Chancen" bietet, sondern *conditio sine qua non* dafür ist, rechtsdogmatische Probleme zu lösen, ließe sich beliebig verlängern. Die Antwort auf die Frage „Was weiß Dogmatik?"[51] muss deshalb lauten: Vieles, aber nicht genug.

(1) In den letzten drei Jahrzehnten sind in der Rechtstheorie, der praktischen und der analytischen Philosophie erhebliche Anstrengungen unternommen worden, um Konzepte wie „freiwilliges" bzw. „nicht freiwilliges Handeln", „Handlungsfreiheit", „Ausbeutung", „Einflussnahme" oder „Macht" sowohl analytisch als auch normativ zu klären und auszudifferenzieren. Alle diese Konzepte werden im Recht und in der Rechtswissenschaft – insbesondere in einem auf dem Begriff der Privatautonomie basierenden Privatrecht – vorausgesetzt, und meistens werden sie verwendet, ohne ihrer analytischen Struktur große Aufmerksamkeit zu schenken. Dies geht oft gut, aber eben nicht immer. Wahrscheinlich hätte ein wenig mehr Rechtstheorie schon hingereicht, um das Bundesverfassungsgericht davon abzuhalten, in zwei seiner Leit-

---

Juristische Bildung, nicht leicht gemacht: Die „Perspektiven der Rechtswissenschaft" des Wissenschaftsrats, JZ 68 (2013), S. 708 ff., 710.

[47] *Jestaedt*, Das mag in der Theorie richtig sein ... (Fn. 8), S. 90.

[48] Gerade weil das Recht selbst (genauer: seine interne Perspektive) bestimmt, welche Anschlussmöglichkeiten es der Philosophie (oder anderen Disziplinen) eröffnet, müsste ein theoretisch kontrollierter Umgang mit Intra- und Interdisziplinarität den Begriff der „Anschlussmöglichkeit" selbst zum Gegenstand der Reflexion machen.

[49] Jedenfalls gilt: „Als Wissenschaft ist die Jurisprudenz durch keine Gehörsanforderungen und Beweisregeln gehindert, fremddisziplinäres Wissen aufzunehmen", so *Klaus F. Röhl*, Art. „Grundlagen der Methodenlehre II: Rechtspraxis, Auslegungsmethoden, Kontext des Rechts" (2013), in: Enzyklopädie der Rechtsphilosophie, http://www.enzyklopaedie-rechtsphilosophie.net/inhaltsverzeichnis/19-beitraege/77-methodenlehre2 (14.1.2014), sub IV a. E.

[50] Die Beispiele folgen den Kontingenzen der theoretischen Ausrichtung des Verfassers. Vgl. z. B. zur Rechtslinguistik umfassend *Peter Tiersma/Lawrence Solan* (Hrsg.), The Oxford Handbook of Language and Law, 2012, daneben *Ralf Christensen/Hans Kudlich*, Die Auslegungslehre als implizite Sprachtheorie der Juristen, ARSP 88 (2002), S. 230 ff. m. w. N.; *Friedrich Müller/Rainer Wimmer (Hrsg.)*, Neue Studien zur Rechtslinguistik, 2001.

[51] *Gregor Kirchhof/Stefan Magen/Karsten Schneider (Hrsg.)*, Was weiß Dogmatik? Was leistet und wie steuert die Dogmatik des Öffentlichen Rechts?, 2012.

entscheidungen zur Privatrechtsordnung – in dem Bürgschaftsbeschluss[52], der auf ein nicht zu Ende gedachtes Konzept materialer Privatautonomie rekurriert, und in der Entscheidung zur angeblichen Grundrechtsbeeinträchtigung durch erbrechtliche Potestativbedingungen[53] – derart massive rechtsdogmatische Kollateralschäden zu verursachen. Die Erkenntnis, dass man allein durch das Inaussichtstellen von Vorteilen nicht in Freiheits- qua Abwehrrechte eingreifen kann[54], ist nur eine von vielen, die die analytische Moralphilosophie der Rechtswissenschaft zur internen Weiterverwendung anbieten kann.

(2) Als zweites Exempel kann der Verweis auf die Folgekosten eines europäischen Vertragsrechts dienen, dem in Gestalt des akademischen *Draft Common Frame of Reference*[55] eine Höchstleistung rechtsvergleichender Dogmatik[56] gelungen ist, dem hierbei aber zugleich jede organisierende Idee des „Vertrags" abhandengekommen ist, die Auskunft über die *idée directrice*, d.h. den normativen Sinn des Instituts geben könnte. Gerade an dieser Entwicklung wird man studieren können, dass die Konstruktion dogmatischer Großbauten ohne theoretischen Plan und ohne konzeptionelles Fundament nicht ohne Folgen für ihre Intelligibilität – für die Möglichkeit also, sie theoretisch zu durchdringen und dogmatisch zu kontrollieren – bleiben wird.[57]

(3) Als drittes und letztes Beispiel kann der unbefriedigende Stand der Grundrechtsdogmatik bei der Frage der Zuteilung knapper lebensrettender Ressourcen (wie etwa menschliche Organe zur Transplantation) dienen. Das Grundrecht auf Leben aus Art. 2 Abs. 2 Satz 1 GG ist auf besondere Weise egalitär: „Jedes menschliche Leben" ist, wie das Bundesverfassungsgericht ausgeführt hat, „als solches gleich wertvoll und kann deshalb keiner irgendwie gearteten unterschiedlichen Bewertung oder gar zahlenmäßigen Abwägung unterworfen werden"[58], und: „Menschliches Leben und menschliche Würde genießen ohne Rücksicht auf die Dauer der physischen Existenz des einzelnen Menschen gleichen verfassungsrechtlichen Schutz."[59] Die „Lebenswertindifferenz" des Lebensgrundrechts untersagt es demnach hinsichtlich der Abwehrdimension dieses Rechts, zwischen mehr und weniger „lebenswertem" Leben zu differenzieren. Schöpft man den Gehalt dieses Grundsatzes auch für die Teilhabedimension des Rechts aus, so untersagt er es, die Leben der Grundrechtsträ-

---

[52] BVerfGE 89, 214 vom 19.10.1993.

[53] 1 BvR 2248/01 vom 22.3.2004.

[54] Vgl. *Thomas Gutmann*, Der Erbe und seine Freiheit, NJW 2004, S. 2347 ff.

[55] *Christian von Bar/Eric Clive (Hrsg.)*, Principles, Definitions and Model Rules of European Private Law. Draft Common Frame of Reference (DCFR) – Full Edition, 2009 f.

[56] Vgl. jedoch *Horst Eidenmüller/Florian Faust/Christoph Grigoleit/Nils Jansen/Gerhard Wagner/Reinhard Zimmermann*, Der Gemeinsame Referenzrahmen für das Europäische Vertragsrecht – Wertungsfragen und Kodifikationsprobleme, JZ 63 (2008), S. 529 ff.

[57] Vgl. *Thomas Gutmann*, Gibt es ein Konzept des Vertrags im europäischen Vertragsrecht?, in: Stefan Arnold (Hrsg.), Grundlagen eines europäischen Vertragsrechts, 2013, S. 19 ff.

[58] BVerfGE 39, S. 1 ff., 59.

[59] BVerfGE 115, S. 118 ff., 158.

ger für allokative Zwecke nach ihrer sozialen Funktionsfähigkeit, ihrer medizinischen oder sonstigen Qualität oder ihrer mutmaßlichen Dauer zu unterscheiden. Damit würden Verteilungsmodelle, die (auch) an der Maximierung des aggregierten Gesamt-Gesundheitsnutzens des Patientenkollektivs orientiert sind, grundsätzlich in Frage gestellt. Bei der Zuteilung von Lebens- und existentiellen Gesundheitschancen durch den Staat oder durch von ihm legitimierte Institutionen könnten Überlegungen zur Dauer oder Qualität des Lebens der konkurrierenden Patienten dann grundsätzlich keine Bedeutung haben. Als Allokationskriterium verfassungsrechtlich geboten wäre in dieser Perspektive deshalb wohl allein die zeitliche Dringlichkeit der Wartelistenpatienten im Sinne unmittelbarer Lebensgefahr bei ausbleibendem Organersatz. Wir wären also von Verfassungs wegen gezwungen, den aktuell bedürftigeren, weil konkret vom Tode bedrohten Patienten immer und auch dann vorrangig zu berücksichtigen, wenn das Organ bei einem anderen, aktuell weniger gefährdeten Patienten einen deutlich länger anhaltenden Transplantationserfolg versprechen würde. Streng genommen ließen sich für die Vergabe eines lebensrettenden Organs nicht einmal Minimalnutzenschwellen definieren. Nicht zuletzt aus pragmatistischer Sicht können die Opportunitätskosten dieses deontologischen Rigorismus' kritisiert werden, der sich konkurrierenden normativen Erwägungen nicht mehr zu öffnen vermag und sich nicht mehr ohne Weiteres mit dem Gesamtnetz unserer moralischen Überzeugungen in ein Überlegungsgleichgewicht bringen lässt. Die deutsche Grundrechtsdogmatik ist indessen weit davon entfernt, solchen Überlegungen mit eigenen Mitteln theoretisch Rechnung tragen zu können. Sie wird an dieser Stelle kaum weiter kommen können, ohne sich vorher Rechenschaft darüber abzulegen, ob und inwieweit sich die individualistische Logik subjektiver Rechte überhaupt der Aggregation öffnen kann. Bausteine hierfür lägen erneut in der analytischen Moralphilosophie bereit, etwa in der *Do numbers count*-Debatte[60] oder in der Theorie nichtkonsequentialistischer Aggregation *Frances Kamms*,[61] in der gleichsam auf molekularer Ebene der Punkt gesucht wird, an dem sich konsequentialistische und nichtkonsequentialistische Theoriebildung voneinander scheiden.

Letztlich hat wohl fast jede wesentliche rechtsdogmatische Innovation ihren Ausgang von den Grundlagenwissenschaften des Rechts, also von intra- und interdisziplinärer Reflexion genommen, und noch heute gilt jedenfalls dem Grundsatz nach auch für die Jurisprudenz, dass „Interdisziplinarität, die sich einzelnen Wissenschaftlern als unsichere und zweischneidige Strategie darstellt, [...] eine Voraussetzung der evolutorischen Anpassung und Stabilisierung etablierter Disziplinen"[62] ist. Jedenfalls produziert Grundlagenforschung dieser Art regelmäßig Reflexionsgewinne, die in Form interdisziplinärer Transferleistungen für den rechtsdogmatischen

[60] Zum Überblick: *Weyma Lübbe (Hrsg.)*, Tödliche Entscheidung. Allokation von Leben und Tod in Zwangslagen, 2004.

[61] Vgl. *Frances M. Kamm*, Morality, Mortality, Volume I: Death and Whom to Save from It, 1998; Volume II: Rights, Duties, and Status, 2001.

[62] *Czada*, Disziplinäre Identität als Voraussetzung von Interdisziplinarität? (Fn. 1), S. 39.

Diskurs von nicht selten erheblicher Bedeutung sind.[63] Theoretische Promiskuität ist fruchtbar.

Das hier skizzierte *Principal-Agent*-Modell der Disziplinen als Form „vertikaler"[64], nicht egalitär-horizontaler interdisziplinärer Kooperation ist im Übrigen keine Einbahnstraße. Die Rechtswissenschaft war immer auch Theorieexporteur, etwa mit ihrer Theorie juridischer Zurechnung. Es ist nicht sehr wahrscheinlich, dass die seit dem 12. Jahrhundert[65] hoch ausdifferenzierte rechtwissenschaftliche Dogmatik an dieser Stelle von der Philosophie noch Großes zu lernen hätte.[66]

Für beide Richtungen des Austauschs gilt, dass Intra- und Interdisziplinarität in der Rechtswissenschaft dem, der sie betreibt, eine etwas unbequeme Position bescheren. Er sitzt auf dem Zaun und übersetzt. Diese Funktion der Translation und Vermittlung zwischen zwei Welten haben die Grundlagenvertreter funktional mit Schamanen und auch mit Hexen gemein, deren Etymologie ja auf die „hagazussa" verweist – „die, die auf dem Zaun" und damit auf der Nahtstelle der Welten sitzt.[67] Damit müssen sie leben, und das mag vielleicht auch die spezifische Form des Schauders erklären, den Vertreter der Grundlagenfächer gelegentlich immer noch bei dem einen oder anderen Vertreter „bloßer" Dogmatik hervorrufen.

---

[63] Siehe, mit Beispielen aus der Wissenschaft des öffentlichen Rechts zu den unterschiedlichen Dimensionen eines solchen Transfers, *Helmuth Schulze-Fielitz*, Was macht die Qualität öffentlich-rechtlicher Forschung aus?, JöR N. F. 50 (2002), S. 1 ff., 50 ff. („eine introvertierte, rein rechtsdogmatische wissenschaftliche Perspektive verschlösse sich systematisch einer Hauptquelle für Innovationen"); knapp in diesem Sinn auch *Andreas Voßkuhle*, Was leistet Rechtsdogmatik? Zusammenführung und Ausblick in 12 Thesen, in: Gregor Kirchhof/Stefan Magen/Karsten Schneider (Hrsg.), Was weiß Dogmatik? Was leistet und wie steuert die Dogmatik des Öffentlichen Rechts?, 2012, S. 111 ff., 113 f.; *Christoph Möllers/Andreas Voßkuhle*, Die deutsche Staatsrechtswissenschaft im Zusammenhang der internationalisierten Wissenschaften (Fn. 12), S. 329.

[64] Siehe *Michael Quante*, Virtues and Rational Aspects of Interdisciplinary Research, in: ders. et al., Inter- and Transdisciplinarity – a philosophical point of view, i.E., 2014, sub 1.1.2.; *ders.*, Interdisziplinarität und Politikberatung. Herausforderungen der Philosophie, in: Kilian Bizer/Martin Führ/Christoph Hüttig (Hrsg.), Responsive Regulierung. Beiträge zur interdisziplinären Institutionenanalyse und Gesetzesfolgenabschätzung, 2002, S. 175 ff., 178 ff. *Czada*, Disziplinäre Identität als Voraussetzung von Interdisziplinarität? (Fn. 1), S. 25, fasst dies unter den Begriff der Multidisziplinarität.

[65] Vgl. *Stephan Kuttner*, Kanonistische Schuldlehre. Von Gratian bis auf die Dekretalen Gregors IX., 1935.

[66] Als *pars pro toto* siehe *Jenny Nolting/Joachim Renzikowski*, Eine metaphysische Theorie der Kausalität: Michael Moores „Causation and Responsibility" (2009), Rechtswissenschaft 2 (2011), S. 452 ff. (anders freilich *Hilgendorf*, Bedingungen gelingender Interdisziplinarität [Fn. 37], S. 918). Als Beispiel dafür, dass eine philosophische Re-Analyse juristischer Theoriebildung und Praxis auch auf diesem Feld sehr erhellend sein kann, können die Arbeiten von *Katja Stoppenbrink*, Verantwortung für unabsichtliches Handeln. Rechtsphilosophische und handlungstheoretische Grundlagen der Fahrlässigkeit, i.V. für 2014 und *J. Carl Bottek*, Unterlassungen und ihre Folgen. Handlungs- und kausalitätstheoretische Überlegungen, 2014, dienen.

[67] Jedenfalls wenn man *Hans Peter Duerr* folgt, vgl. *ders.*, Traumzeit. Über die Grenze zwischen Wildnis und Zivilisation, 1985, S. 212.

### *3. Die Türhüterfunktion der Grundlagenwissenschaften*

Diese Grenz- und Zaunmetapher bringt uns zum nächsten Befund. Eine der zentralen Aufgaben der Grundlagenfächer ist ihre Türhüterfunktion[68] – sie verwehren, wie bei Kafka, dem „Mann vom Lande" den „Eintritt in das Gesetz". Disziplinäre Logiken kennen keine Grenzen. Die Nachbardisziplinen der Rechtswissenschaften tendieren deshalb ausnahmslos zu Übergriffen, vor denen eine robuste Dogmatik allenfalls die Augen verschließen, die sie aber nicht selbst theoretisch parieren kann. An diesen Grenzen geht es weniger um die auch am Limes der Jurisprudenz begegnenden *bullshit theories*, die sich – in *Harry Frankfurts* Definition des Begriffs[69] – für ihren Gegenstand ohnehin nicht interessieren und sich am hochtourigen Leerlauf weitgehend sinnbefreiter, dafür umso dunkler raunender Stichwortapparate delektieren. Türhüter werden auch nicht in erster Linie aus theorieästhetischen Gründen zur Einhegung der gerade auch bei den juristischen Nachbarwissenschaften anzutreffenden Schwarmphänomene akademischer *fads and fashions*[70] gebraucht. Benötigt werden sie jedoch dort, wo die Übergriffe anderer Disziplinen massiv und nachhaltig sind, etwa – als ein Beispiel unter vielen – im Falle der szientistischen Verkürzungen der Hirnforschung. Es ist die Aufgabe des interdisziplinären Türhüters, darauf hinzuweisen, dass und warum die Empiriker der grauen Masse die von ihnen behaupteten normativen Implikationen ihres Forschungsprogramms für die juridischen Konzepte von Zurechnung, Verantwortung und Schuld bei weitem nicht einlösen können. Als zweites Beispiel für die Notwendigkeit theoretischer Rückfragen könnte die allzu fröhliche Wissenschaft dienen, die uns ein revitalisiertes konkretes Ordnungsdenken in der Gestalt eines normativistischen Missverständnisses der Systemtheorie andient.[71] Ein drittes finden wir in der normativen ökonomischen Theorie des

---

[68] Bereits (ein wenig enger) zur Rechtstheorie als „Grenzpostendisziplin", „Firewall" und „rechtswissenschaftlichem Virenschutz" für die Eigenrationalität der Rechtswissenschaft, *Jestaedt*, Das mag in der Theorie richtig sein ... (Fn. 8), S. 70 f. *Susanne Taekema* und *Bart van Klink* (Limits and Possibilities of Interdisciplinary Research into Law. A Comparison of Pragmatist and Positivist Views, in: Stephan Kirste/Anne van Aaken/Michael Anderheiden/Pasquale Policastro (Hrsg.), Interdisciplinary Research in Jurisprudence and Constitutionalism, 2012, S. 17 ff.) weisen darauf hin, dass die Permeabilität der so errichteten Grenze stark von den theoretischen Prämissen des Rechtstheoretikers abhängt. Siehe zum Ganzen auch *Eric Hilgendorf*, Die Renaissance der Rechtstheorie 1965–1985, 2005.

[69] *Harry G. Frankfurt*, On Bullshit, in: ders., The Importance of What We Care About: Philosophical Essays, 1988, S. 117 ff., erweitert als *ders.*, On Bullshit, 2005.

[70] *Cass R. Sunstein*, On Academic Fads and Fashions, Michigan Law Review 99 (2001), S. 1251 ff. Zu sozialen Steuerungsmechanismen im Wissenschaftssystem siehe auch *Helmuth Schulze-Fielitz*, Konjunkturen der Klassiker-Rezeption in der deutschen Staatsrechtslehre – Vermutungen auch im Blick auf *Hans Kelsen*, in: Matthias Jestaedt (Hrsg.), Hans Kelsen und die deutsche Staatsrechtslehre. Stationen eines wechselvollen Verhältnisses, 2013, S. 147–174.

[71] Seit *Gunther Teubner*, Recht als autopoietisches System, 1989. Siehe *Bijan Fateh-Moghadam*, Rezeption in der Rechtswissenschaft, in: Oliver Jahrhaus/Armin Nassehi Bijan/Mario Grizelj (Hrsg.), Luhmann-Handbuch, 2012, S. 293 ff. und *Thomas Gutmann*, Rezension zu: Dan Wielsch,

Rechts[72], die sich insbesondere im amerikanischen Kontext zu einem beeindruckenden, hoch differenzierten und zugleich nahezu hegemonialen Ansatz entwickelt hat. *To make a long story very short*[73]: Die ökonomische Theorie des Rechts besitzt ein klares normatives Kriterium: das Recht, auch das Vertragsrecht, solle allein der Effizienz der Ressourcenallokation und damit der Wohlfahrtsmaximierung dienen. Die Antwort auf die Frage, warum dieser Ansatz im Wesentlichen keinen Anschluss an das deutsche Schuldvertragsrecht finden kann, liegt auf der grundlegenden Ebene normativer Prinzipien. Wir haben in mehr als sechzig Jahren der Grundrechtsinterpretation in der Bundesrepublik schrittweise ein Verständnis entwickelt, demzufolge Freiheitsrechte formale Freiheit vermitteln und nicht nur Freiheiten, die durch vorgegebene Zweckbestimmungen inhaltlich beschränkt sind. Dieser Begriff subjektiver Freiheitsrechte ist ein nicht-konsequentialistischer. Eine Privatrechtsordnung, die auf subjektiven Rechten aufbaut, kann mit dem konsequentialistischen genetischen Code des *law and economics-approach*, der subjektive Rechte prinzipiell nicht als Grenze für eine effektivitätsorientierte Umverteilung akzeptiert und die Einzelnen zu bloßen Treuhändern kollektiver Effizienzgewinne macht, von vorneherein nicht vermittelbar sein. Die ökonomische Analyse des Rechts hat es, wie gerade ihre besten Beiträge belegen, bis heute nicht vermocht, das wohlfahrtsmaximierende Effizienzprinzip und ein freiheitsfunktionales Vertragskonzept, das die vertragliche Selbstbindung von Personen als solche respektiert, auf befriedigende Weise theoretisch miteinander in Beziehung zu setzen. Selbst wenn man dieser Analyse in ihrer Rigorosität nicht folgen wollte: Worauf es an dieser Stelle ankommt, ist allein, dass schon der Gegenstand dieses Problems nur mit den Mitteln einer philosophisch informierten Normentheorie, nicht aber aus der Perspektive der bloßen Dogmatik erkannt und thematisiert werden kann. Es ist also auch hier die Theorie, die an der Tür zum Recht als Liminalitätsbeauftragte walten muss. Die Dogmatik kann dies nicht. Sie operiert auf einer anderen Reflexionsebene. Dies ist die Bedingung ihres Erfolgs, markiert aber auch die Grenze dessen, was sie leisten kann. Man kann, mit anderen Worten, an dem beliebten Bild der Rechtswissenschaft mit einem Zentrum (der Dogmatik) und einer Peripherie (den Grundlagendisziplinen)[74] durchaus festhalten,

---

Zugangsregeln. Die Rechtsverfassung der Wissensteilung, (Mohr Siebeck – Jus Privatum, Band 133) 2008, Rechtswissenschaft 1 (2010), S. 194–203.

[72] Siehe etwa *A. Mitchell Polinsky*, An Introduction to Law and Economics, 3. Auflage 2003, Kap. 5 and 8, *Robert Cooter/Thomas Ulen*, Law and Economics, 6. Auflage 2012, Kap. 8; *Steven Shavell*, Foundations of Economic Analysis of Law, 2004, Kap. 4.

[73] Hierzu nunmehr auch *Thomas Gutmann*, Iustitia Contrahentium. Zu den gerechtigkeitstheoretischen Grundlagen des deutschen Schuldvertragsrechts, 2015, Kap. 7 und bereits, zurückhaltender, *Horst Eidenmüller*, Effizienz als Rechtsprinzip, 3. Aufl. 2005.

[74] Vgl. etwa *Stephan Kirste*, The Genuine Contribution of Jurisprudence to an Interdisciplinary Discourse, in: ders./Anne van Aaken/Michael Anderheiden/Pasquale Policastro (Hrsg.), Interdisciplinary Research in Jurisprudence and Constitutionalism, 2012, S. 47 ff., 57. *Matthias Jestaedt* (Wissenschaftliches Recht [Fn. 22], S. 133) bezeichnet dieses Bild als den „exklusiven Universalismus" der Rechtsdogmatik, der dazu tendiere, Wert und Rolle der anderen juristischen Subdisziplinen zu verdrängen. Beispielhaft etwa *Wolfgang Ernst* (Gelehrtes Recht [Fn. 15]), der die „sogenannten"

wenn man sich dabei im Klaren darüber ist, dass das Zentrum schon seine ureigene Funktion nicht ohne diese Peripherie erfüllen kann.

## 4. *Rechtswissenschaft im Plural*

Die Dogmatik umschreibt gemeinsam mit jenen theoretischen Ansätzen, die sie zur Lösung ihrer konzeptionellen Probleme benötigt, die interne Perspektive der Rechtswissenschaft, also die Eigenreflexion des Rechts. Rechtswissenschaft besteht somit in der Tat „auch und vor allem in einer rechtshistorisch, rechtstheoretisch, rechtsphilosophisch, ökonomisch und rechtsvergleichend kontextualisierten Dogmatik."[75] Sie besteht aber nicht nur in dieser. Die Rechtswissenschaften (im Plural)[76] gehen nicht in der Dogmatik und ihren „Hilfswissenschaften" auf. Sie können und müssen qua Wissenschaft auch Fragen stellen und Probleme konstruieren, die jeden juristischen Anwendungsbezug hinter sich lassen, und gerade als Wissenschaft schulden sie hierfür niemandem Rechtfertigung. Erst hier, nach der Freisetzung aus der Anwendungsorientierung, kann sich die spezifische Dynamik von Wissenschaft entfalten, die ihre Probleme nicht invariant halten muss, sondern ihre Ausgangsfragestellungen evolutionär durch neue Problemformulierungen ersetzen kann, die am Anfang noch gar nicht gedacht werden konnten.[77]

Der Wissenschaftsrat betont zu Recht, dass sich das genuine Potential der Jurisprudenz als Wissenschaft erst dort realisiert, wo sich interdisziplinärer Austausch und die angesprochene „Öffnung der Rechtswissenschaft in die Universität wie in das Wissenschaftssystem" hinein ereignen, wo es mithin nicht mehr um das Geschäft der Dogmatik geht, sondern um eine Einordnung des Phänomens „Recht" etwa in makrosoziologische, historische, evolutionstheoretische, politik- und geschichtswissenschaftliche (oder gar ästhetische) Zusammenhänge und Perspektiven sowie um die Selbstverortung der Arbeit am Recht innerhalb dieser Horizonte.[78] Es besteht kein Mangel an Fragen dieser Art, an denen das Projekt der wissenschaftli-

---

Grundlagenfächer zu bloßen „Nebendisziplinen" (S. 25) herabstuft, die am Wissenschaftscharakter der Jurisprudenz keinen Anteil hätten, zugleich aber den „unverzichtbaren" interdisziplinären „Austausch und [das] Zusammenwirken mit Ökonomen, Philosophen, Sprachphilosophen usw." (S. 19) fordert, für den Ernsts zölibatär methodenstrenge Selbstbeschränkung der Rechtswissenschaft auf den *strictly legal point of view* schon nach eigenem Bekunden über keinerlei methodische Ressourcen mehr verfügt.

[75] *Lorenz*, Forschung, Praxis und Lehre im Bericht des Wissenschaftsrats (Fn. 10), S. 708.

[76] Zu einem „rechtswissenschaftspluralistischen" Konzept der Jurisprudenz als komplexem „Disziplin-Cluster", in dem konkurrierende (Sub-) disziplinäre Rationalitäten selbständig nebeneinanderstehen, *Matthias Jestaedt*, Perspektiven der Rechtswissenschaftstheorie, in: ders./Oliver Lepsius (Hrsg.), Rechtswissenschaftstheorie, 2008, S. 185 ff., 197.

[77] So prägnant *Stichweh*, Differenzierung der Wissenschaft (Fn. 36), S. 94.

[78] Vgl. *Wissenschaftsrat*, Perspektiven der Rechtswissenschaft (Fn. 2), S. 29: „Wenn die Rechtswissenschaft geschichtswissenschaftliche, linguistische, philosophische, sozial-, politik- und wirtschaftswissenschaftliche, psychologische, kriminologische und weitere Perspektiven integriert, schöpft sie aus dem Methodenrepertoire der entsprechenden Bezugswissenschaften. Auch dadurch

chen Selbstaufklärung des Rechts, das über die Perspektive einer interdisziplinären „Regulierungswissenschaft“[79] hinausreicht, Interesse nehmen sollte. Wir sind, wenn wir wissen wollen, was das Recht leistet und anrichtet, wie es funktioniert, woraus es lebt, woher es kommt und wohin es sich bewegt, auf eine Vielzahl von Beobachterperspektiven verwiesen, von denen keine für sich reklamieren kann, die entscheidende zu sein. In *diesem* wissenschaftlichen Universum ist das eben genannte Zentrum-Peripherie-Modell einer allein um die Dogmatik kreisenden Rechtswissenschaft in etwa so relevant und tragfähig wie das geozentrische Weltbild seit 1650.

## IV. Voraussetzungen gelingender Interdisziplinarität

Es ist eine unmittelbare Folge der (möglicherweise zu Ende gehenden) Phase einer Austeritätspolitik gegenüber den Grundlagenfächern[80], dass die Rechtswissenschaft im Konzert der interdisziplinär angelegten geisteswissenschaftlichen Exzellenzcluster, Sonderforschungsbereiche und Kolleg-Forschergruppen in Deutschland heute insgesamt stark unterrepräsentiert ist. Soweit erkennbar, spielen juristische Fakultäten gegenwärtig nur in zwei Exzellenzclustern eine tragende Rolle.[81] Dort, wo sie dies tun, scheint sich die Erwartung des Wissenschaftsrats zu bestätigen, dass gerade die Rechtswissenschaft zu interdisziplinärem Reflexionsgewinn beitragen kann.[82] Allerdings fordern die methodischen und institutionellen Probleme, die der Hiatus zwischen Deskription und Präskription, also der Anschluss des spezifisch normativen Gegenstands der Rechtswissenschaft und seines Konzepts normativen Begründens an andere, nicht normative (sondern beobachtende, beschreibende, verstehende,

---

richtet sie unterschiedliche Erkenntnisperspektiven auf ihren Gegenstand und entfaltet so die Vielzahl der Bedeutungsdimensionen des Rechts“.

[79] *Susanne Baer*, Rechtssoziologie. Eine Einführung in die interdisziplinäre Rechtsforschung, 2011, S. 81.

[80] Zur Notwendigkeit der „Behebung einer Schieflage“ *Michael Stolleis*, Stärkung der Grundlagenfächer, JZ 68 (2013), S. 712 f.

[81] Es handelt sich um die Exzellenzcluster „Normative Orders“ an der Goethe-Universität Frankfurt am Main (www.normativeorders.net) und „Religion und Politik“ an der Westfälischen Wilhelms-Universität Münster (http://www.uni-muenster.de/Religion-und-Politik).

[82] *Wissenschaftsrat*, Perspektiven der Rechtswissenschaft (Fn. 2), S. 32 – gegen die etwa von *Geoffrey Samuel* (Interdisciplinarity and the Authority Paradigm: Should Law Be Taken Seriously by Scientists and Social Scientists? Journal of Law and Society 36 [2009], S. 431–459) geäußerte Vermutung, dass die Rechtswissenschaft schon wegen ihres der Theologie verwandten dogmatischen „Autoritätsparadigmas“ zu den Nachbarwissenschaften nichts beizutragen habe – es sei denn, sie würde von dort aus betrieben. Der *locus classicus* des Theologie-Jurisprudenz-Vergleichs und zur „Eigenthümlichkeit der Juristenfacultät“ findet sich in *Kants* „Streit der Fakultäten“, Akademieausgabe, 1900 ff., Band VII, S. 2 ff., 24 f. („Der schriftgelehrte Jurist sucht die Gesetze der Sicherung des Mein und Dein (wenn er, wie er soll, als Beamter der Regierung verfährt) nicht in seiner Vernunft, sondern im öffentlich gegebenen und höchsten Orts sanctionirten Gesetzbuch. Den Beweis der Wahrheit und Rechtmäßigkeit derselben, ingleichen die Vertheidigung wider die dagegen gemachte Einwendung der Vernunft kann man billigerweise von ihm nicht fordern“).

oder messende empirische) Perspektiven aufwirft[83], einen langen Atem und einigen „Willen zur Theorie“[84].

### 1. *Die Dialektik von Disziplinarität und Interdisziplinarität*

Ein theoretisch kontrollierter Umgang mit Intra- und Interdisziplinarität verlangt zunächst, mit der epistemologisch naiven Vorstellung aufzuräumen, dass Vertreter unterschiedlicher Disziplinen, die den gleichen Punkt im Gegenstandsfeld fixieren, dort auch dasselbe sehen. Wissenschaftliche Perspektiven, Konzepte und Methoden sind gegenstandskonstitutiv. Dies verurteilt alle Versuche, eine Verständigung über die Disziplinengrenzen hinweg auf dem Wege einer bloßen Addition von Ansätzen herzustellen[85], zum Scheitern und erweist zugleich die Rede von der Interdisziplinarität nicht selten als bloßes akademisches *window dressing*. Zudem sitzt der „Ethnozentrismus“[86] der Disziplinen tief und wird durch die sehr unterschiedlichen Formen der akademischen Sozialisation, mit Hilfe derer sie ihre *tribal rules* [87] dem Nachwuchs vermitteln, ständig reproduziert. Meist kann man sich zwar darauf verlassen, dass „Disziplinen einander den kollegialen Respekt [zollen], den man schuldet, wenn man nicht zureichend versteht, womit der andere sich befaßt“[88], aber dieser Respekt hilft alleine nicht weiter. All dies berechtigt dazu, dem „hypertrophen Interdisziplinaritätsdiskurs“[89] zunächst einmal mit einem guten Maß wissenschaftstheoretischer Skepsis zu begegnen.

Will man den spezifischen „Mehrwert“[90] gelungener Interdisziplinarität realisieren, bedarf es deshalb einiger Konstruktionsleistungen, in denen es darum gehen

[83] Vgl. *Taekema/van Klink*, Limits and Possibilities of Interdisciplinary Research into Law (Fn. 68), S. 17 ff.

[84] Zu den Anforderungen an die „Theoriefähigkeit des juristischen Wissenschaftlers“ siehe *Helmuth Schulze-Fielitz*, Was macht die Qualität öffentlich-rechtlicher Forschung aus? (Fn. 63), S. 35; zur Theorie als Problem der deutschen Rechtswissenschaft ebd., S. 39 sowie *Oliver Lepsius*, Themen einer Rechtswissenschaftstheorie, in: Matthias Jestaedt/Oliver Lepsius (Hrsg.), Rechtswissenschaftstheorie, 2008, S. 1 ff., 3 ff., sowie zur Phänomenologie des antitheoretischen Affekts in der Rechtswissenschaft *Jestaedt*, Das mag in der Theorie richtig sein … (Fn. 8), S. 3 ff.

[85] Das schwebt offenbar *Wolfgang Ernst* (Gelehrtes Recht [Fn. 15], S. 19) vor: „Interdisziplinarität bedeutet […], dass jeder mit den Methoden des eigenen Fachs Teilbeiträge leistet, die sich dann ergänzen und uns wechselseitig weiterführen.“ Vgl. bereits Fn. 74.

[86] *Donald T. Campbell*, Ethnocentrism of Disciplines and the Fish Scale Model of Omniscience, in: M. Sherif/C. W. Sherif (Hrsg.), Interdisciplinary Relationships in the Social Sciences, 1969, S. 328 ff.

[87] *Luhmann*, Die Wissenschaft der Gesellschaft (Fn. 40), S. 456.

[88] Ebd., S. 450.

[89] *Hilgendorf*, Bedingungen gelingender Interdisziplinarität (Fn. 37), S. 913.

[90] „Mehrwert durch Interdisziplinarität“ gehörte zu den Begutachtungskriterien für Exzellenzcluster in der zweiten Programmphase der Exzellenzinitiative des Bundes und der Länder (DFG/WR-Vordruck ExIn303–3/10).

muss, über Fälle „okkasioneller Interdisziplinarität“[91], in denen Disziplinen bloß zufällig (und damit oberflächlich) aus Kontakten mit anderen Disziplinen lernen, hinauszugelangen und solche Zufälle in Strukturen zu transformieren. Um Fragestellungen adressieren zu können, die nur bearbeitet werden können, wenn das Fachwissen mehrerer Disziplinen zusammenkommt, muss man wenigstens zu einer problembezogen arbeitenden „temporären Interdisziplinarität“ gelangen.[92]

Ein Gelingen von („integrierten“[93]) inter- bzw. transdisziplinären Formen von Wissenschaft, die über die bloße Addition disziplinärer Blickwinkel hinausgehen[94], scheint nur dann möglich zu sein, wenn diese (1.) organisiert werden[95] und (2.) die beteiligten Disziplinen von gemeinsamen Problemen ausgehen und nicht etwa nur von Themen oder Titeln späterer Sammelbände. Schon hierfür müssen die an diesem Prozess Beteiligten die disziplinären Differenzen einschätzen lernen, also „bis zu einem gewissen Grade gleichsam zweisprachig werden und lernen, den jeweils anderen Blick auf das Phänomen und die jeweils andere Problemauffassung einzunehmen.“[96]

---

[91] Zur Begrifflichkeit im Folgenden siehe *Luhmann*, Die Wissenschaft der Gesellschaft (Fn. 40), S. 457 ff.

[92] *Luhmann*, Das Recht der Gesellschaft (Fn. 9), S. 458 Fn. 147 (hierzu *Michael Anderheiden*, The Paradox of Interdisciplinary Research, in: Stephan Kirste/Anne van Aaken/Michael Anderheiden/Pasquale Policastro (Hrsg.), Interdisciplinary Research in Jurisprudence and Constitutionalism, 2012, S. 34 ff.) weist zurecht darauf hin, dass die Leitidee des Konzepts temporärer Interdisziplinarität ist, Verkrustungen zu vermeiden. Dies war in der Tat eine der Gründungsideen des Zentrums für Interdisziplinäre Forschung an der Universität Bielefeld, das wechselnde und zeitlich begrenzte Projekte fördert, anstatt Dauerinstitute mit bestimmten Aufgaben interdisziplinärer Forschung zu beherbergen. Problembezogene temporäre Interdisziplinarität liegt als Prinzip auch der Form des Exzellenzclusters und (teilweise) der Kolleg-Forschergruppe zugrunde.

[93] *Taekema/van Klink* (Limits and Possibilities of Interdisciplinary Research into Law [Fn. 68], S. 27 f.) unterscheiden in ihrem „dynamischen Modell“ rechtswissenschaftlicher Interdiziplinarität, nicht kategorial anders vorgehend als der vorliegende Text, „(i) traditional legal research, (ii) legal research that uses insights from other disciplines heuristically as a source of inspiration, (iii) legal research that uses other disciplines as supporting disciplines (iv), multidisciplinary research into law in which two disciplines are on an equal footing [und] interdisciplinary research into law that aims at an integration of disciplines“. Vgl. etwas differenzierter *dies.*, On the Border. Limits and Possibilities of Interdiscipinary Research, in: dies. (Hrsg.), Law and Method, 2011, S. 8 ff. *Mittelstraß* (Auf dem Weg zur Transdisziplinität, GAIA 1, 1992, 250) will hierfür den Begriff der „Transdisziplinarität“ reservieren, wobei die von ihm gewählte Formulierung („Mit Transdisziplinarität ist Wissen oder Forschung gemeint, die sich aus ihren fachlichen beziehungsweise disziplinären Grenzen löst, die ihre Probleme mit Blick auf außerwissenschaftliche Entwicklungen disziplinenunabhängig definiert und disziplinenunabhängig löst“) unglücklich ist.

[94] Die folgenden Ausführungen beziehen sich an dieser Stelle nicht nur auf theoretische Überlegungen, sondern auch auf den keineswegs schmerzfreien praktischen Lernprozess bei der Entwicklung der konkreten Kooperationsformen und Forschungsformate des Münsteraner Exzellenzclusters „Religion und Politik“, an dem die Rechtswissenschaft maßgeblich beteiligt ist. Auch in solchen privilegierten Habitaten der Interdisziplinarität ist man vor Überraschungen nicht gefeit – wenn etwa dem theoretisch beschlagenen Soziologen, mit dem man schon drei Jahre zusammenarbeitet, plötzlich entfährt, er habe noch nie verstanden, was „Normativität“ eigentlich sei, und zwei der führenden Historiker des Landes darin spontan einfallen. Derlei deutet auf Konstruktionsfehler im Forschungsdesign hin, die sich mit einigem Aufwand jedoch reparieren lassen.

[95] Praktische Ratschläge bieten *Taekema/van Klink*, On the Border (Fn. 93), S. 23 ff.

[96] *Quante*, Interdisziplinarität und Politikberatung (Fn. 64), S. 182.

Auch wenn dies gelingt, ist jedoch damit zu rechnen, dass die Forschungsgegenstände jeweils im Rahmen der beteiligten disziplinären Traditionen, Erkenntnisinteressen, Methoden, Konzepte und Aufmerksamkeitsheuristiken und damit unterschiedlich konstruiert werden. Deshalb kommt es (3.) darauf an, sowohl bei der Hypothesenbildung in der Konzeptionsphase als auch im Rahmen einer interdisziplinären Synthese, ebendiese Unterschiedlichkeit der theoretischen Konstruktionen selbst nochmals zum Gegenstand der wissenschaftlichen Behandlung werden zu lassen. Jedenfalls gilt, dass Interdisziplinarität nur gelingen kann, wenn man die theoretische Schraube weiter dreht und die disziplinübergreifende Forschung von den Bedingungen ihrer Möglichkeit her denkt und einrichtet. Hierzu gehört nicht zuletzt die Einsicht, dass man sich vom festen Grund der eigenen Disziplin erst lösen kann, wenn man über deren Fundamente sicher verfügt.[97] Erfolgreiche Interdisziplinarität beginnt deshalb immer mit einer Rückbesinnung auf robuste Disziplinarität, d.h. mit einer Reflexion auf die je eigene disziplinäre Identität[98], die für die eigene Disziplin wesentlichen Methoden der Wirklichkeitskonstruktion – einschließlich ihrer Leistungsgrenzen.[99] Dies lässt sich, in der Tradition *Mertons*[100], auch in Form einer Liste epistemischer und ethischer Tugenden des Forschers ausbuchstabieren, die für

[97] So mit Nachdruck der Präsident der Freien Universität Berlin, *Peter-André Alt*, Mehr Disziplin wagen!, Süddeutsche Zeitung v. 21.12.2010. Siehe auch *Michael Anderheiden*, The Paradox of Interdisciplinary Research (Fn. 92), S. 40 f.

[98] Auch die disziplinäre Identität der Rechtswissenschaft lässt sich nicht allein mit den Mitteln der Dogmatik definieren; jedenfalls nicht, wenn man diese zu eng fasst. Nur cum grano salis wird man deshalb der Einschätzung *Gregor Kirchhofs* und *Stefan Magens* (Dogmatik: Rechtliche Notwendigkeit und Grundlage fächerübergreifenden Dialogs – eine systematisierende Übersicht, in: dies./Karsten Schneider (Hrsg.), Was weiß Dogmatik? Was leistet und wie steuert die Dogmatik des Öffentlichen Rechts?, 2012, S. 151 ff., 153) zustimmen dürfen, „die Rechtsdogmatik als solche" bilde „die notwendige Basis für den inter- und intradisziplinären Dialog und den Austausch mit den Grundlagenfächern, indem sie die rechtlichen Begriffe, Formen, Instrumente, Wertungen und Prinzipien eines Rechtsgebiets herausarbeitet und damit dessen spezifische rechtliche Rationalität einschließlich ihrer Grenzen entfaltet, pflegt und im Dialog vertritt." Differenzierend zum Konzept disziplinärer Identität *Czada*, Disziplinäre Identität als Voraussetzung von Interdisziplinarität? (Fn. 1). Vgl. auch *Matthias Jestaedt*, „Öffentliches Recht" als wissenschaftliche Disziplin, in: Christoph Engel/Wolfgang Schön, Das Proprium der Rechtswissenschaft, 2007, S. 241 ff., 278; *Quante*, Virtues and Rational Aspects of Interdisciplinary Research (Fn. 64), sub 2.1. und *Hilgendorf*, Bedingungen gelingender Interdisziplinarität (Fn. 37), S. 921.

[99] Zu letzterem vgl. *Czada*, Disziplinäre Identität als Voraussetzung von Interdisziplinarität? (Fn. 1), S. 31.

[100] Zum Ethos der Wissenschaft und des Wissenschaftlers siehe *Robert K. Merton*, Die normative Struktur der Wissenschaft (1942), in ders., Entwicklung und Wandel von Forschungsinteressen. Aufsätze zur Wissenschaftssoziologie, 1985, 86 ff. und hierzu *Eric Hilgendorf*, Das Ethos der Wissenschaft und der Gedanke der Interdisziplinarität, in: Susanne Beck (Hrsg.), Gehört mein Körper noch mir? Strafgesetzgebung zur Verfügungsbefugnis über den eigenen Körper in den Lebenswissenschaften, 2012, S. 13 ff., 15 ff.

eine gelingende Interdisziplinarität erforderlich sind.[101] Zu diesen gehört auch ein hinreichendes Maß an theoretischer Risikobereitschaft.[102]

Was die Disziplinen verbindet und im besten Fall zum Tanzen bringt, ist nicht ihr nur vermeintlich gemeinsamer Gegenstand, sondern die Konstruktion des theoretischen Zugriffs. Für Methodenfragen solcher interdisziplinärer Perspektiven scheint in besonderer Weise zu gelten, was *Michel Foucault* zur Theoriebildung schlechthin gesagt hat: Sie ist *bricolage*[103], Bastelei, oder genauer: die Suche nach den jeweils passenden Werkzeugen für ein problemorientiertes, synthetisierendes und konstruktives Unternehmen. In der Praxis geht es, um im Bild zu bleiben, vorrangig um die Frage, welche Theoriebausteine man zusammenschrauben kann, und welche nicht. Eigentlich müsste es Professuren für Theoriekonstruktion geben, so wie es sie für Maschinenbau gibt. Meist wird ein guter Teil der Verständigung zwischen den Disziplinen vermittels transdisziplinärer Konzepte erfolgen, also mit Hilfe theoretischer Angebote und Paradigmen, die für mehr als eine Disziplin relevant sind und es erlauben, heterogen erscheinende Problemklassen mehrerer Disziplinen zu erfassen.[104] Dies können Begriffssysteme wie das des Strukturalismus (seit den 1960er Jahren[105]) oder der Systemtheorie (seit den 1980er Jahren) sein, aber auch theoretische Konzepte mittlerer Reichweite, die sich in ihrer wirklichkeitserschließenden Funktion disziplinär unterschiedlich auffächern lassen, ohne dabei ihre Einheit und Unterscheidungskraft zu verlieren.

## 2. *Produktionsverhältnisse*

Sodann verlangt Interdisziplinarität spezifische Produktions- und Arbeitsformen. Während im Bereich der Dogmatik der dem typischen Organisationsmodell der deutschen Rechtswissenschaft, dem Lehrstuhl, entsprechende Typus der Einzelautorschaft zentral bleiben wird,[106] funktionieren im Bereich der Interdisziplinarität die tendenziell autistischen Produktionsformen des deutschen Rechtsprofessors nicht. Ihnen wird deshalb in zunehmendem Maß die Beteiligung an disziplinären

---

[101] Siehe *Quante*, Virtues and Rational Aspects of Interdisciplinary Research (Fn. 64). Das Erfordernis eines Willens zu sprachlicher Klarheit betont *Hilgendorf*, Bedingungen gelingender Interdisziplinarität (Fn. 37), S. 922.

[102] Auch dies ein Begutachtungskriterium für Exzellenzcluster in der zweiten Programmphase der Exzellenzinitiative des Bundes und der Länder (DFG/WR-Vordruck ExIn303–3/10).

[103] Zur Theorie als tool-box vgl. *Michel Foucault*, Prisons et asiles dans les mechanismes du pouvoir (entretien avec M. D'Eramo), in: ders., Dits et écrits 1954–1988 par Michel Foucault, Daniel Defert/François Ewald (Hrsg.), Band II, 1994, S. 523. Vgl. daneben: A Talent for Bricolage. An Interview with *Richard Rorty* (January, 1995, Interviewer: Joshua Knobe), The Dualist 2 (1995), S. 56 ff.

[104] *Stichweh*, Differenzierung der Wissenschaft (Fn. 36), S. 93 f. (94: „Transdisziplinäre Konzepte gehören [...] in den Kontext der Grundlagenforschung und versuchen, Strukturbegriffe, die [...] auf Tiefenstrukturen der Realität zielen, für eine Mehrzahl von Disziplinen fruchtbar zu machen") und *Luhmann*, Die Wissenschaft der Gesellschaft (Fn. 40), S. 459.

[105] Vgl. *François Dosse*, Geschichte des Strukturalismus, 2 Bände, 1999.

[106] Vgl. *Wissenschaftsrat*, Perspektiven der Rechtswissenschaft (Fn. 2), S. 38.

und interdisziplinären Forschungsverbünden an die Seite treten (müssen). Will man eine Stärkung interdisziplinärer rechtswissenschaftlicher Forschung, sprechen trotz aller berechtigten Sorge um die Sicherung einer angemessenen Grundausstattung für alle Professuren deshalb gute Gründe dafür, weiterhin einen zunehmenden Teil der Forschungsförderung in kompetitiven Verfahren an solche Forschungsverbünde zu vergeben. Für diese ist zudem eine Tendenz zur Umstellung auf die Eigenforschung der Antragsteller zu verzeichnen. Lebten frühere Projektformate bis hin zum Sonderforschungsbereich noch in erster Linie von der Idee, Geld für Stellen einzuwerben, auf denen man forschen lässt, stellen Exzellenzcluster und Forscher- oder gar Kolleg-Forschergruppen nun primär auf die eigene wissenschaftliche Tätigkeit der Professor/innen ab.

Von besonderem Interesse ist in diesem Zusammenhang, dass der Wissenschaftsrat der Rechtswissenschaft als Infrastruktur gerade das hoch kompetitive DFG-Förderformat „Kolleg-Forschergruppe“ anempfiehlt[107], das nicht nur international orientiert ist, sondern die Einzelforschung auch in einen anhaltend dichten Kommunikations- und Kooperationszusammenhang mit deutschen Peers und (meist) ausländischen Fellows bringt.[108] Bisher ist erst ein einziges dieser auf acht Jahre angelegten *Centres for Advanced Study* (auch) der Rechtswissenschaft gewidmet.[109] Lässt man sich als Rechtswissenschaftler auf *solche* Kooperationsformen ein, verändert dies die Art der eigenen Forschung radikal. Enge Kooperation im wissenschaftlichen Entwurf und der Realisierung komplexer Projekte und die anhaltende, ständige multiperspektivische Kritik an der je eigenen Arbeit treten deutlich in den Vordergrund.

### 3. *Personalfragen*

Das anspruchsvolle Programm einer „Öffnung der Rechtswissenschaft in die Universität wie in das Wissenschaftssystem“ stellt Anforderungen an das wissenschaftliche Personal, die die Fakultäten bisher nur bedingt bedienen. Das erfolgreiche Alleinstellungsmerkmal der deutschen Rechtswissenschaft, die insgesamt enge Rückbindung ihrer theoretischen Perspektiven an ihren dogmatischen Markenkern, verlangt nach Wissenschaftler/innen, die *lege artis* in den Stollen der Dogmatik arbeiten, zugleich aber mehr und anderes können als dies und imstande sind, mehrere disziplinäre Perspektiven zusammenzubringen. Die beiden Seiten der geforderten Doppelkompetenz bedürfen indes unterschiedlicher Pflege und Aufmerksamkeit:

---

[107] Ebd., S. 43 f., 52.

[108] Disziplinübergreifende Forschung muss sich auch anderweitig institutionalisieren. Ein Beispiel hierfür ist das von Rechtswissenschaftlern und Philosophen gemeinsam getragene, freilich noch im Anfangsstadium stehende forschungsorientierte Großprojekt einer im open access-Format digital erscheinenden „Enzyklopädie zur Rechtsphilosophie (EzR)“, http://www.enzyklopaedie-rechtsphilosophie.net/.

[109] Die Kolleg-Forschergruppe „Normenbegründung in Medizinethik und Biopolitik“ an der WWU Münster, http://www.uni-muenster.de/KFG-Normenbegruendung/.

Während die Ausbildungs- und Rekrutierungsregeln der deutschen juristischen Fakultäten weiterhin selbsttätig dafür sorgen werden (und sollen), dass nur solche Kolleg/innen auf Professuren gelangen, die alle dogmatischen Handwerksprüfungen erfolgreich bestanden haben und hinsichtlich ihrer Kompetenz zur grundständigen Lehre keine Zweifel erlauben, gestaltet sich die Gewinnung interdisziplinären Sachverstands weit schwieriger. In systematischer Hinsicht gehören die juristischen Bindestrichfächer (namentlich Rechtsphilosophie, -soziologie, -geschichte und -ökonomik) zu den philosophischen, soziologischen, historischen und wirtschaftswissenschaftlichen Nachbardisziplinen der Jurisprudenz. Es sind deshalb in erster Linie die Standards dieser Disziplinen, die über Qualität und Anschlussfähigkeit der Beiträge aus den juristischen Grundlagenfächern entscheiden. Erst wenn diese Hürde genommen ist, kann sich die Doppelqualifikation der Grundlagenvertreter als fruchtbar (und nicht selten als wissenschaftlicher Wettbewerbsvorteil) erweisen, schadet es doch nicht, bei der philosophischen, soziologischen, historischen, ökonomischen – oder auch gendertheoretischen – Analyse des Rechts zu wissen, über was man eigentlich spricht. Um diese Hürde zu nehmen, stehen die Grundlagenfächer (namentlich die philosophisch und sozialwissenschaftlich orientierten) heute vor der Aufgabe, einen Professionalisierungsschub zu organisieren. Die einzelnen Bausteine der Theoriebildung in den Grundlagenfächern müssen sich auf dem Stand der Diskussion der Referenzdisziplinen bewähren. Interdisziplinarität, die diesen Namen verdient, bedingt Rechtswissenschaftler/innen, die sich in den Nachbardisziplinen (zumindest – aber besser nicht nur – sektoral) auf der Höhe des Diskurses bewegen. Davon ist die gegenwärtige Praxis, in der von vielen Fakultäten namentlich für die Fächer Rechtsphilosophie und -theorie immer noch (auch) billige Nebenvenien vergeben werden, die kaum durch originäre Beiträge zur Disziplin gerechtfertigt sind, noch ein gutes Stück entfernt. Die künftige Nachwuchsrekrutierung wird deshalb deutliche Boni für nicht nur monodisziplinäre Ausbildungsgänge[110] der Kandidat/innen vergeben müssen und eine rigidere Qualitätskontrolle der Leistungen benötigen, die die Bewerber/innen in ihrer „Zusatzdisziplin" vorzuweisen haben. Der Schlüssel liegt in den einschlägigen Berufungsverfahren, in denen die Beteiligung ausgewiesener Vertreter der Nachbardisziplinen, sei es als externe Mitglieder der Berufungskommissionen oder als Gutachter, zur Selbstverständlichkeit werden sollte.[111] Ohne einen solchen Professionalisierungsschub stünde in der Tat zu befürchten, dass die Vermutung *Christoph Möllers'*, die juristische Binnenverwaltung der Nachbarfächer stelle nur „eine Form der Domestizierung möglicher Irritationen durch andere Diszipli-

---

[110] Hierzu *Jestaedt*, Wissenschaft im Recht (Fn. 6), S. 2.

[111] Auf dieser Grundlage erscheint auch die Anregung des Wissenschaftsrats sinnvoll, dass in diesen Verfahren ein zusätzlicher Abschluss in einem anderen Fach als der Rechtswissenschaft, die Beteiligung an interdisziplinären, möglicherweise hochschulübergreifenden Projekten oder Aufenthalte als Fellow an einem Centre for Advanced Study als Qualitätsausweise bewertet werden sollten, vgl. *Wissenschaftsrat*, Perspektiven der Rechtswissenschaft (Fn. 2), S. 47.

nen“ dar und organisiere letztlich eine „Abschließungsleistung“[112], die den positiven Störfaktor einer *state of the art* betriebenen Interdisziplinarität von der Rechtswissenschaft gerade fernhalte, eine anhaltende Realität beschreibt.

## V. Ein Aufruf zur Entspannung

Es ist Zeit, angesichts der an vielen Fakultäten immer noch zu beobachtenden Verkrampfungen und der vom Wissenschaftsrat beklagten „dysfunktionale[n] Gegenüberstellung von dogmatischen und Grundlagenfächern einerseits sowie von theoretischer und anwendungsbezogener Forschung andererseits“[113], Entspannung auszurufen.

Die für das „Schnittstellenmanagement“[114] zu den Nachbardisziplinen und damit für die Sicherung der intra- und interdisziplinären Bezüge primär zuständigen Grundlagen- und Bindestrichfächer sind weder die ‚eigentliche‘ noch die ‚bessere‘ Rechtswissenschaft. Die Dogmatik kann ohne sie jedoch weder den Begriff ‚Rechtswissenschaft‘ ausfüllen noch deren volles Potential entbinden. Das deutsche Modell, das die Vertreter der Grundlagenfächer nicht aus der Verantwortung für die Arbeit an der Dogmatik entlässt, mutet denjenigen, die die Brücken in die Nachbardisziplinen schlagen, zu, auf zwei oder drei Hochzeiten zu tanzen. Dies hilft nicht nur, den Zerfall der Rechtswissenschaft in unverbundene Spezialdiskurse zu verhindern, sondern garantiert meist auch die *differentia specifica*, die die von Juristen betriebene Philosophie, Soziologie, Geschichts- oder Wirtschaftswissenschaft (um nur diese vier zu nennen) in den Bezugsdisziplinen ausmacht.

Fakultäten funktionieren arbeitsteilig. Der vorliegende Beitrag zielt ebenso wie das Plädoyer des Wissenschaftsrats nur auf die Sicherstellung einer kritischen Masse an Grundlagenwissenschaft in den juristischen Fachbereichen.[115] Nur im Verein mit ihr kann es einer aufgeklärten Rechtsdogmatik, die weiß, was sie kann und was sie nicht alleine kann, gelingen, einen Begriff von Rechtswissenschaften mit Leben zu füllen, der seinem komplexen und dynamischen Gegenstand gerecht wird.

---

[112] *Christoph Möllers*, Vorüberlegungen zu einer Wissenschaftstheorie des öffentlichen Rechts, in: Matthias Jestaedt/Oliver Lepsius (Hrsg.), Rechtswissenschaftstheorie, 2008, S. 151 ff., 163.

[113] *Wissenschaftsrat*, Perspektiven der Rechtswissenschaft (Fn. 2), S. 40.

[114] *Jestaedt*, Das mag in der Theorie richtig sein … (Fn. 8), S. 72.

[115] Polemiken gegen eine angeblich drohende „ver(geistes[t])wissenschaftlichte“ Rechtswissenschaft an den juristischen Fakultäten (*Lorenz*, Forschung, Praxis und Lehre im Bericht des Wissenschaftsrats [Fn. 10], S. 708 unter Verweis auf *Jens Kersten*, Rescriptum 2012, S. 67 ff.) sind Ritte gegen Windmühlen. Geist, auch in wissenschaftlicher Form, schadet der Dogmatik nicht.

# Intra- und Interdisziplinarität: Wie kommt das Neue in die Rechtswissenschaft?

*Frank Saliger*

## I. Fallstricke und Präzisierungen des Themas

Das Thema birgt ob seiner Weite *mehrere inhaltliche* und *methodische Fallstricke.*

### 1. *Keine Verengung auf den Rechtswissenschaftler als Neuheitsquelle*

Ein erster Fallstrick verbindet sich mit der Frage nach dem „Wie" des Neuen in der Rechtswissenschaft.[1] Diese Frage könnte das Missverständnis nahelegen, gar keine lohnenswerte wissenschaftliche Frage zu sein, weil die Antwort auf sie doch auf der Hand läge. Denn soweit schon jeder Rechtswissenschaftler in seiner wissenschaftlichen Arbeit auch nach Originalität und Innovation strebt, scheint das „Neue" selbstverständlich vor allem durch *ihn* in die Rechtswissenschaft zu gelangen.

Allerdings wäre diese Deutung kurzschlüssig. Zwar ist es richtig, dass etwa der Rechtsdogmatik als Wissenschaft auch Fortschritts- und heuristische Funktionen zugeschrieben werden.[2] Jedoch hängt die Innovation in der Rechtswissenschaft *nicht ausschließlich von der Tätigkeit des Rechtswissenschaftlers* ab.[3] Neuerungen werden

[1] Obwohl in der Themenstellung nur von der Rechtswissenschaft im Singular die Rede ist, soll nicht verkannt werden, dass die Rechtswissenschaft eine komplexe Disziplin ist und man daher auch von Rechtswissenschaften im Plural sprechen kann. Das gilt nicht nur und erst hinsichtlich der perspektivisch und methodisch selbständigen juristischen Grundlagenfächer der Rechtsphilosophie, Rechtsgeschichte und Rechtssoziologie (vgl. aber *Matthias Jestaedt*, Perspektiven der Rechtswissenschaftstheorie, in: ders./Lepsius (Hrsg.), Rechtswissenschaftstheorie, 2008, S. 195 f.). Das gilt bereits hinsichtlich der juristischen Teildisziplinen des Zivilrechts, öffentlichen Rechts und des Strafrechts, die trotz identischer Grundmethodik signifikante methodische Besonderheiten aufweisen.

[2] So z. B. von *Robert Alexy*, Theorie der juristischen Argumentation (1978), Frankfurt am Main 1983, S. 328 und 332; vgl. auch *Björn Burkhardt*, Geglückte und folgenlose Strafrechtsdogmatik, in: Eser/Hassemer/Burkhardt (Hrsg.), Die Deutsche Strafrechtswissenschaft vor der Jahrtausendwende, 2000, S. 111 (117 ff.).

[3] Ich verstehe unter Wissenschaft im Anschluss an *Immanuel Kant* (vgl. *Immanuel Kant*, Metaphysische Anfangsgründe der Naturwissenschaft (1786), Bd. IX der Weischedel-Ausgabe (1968), 1. Aufl. Frankfurt am Main 1977, Vorrede, S. 11 ff.) ein nach Prinzipien geordnetes Ganzes der Er-

maßgeblich auch durch den Gesetzgeber, die Gerichte und schließlich durch Veränderungen gesellschaftlicher Wertvorstellungen angestoßen.[4] Hinzu kommt, dass das Missverständnis den Kern der Themenstellung verfehlen würde. Dieser Kern liegt nämlich gerade in der Frage, ob und inwieweit *intra- und interdisziplinäres Arbeiten Innovationspotential in der Rechtswissenschaft freisetzen kann.*

### 2. *Zum Begriff des „Neuen"*

Gleich mehrere Fallstricke gruppieren sich um den Begriff des *Neuen* in der Themenstellung.

#### *a) Abgrenzung zum Begriff des Fortschritts*

So lässt sich bereits grundsätzlich bezweifeln, ob es in der Rechtswissenschaft anders als in den Naturwissenschaften überhaupt „Neues" gibt. Diese Zweifel rühren aus der häufig anzutreffenden Verbindung des Neuheitsbegriffs mit dem Begriff des *Fortschritts.* Entsprechend umstritten und ungeklärt ist, ob und inwieweit man in der Rechtswissenschaft – in Analogie zu den Naturwissenschaften – überhaupt von Fortschritt reden kann. Zwar finden sich im *fortschrittsgläubigen 19. und frühen 20. Jahrhundert* verschiedene Entwicklungs- und auch Fortschrittstheorien des (Straf-) Rechts wie etwa die Theorien von *Welcker*[5], *Ihering*[6], *Merkel*[7] oder *Liszt*[8].[9] Heute in Zeiten des durch Weltkriege und Umweltkatastrophen genährten *Fortschrittskeptizismus* sucht man jedoch eine *Theorie des Fortschritts der Rechtstheorie* oder der *Rechtsdogmatik vergebens.*[10]

Unabhängig von Fortschrittsoptimismus oder -skeptizismus *vermeidet* der nachfolgende Beitrag eine Explikation der Fragestellung unter der Fortschrittsidee. Das hat seinen Grund darin, dass jede Rede von Fortschritt den Bezug auf ein *Bewertungskriterium* voraussetzt, das unter *Kontingenzdruck* geraten kann. So bezeichnen

---

kenntnis, das nach bestimmten Methoden ermittelt wird. Insoweit kann Wissenschaft nicht nur von Angehörigen der Universität oder anderen Institutionen der Wissenschaft betrieben werden, sondern von jeder Person, welche die Regeln der jeweiligen Wissenschaft korrekt anwendet.

[4] Vgl. *Robert Alexy* (Fn. 2), S. 328; *Björn Burkhardt* (Fn. 2), S. 126.

[5] *Karl Theodor Welcker*, Die letzten Gründe von Recht, Staat und Strafe, 1813.

[6] *Rudolf von Jhering*, Das Schuldmoment im römischen Privatrecht, 1867; *ders.*, Entwicklungsgeschichte des römischen Rechts, 1894.

[7] *Adolf Merkel*, Über den Zusammenhang zwischen der Entwicklung des Strafrechts und der Gesamtentwicklung der öffentlichen Zustände und des geistigen Lebens der Völker (1889), in: ders. (Hrsg.), Hinterlassene Fragmente und Gesammelte Abhandlungen, 2. Teil 2. Hälfte, 1899, S. 556 ff.

[8] *Franz von Liszt*, Die Zukunft des Strafrechts, 1892.

[9] Dazu und zu weiteren Autoren näher *Heinz Müller-Dietz*, Gibt es Fortschritt im Strafrecht?, in: Jung (Hrsg.), Perspektiven der Strafrechtsentwicklung, 1996, S. 31 (38 ff.).

[10] *Ralf Dreier*, Das Fortschrittsproblem in rechtstheoretischer Sicht, in: Immenga (Hrsg.), Rechtswissenschaft und Rechtsentwicklung, 1980, S. 1 (11); *Björn Burkhardt* (Fn. 2), S. 125; auch *Robert Alexy* (Fn. 2), S. 328; ferner *Heinz Müller-Dietz* (Fn. 9), S. 43 ff.

die Abschaffung der Folter, die Abschaffung der Todesstrafe oder die Einrichtung einer unabhängigen Strafjustiz für ein rechtsstaatlich-liberales Strafrecht unzweifelhaft fundamentale Fortschritte. In totalitären Systemen würde die Bewertung freilich anders ausfallen. Um sich von den heiklen *teleologischen* Problemen der Fortschrittsidee fernzuhalten, wird die Fortschrittsidee daher nachstehend ausgeklammert.[11] Der Begriff der Neuerung rückt damit in die Nähe der neutraleren Begriffe des rechtlichen *Wandels* oder der rechtlichen *Entwicklung*.

### *b) Elemente des Neuheitsbegriffs*

Ein weiterer Fallstrick ergibt sich aus der *Weite des Neuheitsbegriffs* bezogen auf die Rechtswissenschaft. In der wirtschaftswissenschaftlichen *Innovationsforschung* werden vor dem Hintergrund der drei Phasen Erfindung/Entdeckung (Invention), Anwendungsreife der Erfindung (Innovation) und Marktfähigkeit der Erfindung (Diffusion) unter Innovationen allein nachhaltige Neuerungen begriffen, die mit dem Ziel wirtschaftlicher Verwertung am Markt erfolgen.[12] Entsprechend werden auch in der rechtswissenschaftlichen Innovationsforschung nicht schon Entdeckungen als Innovationen angesehen, sondern erst jene signifikanten (nachhaltigen) Neuerungen, die zur Bewältigung eines bekannten oder neuen Problems beitragen.[13]

Diese enge Begriffsverwendung des Innovationsbegriffs durch die Innovationsforschung ist für unsere Fragestellung nicht zweckmäßig. Das folgt schon daraus, dass es der rechtswissenschaftlichen Innovationsforschung im Kern um die Rolle des Rechts bei der Entwicklung von Innovationen im Bereich der Gesellschaft geht und nicht um die hier gegenständlichen Innovationen „im Recht".[14] Deshalb ist es verständlich, dass die Innovationsforschung den Fokus auf anwendungsreife bzw. problemlösende Innovationen legt. Für die Frage nach Innovationen im Recht sind hingegen alle Erfindungen/Entdeckungen interessant, unabhängig davon, ob sie auch sofort marktgerecht sind und/oder Probleme lösen.

Unter dem *Begriff des Neuen* soll daher nachfolgend etwas *„so bisher nicht Dagewesenes"* verstanden werden. Die vollständige Wiederkehr von bereits Dagewesenem und insoweit also auch ein *Rückschritt* sind danach nichts Neues. Weitere Eingrenzungen etwa hinsichtlich der *Bezugsgrößen* des Neuen in der Rechtswissenschaft wer-

---

[11] Vgl. auch die Kritik bei *Björn Burkhardt* (Fn. 2), S. 124 ff.

[12] Vgl. *Wolfgang Hoffmann-Riem*, Innovationsoffenheit und Innovationsverantwortung durch Recht. Aufgaben rechtswissenschaftlicher Innovationsforschung, AöR 131 (2006), S. 255 (257) mwNw.

[13] So *Wolfgang Hoffmann-Riem* (Fn. 12), S. 255; auch *ders.*, Innovation, Recht und öffentliche Kommunikation – zur Einführung, in: Eifert/Hoffmann-Riem (Hrsg.), Innovation, Recht und öffentliche Kommunikation, 2011, S. 9 ff.

[14] *Wolfgang Hoffmann-Riem*, Rückblick auf das Projekt „Recht und Innovation", in: Eifert/Hoffmann-Riem (Hrsg.), Innovation, Recht und öffentliche Kommunikation, 2011, S. 295 f. *Hoffmann-Riem* weist aber mit Recht darauf hin, dass das Recht auf gesellschaftliche Veränderungen reagiert und folglich auch Innovationen im Recht beim Projekt „Recht und Innovation" beobachtet werden konnten.

den nicht vorgeschlagen. Neues in der Rechtswissenschaft kann daher betreffen *einzelne Gedanken, Argumente, Thesen, ganze Theorien* bis hin zu *Methoden, Paradigmen*[15] bzw. *Großtheorien.*[16] Die denkbaren Bezugsgrößen sind so vielfältig, dass man sogar eine Neusystematisierung von völlig bekannten Argumenten als „neu" bezeichnen kann.

*Nicht* erforderlich ist, dass das Neue *von Dauer* ist. Eine Abgrenzung von Neuem, das auf einer bloßen *Mode* beruht, und Neuem, das modenunabhängig ist (etwa dem *Zeitgeist* als größerem Bruder der Mode verpflichtet ist), bedarf es nicht.[17]

### 3. *Zur Vielfalt der methodischen Zugänge*

Als letzten Fallstrick gilt es schließlich, sich der *Vielfalt der möglichen methodischen Zugänge* zu der Frage, wie das Neue unter Berücksichtigung von Intra- und Interdisziplinarität in die Rechtswissenschaft kommt, zu vergewissern.

Soweit ich sehe, sind mindestens *vier Zugänge* denkbar. Man kann erstens *wissenschaftshistorisch-ideengeschichtlich* danach fragen, wie das Neue in der Vergangenheit in die Rechtswissenschaft gekommen ist.[18] Man kann zweitens *wissenschaftstheoretisch* nach den zeitlosen Bedingungen fragen, unter denen sich Innovationen in der Rechtswissenschaft ereignen. Beide Fragestellungen wiederum können aus zwei verschiedenen Perspektiven angegangen werden: nämlich drittens *wissenschaftsintern* auf Basis der jeweiligen Methoden, Kriterien und Regeln der juristischen Disziplin oder viertens *wissenschaftsextern* (wissenschaftssoziologisch) anhand der Frage nach den realen Bedingungen der Genese von Innovationen, insbesondere dem Einfluss der Sozialstruktur.[19]

Es versteht sich von selbst, dass schon die Knappheit der Zeit es nicht erlaubt, das Thema aus allen vier Perspektiven zu beleuchten. Um den Fokus auf die modernen Begriffe der Intra- und Interdisziplinarität legen zu können, sei die Fragestellung im Folgenden primär aus einer *intern-wissenschaftstheoretischen* Perspektive betrachtet, erläutert an ausgewählten Beispielen vornehmlich des Strafrechts.

---

[15] Zum Begriff des Paradigmas bzw. Paradigmenwechsels siehe unten II. 2.

[16] Als Großtheorien in der Rechtswissenschaft sollen Theorien mit einem umfassenden Deutungsansatz zum Phänomen Recht angesprochen werden, etwa die Reine Rechtslehre von *Hans Kelsen*.

[17] Vgl. dazu *Karsten Schmidt*, Intellektuelle Moden in Recht und Rechtswissenschaft – Ein Versuch über den Zeitgeist, in: Harrer/Honsell/Mader (Hrsg.), Gedächtnisschrift für Meyer-Maly, 2011, S. 423 ff.

[18] Die bahnbrechende Arbeit „Die Struktur wissenschaftlicher Revolutionen" von *Thomas S. Kuhn* (1962) ist mitnichten ein rein ideengeschichtliches Werk, sondern vereinigt wissenschaftsgeschichtliche und wissenssoziologische Perspektiven.

[19] Vgl. *Peter Weingart*, Wissensproduktion und soziale Struktur, 1976, S. 33. Zur Wissenssoziologie siehe grundlegend *Karl Mannheim*, Das Problem einer Soziologie des Wissens, in: Archiv für Sozialwissenschaft und Sozialpolitik 53 (1925), S. 577 ff.; *Max Scheler*, Probleme einer Soziologie des Wissens, in: ders. (Hrsg.), Versuche zu einer Soziologie des Wissens, 1924, S. 1 ff.

Unter *Intradisziplinarität* verstehe ich dabei die Zusammenarbeit von Wissenschaftlern der verschiedenen Disziplinen innerhalb der Rechtswissenschaft, also der dogmatischen Fächer Strafrecht, Zivilrecht und öffentliches Recht unter Einschluss der juristischen Grundlagenfächer wie Rechtsphilosophie (nebst Rechtstheorie), Rechtsgeschichte, Rechtssoziologie etc.[20]

*Interdisziplinarität* meint dagegen die Zusammenarbeit von Wissenschaftlern verschiedener selbständiger Disziplinen an einem gemeinsamen Projekt, bei der Methoden oder Theoriebausteine aus einer Disziplin in eine andere übertragen werden. Sie ist abzugrenzen von der *Multi- oder Pluridisziplinarität*, bei der Vertreter unterschiedlicher Disziplinen aus Anlass der Lösung eines Problems lediglich zusammentreffen und ihre Ansichten, Forschungsergebnisse und Problemlösungen austauschen, ohne die Disziplingrenzen in Frage zu stellen. Die andere Disziplin hat bei der Multidisziplinarität nur den Status einer *Hilfswissenschaft.*

*Transdisziplinarität* schließlich folgt dem Ideal der Einheit des Wissens und der Beseitigung von Disziplingrenzen. Sie geht davon aus, dass bestimmte zentrale Menschheitsfragen keiner herkömmlichen Wissenschaft zugeordnet werden können, sondern zwischen oder über ihnen zu lokalisieren sind.[21] Beispiele sind die Umwelt- und Biowissenschaften oder die Klimaforschung.

Im Einzelnen ergibt sich auf dieser Basis folgender Gedankengang: In einem ersten Schritt kläre ich zunächst, *ob und inwiefern von Neuerungen in der Rechtswissenschaft* gesprochen werden kann (unten II.). Danach skizziere ich das *„Lehnstuhlmodell" des einsamen und hochspezialisierten Rechtswissenschaftlers* als der vielleicht noch verbreitetsten Vorstellung, zu Innovationen zu gelangen, und zeige dessen *Grenzen* auf (unten III.). Im dritten und letzten Schritt untersuche ich anhand von *zwei Beispielen das Innovationspotential intra- und interdisziplinären Arbeitens in der Strafrechtswissenschaft* (unten IV.).

## II. Arten von Neuerungen in der Rechtswissenschaft/Rechtsdogmatik

Während umstritten bzw. ungeklärt ist, ob und inwieweit in der Rechtswissenschaft von Fortschritt gesprochen werden kann[22], ist anerkannt, dass sich zumindest *Neuerungen/Innovationen* feststellen lassen. Je nach Bezugspunkt und Reichweite der Neuerung lassen sich wenigstens *drei Arten* von Innovationen in der Rechtsdogmatik

[20] Vgl. *Matthias Jestaedt* (Fn. 1), S. 189f.

[21] Vgl. *Roland Czada*, Disziplinäre Identität als Voraussetzung von Interdisziplinarität, in: Bizer/Führ/Hüttig (Hrsg.), Responsive Regulierung. Beiträge zur interdisziplinären Institutionenanalyse und Gesetzesfolgenabschätzung, 2002, S. 23 (24ff.); auch mit teils anderen Akzenten *Eric Hilgendorf*, Bedingungen gelingender Interdisziplinarität – am Beispiel der Rechtswissenschaft, JZ 2010, 913 (914f.); *Jürgen Mittelstrass*, Wissen und Grenzen, 2001, S. 93ff.

[22] Oben I.

unterscheiden: Innovationen in analytischer Hinsicht, Innovationen in normativer Hinsicht und Innovationen in paradigmatischer Hinsicht.[23]

### *1. Analytische und normative Neuerungen*

*Analytische* Neuerungen betreffen die Steigerung der analytischen Durchdringung eines Sachproblems. Das kann in zweifacher Weise erfolgen. Zum einen kommen analytische Neuerungen in Gestalt der *Steigerung* der *Präzision von Begriffen* in Betracht. Denn präzisere Begriffe ermöglichen eine genauere Beschreibung des zu regelnden Wirklichkeitsausschnitts und damit eine adäquatere Erfassung des entsprechenden juristischen Sachproblems. Allgemein gilt: Je präziser der zu regelnde Wirklichkeitsausschnitt bezeichnet wird, umso höher ist die Wahrscheinlichkeit, analytisch passgenaue Normierungsvorschläge zu formulieren. Unklare Begriffe erhöhen demgegenüber die Gefahr von Beschreibungsfehlern und damit Fehlnormierungen.

Zum anderen können analytische Neuerungen dadurch geschehen, dass die *dogmatische Konsistenz und Kohärenz eines bestehenden juristischen Lösungsvorschlags* gesteigert wird. Denn je kohärenter eine juristische Lösung begründet ist, desto besser passt sie mangels möglicher Spannungen und Widersprüche in ein juristisches Regelungsgefüge.

Von diesen analytischen Neuerungen in *begrifflicher* und *systematischer* Hinsicht lassen sich *normative Neuerungen* unterscheiden. Bei diesen geht es um *neue* Lösungen (Thesen, Theorien) von dogmatischen Sachproblemen, die auch praeter und contra legem erfolgen können.[24] Beiden Neuerungen ist gemein, dass sie mit den *internen* Methoden, Regeln und Grundsätzen des jeweiligen Dogmatikbereichs erzielt werden. Insoweit macht sich die *heuristische Funktion* von Rechtsdogmatik geltend, die eine Vielzahl von Lösungsmodellen, Differenzierungen und Aspekten bereit hält und als System von Lehrsätzen fruchtbarer Ausgangspunkt für neue Beobachtungen und Anknüpfungen sein kann.[25] Die Neuerungen sind dabei auch tendenziell unabhängig vom positiven Gesetz, wie etwa das System der Straftat.

Analytische und normative Neuerungen in der Rechtswissenschaft sind nicht an die Tätigkeit des Rechtswissenschaftlers gebunden. Neuerungen im beschriebenen Sinne können, wie einleitend bemerkt[26], ebenfalls ausgehen von der Rechtsprechung und dem Gesetzgeber. Beispiele für normative Neuerungen durch die *Rechtsprechung* sind die Erfindung des transzendent (*Radbruch*sche Formel)-immanenten (Maßstäbe des DDR-Rechts)-*Mischansatzes* des Bundesgerichtshofs zur Aufarbeitung der

---

[23] Vgl. ähnlich *Ralf Dreier* (Fn. 10), S. 14 f.; *Björn Burkhardt*, (Fn. 2), S. 125.

[24] *Ralf Dreier* (Fn. 10), S. 14.

[25] *Josef Esser*, Vorverständnis und Methodenwahl in der Rechtsfindung, 2. Aufl. 1972, S. 101; *Robert Alexy*, (Fn. 2), S. 332.

[26] Vgl. oben I. 1.

Regierungskriminalität der DDR[27] oder das insgesamt *neue Auslegungs- und Prüfprogramm* des Bundesverfassungsgerichts für die Anwendung von Strafgesetzen durch die Fachgerichte im Untreuebeschluss von 2010 (Stichworte: Verschleifungsverbot von Tatbestandsmerkmalen, Garantie der Einhaltung des Gesetzgeberwillens, Präzisierungsgebot, Erhöhung des Vertrauensschutzes bei Rechtsprechungsänderungen, Erhöhung der verfassungsgerichtlichen Kontrolldichte, insbesondere Obersatzkontrolle).[28]

Neuerungen können auch vom *Gesetzgeber* angestoßen werden, sofern er nicht bloß EU-Recht, vorhandene Rechtsprechung oder Vorschläge aus der Rechtswissenschaft umsetzt. Als Beispiele aus jüngerer Zeit mögen dienen der neue „*Strafausschließungsgrund*" der Zuwiderhandlung gegen eine vollziehbare Anordnung der BaFin in § 54a Abs. 3 Kreditwesengesetz, der zur Entschärfung der Strafbarkeitsrisiken aus § 54a Abs. 1 und 2 Kreditwesengesetz in letzter Minute in das Gesetz aufgenommen wurde[29], oder die durch den Rechtsausschuss eingeführte neuartige, weil *Compliance-Maßnahmen* voraussetzende strafbefreiende *Selbstanzeige* für fahrlässige Ordnungswidrigkeiten in § 22 Abs. 4 Außenwirtschaftsgesetz.[30]

Schließlich ist die Initiation von Neuerungen selbst durch *Disziplinfremde* möglich, die Innovationen etwa aufgrund von neuen technischen Problemlagen oder veränderten gesellschaftlichen Vorstellungen und Erwartungen vortragen. Derartige Innovationen haben jedoch nur dann realistische Rezeptionschancen, wenn sie mit Rücksicht auf die Fachterminologie, Methoden und Argumentregeln der juristischen Disziplin anschlussfähig formuliert werden können. Teil des Rechtssystems werden sie sogar erst, wenn sie von Angehörigen des Rechtssystems im letzteren Sinne rezipiert werden.[31]

---

[27] BGHSt 39, 1 (16ff., 23ff.) = BGH NJW 1993, 141 (144ff.); dazu *Friedrich-Christian Schroeder*, Die Rechtswidrigkeit der Flüchtlingserschießungen zwischen Transzendenz und Immanenz, JR 1993, S. 45ff. (47ff.); *Frank Saliger*, Radbruchsche Formel und Rechtsstaat, 1995, S. 43f. mwNw.

[28] Vgl. BVerfGE 126, 170 = BVerfG NJW 2010, 3209 (3211f. Rn. 79–84); dazu stellvertretend *Lothar Kuhlen*, Gesetzlichkeitsprinzip und Untreue – zugleich eine Besprechung des Beschlusses des BVerfG vom 23.06.2010 –, JR 2011, S. 246 (248ff.) und *Frank Saliger*, Auswirkungen des Untreue-Beschlusses des Bundesverfassungsgerichts vom 23.06.2010 auf die Schadensdogmatik, ZIS 2011, S. 902 (903ff.).

[29] Vgl. BT-Drucks. 17/13539, S. 6f., 9, 14 zum Entwurf eines Gesetzes zur Abschirmung von Risiken und zur Planung der Sanierung und Abwicklung von Kreditinstituten und Finanzgruppen vom 28. August 2013 (BGBl. I, S. 3395).

[30] Nach § 22 Abs. 4 S. 1 Außenwirtschaftsgesetz vom 6. Juni 2013 (BGBl. I, S. 1482) unterbleibt die Verfolgung als Ordnungswidrigkeit in den Fällen der fahrlässigen Begehung eines Verstoßes im Sinne des § 19 Abs. 2 bis 5, wenn der Verstoß im Wege der Eigenkontrolle aufgedeckt und der zuständigen Behörde angezeigt wurde sowie angemessene Maßnahmen zur Verhinderung eines Verstoßes aus gleichem Grund getroffen werden; dazu BT-Drucks. 17/12101, S. 3, 11.

[31] Vgl. *Matthias Jestaedt* (Fn. 1), S. 202ff.; siehe auch *Michel Foucault*, Die Ordnung des Diskurses (1972), erweiterte Ausgabe Frankfurt am Main 1991, S. 25: „Es ist immer möglich, dass man im Raum eines wilden Außen die Wahrheit sagt; aber im Wahren ist man nur, wenn man den Regeln einer diskursiven ‚Polizei' gehorcht, die man in jedem seiner Diskurse reaktivieren muss. Die Disziplin ist ein Kontrollprinzip der Produktion des Diskurses. Sie setzt ihr Grenzen durch das Spiel einer *Identität*, welche die Form einer *permanenten Reaktualisierung der Regeln* hat."

### *2. Paradigmatische Neuerungen und ihr Verlauf*

Analytische und normative Neuerungen kennzeichnet, dass sie sich *innerhalb des jeweils herrschenden Paradigmas* der Rechtswissenschaft oder juristischen Teildisziplin bewegen. Das gilt nicht für die dritte Innovation, der Neuerung im *paradigmatischen* Sinne. Mit ihr sind *fundamentale Veränderungen im grundbegrifflichen, methodischen oder perspektuellen Bezugsrahmen der gesamten Rechtswissenschaft oder einer juristischen Teildisziplin* gemeint.[32] Als Beispiel können dienen die *Methodendebatten* zwischen Begriffs-, Interessen- oder Wertungsjurisprudenz.[33] Aber auch *ideengeschichtliche Umwälzungen* des Strafrechts mit eminenter Praxisrelevanz wie durch *Beccaria* (gesellschaftsvertraglich [säkular] begründetes Präventionsstrafrecht)[34], *Feuerbach* (Rechtsstaatliches Strafrecht auf Basis des Gesetzlichkeitsprinzips)[35] oder *Welzel* (finalistische Handlungslehre)[36] stellen paradigmatische Neuerungen in einer juristischen Teildisziplin dar.

Das wirft die Frage auf, ob sich *Genaueres zum Ablauf dieser drei Arten* von Neuerungen feststellen lässt. Dabei ist wiederum zwischen den analytischen (begrifflichen, systematischen) und normativen einerseits sowie den paradigmatischen Neuerungen andererseits zu differenzieren. Was die *analytischen* und *normativen* Neuerungen anbelangt, so dürften sie zum *wissenschaftlichen Alltag* gehören. Denn sowohl die Verfeinerung des begrifflichen und systematischen Apparats als auch die normativen Anpassungen an den gesellschaftlichen, staatlichen oder technischen Wandel gehören zu den Grundaufgaben einer jeden wissenschaftlichen Rechtsdogmatik.[37]

Fraglich ist indes, wie *paradigmatische Neuerungen* ablaufen. *Thomas S. Kuhn* hat für den Wandel des Wissens in den *Naturwissenschaften* folgendes Modell vorgeschlagen[38]: Der Wandel der Naturwissenschaften vollzieht sich über den Wechsel von Perioden normaler Wissenschaft, über Anomalie, Krise und Revolution hin zu neuen Perioden normaler Wissenschaft, die häufig nur gegen den Widerstand anderer,

---

[32] Vgl. *Ralf Dreier* (Fn. 10), S. 15 unter Bezugnahme auf *Thomas S. Kuhn*.

[33] Vgl. dazu statt aller *Karl Larenz*, Methodenlehre der Rechtswissenschaft, 6. Aufl. 1991, S. 19 ff., 49 ff. und 119 ff.

[34] *Cesare Beccaria*, Von den Verbrechen und von den Strafen, 1764; dazu etwa *Ralf Hohmann*, Prävention als Instrument der Aufklärung – Cesare Beccaria: „Über Verbrechen und Strafen (1764)“, JURA 1991, S. 121 ff.

[35] *Paul Johann Anselm von Feuerbach*, Lehrbuch des gemeinen in Deutschland gültigen peinlichen Rechts (1801), 11. (letzte eigenhändige) Aufl. 1832, § 20; dazu z. B. aus jüngerer Zeit *Luis Greco*, Lebendiges und Totes in Feuerbachs Straftheorie, 2009.

[36] *Hans Welzel*, Das Deutsche Strafrecht (1947), 11. (letzte) Aufl. 1969, § 8 S. 33 ff.; dazu etwa *Hans Joachim Hirsch*, Der Streit um Handlungs- und Unrechtslehre, ZStW 93 (1981), S. 831 ff. und 94 (1982), S. 239 ff.

[37] Vgl. *Robert Alexy* (Fn. 2), S. 326 ff.; *Björn Burkhardt* (Fn. 2), S. 117 ff.; ferner *Ulfrid Neumann*, Zur Veränderung von Verantwortungsstrukturen unter den Bedingungen des wissenschaftlich-technischen Fortschritts (2005), in: ders., Recht als Struktur und Argumentation, 2008, S. 188 ff.

[38] *Thomas S. Kuhn*, Die Struktur wissenschaftlicher Revolutionen (1962), 2. Aufl. Frankfurt am Main 1976, insbesondere S. 37 ff., 65 ff., 79 ff., 104 ff.

dem alten Paradigma verhafteter Wissenschaftler durchgesetzt werden können und sich von den vorherigen Perioden radikal unterscheiden. Charakteristisch für das Modell *Kuhns* sind damit vor allem drei Elemente: Das Element der *Revolution* als der entscheidende *Wechselmodus*, das Element der *Unvergleichbarkeit (Inkommensurabilität)* der vorherigen und der nachfolgenden Periode normaler Wissenschaft und das *soziale Element* der Überwindung von Widerstand.[39]

Überträgt man dieses Modell auf paradigmatische Innovationen in der Rechtswissenschaft, so wird man zunächst *konzedieren* können, dass sich *Anomalien* als un- oder schwer lösbare Probleme sowie vor allem *Krisen* im bisherigen paradigmatischen Zugriff auf einen Problembereich als Auslöser auch von Paradigmenwechseln in der Rechtswissenschaft beobachten lassen. So kann die *Krise theologischer Staats- und Strafrechtsbegründungen im sich aufklärenden 18. Jahrhundert* als Auslöser der epochemachenden Werke von *Beccaria* und *Feuerbach* angesehen werden. Ferner ist die *Verbindung von kognitiven und sozialen Strukturen* bei der Wissensentwicklung in der Theorie *Kuhns* zu begrüßen.[40]

Davon abgesehen ergeben sich aber *Übertragungsprobleme*. Das betrifft zum einen den Aspekt der *Inkommensurabilität* zwischen vorherigem und nachfolgendem normalen Paradigma. Eine solche Inkommensurabilität dürfte für den Wechsel der Paradigmen in der Rechtswissenschaft nur in seltenen Fällen anzunehmen sein. So kann man eine solche Inkommensurabilität vielleicht für das *Strafrechtskonzept von Beccaria* annehmen, wiewohl auch dessen Konzeption seine Vorläufer hat.[41] Häufiger wird es aber zutreffen, dass das neue Paradigma in der Rechtswissenschaft sich in Auseinandersetzung mit dem alten Paradigma entwickelt und insofern Elemente des alten Paradigmas aufgreift und weiterführt. Das gilt z. B. für den in der 2. Hälfte des 19. Jahrhunderts beginnenden *Wechsel vom liberalen zum sozialen Rechtskonzept*, bei dem die liberalen Grundlagen nicht aufgehoben wurden.[42]

Zweifelhaft ist in der Rechtswissenschaft zum anderen der Gedanke, dass der Wechsel von einem normalen Rechtsparadigma zu einem anderen Rechtsparadigma stets mit einer *Revolution* verbunden ist. Das kann im Einzelfall so sein. Da die Rechtswissenschaft als Geisteswissenschaft aber eher durch eine *permanente Konkurrenz von Begriffen, Methoden und Theorien gekennzeichnet* ist, passt zu ihren In-

---

[39] Dazu auch *Peter Weingart* (Fn. 19), S. 33 ff.

[40] Vgl. auch *Peter Weingart* (Fn. 19), S. 51 ff.

[41] Siehe etwa die (kritische) Einleitung von *Wolfgang Naucke* zu Cesare Beccaria, Von den Verbrechen und den Strafen, übersetzt von Thomas Vormbaum, 2005.

[42] Vgl. z. B. das Drei-Stufen-Modell der Rechtsentwicklung von formalem, materialem und prozeduralem Recht bei *Rudolf Wiethölter*, Entwicklung des Rechtsbegriffs (am Beispiel des BVG-Urteils zum Mitbestimmungsgesetz und – allgemeiner – an Beispielen des sog. Sonderprivatrechts), JBfRsozRth 8 (1982), S. 38 (39 ff.); *Gunther Teubner*, Reflexives Recht: Entwicklungsmodelle des Rechts in vergleichender Perspektive, ARSP 68 (1982), S. 13 (23 ff.); *Gunther Teubner/Helmut Willke*, Kontext und Autonomie. Gesellschaftliche Selbststeuerung durch reflexives Recht, ZfRsoz 6 (1984), S. 19 ff.; *Klaus Eder*, Prozedurales Recht und Prozeduralisierung des Rechts, in: Grimm (Hrsg.), Wachsende Staatsaufgaben – sinkende Steuerungsfähigkeit des Rechts, 1990, S. 155 (164 ff.).

novationen besser die Vorstellung eines *allmählichen Wandels* oder eines *evolutionären Prozesses.*[43]

Strittig ist im Übrigen, in welchen *Bereichen* einer Disziplin sich Neuerungen überwiegend ereignen. *Helmut Schelsky* hat die Ansicht vertreten, dass die „Fortschritte auch der speziellen Forschung sehr oft auf den *Grenzgebieten* der traditionell festgelegten Fächer liegen."[44] Diese Auffassung überzeugt für die Rechtswissenschaft nicht. Für alle drei Arten von Neuerungen in der Rechtsdogmatik und den Rechtswissenschaften gilt, wie viele der angeführten Beispiele zeigen, dass sie sich auch und gerade in den *Kernmaterien* der jeweiligen Teildisziplinen abspielen.[45] Insbesondere paradigmatische Neuerungen erfolgen in den Rechtswissenschaften *auch nicht stets durch wissenschaftliche Außenseiter.* Zwar war *Beccaria* – wiewohl juristisch ausgebildet – ein Privatmann und damit Außenseiter der Wissenschaft.[46] Das trifft aber *nicht* zu etwa auf *Feuerbach* und *Welzel.*

## III. Die Lehnstuhlmethode und ihre Grenzen

Das wohl verbreitetste Gegenmodell zu der These, Neuerungen in einer wissenschaftlichen Fachdisziplin könnten etwas mit Intra- oder Interdisziplinarität zu tun haben, ist die Vorstellung von Wissenschaft als harter Arbeit im „Lehnstuhl" des einsamen und hochspezialisierten Wissenschaftlers. Als paradigmatisch für diese „*Lehnstuhlmethode*" des wissenschaftlichen Erkenntnisgewinns kann die Ansicht *Max Webers* in seinem berühmten Vortrag „Wissenschaft als Beruf" von 1919 gelten. Dort heißt es zum „inneren Berufe zur Wissenschaft":

> „Nicht nur äußerlich, nein gerade innerlich liegt die Sache so: daß der Einzelne das sichere Bewußtsein, etwas wirklich ganz Vollkommenes auf wissenschaftlichem Gebiet zu leisten, *nur im Falle strengster Spezialisierung* sich verschaffen kann. Alle Arbeiten, welche auf Nachbargebiete übergreifen, wie wir sie gelegentlich machen, ... sind mit dem resignierten Bewußtsein belastet: daß man allenfalls dem Fachmann nützliche Fragestellungen liefert, auf die dieser von seinen Fachgesichtspunkten aus nicht so leicht verfällt, daß aber die eigene Arbeit unvermeidlich höchst unvollkommen bleiben muß. Nur durch strenge Spezialisierung kann der wissenschaftliche Arbeiter tatsächlich das Vollgefühl, einmal und vielleicht nie wieder im Leben, sich zu eigen machen: hier habe ich etwas geleistet, das dauern wird."[47]

Das Neue erlangt der solcherart spezialisierte Wissenschaftler nach *Max Weber* durch die *Eingebung.*

---

[43] Vgl. *Peter Weingart* (Fn. 19), S. 82; *Roland Czada* (Fn. 21), S. 23 (39).

[44] *Helmut Schelsky*, Das Zentrum für interdisziplinäre Forschung, in: Mikat/Schelsky, Grundzüge einer neuen Universität, 1966, S. 71 (73).

[45] Zutreffend *Eric Hilgendorf*, (Fn. 21), S. 913 (919).

[46] Dazu *Wolfgang Naucke* (Fn. 41), S. Xf.

[47] *Max Weber*, Wissenschaft als Beruf (1919), in: ders., Gesammelte Aufsätze zur Wissenschaftslehre, 1922, S. 524 (530).

„Nur auf dem Boden ganz harter Arbeit bereitet sich normalerweise der Einfall vor. Gewiß: nicht immer. Der Einfall eines Dilettanten kann wissenschaftlich genau die gleiche oder größere Tragweite haben wie der des Fachmanns. Viele unserer allerbesten Problemstellungen und Erkenntnisse verdanken wir gerade Dilettanten.[48] Der Dilettant unterscheidet sich vom Fachmann ... nur dadurch, daß ihm die feste Sicherheit der Arbeitsmethode fehlt, und daß er den Einfall meist nicht in seiner Tragweite nachzukontrollieren und abzuschätzen oder durchzuführen in der Lage ist. Der Einfall ersetzt nicht die Arbeit. Und die Arbeit ihrerseits kann den Einfall nicht ersetzen oder erzwingen ... Beide ... zusammen locken ihn. Aber er kommt, wenn es ihm, nicht wenn es uns beliebt. ... Es kann einer ein vorzüglicher Arbeiter sein und doch nie einen eigenen wertvollen Einfall gehabt haben ... Ob jemand wissenschaftliche Eingebungen hat, das hängt ab von uns verborgenen *Schicksalen*, außerdem aber von ‚*Gabe*'."[49]

Für das hier mit Bezug auf *Weber* als Lehnstuhlmethode des Erkenntnisgewinns (nicht in ridikulisierender Absicht) titulierte Modell sind *drei Elemente* charakteristisch: eine *strenge Spezialisierung*, die der Ausdifferenzierung der Wissenschaften und der Identität der je eigenen Disziplin Rechnung trägt; eine im Kern *monologische* und *einsame Struktur* der wissenschaftlichen Arbeit; und drittens Originalität und Kreativität als Produkte *nur bedingt beeinflussbarer kognitiver und psychischer Prozesse.*

Man mag an dem *Weberschen* Erkenntnismodell aus wissenschaftssoziologischer Sicht *das Fehlen sozialstruktureller Faktoren* kritisieren.[50] Gleichwohl dürfte sein Modell einem nach wie vor *verbreiteten Verständnis* der Erkenntniserzielung jedenfalls in den Geisteswissenschaften entsprechen. In der Sache gibt das Modell auch eine hinreichende Erklärung für die analytischen (begrifflichen, systematischen) Neuerungen sowie die Mehrzahl der normativen Innovationen, zumindest soweit sie sich im herrschenden Paradigma der jeweiligen juristischen Teildisziplin bewegen.

Indes scheint die Spezialisierungsthese von *Weber* bereits bei den *normativen Innovationen* z. B. via Rechtsfortbildung *brüchig* zu werden. Schon seit jeher richten sich die *Sachprobleme* der Praxis *nicht nach den Grenzlinien der juristischen Teildisziplinen.*[51] Jedem Rechtsanwalt ist das wohlvertraut. Das gilt umso mehr, als die *Komplexität* und *Dynamik* der *globalisierten* Rechtswelt mittlerweile einen Grad erreicht hat, der die Steuerungsleistungen der Spezialisten *tendenziell überfordert.* Wenn es wirklich *transdisziplinäre Sachprobleme* in den Umwelt- oder Biowissenschaften gibt – im Strafrecht stellen z. B. die Kausalität oder die Schuld solche transdisziplinären Probleme dar –, dann kann sie ein Spezialist jedenfalls nicht auf Dauer alleine lösen. Insoweit dürfte eine *dialektische Lage* bestehen: *Einerseits* führt die sich permanent an die Änderungen der Systemumwelt anpassende Rechtsdogmatik zu einer fortschreitenden *Ausdifferenzierung* der Teildogmatiken, die *immer mehr Spezialisten* produziert. *Andererseits* zwingen zunehmend transdisziplinäre Problemlagen die Spezia-

---

[48] Leider nennt *Max Weber* keine Beispiele.

[49] *Max Weber* (Fn. 47), S. 524 (531 f.).

[50] Vgl. dazu *Peter Weingart* (Fn. 19), S. 33 (51 ff.).

[51] Vgl. *Roland Czada* (Fn. 21), S. 23 (27 ff.).

listen zu immer mehr *intra- und interdisziplinärer Zusammenarbeit*, die wiederum zu *mehr Spezialisierung* führen kann. Insoweit kann eine *Wechselwirkung zwischen Spezialisierung und Intra-* bzw. *Interdisziplinarität* angenommen werden.[52] Das führt über *Max Weber* hinaus.

Ob *Webers* Lehnstuhlmodell des monologischen Nachdenkens die *paradigmatischen Neuerungen* vollständig erklären kann, halte ich ebenfalls für zweifelhaft. Zwar lassen sich die Neuerungen etwa durch *Feuerbach* auf Basis der *Kantischen* Philosophie oder durch *Welzel* unter Bezug auf die Ontologie *Hartmanns* noch mit dem *Weberschen* Modell erklären. Die Innovationsleistung *Beccarias*, der als Außenseiter der Wissenschaft seine Gedanken maßgeblich in einem privaten, viele Fächer einbeziehenden Gelehrtenzirkel in Mailand entwickelte[53], scheint mir jedoch außerhalb des Erklärungsmodells von *Weber* zu liegen.

## IV. Innovationen durch Intra- und/oder Interdisziplinarität im Strafrecht

Damit stellt sich die Frage, ob intra- und/oder interdisziplinäres Arbeiten tatsächlich zu Neuerungen in der Rechtswissenschaft führen kann. Das sei an zwei Beispielen aus dem Strafrecht illustriert, die beide ihren Ausgang von der *Praxis* genommen haben[54]: der intradisziplinären Erschließung des Sterbehilferechts und der – noch anstehenden – intra- und interdisziplinären Erschließung von Criminal Compliance.

### 1. *Die intradisziplinäre Erschließung des Sterbehilferechts*

Als Beispiel für eine gelungene intradisziplinäre Rechtsentwicklung kann die Entwicklung des deutschen Sterbehilferechts in den letzten zwei Jahrzehnten gelten. Angefangen hat diese Entwicklung mit dem Urteil des *1. Strafsenats des BGH* von *1994* im *Kemptener Sterbehilfefall* zu einer Wachkoma-Patientin.[55] Vor diesem Urteil war das deutsche Sterbehilferecht von einer *Dominanz* des *Strafrechts* geprägt, die sich durch eine ex-post-Kontrolle der Sterbehilfefälle, einer Würdigung von Patientenverfügungen als bloßes Indiz und vor allem einer *Tabuisierung* der Sterbehilfe insofern auszeichnete, als trotz etwa der hohen Zahl von Wachkoma-Patienten kaum

---

[52] Vgl. *Roland Czada*, (Fn. 21), S. 23 (37 ff.); *Eric Hilgendorf* (Fn. 21), S. 913 (919 f.); auch *Wolfgang Ernst*, Gelehrtes Recht, in: Engel/Schön (Hrsg.), Das Proprium der Rechtswissenschaft, 2007, S. 3 (19 ff.).

[53] Dazu *Wolfgang Naucke* (Fn. 41), S. X f.

[54] Dass „Probleme disziplinärer Grenzziehungen und ihrer Überwindung durch Interdisziplinarität" häufig an der Schnittstelle von Wissenschaft und Praxis zuerst auftreten, betont *Roland Czada* (Fn. 21), S. 23 (44 ff.).

[55] BGHSt 40, 257.

Fälle vor den Gerichten landeten. Im Kemptener Urteil erklärte nun der BGH beiläufig und ohne Vorbild, dass ein Betreuer (damals Pfleger) vor seiner Einwilligung in einen beabsichtigten Behandlungsabbruch der Genehmigung des Betreuungsgerichts (damals Vormundschaftsgerichts) analog § 1904 BGB a. F. bedarf.[56]

Dass diese Aussage geeignet war, einen *revolutionären Perspektivenwechsel* im Sterbehilferecht einzuleiten, wurde in der Rechtswissenschaft schnell erkannt, nämlich *weg vom Strafrecht* mit seiner repressiven ex-post-Kontrolle *hin zum* präventiv ex-ante kontrollierenden *Zivilrecht* verbunden mit einem Bedeutungsgewinn für die Patientenverfügungen im selbstbestimmungsfreundlicheren Zivilrecht.[57] Gleichwohl blieb die Analogie zu § 1904 BGB a. F. stark umstritten. Das änderte sich auch nicht[58], nachdem das *OLG Frankfurt am Main* im *Juli 1998* sich als erstes Zivilgericht der Rechtsfortbildung des BGH für Strafsachen angeschlossen hatte.[59] Hinsichtlich der daraufhin einsetzenden Explosion von Verfahren vor den Betreuungsgerichten (damals Vormundschaftsgerichten) schaffte erst der Beschluss des *12. Zivilsenats des BGH* aus dem Jahr *2003* (relative) Rechtsklarheit. Er verwarf zwar die Einzelanalogie zu § 1904 BGB a. F., bejahte aber aus einem unabweisbaren Bedürfnis des Betreuungsrechts die Genehmigungsbedürftigkeit der Einwilligung des Betreuers in einen Behandlungsabbruch, sofern Arzt und Betreuer sich nicht einig sind. Darüber hinaus erkannte der 12. Zivilsenat als erstes Obergericht die grundsätzliche Verbindlichkeit von Patientenverfügungen an.[60]

Da nach der Entscheidung des 12. Zivilsenats mehrere praktisch wichtige Fragen, die hier nicht interessieren, unklar geworden waren bzw. blieben, setzten erste legislative Bemühungen zur Klärung der Problematik ein. Zugleich fanden Tagungen statt, die sich dezidiert der Intra- und Interdisziplinarität der Sterbehilfefragen widmeten.[61] Diese Bestrebungen fanden nach einem sehr streitigen Gesetzgebungsverfahren ihren Abschluss im *Betreuungsrechtsänderungsgesetz von 2009*, das wegen seiner erstmaligen gesetzlichen Regelung der Patientenverfügung im Betreuungsrecht auch Patientenverfügungsgesetz genannt wird.[62] Seine Kernelemente sind die grundsätzliche Verbindlichkeit von Patientenverfügungen (vgl. § 1901a Abs. 1, 5 BGB), die

---

[56] BGHSt 40, 257 (264).

[57] Vgl. nur *Frank Saliger*, Sterbehilfe nach Verfahren. Betreuungs- und strafrechtliche Überlegungen im Anschluss an BGHSt 40, 257, KritV 81 (1998), S. 118 (145 ff.); zuvor bereits, aber ablehnend *Marco Deichmann*, Vormundschaftsgerichtlich genehmigtes Töten durch Unterlassen?, MDR 1995, S. 983 ff.

[58] Statt aller *Torsten Verrel*, Vormundschaftsgerichte in der Beletage? Bemerkungen zum fortdauernden Streit über die Anwendbarkeit von § 1904 BGB auf die Begrenzung lebenserhaltender Maßnahmen, KritV 2001, S. 440 ff.

[59] OLG Frankfurt am Main NJW 1998, 2747.

[60] BGH NJW 2003, 1588.

[61] Zum Beispiel die Tagung „Intra- und interdisziplinäre Bausteine zu einer gesetzlichen Regelung von Patientenverfügungen" im April 2007 an der Universität Augsburg, deren Beiträge veröffentlicht sind in Marion Albers (Hrsg.), Patientenverfügungen, 2008.

[62] Drittes Gesetz zur Änderung des Betreuungsrechts vom 29. Juli 2009, BGBl. I, S. 2286; dazu BT-Drucks. 16/8442 und 16/13314.

Verneinung einer Reichweitenbeschränkung von Patientenverfügungen (vgl. § 1901a Abs. 3, 5 BGB) und die betreuungsgerichtliche Genehmigungsbedürftigkeit von Behandlungsabbrüchen in Konfliktfällen (vgl. § 1904 Abs. 2, 4 und 5 BGB). An diese Regelung anknüpfend hat schließlich der *2. Strafsenat des BGH* im Urteil zum *Fuldaer Sterbehilfefall vom Juni 2010* die bislang leitende strafrechtliche Unterscheidung von aktiver und passiver Tötung bei durch Einwilligung gerechtfertigten Behandlungsabbrüchen aufgegeben.[63]

Trotz aller Fragen, die diese Rechtsentwicklung nach wie vor aufwirft, wird man sie insgesamt als *gelungene intradisziplinäre Rechtsentwicklung weg vom Strafrecht hin zum Zivilrecht* würdigen dürfen. In ihrem Gefolge ist nicht nur die Patientenautonomie in Gestalt der grundsätzlichen Verbindlichkeit von Patientenverfügungen gestärkt worden. Auch der Rechtsgüterschutz in Bezug auf Leib und Leben der Betroffenen wird durch die ex-ante Kontrolle des Zivilrechts gesteigert. Das führt zu mehr Rechtssicherheit für alle Beteiligten. Befürchtungen von Kritikern, der neue Weg führe zu einer Bürokratisierung des Sterbens und einer Entmündigung der Betroffenen durch das Betreuungsrecht, haben sich bislang nicht bestätigt.

### 2. *Die intra- und interdisziplinäre Erschließung von Criminal Compliance*

Ein zweites Beispiel für eine aus der Praxis angestoßene und noch fortzuführende intra- wie interdisziplinäre Rechtsentwicklung ist die Erschließung des Phänomens der Criminal Compliance. *Criminal Compliance* lässt sich *begrifflich* verstehen als die Gesamtheit der materiellen und formellen Regeln, die aus Sicht von juristischen Personen und Gesellschaften ohne Rechtspersönlichkeit im Vorfeld des gesetzlichen Strafbarkeitsbereichs (materielles Strafrecht) *prospektiv strafrechtliche Haftungsrisiken vermeiden* sollen.[64] Das aus den USA stammende und in Deutschland zunächst im Wirtschaftsrecht aufgegriffene Compliancephänomen ist in Deutschland seit der *Siemens-Korruptionsaffäre* im Jahr 2006 auch als Criminal Compliance in aller Munde.[65]

Das Phänomen ist intra- wie interdisziplinär[66]: *intradisziplinär*, weil neben dem Strafrecht zahlreiche andere Rechtsdisziplinen präventive Regelbildungskompetenz im Vorfeld des gesetzlichen Strafbarkeitsbereichs beanspruchen können; *interdisziplinär*, weil sich bei der Regelbildung auch nicht juristische Disziplinen einschalten. Entsprechend sind am Compliance-Diskurs neben den Strafrechtlern beteiligt ohne

---

[63] BGHSt 55, 191.

[64] Zu den begrifflichen Problemen um Criminal Compliance *Frank Saliger*, Grundfragen von Criminal Compliance, Rechtswissenschaft – Zeitschrift für rechtswissenschaftliche Forschung, 3/2013, S. 263 (269 ff., 275).

[65] Zur Bedeutung der Siemens-Affäre *Dennis Bock*, Strafrechtliche Aspekte der Compliance-Diskussion usw., ZIS 2009, S. 68; *Lothar Kuhlen*, Grundfragen von Compliance und Strafrecht, in: Kuhlen/Kudlich/Ortiz de Urbina (Hrsg.), Compliance und Strafrecht, 2013, S. 1 (2, 7 ff.).

[66] Vgl. *Lothar Kuhlen* (Fn. 65), S. 1 (15).

Anspruch auf Vollständigkeit Kartellrechtler, Gesellschaftsrechtler, Steuerrechtler, Kapitalmarktrechtler, Arbeitsrechtler, Datenschutzexperten, Wirtschaftsprüfer und Wirtschaftsethiker.[67]

Die intra- und interdisziplinäre Klärung zahlreicher Compliance-Fragen steht erst am Anfang. Soweit in Bezug auf die Phänomene der Criminal Compliance und des mit ihr verbundenen Phänomens der *Privatisierung* vereinzelt bereits ein *Paradigmenwechsel im Strafrecht* hin zu einer *interdisziplinären Sanktionsrechtswissenschaft* gefordert wird[68], bin ich skeptisch. Meine Skepsis stützt sich vor allem auf die Freiheitsgefährdungen, die von Criminal Compliance ausgehen können. Denn in dem Maße, wie sich Criminal Compliance an best practice orientiert, tendieren die Compliance-Regeln nicht nur dazu, grundsätzlich überobligationsmäßiges Verhalten zu gebieten oder zu verbieten. Darüber hinaus schaffen die mit dem Ziel der Enthaftung erzeugten Compliance-Regeln selbst Anknüpfungspunkte für Neukriminalisierungen bei Regelverletzungen, etwa im Rahmen der Untreuestrafbarkeit gem. § 266 StGB.[69] Aber dieses Analyse- und Bewertungsproblem ist ein Gegenstand für einen neuen Vortrag.

## V. Zusammenfassung

1. Der Begriff des Neuen in der Rechtswissenschaft ist weit und fortschrittsneutral zu verstehen und erfasst einzelne Gedanken, Argumente, Thesen, Theorien bis hin zu Methoden, Paradigmen und Großtheorien.

2. In der Rechtswissenschaft lassen sich drei Arten von Neuerungen identifizieren: analytische, normative und paradigmatische Neuerungen.

3. Die Lehnstuhlmethode des einsamen und hochspezialisierten Wissenschaftlers als primäre Erkenntnisquelle hat in der modernen Rechtswissenschaft Grenzen. Zwischen Spezialisierung und Intra- bzw. Interdisziplinarität besteht vielmehr eine produktive Wechselwirkung.

4. Die Entwicklung des deutschen Sterbehilferechts und die gegenwärtige Erschließung von Criminal Compliance zeigen, dass intra- und interdisziplinäre Rechtsentwicklungen nicht nur gelingen können, sondern in der modernen Rechtswissenschaft vermehrt erforderlich sind.

---

[67] Vgl. *Thomas Rotsch*, Compliance und Strafrecht – Konsequenzen einer Neuentdeckung, in: Joecks u.a. (Hrsg.), Recht – Wirtschaft – Strafe, Festschrift für Erich Samson zum 70. Geburtstag, S. 141.

[68] So *Marc Engelhart*, Paradigmenwechsel im Strafrecht: Die Notwendigkeit einer „Neuen Strafrechtswissenschaft"?, Rechtswissenschaft – Zeitschrift für rechtswissenschaftliche Forschung, 2/2013, S. 208 (213).

[69] Näher *Lothar Kuhlen*, Strafrechtliche Haftung von Führungskräften, in: Maschmann (Hrsg.), Corporate Compliance und Arbeitsrecht, 2009, S. 11 (24, 26); *Frank Saliger* (Fn. 64), S. 263 (285 ff.).

# Internationalisierung der deutschen Rechtswissenschaft

## Betrachtungen zu einem identitätswandelnden Prozess*

*Armin von Bogdandy*

## I. Ein Thema – zwei Zugänge

*Internationalisierung der Rechtswissenschaft*: Ein solcher Beitrag erscheint heute, in Zeiten der Globalisierung, in einem Band zur rechtswissenschaftlichen Selbstreflexion selbstverständlich. Schon die damit aufgeworfene Fragestellung ist es aber keineswegs, geschweige denn mögliche Vorschläge zur weiteren Entwicklung. Vielmehr lässt sich das Thema *Internationalisierung der deutschen Rechtswissenschaft*[1] mit unterschiedlichen, ja geradezu gegensätzlichen Ausrichtungen untersuchen, die in einem je unterschiedlichen Verständnis des Genitivs im Titel münden: Handelt es sich um einen *genitivus subiectivus* oder aber *obiectivus*?[2] Die Bedeutung beider Ausrichtungen wird im Folgenden tatsachenorientiert (rechtswissenschaftssoziologisch)[3] aufbereitet. Diese Darstellung erfolgt allerdings nicht wertneutral, sondern ist von einer normativen Absicht getragen: In Überzeugung, dass die Lesart als *genitivus subjectivus* nicht zukunftsträchtig ist, lautet die Forderung: Die heutigen Rechtswissenschaftler sollten die derzeitige Transformation so gestalten, dass spätere Generationen den Genitiv des Titels für das frühe 21. Jahrhundert als *genitivus auctoris* deuten werden.

* Ich danke Dana Schmalz für wertvolle Unterstützung und Kritik.

1 Der Singular *deutsche Rechtswissenschaft* bezeichnet eine gesamthafte Betrachtung des Handelns von rechtswissenschaftlichen Akteuren in deutschen Wissenschaftsinstitutionen. Dieser Beitrag behauptet nicht, dass das System selbst handle. In diese Richtung deutende Formulierungen („die deutsche Rechtswissenschaft setzt ein Thema") sind als Kürzel zu verstehen. Der Singular bezeichnet das soziale System und vertritt keinen Methodenmonismus; insoweit folge ich *Matthias Jestaedt*, Deutsche Rechtswissenschaft im Kontext von Europäisierung und Internationalisierung, JZ 2012, S. 1 f.; *ders.*, Perspektiven der Rechtswissenschaftstheorie, in: ders./Oliver Lepsius (Hrsg.), Rechtswissenschaftstheorie, 2008, S. 185, 195 ff.

2 Bekannt seit der Debatte um den Titel von *Immanuel Kants* „Kritik der reinen Vernunft".

3 Der Text bemüht sich um die von *Helmuth Schulze-Fielitz* eingeforderte rechtswissenschaftssoziologische Perspektive, ausf. *ders.*, Staatsrechtslehre als Mikrokosmos. Bausteine zu einer Soziologie und Theorie der Wissenschaft des Öffentlichen Rechts, 2013, S. 1 f.

### 1. *Deutsche Rechtswissenschaft als unabhängige Variable*

Man kann zum einen die etablierte deutsche Rechtswissenschaft als international exemplarisch setzen und ihre weltweite Verbreitung verfolgen.[4] Die *deutsche Rechtswissenschaft* bildet hier die *unabhängige* Variable, der Genitiv im Titel ist ein *genitivus subiectivus*. Rechtswissenschaftssoziologisch ergeben sich viele weiterführende Fragestellungen: Wie viele ausländische Wissenschaftler kommen zu einem Forschungsaufenthalt nach Deutschland? Wie viele von denen, die hier promoviert und wissenschaftlich sozialisiert wurden, sind später in ihrem Wissenschaftssystem erfolgreich? Bestehen Muster hinsichtlich ihrer geografischen oder wissenschaftlichen Herkunft? Wie viele schaffen es gar auf einen deutschen Lehrstuhl, erfahren also die höchste Anerkennung, die der Gleichwertigkeit? Was bedeutet die spezifisch deutsche „Prägung" für die heimische Reputation?[5] Ist das Publizieren in Büchern und Zeitschriften, die das deutsche Rechtswissenschaftssystem verantwortet, nachgefragt oder karrierefördernd? Werden Themen, die die deutsche Rechtswissenschaft setzt, in anderen Systemen beobachtet oder gar aufgenommen? Wie sehr prägt das deutsche Wissenschaftssystem die konkrete rechtswissenschaftliche Arbeit und die Wissenschaftskultur anderer Länder? Welche deutschen Publikationen werden bezogen? Wie haben sich die Deutschkenntnisse in den letzten 30 Jahren entwickelt? Wie zahlreich sind Zitate deutscher rechtswissenschaftlicher Publikationen in einschlägigen ausländischen Werken und Zeitschriften? Sind dies aktuelle Texte oder aber Schrif-

---

[4] So war es Thema auf der 34. Tagung für Rechtsvergleichung „Recht und Rechtsvergleichung in der Finanzkrise", 12.–14. September 2013, Marburg, vgl. nur die Vorträge von *Hiroshi Nishihara*, Die Renaissance des deutschen rechtswissenschaftlichen Denkens im japanischen Verfassungsrecht: Analyse und Ausblick, 13. September 2013; *Antonio López Castillo*, Das deutsche Vorbild in Spanien: Kontinuität oder schwindende Bedeutung?, 13. September 2013.

Zum Einfluss deutscher öffentlich-rechtlicher Autoren des späten 19. und frühen 20. Jahrhunderts auf Ungarn *András Jakab*, ibid., in: Armin von Bogdandy/Pedro Cruz Villalón/Peter Huber (Hrsg.), Handbuch Ius Publicum Europaeum (IPE) II, 2008, § 38 Rn. 7; auf Griechenland *Christos Pilafas*, ibid., § 29 Rn. 15; auf die Niederlande *Remco Nehmelman*, ibid., § 32 Rn. 16; auf Schweden *Kjell Å. Modéer*, ibid., § 35 Rn. 7; auf die Schweiz *Rainer J. Schweizer*, ibid., § 36 Rn. 19; auf Italien *Maurizio Fioravanti*, ibid., § 31 Rn. 15; auf Polen *Andrzej Wasilewski*, ibid., in: Armin von Bogdandy/Peter M. Huber (Hrsg.), Handbuch Ius Publicum Europaeum (IPE) IV, 2011, § 63 Rn. 4.

Zu ihrem Einfluss auf die USA ausf. *Oliver Lepsius*, Der Einfluss deutscher Rechtsideen in den USA, in: Josef Raab/Jan Wirrer (Hrsg.), Die deutsche Präsenz in den USA, 2008, S. 581 ff.; *Mathias Reimann*, Historische Schule und Common Law. Die deutsche Rechtswissenschaft des 19. Jahrhunderts im amerikanischen Rechtsdenken, 1993; zum Einfluss auf Brasilien vgl. *Gilmar Ferreira Mendes/André Rufino do Vale*, O pensamento de Peter Häberle na jurisprudência do Supremo Tribunal Federal, Observatório da Jurisdiçao Constitucional, Año 2, 2008/2009, S. 2. Zum frühen Einfluss auf Schottland *John W. Cairns*, The influence of the German Historical School in Early Nineteenth Century Edinburgh, Syracuse Journal of International Law and Commerce 20, 1994, S. 191 ff. Für das Strafrecht vgl. z. B. *Sylvia Kesper-Biermann/Petra Overath* (Hrsg.), Die Internationalisierung von Strafrechtswissenschaft und Kriminalpolitik (1870–1930). Deutschland im Vergleich, 2007; *Keiichi Yamanaka*, Geschichte und Gegenwart der japanischen Strafrechtswissenschaft, 2012, S. 24 ff.

[5] Näher hierzu die Beiträge von *Peter Weingart* und *Helmut Goerlich* in diesem Band.

ten früherer Generationen? Nicht zuletzt, wenngleich hier die unabhängige zu einer abhängigen Variablen wird: Inwieweit lernt die deutsche Rechtswissenschaft von ihrer Verarbeitung durch andere Rechtswissenschaften, etwa nachweislich entsprechender Zitate in deutschen Werken?

Alle diese Fragen lassen sich mit quantitativen und qualitativen Methoden rechtswissenschaftssoziologisch bearbeiten. Mit Zahlen muss man allerdings, wie stets, vorsichtig sein. Eine ehrliche Prüfung wird wissenschaftsimmanente Anreize (wegweisende Forschung, Angebote intensiver wissenschaftlicher Interaktion) und externe Faktoren (gute Bibliotheken, üppige Stipendien, attraktive Standorte) unterscheiden.[6] Zudem sollte die rechtswissenschaftssoziologische Forschung vergleichend vorgehen, also selbige Fragen in den konkurrierenden rechtswissenschaftlichen Systemen untersuchen, insbesondere mit Blick auf Frankreich, Italien, Kanada, die Niederlande, Spanien, dem Vereinigten Königreich, die Vereinigten Staaten von Amerika, und nunmehr auch auf neue „Spieler", etwa Australien, Singapur und in einer vielleicht gar nicht mehr so fernen Zukunft China. Erst mit diesem Vergleich lässt sich beantworten, ob das erste Verständnis dem Thema heute gerecht wird.

## 2. *Deutsche Rechtswissenschaft als abhängige Variable*

Wer hieran zweifelt, wird den Genitiv im Titel als *genitivus obiectivus* lesen und die deutsche Rechtswissenschaft als *abhängige* Variable setzen, die externe Kräfte zu einer Internationalisierung im Sinne einer Öffnung und Transformation drängen. Dieser Text beruht auf einem solchen Verständnis.[7] Doch sind solche Kräfte ein neues Phänomen? Spätestens seit dem 2. Weltkrieg finanziert die deutsche Wissenschaftsverwaltung Auslandsaufenthalte junger Hoffnungsträger. Man darf vermuten, dass sie Neues lernen und so die deutsche Rechtswissenschaft verändern sollen. Dabei suchen die meisten dieser Hoffnungsträger auf der Suche nach Erkenntnis und Reputation nicht jene Staaten auf, auf welche die deutsche Rechtswissenschaft einwirkt. Ihr Ziel sind vielmehr regelmäßig amerikanische und englische Institutionen, welche deutsche rechtswissenschaftliche Forschung kaum zur Kenntnis nehmen.[8] Diese amerikanischen und englischen Bildungserlebnisse haben die Hoffnungsträger bestimmt bereichert. Die deutsche Rechtswissenschaft insgesamt wurde hierdurch jedoch allenfalls am Rande beeinflusst, wie die gängigen Forschungsfragen,

---

[6] *András Jakab*, Ungarn, in: Armin von Bogdandy/Peter M. Huber (Hrsg.), Handbuch Ius Publicum Europaeum (IPE) IV, 2011, § 67.

[7] Parallel hierzu für Frankreich *Christophe Jamin*, La cuisine du droit. L'École de Droit de Science Po: une experimentation française, 2012, S. 169f., mit einer entsprechenden Umsetzung in der Lehre, S. 171ff. Ungeachtet der überaus schwierigen Lage der Wissenschaft in Frankreich erscheint die französische Antwort zumindest im Bereich der Lehre weiter gediehen, vgl. auch die École de Droit de la Sorbonne, ecolededroitdelasorbonne.univ-paris1.fr/ (25.10.2013).

[8] Anders sieht es mit rechtsphilosophischer Forschung aus. *Jürgen Habermas*, Faktizität und Geltung setzt einen Standard auch jenseits des Atlantiks. Aber auch das Werk von *Robert Alexy* ist übersetzt, bekannt und verarbeitet.

Methoden, Publikationsformen und -orte sowie nicht zuletzt Umgangsformen in den Fakultäten zeigen.[9]

Um die stolze deutsche Rechtswissenschaft zu bewegen, bedarf es ganz anderer Kräfte, die sich seit Beginn dieses Jahrhunderts formieren. Inzwischen sieht sie sich einem erheblichen Änderungsdruck ausgesetzt, der viele Ursachen hat. Der Druck zu ihrer Internationalisierung resultiert vor allem aus der europäischen Integration. Natürlich erschöpft sich die Internationalisierung nicht in einem europäischen Forschungsraum: Wichtige Kooperationspartner, Konkurrenten, *Peers* arbeiten außerhalb dieses Raumes. Es ist aber der europäische Forschungsraum, der zur Internationalisierung drängt.[10] Dies wurde inzwischen auch erkannt, wie die Empfehlungen des Wissenschaftsrats zur deutschen Wissenschaftspolitik im Europäischen Forschungsraum[11] und seine Perspektiven der Rechtswissenschaft in Deutschland[12] zeigen. Insbesondere letztere haben zu einer intensiven Debatte geführt.[13]

Als Beitrag zu dieser Debatte wird im Folgenden näher untersucht, was hinter dem europäischen Internationalisierungsdruck an tatsächlichen Entwicklungen steht. Identifiziert werden der europäische Forschungsraum, der europäische Rechtsraum sowie, in jenen gleichsam wie in einem Trojanischen Pferde (aus der Sicht derjenigen, welche die deutsche Rechtswissenschaft als unabhängige Variable sehen wollen) verborgen, die Forschungsleistungen der großen amerikanischen *law schools*. Der zweite Schritt erarbeitet Vorschläge, wie auf den Anpassungsdruck reagiert werden sollte.

---

[9] Die wichtigste Ausnahme stellt wohl die Rezeption der ökonomischen Analyse des Rechts dar. Für eine besonders originelle Form der Aneignung vgl. *Anne van Aaken*, „Rational choice" in der Rechtswissenschaft: zum Stellenwert der ökonomischen Theorie im Recht, 2003; vgl. aber auch *Oliver Lepsius*, Sozialwissenschaften im Verfassungsrecht, JZ 2005, S. 1.

[10] Genauer: die politischen und institutionellen Kräfte, die diesen Raum wollen und tragen.

[11] Wissenschaftsrat, Empfehlungen zur deutschen Wissenschaftspolitik im Europäischen Forschungsraum, Juli 2010, Drs. 9866–10.

[12] Wissenschaftsrat, Perspektiven der Rechtswissenschaft in Deutschland. Situation, Analysen, Empfehlungen, November 2012, Drs. 2558–12. Mit ähnlicher Fragestellung *Carel Stolker* http://www.carelstolker.com/ (3.9.2013), Report of the „Koers Committee", Kwaliteit en Diversiteit: Rechtswetenschappelijk onderzoek in Nederland, 2009.

[13] Vgl. Beiträge in der JZ 2013: *Stefan Grundmann*, Ein doppeltes Plädoyer für internationale Öffnung und stärker vernetzte Interdisziplinarität, S. 693 ff.; *Thomas Gutmann*, Der Holzkopf des Phädrus – Perspektiven der Grundlagenfächer, S. 697 ff.; *Christian Hillgruber*, Mehr Rechtswissenschaften wagen!, S. 700 ff.; *Stephan Lorenz*, Forschung, Praxis und Lehre im Bericht des Wissenschaftsrats „Perspektiven der Rechtswissenschaft in Deutschland", S. 704 ff.; *Stephan Rixen*, Juristische Bildung, nicht leicht gemacht: Die „Perspektiven der Rechtswissenschaft" des Wissenschaftsrats, S. 708 ff.; sowie *Christian Wolf*, Perspektiven der Rechtswissenschaft und der Juristenausbildung – Kritische Anmerkungen zu den Empfehlungen des Wissenschaftsrats, ZRP 1/2013, S. 20 ff.; vgl. auch *Hagen Hof/Götz von Olenhusen* (Hrsg.), Rechtsgestaltung – Rechtskritik – Konkurrenz von Rechtsordnungen. Neue Akzente für die Juristenausbildung, 2012.

## II. Der Druck zu einer Internationalisierung

### *1. Der europäische Forschungsraum*

Die derzeitige Internationalisierung der deutschen Rechtswissenschaft ist, gesamthaft betrachtet, maßgeblich exogenen Faktoren zu verdanken; sie ist nicht wissenschafts-, sondern politikgetrieben, wenngleich dabei natürlich Wissenschaftspolitiker und die Repräsentanten der wichtigsten Forschungsorganisationen eine zentrale Rolle spielen. [14] Die Politik spielt dabei, wie so oft, über die europäische Bande. Das in Art. 179 Abs. 1 AEUV niedergelegte europäische Projekt, einen europäischen Forschungsraum zu schaffen,[15] betrifft nicht nur die Natur- und Lebenswissenschaften, sondern, nach erheblichen Zweifeln und intensiven Debatten, auch die Sozial- und Geisteswissenschaften und damit die Rechtswissenschaft. Das politische Ziel lautet, die Forschung in allen Fächern durch neue Möglichkeiten und verstärkten Wettbewerb zu verbessern.

Damit bestehen erhellende Parallelen zum Binnenmarktprogramm von 1985.[16] Letzteres verdankte sich maßgeblich der politischen Wahrnehmung allzu sklerotischer Volkswirtschaften, die als schlecht gerüstet galten, dem zunehmenden globalen Wettbewerb mit den USA und Fernost standzuhalten. Die Regierungen der Mitgliedstaaten nutzten die damalige EWG, um ein fundamentales Reformprogramm durchzuführen, das mit ähnlicher Tiefenwirkung durch allein staatliche Maßnahmen kaum je hätte erreicht werden können.

Das Projekt *europäischer Forschungsraum* (European Research Area, ERA) führte unter anderem zum Europäischen Forschungsrat, der 2007 seine Arbeit aufgenommen hat und auch die Rechtswissenschaft fördert.[17] Er hat sich bereits überaus erfolgreich positioniert: Die Erfolgsquote bei seinen Programmen ist das vielleicht sicht-

---

[14] Die folgenden Ausführungen übernehmen Passagen aus *Armin von Bogdandy*, Deutsche Rechtswissenschaft im europäischen Rechtsraum, JZ 2011, S. 1–5 und *ders.*, The past and promise of doctrinal constructivism: A strategy for responding to the challenges facing constitutional scholarship in Europe, Int'l J Constitutional Law 7 (2009), S. 364 ff. Aus den Reaktionen (zur englischen bzw. italienischen Übersetzung) *Mattias Kumm*, On the past and future of European constitutional scholarship, 7 Int'l J Constitutional Law (2009), S. 401, 410 ff.; *Alexander Somek*, The indelible science of law, 7 Int'l J Constitutional Law (2009), S. 424, 431 ff.; *Michel Rosenfeld*, The role of constitutional scholarship in comparative perspective, 7 Int'l J Constitutional Law (2009), S. 362 ff.; *Enrico Scoditti*, La scienza giuridica e i signori del diritto, Foro Italiano 2012, S. 241 ff.; *Remo Caponi*, Diritto della scienza e scienza del diritto, Foro Italiano 2012, S. 243 ff.; *Massimiliano Granieri*, Roberto Pardolesi, Ma i tre signori del diritto sono rimasti in due?, Foro Italiano 2012, S. 247 ff.; *Alessandro Palmieri*, La scienza giuridica europea e le professioni, Foro Italiano 2012, S. 249 ff.

[15] Näher *Alvaro de Elera*, The European Research Area: On the Way Towards a European Scientific Community?, European Law Journal 12 (2006), S. 559 ff.; *Joseph Franz Lindner*, Die Europäisierung des Wissenschaftsrechts, WissR, Beiheft 19 (2009), S. 1, 7 ff.

[16] Weißbuch Vollendung des Binnenmarktes vom 14.6.1985, KOM (85) 319 endg.; dazu *Roland Bieber/Renaud Dehousse/John Pinder/Joseph Weiler* (Hrsg.), 1992: One European Market?, 1988.

[17] Beschluss 2007/134/EG der Kommission vom 2.2.2007, ABl. L 57 vom 24.2.2007, S. 14; ausführlich *Thomas Groß*, Der Europäische Forschungsrat, EuR 2010, S. 299.

barste Instrument des innereuropäischen[18] Vergleichs in puncto Attraktivität und Leistungsfähigkeit der mitgliedstaatlichen wissenschaftlichen Einrichtungen, und eine Förderung durch ihn vermittelt Wissenschaftlern im europäischen Kontext schon jetzt eine so hohe Reputation wie kaum eine andere Auszeichnung. Diese ersten Schritte waren der konkrete Anlass für den deutschen Wissenschaftsrat, eben jene Empfehlungen zur Neuorientierung der deutschen Wissenschaft insgesamt und der deutschen Rechtswissenschaft im Besonderen zu erarbeiten.[19]

Der europäische Forschungsraum bedeutet nicht allein mehr Kontakte oder nur mehr Wettbewerb. Die Grundstruktur des bisherigen Wissenschaftsbetriebs gerät in Bewegung. Die Emergenz eines neuen Raums stellt etablierte Forschungsgegenstände, überkommene Methoden, Publikationsmuster, Karrieremuster, Reputationshierarchien und nicht zuletzt wissenschaftliche Identitäten in Frage. In den USA hat die Bildung eines kontinentalen Raums der Rechtswissenschaft zu Beginn des 20. Jahrhunderts die Verfassung dieser Wissenschaft profund verändert; warum sollte dies in Europa anders sein?

Spätestens an dieser Stelle verbindet sich die Rechtswissenschaftssoziologie mit der Soziologie des Nationalstaats. Die weltumspannende Gemeinschaft des Wissens ruht bislang insgesamt auf nationalen Sockeln. Der Wissenschaftsbetrieb, wie wir ihn heute kennen, bildete sich im 19. und 20. Jahrhundert als nationale Veranstaltung, ja als Veranstaltung des Nationalstaats aus.[20] Er finanzierte die Wissenschaften zwecks effektiver Verwaltung, nationalen Ruhmes und volkswirtschaftlicher Gewinne. Folgsam organisierten sich die Wissenschaftler, zumeist Staatsdiener, in nationalen Vereinigungen, pflegten nationale Publikationsorgane, trugen in der Landessprache eine nationale wissenschaftliche Öffentlichkeit. Gewiss gab es stets mehr oder weniger intensive internationale Kontakte. Doch diese Kontakte ruhten auf einer nationalen Basis, die weitgehend über Ausrichtung und Stil, Medien und Mittel, Karriere und Reputation entschied. Unter der Käseglocke des Nationalstaats entwickelten die nationalen Wissenschaften markant eigene Duftnoten. Dies gilt für die Rechtswissenschaft in besonderem Maße, ist sie doch traditionell in allen Fächern, sogar im Europa- und Völkerrecht,[21] engstens auf „ihren“ Staat und „dessen“ Rechtsordnung bezogen.[22]

---

[18] Die Mitgliedschaft ist nicht auf die EU-Mitgliedstaaten beschränkt. Insbesondere Israel und die Schweiz sind höchst erfolgreiche Teilnehmer.

[19] Siehe oben (Fn. 11).

[20] *Walter Rüegg*, Die Universität in der „Moderne“ des 19. und 20. Jahrhunderts, in: Wolfgang Mantl (Hrsg.), Phänomenologie des europäischen Wissenschaftssystems, 2010, S. 121 ff.

[21] Ausf. *Martti Koskenniemi*, The Gentle Civilizer of Nations. The Rise and Fall of International Law 1870–1960, 2002.

[22] Dies gilt auch für das komparatistisch besonders offene Privatrecht, *Reinhard Zimmermann*, The Present State of European Private Law, Am. J. Comp. L. 57 (2009), S. 479, 482.

## *2. Der europäische Rechtsraum*

Die entstehende Herausforderung ist für die Rechtswissenschaft noch größer als für die meisten anderen Geistes- und Sozialwissenschaften, weil sich nicht nur der wissenschaftliche Kontext, sondern auch ihr Gegenstand europäisiert und internationalisiert hat. Zwischen der Europäisierung und Internationalisierung besteht dabei wiederum ein enger Zusammenhang, da die Internationalisierung des deutschen Rechts oft durch das europäische Recht vermittelt wird. Weite Teile des internationalen Wirtschaftsrechts, des Umweltrechts, aber auch so heikler Themen wie des internationalen Sanktionsrechts treffen in ihrer unionsrechtlichen Durchführung auf die deutsche Rechtsordnung. Mit anderen Worten: die juristische Internationalisierung erfolgt oft in unionsrechtlicher Form.[23]

Die Europäisierung betrifft inzwischen nicht allein das nationale Verwaltungs- und Wirtschaftsrecht,[24] sondern etwa das Schuldrecht,[25] das Familien- und Erbrecht,[26] das Zivilprozessrecht,[27] das Arbeits- und Sozialrecht,[28] das Strafrecht,[29] das Steuerrecht,[30] das Verfassungsrecht[31] und eben auch, dank der vielfältigen völkerrechtlichen Aktivitäten der EU, das in Europa relevante, insbesondere praktisch relevante Völkerrecht. Es erscheint eine neue Qualität erreicht:[32] Die Phase der schlichten Eu-

---

[23] *Laurence Burgorgue-Larsen*, Los estándares: ¿normas impuestas o consentidas?, in: Armin von Bogdandy/Juan Ignacio Ugartemendia/Alejandro Saiz Arnaiz/Mariela Morales Antoniazzi (Hrsg.), La tutela jurisdiccional de los derechos. Del constitucionalismo histórico al constitucionalismo de la integración, Oñati 2012, S. 378 ff.

[24] *Mario P. Chiti*, Diritto amministrativo europeo, 2011; *Karl-Peter Sommermann*, Veränderungen des nationalen Verwaltungsrechts unter europäischem Einfluss – Analyse aus deutscher Sicht, in: Jürgen Schwarze (Hrsg.), Bestand und Perspektiven des Europäischen Verwaltungsrechts, 2008, S. 18.

[25] *Luis Díez-Picazo y Ponce de León/Antonio Manuel Morales Moreno/Encarna Roca Trias*, Los principios del derecho europeo de contratos, 2002; *Reinhard Zimmermann*, Die Europäisierung des Privatrechts und die Rechtsvergleichung, 2006, S. 46 ff.

[26] *Nina Dethloff*, Familien- und Erbrecht zwischen nationaler Rechtskultur, Vergemeinschaftung und Internationalität, ZEuP 2009, S. 992; *Silvia Masucci*, La famiglia e la successione ereditaria, in: Nicolò Lipari (Hrsg.), Trattato di diritto privato europeo, 2003, S. 413.

[27] *Burkhard Hess*, Europäisches Zivilprozessrecht, 2010; *Fernando Gascón Inchausti/Andrés de la Oliva Santos*, Derecho procesal civil europeo, competencia judicial internacional, reconocimiento y ejecución de resoluciones extranjeras en la Unión Europea, 2011.

[28] *Ulrich Becker/Winfried Boecken/Angelika Nußberger/Heinz-Dietrich Steinmeyer* (Hrsg.), Reformen des deutschen Sozial- und Arbeitsrechts im Lichte supra- und internationaler Vorgaben, 2005.

[29] *Ulrich Sieber*, Die Zukunft des Europäischen Strafrechts, ZStW 122 (2009), S. 1 ff.; *Joachim Vogel*, Strafrecht und Strafrechtswissenschaft im internationalen und europäischen Rechtsraum, JZ 2012, S. 25 ff.

[30] *Wolfgang Schön*, Die Auswirkungen des gemeinschaftsrechtlichen Beihilferechts auf das Steuerrecht, Österreichischer Juristentag (Hrsg.), 17. Österreichischer Juristentag Wien 2009, IV/2 Steuerrecht, 2010, S. 21.

[31] *Armin von Bogdandy*, Zweierlei Verfassungsrecht, Der Staat 39 (2000), S. 163.

[32] *Rainer Wahl*, Europäisierung: Die miteinander verbundene Entwicklung von Rechtsordnungen als ganzen, in: Hans-Heinrich Trute/Thomas Groß/Hans Christian Röhl/Christoph Möllers

ropäisierung der nationalen Rechtordnungen ist insoweit beendet, als sie zu einem neuen Zustand geführt hat, den der Begriff des europäischen Rechtsraums besonders anschaulich beschreibt.[33] Wenngleich die europäische Überformung in aller Regel nicht kodifikatorisch, sondern „pointillistisch" erfolgt,[34] so ist doch in einer Reihe von Rechtsgebieten die gemeinsame europäische Rechtsschicht inzwischen breiter als in den Vereinigten Staaten. Diese neue Qualität zeigt anschaulich der Singular Rechts*raum*: Es gibt nunmehr ein neues Ganzes, welches das Bisherige, die einzelnen Nationalstaaten, transzendiert. Zugleich vermeidet der Begriff sowohl eine föderale als auch eine rein völkerrechtliche Deutung dieses neuen Ganzen und so eine Positionierung in der ältesten und prinzipiellen Kontroverse der europäischen Integration. Vielmehr eröffnet der Begriff eine für beide Verständnisse akzeptable und tragfähige Basis, um das neue Ganze zu erfassen. Zudem ist dem Begriff des europäischen Rechtsraums eine Dimension unmittelbarer Anschaulichkeit zu eigen, nachvollziehbar für jeden Bürger, der sich innerhalb der Europäischen Union bewegt – anders als abstrakte Leitbegriffe wie „Verbund", „Mehrebenensystem" oder „Netzwerk".

Grundlage des europäischen Rechtsraums ist das durch die mitgliedstaatlichen Rechtsordnungen definierte Territorium der Europäischen Union. Dabei ist ihm die Kombination von Staatlichem und Supranationalem wesentlich. Kern des Begriffs ist die Feststellung, dass die rechtliche Organisation dieses Territoriums ebenso durch mitgliedstaatliche wie unionale Normen erfolgt, um die Ziele des EU-Vertrags im Rahmen einer neuen politischen und rechtlichen Einheit zu verwirklichen.

Entsprechend mutieren, staatssoziologisch, der einsilbige Staat zum Mitgliedstaat, verwaltungswissenschaftlich, die Staatsverwaltung zum Glied einer Verbundverwaltung und, rechtswissenschaftssoziologisch, die staatliche Rechtsordnung zum Teil eines größeren Zusammenhangs.[35] In anderen Worten formuliert: Bislang konnte sich eine „große" Rechtsordnung, also eine Rechtsordnung mit langer Tradition, erheblichen Ressourcen und vielen Wissenschaftlern wie die deutsche, als ein normatives Universum begreifen. Nunmehr jedoch, da zusammengeschlossen mit Rechtsordnungen wie der bulgarischen oder rumänischen, deren gelebtes Recht sich deutlich von dem deutschen unterscheidet, erscheint es angebracht, diesen Zusammenhang als ein Pluriversum zu verstehen, zumal die hierarchische Zuordnung des nationalen und supranationalen Rechts in der Schwebe bleibt.[36] Die Wissenschaft und v.a. Dog-

---

(Hrsg.), Allgemeines Verwaltungsrecht – zur Tragfähigkeit eines Konzepts, 2008, S. 869. Zum Begriff auch *Anna Katharina Mangold*, Gemeinschaftsrecht und deutsches Recht, 2011, S. 21 ff.

[33] Art. 3 Abs. 2 EUV, Art. 26 Abs. 2 AEUV.

[34] *Hein Kötz*, Rechtsvereinheitlichung – Nutzen, Kosten, Methoden, Ziele, Rabels Zeitschrift 50 (1986), S. 1, 5; *Stefan Leible*, Europäisches Privatrecht am Scheideweg, NJW 2008, S. 2558.

[35] Näher *Christoph Schönberger*, Verfassungsvergleichung heute: Der schwierige Abschied vom ptolemäischen Weltbild, VRÜ 43 (2010), S. 6.

[36] *Niel Walker*, The Idea of Constitutional Pluralism, MLR 65 (2002), S. 317; aus rechtsvergleichender Perspektive *Daniel Halberstam*, Constitutional Hierarchy: The Centrality of Conflict in the European Union and the United States, in: Jeffrey L. Dunoff/Joel P. Trachtman (Hrsg.), Ruling the World? Constitutionalism, International Law, and Global Governance, 2009, S. 326 ff.

matik des deutschen Rechts muss sich, will sie diese Entwicklung verarbeiten und damit praxistauglich bleiben, und somit nicht zuletzt den Bedürfnissen des Rechtsstabs, der Wirtschaft und der Studierenden nachkommen, in diesem Pluriversum neu aufstellen. Dies verschärft den Veränderungsdruck.

### 3. *Amerikanische Universitäten*

In diesem Kontext versteht sich die Herausforderung durch die führenden US-amerikanischen *Law Schools*.[37] Die Entgrenzung und Bildung von neuen Räumen erfolgt zumeist nach den Regeln des stärksten Systems. So wie der europäische Währungsraum maßgeblich nach deutschen Vorstellungen und dem Beispiel der Deutschen Mark gestaltet wurde, so formt sich der europäische Wissenschaftsraum nach den Regeln und Praktiken der angelsächsischen Wissenschaftswelt, welche im rechtswissenschaftlichen Bereich die amerikanischen Elite *Law Schools* maßgeblich prägen, obwohl die Vereinigten Staaten natürlich nicht Teil des Forschungsraums sind.[38] Wenngleich es einige Fächer und Fragestellungen geben mag, wo dies anders ist, so erscheint es mir, gesamthaft betrachtet, unzweifelhaft, dass diejenigen rechtswissenschaftlichen Autoren, die in grenzüberschreitenden Fachdebatten besonders häufig auftauchen und die Debatten oft mehr als andere prägen, und sei es auch nur als „Stachel", an amerikanischen Institutionen arbeiten, wobei dies bemerkenswert häufig nicht US-Amerikaner, sondern oft Ausländer sind.[39]

Soll die deutsche Rechtswissenschaft in diesen Debatten präsent sein, so birgt dies für deutsche Rechtswissenschaftler Mühe und Kosten. So ist Englisch für den europäischen Diskurs in den allermeisten juristischen Disziplinen die maßgebliche Sprache, wie inzwischen selbst französische Kollegen anerkennen. Weiter kann deutsche Dogmatik kaum ohne Modifizierungen erfolgreich europäisch präsentiert werden: Vielmehr ist der juristische Gedanke für den neuen Kontext spezifisch zu entfalten.[40] Es gibt zudem deutliche Hinweise, dass die deutsche Rechtswissenschaft, nicht zuletzt dank der der deutschen Sprache eigenen Möglichkeiten von Substantivierungen und Substantivkombinationen, ein besonders dichtes Netz autonomer dogmatischer Begriffe und entsprechender Lehren gewoben hat, die es so kaum woanders gibt, und deren sachliche Angemessenheit, also Funktionalität, nicht immer hinreichend kon-

---

[37] *Oliver Lepsius*, Was kann die deutsche Staatsrechtslehre von der amerikanischen Rechtswissenschaft lernen?, Die Verwaltung, Beiheft 7: Staatsrechtslehre als Wissenschaft, 2007, S. 319, 348 ff.

[38] Zum allgemeinen Phänomen *William M. Johnston*, How Higher Education in the United States Challenges Universities in Europe and the United Kingdom, in: Mantl (Fn. 20), S. 145.

[39] Es dient der internationalen Strahlkraft des amerikanischen Wissenschaftssystems, dass es ausländischen Wissenschaftlern eine berufliche Zukunft bietet. Amerikanische Fakultäten sehen, anders als viele deutsche Fakultäten, Ausländer, die nicht 2 Staatsexamen bestanden haben, als volltaugliche Kollegen auch im Unterricht des heimischen Rechts.

[40] Von besonderer Bedeutung sind hierfür viele Beiträge im German Law Journal; zu dessen Rolle die Beiträge zum 10-jährigen Bestehen dieser Zeitschrift in German Law Journal 10 (2009), S. 1291 ff.

trolliert wird. Der Glanz der deutschen dogmatischen Rechtswissenschaft, ihre hohe Autonomie und begriffsprägende Kraft, und ihr Elend, nämlich Verstrickung in funktional zweifelhaften Abstraktionen, sind gleichursprünglich.

Eine besonders große Herausforderung durch die führenden amerikanischen *Law Schools* liegt darin, dass die Forschung in diesen Institutionen, so unterschiedlich sie sich im Einzelnen auch darstellt, regelmäßig mit der „normalen" dogmatischen Forschung in Europa kontrastiert.[41] Zunächst verlangt die amerikanische Rechtswissenschaft Thesen: Beschreibungen, aber auch dogmatische Klassifizierungen, sind wenig geschätzt. Die zentrale Rolle, die im kontinentaleuropäischen rechtswissenschaftlichen Diskurs die dogmatische Argumentation hat, wird im amerikanischen Diskurs am ehesten durch die *Economic* oder die *Policy Analysis of Law* wahrgenommen.[42] Als eigentlich wissenschaftlich gilt in jenen Institutionen oft die Anwendung der Methoden und Theorien anderer Wissenschaften auf das Recht. Die praxisgerechte Aufbereitung des geltenden Rechts wird hingegen weitgehend Verlagsjuristen überlassen, die die Datenbanken pflegen; die großen Rechtswissenschaftler sehen sich eher als *public intellectuals*,[43] die neue Ideen, oft durch interdisziplinäre Anleihen, produzieren. Innovationsfreudigkeit steht hoch im Kurs. In einem globalisierten System der Rechtswissenschaft steht daher der hergebrachte Modus dogmatischer Wissenschaft unter Druck.

## III. Wege der Verarbeitung

### *1. Von der Notwendigkeit einer Strategie*

Nach den Kräften, die zur Internationalisierung der deutschen Rechtswissenschaft treiben, kommen nun mögliche Evolutionen, ja Transformationen zur Sprache. Rechtswissenschaftssoziologisch formuliert geht es um Entwicklungsszenarien im sozialen System Rechtswissenschaft. Am Ausgangspunkt steht dabei die Feststellung, dass es keineswegs gesichert ist, dass die Internationalisierung gleichsam automatisch positive Effekte für die deutsche Rechtswissenschaft und, in der Verlängerung, die Rechtspraxis zeitigen wird. Der über die europäische Bande gespielte Wandlungsprozess der universitären Ausbildung (Bologna-Prozess) belegt anschaulich, wie wissenschaftsfremd und dysfunktional solche Impulse wirken können. Die Dominierung des globalen Wissenschaftssystems durch natur- und insbesondere lebenswissenschaftliche Verständnisse kann etwa dazu führen, dass ungeeignete

---

[41] Eine Ursachenanalyse bei *Richard A. Posner*, The Decline of Law as an Autonomous Discipline, Harvard Law Review 100 (1987), S. 761.

[42] *Robert C. Post*, Constitutional Scholarship in the United States, 7 Int'l J Constitutional Law (2009), S. 416, 421.

[43] So zuspitzend *Lepsius* (Fn. 37), S. 340 f.

Formen (etwa schwerfällige Forschungsverbünde) und Anreizstrukturen (etwa Umstellung auf extrinsische Motivation) gesetzt werden.

Auch steht zu befürchten, dass die allgegenwärtige Innovations-, Durchbruchs- und Paradigmenwechselrhetorik die für das Rechtssystem so wichtige akademische „Pflege eines Rechtsgebiets" unattraktiv werden lässt. Israel, ein Land mit einer überaus leistungsfähigen Rechtswissenschaft, wie schon sein Abschneiden im Rahmen des ERC zeigt, gibt ein warnendes Beispiel. Für die Evaluation von Forschungsarbeit ist die Publikation in amerikanischen und englischen Zeitschriften besonders relevant.[44] Dies hat natürlich weitreichende Folgen: Es leiden Qualität und Quantität der akademischen Durchdringung des israelischen Rechts, das als solches die amerikanischen und englischen Redaktionen kaum interessiert.[45] Der etablierte Forschungsgegenstand, nämlich die eigene Rechtsordnung, verliert so an Bedeutung.

Doch nicht nur das: die Schaffung eines neuen Forschungsraums stellt viele weitere wissenschaftliche Muster in Frage. Etablierte Forschungsinteressen, namentlich Beschreibung, dogmatische Einordnung und pragmatischer Vorschlag zum Umgang mit einer Frage, müssen sich gegen Theorien und Methoden anderer Wissenschaften behaupten. Beliebte Publikationsmuster, etwa Sammel- und vor allem Tagungsbände, aber auch Lehrbücher, geraten gegenüber Zeitschriften, insbesondere solchen mit *peer review*, ins Hintertreffen. Soweit diese Zeitschriften im Ausland betreut werden, verlieren die etablierten Vertreter des Fachs im Inland an Einfluss. Es eröffnen sich zudem neue Karrieremuster im Ausland, wie fast jeder Besuch in englischen, niederländischen oder norwegischen Fakultäten zeigt. Viele der dort tätigen Ausländer meinen, dass sie in ihrem Heimatsystem ziemlich chancenlos waren. Der Freiheitsgewinn, insbesondere für den akademischen Nachwuchs, ist gewaltig.

Schon deshalb sollte man diesen Entwicklungen, ungeachtet der angesprochenen Risiken, offen begegnen. Zudem bedingt die Einbettung in dieses größere Wissenschaftssystem keinen unausweichlichen Abstieg oder gar Verfall, insbesondere keineswegs notwendige Unterordnung und US-Hegemonie. Es gibt in vielen Disziplinen globale Leuchttürme außerhalb der Vereinigten Staaten. Einige Länder – vor allem Skandinavien, die Niederlande und die Schweiz – haben wichtige Teile ihres Wissenschaftssystems entsprechend umgestellt und erscheinen im globalen Wissenschaftsbetrieb nach Maßstab der *citation indexes* sogar erfolgreicher als die in den Vereinigten Staaten und Großbritannien organisierte Forschung. Die Max-Planck-Gesellschaft, würde sie sich, wie die Rockefeller Universität, mit ihrer Doktorandenausbildung als Graduiertenuniversität konstituieren (sie müsste dazu gegenüber dem

---

[44] Vgl. die entsprechende Klassifizierung rechtswissenschaftlicher Zeitschriften in dem Ranking der hebräischen Universität Jerusalem. http://israelaw.files.wordpress.com/2012/05/jerusalem-ranking-of-legal-journals-may-2012.doc. Danach können israelische Kollegen in Deutschland allenfalls im Göttingen Journal of International Law und dem German Law Journal publizieren, soll ihnen dies akademisch irgendwie nützen.

[45] Wie israelische Kollegen berichten.

jetzigen Zustand eigentlich nur noch selbst die Doktorgrade vergeben), befände sich in dem Shanghai-Ranking weltweit unter den ersten fünf Institutionen.[46]

Will man im europäischen und internationalen Wissenschaftssystem aber erfolgreich sein, so drängt dies den deutschen, ebenso wie den französischen, spanischen oder italienischen Wissenschaftsbetrieb in vielen Hinsichten zu einem Umdenken, für welches die Empfehlungen des Wissenschaftsrats Hilfestellung geben.[47] So wird es wohl notwendig, die knappen Ressourcen auf weniger Forschungseinrichtungen zu konzentrieren; die deutsche Exzellenzinitiative weist genau in diese Richtung.[48] Denn Entgrenzung erleichtert die Migration; internationale Attraktivität ist teuer.[49] Und ähnlich wie in den USA dürfte sich die Ausbildung des wissenschaftlichen Nachwuchses zunehmend auf eine Handvoll Institutionen konzentrieren.

Insgesamt geht es darum, die vielfältigen Chancen zu nutzen, die ein europäischer und international eng eingebundener Wissenschaftsraum nach den Regeln der angelsächsischen Wissenschaftswelt bietet. Es gilt die allgemeine Einsicht, dass weltweite Spezialisierung und Wettbewerb grundsätzlich segensreich sind. So dürfte die kontinentale Wissenschaft vom diskursiveren angelsächsischen Stil profitieren. Es ist zugleich jedoch keine Strategie, amerikanische Forschung einfach zu kopieren, denn Kopie ist niemals Spitzenforschung. Es gilt vielmehr, Wege der Öffnung und Fortentwicklung zu finden, ohne auf die vielfachen Leistungen einer differenzierten Rechtsdogmatik, also einer systematisierenden Aufbereitung des Rechtsstoffs in praktischer Absicht, zu verzichten.[50] Eine vielversprechende Strategie sollte Aneignungen aus allen Richtungen in klarer Kognition des eigenen Wegs und der eigenen Stärken bedeuten.[51] Dies hat eine eminent rechtswissenschaftssoziologische Dimension.

### 2. *Rechtsvergleichung und methodologische Europäisierung*

Dieser Befund und die mit ihm zusammenhängende Entwicklung verlangen nach wissenschaftlicher Orientierung. Die Rechtsvergleichung erhält dabei eine neue Di-

[46] *Peter Gruss*, 63. Jahresversammlung der Max-Planck-Gesellschaft, 14. Juni 2012, Stärke in der Forschung durch Vielfalt im System; http://www.mpg.de/5852163/hv2012Gruss.pdf, und dies mit einem deutlich kleineren Budget als die wichtigsten Konkurrenten.

[47] Siehe oben (Fn. 11, 12). Vgl. für eine Beschreibung der Karrieremöglichkeiten in Deutschland http://www.eui.eu/ProgrammesAndFellowships/AcademicCareersObservatory/AcademicCareersbyCountry/Germany.aspx (Stand 08.01.2014).

[48] Näher *Michael Hartmann*, Die Exzellenzinitiative – ein Paradigmenwechsel in der deutschen Hochschulpolitik, Leviathan 34 (2006), S. 447.

[49] Vgl. in diesem Zusammenhang auch *Ayelet Shachar*, The race for talent: highly skilled migrants and competitive immigration regimes, NY University Law Review 81 (2006), S. 148 ff.

[50] Zur normativen Bedeutung einer solchen Dogmatik unzweideutig *Jürgen Habermas*, Diskurstheorie und Völkerrecht, ZaöRV 73 (2013), S. 295 ff. Diese Dimension zu vernachlässigen wird jenen *law schools* oft vorgeworfen, ausf. *Harry T. Edwards*, The Growing Disjunction between Legal Education and the Legal Profession, Michigan Law Review 91 (1992), S. 34; vergleichend *Alexander Somek*, The indelible science of law, Int'l J Constitutional Law 7 (2009), S. 424.

[51] Exemplarisch *Eberhard Schmidt-Aßmann*, Verwaltungsrechtliche Dogmatik, 2013.

mension,[52] denn die einzelnen (Teil-) Rechtsordnungen sind in ein „Gespräch" zu bringen, das Identität *und* Differenz zugleich sucht.[53] Mit einer solchen Erkenntnisgrundlage lässt sich der gemeinsame Rechtsraum besser verstehen und gestalten. Die Qualität dieses Rechtsraums hängt davon ab, dass Wissenschaftler und Praktiker ein Verständnis für das Recht anderer Staaten entwickeln. Sie sollten auf der Grundlage gemeinsamer Fertigkeiten, Kenntnisse und Wertvorstellungen operieren sowie in der Perspektive des europäischen Rechtsraums ihren jeweiligen rechtlichen *Acquis* neu justieren und fortentwickeln. Rechtsvergleichung, bislang nur in kleineren Staaten ein allgemeiner Standard guter Forschung, wird aufgrund des europäischen Rechtsraums zum Beruf der Zeit.[54]

Zudem ist oft nur mittels Rechtsvergleichung das Regelungsmodell eines europäischen Rechtsaktes oder die Entscheidung eines europäischen Gerichts zu durchdringen und die angestoßene Transformation des nationalen Rechts zu begreifen. Rechtsvergleichung und Kenntnisse anderer Rechtssysteme können dem europäisch wie zwischenstaatlich agierenden Anwalt, Beamten oder Richter helfen, die Positionen der Kollegen zu verstehen und die eigene Argumentationslinie abzustimmen und anzureichern. Ähnliches gilt für die sich intensivierende Begegnung von Rechtswissenschaftlern im europäischen rechts*wissenschaftlichen* Raum auf Tagungen, am Schreibtisch, und zwar keineswegs allein bei „europabezogenen" Themen. Es wird immer mehr zum Standard guter rechtswissenschaftlicher Forschung, selbst eine rein innerstaatliche Fragestellung in einer europäischen Perspektive und aus fremden Lehren schöpfend neu zu entfalten.

Allerdings ist ausländisches Recht fremd. Rechtsquellen und Rechtserkenntnisquellen sind nicht leicht zu erschließen. Oft ist die Terminologie eine andere. Aufgrund der unterschiedlichen Entwicklungspfade können dieselben Worte bzw. ihre sprachlichen Äquivalente divergierende Begriffe tragen. Diese sind nicht einfach zu ermitteln, da Rechtsbegriffe ihren vollen Gehalt erst im Zusammenhang mit anderen Rechtsbegriffen und aus der praktischen Handhabung erhalten. Die Pluralität im

---

[52] *Reinhard Zimmermann*, Comparative Law and the Europeanization of Private Law, in: Mathias Reimann/ders. (Hrsg.), The Oxford Companion of Comparative Law, 2008, S. 539 ff. Dem haben sich nunmehr für das öffentliche Recht angenommen *Albrecht Weber*, Europäische Verfassungsvergleichung, 2010; *Claus Dieter Classen*, Nationales Verfassungsrecht in der Europäischen Union, 2013; *Ulrich Sieber/Karin Cornils* (Hrsg.), Nationales Strafrecht in rechtsvergleichender Darstellung. Allgemeiner Teil, 2010; *Jean Pradel*, Droit pénal comparé, 3[ieme] ed. 2008.

[53] Näher *Mireille Delmas-Marty*, Études juridiques comparatives et internationales du droit, 2003, S. 32; *Susana de la Sierra*, Una metodología para el Derecho Comparado europeo. Derecho Público Comparado y Derecho Administrativo Europeo, 2004, S. 67 ff.; *Marie-Claire Ponthoreau*, Droit(s) constituionnel(s) comparé(s), 2010, S. 103 ff.; *Michel Rosenfeld/András Sajó*, Introduction, in: dies. (Hrsg.), The Oxford Handbook of Comparative Constitutional Law, 2012, S. 1, 10 f.

[54] Dies gilt nicht nur für Europa, vgl. *Flavia Piovesan*, Ius commune latinoamericano en derechos humanos e impacto del sistema interamericano: Rasgos, potencialidades y desafíos, in: Armin von Bogdandy/Eduardo Ferrer Mac-Gregor/Mariela Morales Antoniazzi (Hrsg.), Ius Constitutionale Commune en derechos humanos en América Latina. Una aproximación conceptual, México, 2013, S. 181 ff. Pointiert dagegen *Hillgruber* (Fn. 13), S. 700 f.

europäischen Rechtsraum im Allgemeinen sowie die in Art. 4 Abs. 2 EUV anerkannte expressive, die nationale Identität aufzeigende Rolle der mitgliedstaatlichen Verfassungen im Besonderen verlangen, fremdes Recht als fremdes zu akzeptieren und der Neigung entgegenzuwirken, sprachlichen Assonanzen unbeschwert nachzugeben. Es gilt, die Grundlagen anderer europäischer Rechtsordnungen, insbesondere prägende historische Erfahrungen, Entwicklungsstufen, systematische Grundlagen, juristische und rechtswissenschaftliche Stile in der Perspektive des sich bildenden europäischen Rechtsraums zu erschließen und den eigenen Bestand in diesem Lichte fortzuentwickeln.

Die Berücksichtigung der anderen Rechtsordnungen sollte sich nicht im Vergleich erschöpfen. Vielmehr erscheint es angezeigt, den europäischen Rechtsraum als relevanten Kontext juristischer Arbeit zu begreifen, für dessen Funktionieren alle juristischen Akteure eine Verantwortung tragen, weshalb er in Entscheidungen und Begründungen zu berücksichtigen ist. Dies wirkt sich etwa bei den Folgenerwägungen aus, die oft für juristische Entscheidungen tragend sind.[55] Danach ist zu prüfen, wie eine Interpretation und insbesondere eine Rechtsfortbildung sich konkret auswirkt, wie sie auf andere Konstellationen passt und ob sie auch dort plausible, überzeugende Ergebnisse produziert.[56]

Gewiss ist dies selbstverständliches, fest etabliertes methodisches Handwerkszeug eines jeden Juristen. Aber: Bislang ist der Bezugsrahmen allein der mitgliedstaatliche Kontext, soweit es um eine Interpretation des mitgliedstaatlichen Rechts geht. In einem gemeinsamen Rechtsraum erscheint dies zu eng, auch Konsequenzen außerhalb der staatlichen Grenzen sind zu berücksichtigen.[57] Für Deutschland kann dies rechtlich im Integrationsgebot des Grundgesetzes verankert werden.[58] Ein solches Vorgehen stellt ein wichtiges Instrument dar, überzeugende von weniger überzeugenden dogmatischen Figuren und Fortentwicklungen zu unterscheiden und kann so helfen den methodischen Nationalismus zu überwinden.[59] Doch die methodischen Fragen reichen weit darüber hinaus und berühren die Identität der Rechtswissenschaft.

---

[55] *Gertrude Lübbe-Wolff*, Rechtsfolgen und Realfolgen, 1981, S. 139 ff.; vgl. auch *Rolf Wank*, Grenzen richterlicher Rechtsfortbildung, 1978, S. 46 ff.

[56] *Lübbe-Wolff* (Fn. 55), S. 156.

[57] *Martin Böse*, Die Entscheidung des Bundesverfassungsgerichts zum Vertrag von Lissabon und ihre Bedeutung für die Europäisierung des Strafrechts, ZIS 2010, S. 76, 83.

[58] Näher *Peter M. Huber*, Offene Staatlichkeit: Vergleich, in: Armin von Bogdandy/Pedro Cruz Villalón/ders. (Hrsg.), Handbuch Ius Publicum Europaeum (IPE) II, 2008, § 26 Rn. 104 ff.

[59] Zum Begriff *Michael Zürn*, Politik in der postnationalen Konstellation, in: Christine Landfried (Hrsg.), Politik in einer entgrenzten Welt, 2001, S. 181; *Anne Peters*, Die Zukunft der Völkerrechtswissenschaft: Wider den epistemischen Nationalismus, ZaöRV 67 (2007), S. 721 ff.

### 3. *Transformation der disziplinären Identität*

Die deutsche Rechtswissenschaft arbeitet in erster Linie in einer dogmatischen Ausrichtung.[60] Damit liegt sie, auf hohem Niveau, im europäischen Mainstream: Die praxisorientierte, klassifizierende und systematisierende Aufbereitung des positiven Rechtsmaterials, wenngleich in deutlich unterschiedlichen Ausprägungen, bildet in den meisten rechtswissenschaftlichen Disziplinen der meisten Länder die akademische Pflicht, die Bearbeitung darüber hinausgehender Fragestellungen hingegen die Kür. Dies erscheint nur zukunftsträchtig, wenn die Kür, wie in jeder guten Vorstellung, als unerlässlich begriffen und insbesondere unter kritischer Verwendung amerikanischer Erfahrungen ausgebaut wird.[61]

Für die Sichtbarkeit einer Rechtswissenschaft und eines Rechtswissenschaftlers im europäischen Rechtsraum wird es vor allem auf Beiträge zu den großen gemeinsamen Fragen des europäischen Rechtsraums, grundbegrifflich ausgerichtete dogmatische Arbeiten sowie interdisziplinär und theoretisch informierte Forschung ankommen.[62] Nur mit solchen Projekten dürfte man etwa beim Europäischen Forschungsrat Chancen haben. Anwendungsorientierte dogmatische Beiträge zu Einzelfragen insbesondere des mitgliedstaatlichen Rechts, das Gros der rechtswissenschaftlichen Arbeit, sind hingegen in der Regel allzu eng mit dem spezifischen nationalen Rechtsmaterial verwoben und daher weniger sichtbar und schwer zu rezipieren. Neben der dogmatischen Analyse bedarf es wirkungsorientierter, aufgabenbezogener und nicht zuletzt kritischer Betrachtungsweisen des Rechts, die nicht nur mit dogmatischer Begrifflichkeit, sondern auch mit Skalierungen, Leitbildern, Typologien, Begriffen anderer Wissenschaften sowie einer Vielzahl von Methoden und Interessen arbeiten.[63] Diese Pluralisierung hat transformatorischen Charakter: Danach bestimmt sich nämlich die Rechtswissenschaft nicht mehr über eine einzige sog. juristische Methode.[64] Im Zuge dieser Entwicklung steht zudem zu erwarten, dass der derzeit breite Graben zwischen internen (dogmatischen) und externen Bearbeitungen des Rechts besser überquerbar wird.[65]

---

[60] Vgl. nur die Bestandsaufnahme des Wissenschaftsrates (Fn. 12), S. 35.

[61] Zu den Problemen ausf. *Edwards* (Fn. 50), S. 34 ff.; *Edward L. Rubin*, Law And the Methodology of Law, Wisconsin Law Review 1997, S. 521 ff.

[62] Die vielfältigen Schwierigkeiten, die dies mit sich bringt, werden in diesem Band insbesondere von *Thomas Gutmann*, *Oliver Lepsius*, *Frank Saliger* und *Hubert Rottleuthner* erörtert. Diese Schwierigkeiten sind aber, wie etwa viele weiterführende Studien im Geiste des *neuen Verwaltungsrechts* zeigen, überwindbar.

[63] *Sabino Cassese*, New paths for administrative law: A manifesto, Int'l J Constitutional Law 10 (2012), S. 603, 612 f.

[64] So etwa *Andreas Voßkuhle*, Neue Verwaltungsrechtswissenschaft, in: Wolfgang Hoffmann-Riem/Eberhard Schmidt-Aßmann/ders. (Hrsg.), Grundlagen des Verwaltungsrechts, Band 1, 2. Auflage 2012, S. 1 f. Hierzu *Jestaedt* (Fn. 1), S. 195 ff.

[65] *Martijn Hesselink*, A European Legal Method? On European Private Law and Scientific Method, European Law Journal 15 (2009), S. 20, 45.

Eine solche Pluralisierung steht in ihrer transformierenden Kraft nicht allein. In vielen Rechtsordnungen haben sich die einzelnen rechtswissenschaftlichen Fächer durch die Konzentration auf ein spezifisches rechtliches Segment in Abgrenzung zu anderen Fächern etabliert. Sie haben jeweils ein Proprium gefunden, wie der weitgehend standardisierte Zuschnitt der disziplinprägenden Lehrbücher zeigt. Bereits die Konstitutionalisierung der Rechtsordnung hat dies in Frage gestellt.[66] Im Zuge der Entwicklung des europäischen Rechtsraums bedarf es nun zunehmend einer rechtsordnungsübergreifenden Bearbeitung bestimmter Fragen. Angesichts der Bedeutung unionsrechtlicher Vorgaben ist auch die praxisorientierte Rechtswissenschaft gezwungen, sich unionsrechtlich auszuweiten. Die Überwindung des staatlichen Gesichtskreises drängt darüber hinaus auf eine Fortentwicklung, ja Transformation der traditionellen Identität der Disziplinen; zwei Aspekte ragen heraus.

Erstens steht eine Europäisierung der wissenschaftlichen Identität an. Ungeachtet eines entwickelten europäischen Rechts ist man heute von einer *gemeinsamen* Wissenschaft, von europaweiten Disziplinen zu den meisten Rechtsfragen selbst des Unionsrechts weit entfernt.[67] Ein europäischer Diskussions- und Rezeptionszusammenhang existiert derzeit nur in Ansätzen, weil eben die meisten Rechtswissenschaftler sich in erster Linie mit Blick auf das jeweilige staatliche Recht und die entsprechende wissenschaftliche *Community* begreifen. Dies kann als kollektive Ausrichtung für die Zukunft kaum überzeugen. Soll der europäische Rechtsraum den berechtigten Rationalitätserwartungen genügen, die im 20. Jahrhundert mit Blick auf das staatliche Recht formuliert wurden, so bedarf es einer intensiven wissenschaftlichen Begleitung, die allein aus den nationalen Wissenschaftsräumen heraus nicht geleistet werden kann.[68] Es bedarf einer europäischen wissenschaftlichen *Community*, und eine solche *Community* verlangt eine entsprechende Identität ihrer tragenden Mitglieder.

Der Weg dahin ist weit und mühsam: die Sprachenfrage, die Unübersichtlichkeit der Forschungs- und Publikationslandschaft, schlichtweg die Vielgestaltigkeit des europäischen Wissenschafts- und Rechtsraums. Es gibt eine Vielfalt nationaler Wissenschaftsstile und -kulturen, die ein gemeinsames Gespräch stark erschwert.[69] Die Gründung eines *European Law Institute*[70] nach dem Beispiel des *American Law Insti-*

---

[66] Vergleichend *Armin von Bogdandy*, Wissenschaft vom Verfassungsrecht – Vergleich, in: ders./Pedro Cruz Villalón/Peter M. Huber (Hrsg.), Handbuch Ius Publicum Europaeum (IPE) II, 2008, § 39 Rn. 38 ff.; *Luc Heuschling*, Verwaltungsrecht und Verfassungsrecht, in: Armin von Bogdandy/Sabino Cassese/Peter M. Huber (Hrsg.), Handbuch Ius Publicum Europaeum (IPE) III, 2010, § 54 Rn. 43 ff.

[67] *Matthias Ruffert*, Was kann die deutsche Europarechtslehre von der Europarechtswissenschaft im europäischen Ausland lernen?, in: Helmuth Schulze-Fielitz (Hrsg.), Staatsrechtslehre als Wissenschaft, Die Verwaltung, Beiheft 7, 2007, S. 253, 256.

[68] *Reinhard Zimmermann*, Savigny's Legacy, L. Q. Rev. 42 (1996), S. 576. Hierzu auch der Beitrag von *Bernd Schünemann* in diesem Band.

[69] Zu deren Bedeutung für das europäische Projekt *Tony Judt*, Geschichte Europas von 1945 bis zur Gegenwart, 2006, S. 869 ff.

[70] *Stefan Leible* (Fn. 34), S. 2562; als eine Initiative hierzu vgl. www.europeanlawinstitute.eu (6.9.2010).

*tute*[71] kann zu einem solchen Gespräch ebenso beitragen wie europäische Fachgesellschaften, die Gewicht in den Karrieren ihrer Mitglieder haben. Insgesamt hängt der künftige Weg und Erfolg der deutschen Rechtswissenschaft maßgeblich an einer Neujustierung der Kriterien wissenschaftlicher Karriere im Lichte der Chancen und Herausforderungen des europäischen Rechtsraums.

Zweitens sind im europäischen Rechtsraum disziplinäre Identitäten, die sich in erster Linie aus Abgrenzungen bilden, also etwa des verwaltungsrechtlichen Materials gegenüber verfassungsrechtlichem, des nationalen gegenüber unionsrechtlichem und völkerrechtlichem, aber auch des öffentlich-rechtlichen gegenüber privatrechtlichem Materials, kaum zukunftsträchtig.[72] Die disziplinäre Positionierung einer rechtswissenschaftlichen Disziplin im europäischen Rechtsraum sollte weniger durch die Bestimmung von Grenzen und erst recht nicht durch die Fixierung einer Methode, sondern vor allem durch die Klärung ihres jeweiligen zentralen Interesses erfolgen.

Die rechtsquellentheoretische Zuordnung zum Völkerrecht, Unionsrecht oder staatlichen Recht sollte also in Zeiten der Interdependenz der verschiedenen Rechtsordnungen nicht mehr das primäre Kriterium disziplinärer Identitäten bilden.[73] Rigide Primäridentitäten wie Staatsrechtler, Europarechtler oder Völkerrechtler werden damit ebenso prekär wie eine Identitätsbestimmung aus dem Gegensatz von öffentlichem Recht und Privatrecht. Es steht zu erwarten und zwecks einer problemadäquaten Wissenschaft auch zu hoffen, dass diese Identitäten sich im europäischen Rechtsraum zwar nicht verflüchtigen, da sie für die Lehre nützlich bleiben, aber doch weiter verflüssigen.[74] Andere Identitätsgehalte wie ein besonderes Interesse an einem Sachgebiet (Wettbewerbsrecht, Wirtschaftsrecht, Vergaberecht, Sicherheitsrecht, Verfahrensrecht oder Rechtsschutz im Verbundsystem, oft im Zusammenspiel öffentlich-, privat- und strafrechtlicher Komponenten) oder einer bestimmten Aufgabenstellung (Anwendungsdiskurse, Politikberatung, dogmatischer Systembau, eine bestimmte theoretische Forschungsrichtung) dürften dann wohl an Gewicht für das Selbstverständnis gewinnen. Dogmatische Arbeit sollte die identitätsprägende Mitte der Rechtswissenschaft bleiben,[75] jedoch weit mehr als heute

---

[71] Zur zentralen Rolle und den Aufgaben des American Law Institute vgl. *Joachim Zekoll*, Das American Law Institute – ein Vorbild für Europa?, in: Reinhard Zimmermann (Hrsg.), Globalisierung und Entstaatlichung des Rechts, 2008, S. 101.

[72] *Michael Stolleis*, Geschichte des öffentlichen Rechts in Deutschland. Vierter Band, 2012, S. 676.

[73] *Andrea Hamann/Hélène Ruiz Fabri*, Réseaux transnationaux et constitutionnalisme, in: Hélène Ruiz Fabri/Michel Rosenfeld (Hrsg.), Repenser le constitutionnalisme à l'âge de la mondialisation et de la privatisation, 2011, S. 174, 178 ff. Dies zielt nicht darauf ab, die diversen Rechtsordnungen in einem diffusen *globalen* Recht zusammenfließen zu lassen, näher *Armin von Bogdandy*, Prolegomena zu Prinzipien internationalisierter und internationaler Verwaltung, in: Trute/Groß/Röhl/Möllers (Hrsg.) (Fn. 32), S. 683 f.

[74] *Brams Akkermans*, Challenges in Legal Education and the Development of a New European Private Law, German L. J. 10 (2009), S. 803, 813 f.

[75] Zur Bedeutung dogmatischen Denkens für die gesellschaftliche Rationalität *Habermas* (Fn. 50), S. 298.

durch eine Reihe weiterer Ausrichtungen ergänzt werden, die für diese Mitte als unerlässlich gelten.[76] Man darf hoffen, dass eine solche Pluralisierung die Attraktivität der Rechtswissenschaft stärken wird; dies verspricht das amerikanische Beispiel.

## IV. Ausblick

Vor 100 Jahren war es naheliegend, Internationalisierung der deutschen Rechtswissenschaft in erster Linie als einem *genitivus subiectivus* zu lesen, die deutsche Rechtswissenschaft als weltweit führend zu verstehen. In der heutigen Konstellation erscheint ihre Internationalisierung eher als ein Prozess, der ihr widerfährt, um sie in einen größeren Zusammenhang einzubetten und nach dessen Logik auszurichten. Um hierbei keinen Schaden zu nehmen und die Chancen zu nutzen, bedarf es der Selbstreflexion, über Schwächen wie über Stärken,[77] kurzum eine Internationalisierung der deutschen Rechtswissenschaft im Sinne eines *genitivus auctoris*. Und diese Selbstreflexion wird, so meine Vermutung, ergeben, dass viele Institutionen und Praktiken beherzt fortzuentwickeln, ja zu ändern sind, soll in Deutschland betriebene Rechtswissenschaft erfolgreich sein.

Wird die deutsche Rechtswissenschaft dann aber noch sie selbst sein? Helmuth Schulze-Fielitz lässt diese Frage für den Mikrokosmos der deutschen Staatsrechtslehre ausdrücklich offen. Béla Bartóks *Mikrokosmos*[78] reagierte, ebenso wie Helmuth Schulze-Fielitz' *Mikrokosmos*, auf die Europäisierung der heimischen Kultur, die zu tiefen Entzweiungen führte, und suchte zu vermitteln. So großartig das Ergebnis ist, eine stabile Vermittlung kam nicht zustande.[79] Doch sollte dies Anlass zur Sorge sein, oder mit anderen Worten: Bildet die Bewahrung einer spezifisch deutschen Rechtswissenschaft ein Ziel an sich?[80] Kaum. Das Ziel lautet, dass in Deutschland betriebene Rechtswissenschaft konstruktive Beiträge zu den großen und kleinen Fragen des Rechts liefert, im Lichte seiner Effektivität und Legitimität.

---

[76] Zu den Optionen die Beiträge in *Christoph Engel/Wolfgang Schön* (Hrsg.), Das Proprium der Rechtswissenschaft, 2007; zu meiner Position *von Bogdandy* (Fn. 14); kritisch hierzu, da als viel zu „dogmatisch" verstanden, *Massimo Bruni*, Per la scienza giuridica europea (riflessioni su un dibattito in corso), Rivista trimestrale di diritto pubblico 62 (2012), S. 905; *Giulio Napolitano*, Sul futuro delle scienze del diritto pubblico, 60 Rivista trimestrale di diritto pubblico 1 (2010); *Post* (Fn. 42), S. 421.

[77] Wichtige Ansatzpunkte für eine solche Reflexion finden sich in diesem Band insbesondere im Beitrag von *Oliver Lepsius*.

[78] Der Mikrokosmos (Mikrokozmosz) ist eine Klavierschule in sechs Bänden, entstanden zwischen 1926 und 1939. Im Szollosy-Verzeichnis trägt sie die Bezifferung Sz. 107, im Verzeichnis von László Somfai BB 105.

[79] *Jürgen Uhde*, Bartók, Mikrokosmos: Spielanweisungen und Erläuterungen, 1988, S. 122 ff.

[80] Ich schreibe dies in Bewusstsein der Kritik, die *Manfred Zuleeg* für seine Aussage erntete, die Bewahrung der deutschen Verwaltungsrechtsdogmatik bilde kein Ziel an sich, in: Deutsches und europäisches Verwaltungsrecht – Wechselseitige Einwirkungen, VVDStRL 53 (1994), S. 153, 177 f., 199.

# Reputation in der Wissenschaft – Funktion und Bedeutungsverlust

*Peter Weingart*

## I. Reputation und die Selbststeuerung der Wissenschaft

Die Namen von Filmstars, Fußballspielern, Politikern sind zahlreich in den Medien präsent und zumeist schon Erstklässlern bekannt. Die Namen von Wissenschaftlern tauchen nur selten auf, und noch seltener erlangen sie eine vergleichbare Prominenz. Allen sonntäglichen Politikerbeteuerungen über die Bedeutung von Wissenschaft und Forschung für die Gesellschaft zum Trotz kommen die Leistungsträger der Geistesarbeit – von Ausnahmen abgesehen – in den Medien kaum vor. Nur zur alljährlichen Verleihung der Nobelpreise öffnen sich die Massenmedien für die Namen der Preisträger, aber schon wenige Tage später sind sie der breiten Öffentlichkeit wieder abhandengekommen, wenn sie sie überhaupt wahrgenommen hat. Merkwürdig abgeschlossen bleibt die Welt der Wissenschaft gegenüber der Gesellschaft, wenn es festzustellen gilt, wer dort zur Spitze gehört. Ganz anders innerhalb der Wissenschaft selbst, oder genauer: jeweils beschränkt auf einzelne Disziplinen oder gar noch enger begrenzte Forschungsgebiete. Dort weiß jeder, wer an der Spitze der Berühmtheit steht. Die jeweiligen Stars des Feldes sind bekannt. Diese Differenz zwischen breiter Wahrnehmung in der allgemeinen Öffentlichkeit und spezieller Wahrnehmung in einem Wissenschaftsgebiet ist die zwischen Prominenz und Reputation.[1]

Beide Begriffe meinen ähnliches, nämlich Bekanntheit. Prominenz bezieht sich im Alltagsverständnis auf die Bekanntheit durch die Aufmerksamkeit der Medien. Sie kann sich auf Pop-Sänger ebenso beziehen wie auf Politiker, aber z. B. auch auf Mafia-Bosse. Mit dem Begriff der Reputation, angewandt auf die Wissenschaft, verbindet sich, abgesehen von Bekanntheit unter den Fachkollegen und zuweilen auch über diesen Kreis hinaus, auch eine theoretische Bedeutung. Ausgangspunkt ist die funktionale Differenzierung moderner Gesellschaften und die damit verbundene Beobachtung, dass Wissenschaftler – in der Verfolgung neuen, gesicherten Wissens – an der Belohnung durch die Erlangung von Ruhm unter den für sie relevanten, d. h. für die Beurteilung ihrer Forschung kompetenten Kollegen, interessiert sind. Dem-

---

[1] *Weingart/Pansegrau*, Reputation in science and prominence in the media: the Goldhagen debate, in: Public Understanding of Science 8(1), 1999, S. 3–16.

gegenüber sind andersartige Belohnungen (Geld!) zweitrangig und unspezifisch. Der innerwissenschaftlich erworbene Ruhm, also die Reputation unter Kollegen, bezieht sich auf den Beitrag, den ein Wissenschaftler zum gesamten Unternehmen ‚Wissensproduktion' in dem jeweiligen Gebiet geleistet hat. Die Anerkennung eines solchen Beitrags impliziert folglich, dass er von anderen geprüft worden ist. Die Prüfung bezieht sich auf die Frage, ob der Beitrag, d.h. eine neue Theorie, Methode, Entdeckung, Beobachtung usw., sich als ‚wahr' erweist und ob er für die Forschungen der anderen Mitglieder der Fachgemeinschaft nützlich ist. Eine Theorie oder eine Entdeckung, die keinen Bezug zu anderen Forschungen im Gebiet hat, mit der niemand etwas anfangen kann, kann noch so richtig und gut sein, sie wird unbeachtet bleiben. Die Anerkennung innerhalb der Wissenschaft bezieht sich also nur auf die dort erbrachten Leistungen, sie kann – im Prinzip – nirgendwo anders geltend gemacht werden, und fokussiert die Forscher darauf, sich nur der Produktion ‚wahren Wissens' zu widmen.

Die Zuerkennung von Reputation hat in der Wissenschaft eine zentrale Steuerungsfunktion. Reputation begründet die Hierarchie der Wissenschaftler gemäß ihren Leistungen und ist damit die Basis der ‚Sozialstruktur' innerhalb der Wissenschaft. Damit dient sie auch der Orientierung für alle Mitglieder der Fachgemeinschaft im Hinblick darauf, welches die wichtigen Themen der Forschung sind und von wem sie am kompetentesten bearbeitet werden. Sie dient, in den Worten Niklas Luhmanns, als „*Symptom* für Wahrheit" und selektiert den Informationsfluss insofern vor, als durch sie die Chance der Wahrnehmung und damit wiederum der Bewertung durch die Mitglieder der Fachgemeinschaft erhöht wird.[2] Das setzt allerdings voraus, dass der Prozess der innerwissenschaftlichen Beurteilung, das sog. ‚peer review', von allen für verlässlich gehalten wird, also nach den im Feld geltenden Standards vollzogen wird. Reputation hat mithin die Funktion der Steuerung von Aufmerksamkeit in der Wissenschaft, die wiederum für die effiziente Beurteilung von Forschungsergebnissen, d.h. für das Funktionieren des ‚review' – Prozesses unerlässlich ist.

Dieser fortlaufende Prozess und das Vertrauen in die Angemessenheit seiner Ergebnisse begründen den Selbststeuerungsmechanismus der ausdifferenzierten Wissenschaft und das mit ihr institutionalisierte Wahrheitsmonopol. Die so verfasste Wissenschaft verfügt demnach über einen hohen Grad an ‚reputationaler Autonomie', d.h. die Freiheit, über die Zuerkennung von Reputation aufgrund *interner* Leistungskriterien zu entscheiden.[3] Versuche von außen, von Politikern, Firmen oder anderen Geldgebern, in diesen Prozess unter Verweis auf Leistungen eines Wissenschaftlers z.B. ‚für die Gesellschaft' oder ‚für die Wirtschaft' zu intervenieren, sind dem Modell gemäß nicht erfolgreich, weil sie nicht auf der gleichen Kompetenz be-

---

[2] *Luhmann*, Die Selbststeuerung der Wissenschaft, in: ders. (Hrsg.), Soziologische Aufklärung, Bd. 1, 1970, S. 232–252 (237).

[3] *Whitley*, The Intellectual and Social Organization of the Sciences, 1984, S. 220ff.

ruhen. Wollen Politik, Wirtschaft oder Medien sich der Dienste der Wissenschaft bedienen, orientieren sie sich ebenfalls an der jeweils geltenden Reputationshierarchie, insofern diese eben das verlässlichste ‚Symptom für Wahrheit' ist. Die Welt der Wissenschaft mit ihrer hoch spezialisierten Sprache ist ansonsten für Außenstehende unzugänglich.

*Was* aber ist Gegenstand der Beurteilung? Allgemein gesagt sind es die Leistungen hinsichtlich des übergeordneten Zwecks der Wissenschaft, d. h. die Produktion neuen Wissens. Um der Beurteilung durch die Fachkollegen unterzogen werden zu können, müssen diese unter ihnen kommuniziert werden. Am Beginn der modernen Wissenschaft steht daher die Mitteilung neuer Erkenntnisse in einer wissenschaftlichen Fachzeitschrift. Entscheidend ist hierbei, dass die Bewertung der Leistung durch die ‚peers' zumeist implizit bleibt. Sie wird allenfalls in Festschriften oder bei Preisverleihungen durch Begründungen explizit gemacht. Dieser Umstand begründet die zunächst gegebene Unzugänglichkeit wissenschaftsinterner Bewertungsprozesse, die geeignet ist, den Verdacht von Machenschaften durch Kartelle und ‚old boys networks' zu nähren. Objektiv messbar ist wissenschaftliche Qualität nicht, allenfalls mit Hilfe von Proxies.

Wenngleich das Prinzip der Kommunikation für alle Disziplinen gilt, unterscheiden sich die Formen und auch die Gegenstände der Kommunikation selbst zum Teil erheblich. Ein markanter Unterschied ist der zwischen den Ingenieurwissenschaften und allen anderen, insofern für die ersteren primär das Patent als Ergebnis des Forschungsprozesses gilt. In den Naturwissenschaften ist der Artikel in einer wissenschaftlichen Fachzeitschrift das vorrangige Kommunikationsmedium. In den Geistes- und Sozialwissenschaften bleibt das Buch das wichtigste Medium, wenngleich der wissenschaftliche Artikel gerade in den Sozialwissenschaften auf dem Vormarsch ist. In dem vergleichsweise jungen Gebiet der Informatik gelten Konferenzberichte offenbar als hauptsächliches Kommunikationsmedium. In der Jurisprudenz gilt, ähnlich wie in der Mathematik, das Lehrbuch als Grundlage für den Reputationserwerb, sodann die Abhandlung in einer Zeitschrift.[4]

Die Prävalenz des einen oder des anderen Mediums hängt u. a. wahrscheinlich vorrangig vom Stand der disziplineninternen Wissensentwicklung ab. Disziplinen, in denen neues Wissen von allen Mitgliedern der Fachgemeinschaft hoch konsentiert in seiner Bedeutung eingeordnet werden kann, gelten als ‚aufgabensicher' (*Whitley*: task certain). Diese Gebiete sind durch kurze Mitteilungen in Zeitschriften charakterisiert. In ihnen sind überdies der Wissensumschlag und die Verfallsgeschwindigkeit des Wissens sehr viel höher. In aufgabenunsicheren (task uncertain) Gebieten hingegen ist eine solche eindeutige Bewertung nicht möglich. Sie sind durch Meinungsvielfalt, Theorienstreit und konfligierende Interpretationen gekennzeichnet.

[4] AvH Stiftung, Publikationsverhalten in unterschiedlichen wissenschaftlichen Disziplinen – Beiträge zur Beurteilung von Forschungsleistungen, 2009; speziell zu den Kommunikationsmustern der Rechtswissenschaft vgl. auch Wissenschaftsrat, Perspektiven der Rechtswissenschaft in Deutschland. Situation, Analysen, Empfehlungen, 2012, S. 66 ff.

Daraus folgt: aufgabensichere Gebiete haben eine eindeutigere Reputationshierarchie, somit eine klarer orientierte Selbststeuerung und einen höheren Grad an Autonomie gegenüber ‚Zumutungen' von außen. Auch die Wirkung bzw. die Glaubwürdigkeit der Reputationshierarchie dieser Gebiete nach außen ist stärker als die der aufgabenunsicheren Gebiete. In diesen Gebieten wird man deshalb häufiger hören, ‚man wisse doch wer gut ist'. Die disziplinäre Reputationshierarchie gilt als intern bekannt und wird dementsprechend auch nach außen vertreten. Dies erklärt auch, weshalb Naturwissenschaftler, soweit sie der Öffentlichkeit bekannt sind, einen zumeist unumstrittenen Ruf haben, Sozial- und Geisteswissenschaftler dagegen eher als ‚public intellectuals' bekannt und nicht immer unumstritten sind.

## II. Störungen der Reputationszuschreibung: Matthäus-Effekt, Überlastung der ‚peer review', systematische Ursachen des Fehlverhaltens

Die beschriebene Funktionsweise der Reputationszuschreibung ist idealtypisch. Tatsächlich funktioniert das System nicht in derart perfekter Weise. Vielmehr gibt es mehrere systematische Probleme, die die vorgeblich nur auf der individuellen Leistung beruhende Zuschreibung von Reputation verzerren. Das bekannteste Phänomen ist der von dem amerikanischen Wissenschaftssoziologen Robert Merton so genannte ‚Matthäus-Effekt'.[5] Die Bezeichnung bezieht sich auf den Bibelspruch des Matthäus (13): ‚Wer hat dem wird gegeben.' Es handelt sich um die übermäßige Belohnung bereits bekannter Wissenschaftler in Fällen der Zusammenarbeit und in Fällen voneinander unabhängiger Mehrfachentdeckungen durch Wissenschaftler unterschiedlichen Ranges.[6] Merton weist auf die Implikationen für das wissenschaftliche Kommunikationssystem hin. Der Effekt ist dysfunktional für junge, noch unbekannte Wissenschaftler, die zumindest in frühen Jahren nicht angemessen Anerkennung finden. Er ist jedoch funktional für die Wissenschaft insgesamt, insofern neue Entdeckungen mehr Aufmerksamkeit auf sich ziehen, wenn sie mit dem Namen bereits bekannter Wissenschaftler in Verbindung gebracht werden. Das Problem mit funktionalistischen Theorien bzw. Hypothesen ist, dass ihnen ein gewisses Maß an Beliebigkeit eignet. Ebenso plausibel ist nämlich die These, dass der Matthäus-Effekt sich negativ auf die Innovationsfreudigkeit des Systems auswirkt: da die bahnbrechenden Entdeckungen (vor allem in den Naturwissenschaften) in der Mehrzahl von jungen Wissenschaftlern gemacht werden, wirkt sich der Matthäus-Effekt lähmend auf die Innovationsgeschwindigkeit aus, da ihnen weniger Aufmerksamkeit zuteil wird, sie zuweilen unbeachtet bleiben und ihre Neuerungen übersehen werden. Die

[5] *Merton*, The Matthew Effect in Science, in: ders (Hrsg.), The Sociology of Science, 1968/1973, S. 439–459.

[6] *Ebda.*, S. 443; zur ausführlichen Beschreibung von Spielarten des Effekts und seiner Folgen s. ebda. sowie die dort angegebene Literatur.

Geschichten von Weigerungen älterer bekannter Wissenschaftler, neue Theorien und neue Beobachtungen junger Kollegen anzuerkennen, sind in der Geschichte der Wissenschaft Legende, eine von ihnen übrigens exemplarisch die des Gregor Mendel.

Merton selbst weist bereits darauf hin, dass die Funktion der Aufmerksamkeitsfokussierung in der wissenschaftlichen Kommunikation immer wichtiger wird, je mehr publiziert wird und je weniger jeder einzelne Wissenschaftler in der Lage ist, die Literatur in seinem Bereich zu übersehen.[7] Diese These ist zunächst sehr plausibel, könnte sich aber als falsch erweisen, wenn man in Rechnung stellt, dass das Verhältnis von publizierenden Wissenschaftlern zur Zahl der Publikationen wahrscheinlich ungefähr gleich bleibt und stattdessen das absolute Wachstum an Veröffentlichungen durch innerwissenschaftliche Differenzierung kompensiert wird. Das ist für einzelne Beispiele belegt, müsste jedoch umfassender geprüft werden.[8] Allerdings zeigt die immer wichtiger gewordene Orientierung z. B. von Evaluierungs- und Berufungskommissionen am SCI/SSCI Zitationsindex oder am Hirsch-Index, dass zumindest in diesen Bewertungsverfahren die formalen Indices an die Stelle der tatsächlichen Lektüre der Schriften treten, was auf eine systematische Überlastung der Kommunikation schließen lässt.

Die gleiche Erfahrung machen zunehmend die Herausgeber bzw. Editoren wissenschaftlicher Journale. Zunächst haben sich die Anforderungen an das Wissenschaftssystem, transportiert durch wissenschaftspolitisch beförderte Begriffe wie ‚Exzellenz' und Internationalität erhöht. Sie werden in Evaluationsverfahren umgesetzt und durch quantitative Indikatoren zu handlungsorientierenden Markern. Die Folge ist die Steigerung der Publikationszahlen jedes einzelnen Wissenschaftlers und zugleich auch der Zahl der ‚Reviewer', die für die Validierungsverfahren der Fachzeitschriften erforderlich sind. Es kommt also genau zu der Folge, die im Gegensatz zu der beabsichtigten liegt: die Wahrnehmung fokussiert möglicherweise noch stärker als vorher auf die Reputation und verschärft den Matthäus-Effekt.

Reputation schafft Vertrauen, und zwar der Art, dass wer in der Vergangenheit einen bedeutenden Beitrag zur Forschung geleistet hat, dies in Zukunft wahrscheinlich wieder tun wird. Mit diesem ‚Wechsel auf die Zukunft' (*Luhmann*) können Wissenschaftler sich über die Beantragung von Forschungsmitteln Zugang zu Ressourcen für weitere Forschungen verschaffen. Verfügen sie bereits über Reputation wird ihnen im Beurteilungsverfahren eher als dem unbekannten Wissenschaftler ein Vertrauensvorschuss zuteil. Im Erfolgsfall verhelfen die Ressourcen wiederum zur Aneignung neuer Reputation bzw. zur Steigerung der bereits vorhandenen Reputation.

---

[7] *Ebda.*, S. 449.

[8] *Schwechheimer/Weingart*, Dimensionen der Veränderung der Disziplinenlandschaft, in: Weingart/Carrier/Krohn (Hrsg.), Nachrichten aus der Wissensgesellschaft. Analysen zur Veränderung der Wissenschaft, 2007, S. 182–219; *Weingart/Schwechheimer*, Institutionelle Verschiebungen der Wissensproduktion – Zum Wandel der Struktur wissenschaftlicher Disziplinen, in: Weingart/Carrier/Krohn (Hrsg.), Nachrichten aus der Wissensgesellschaft. Analysen zur Veränderung der Wissenschaft, 2007, S. 41–54.

Dieser Mechanismus der Übersetzung von Reputation und Glaubwürdigkeit in Ressourcen und deren Übersetzung in weitere Forschung und wiederum in Reputation, d. h. also der Transferierbarkeit sozialen Kapitals (Reputation) in materielles Kapital (Geld, Forschungsinfrastruktur), ist auch als ‚Glaubwürdigkeitszyklus'[9] bezeichnet worden. Er erklärt die relative und sich selbst verstärkende Stabilität einmal erlangter Reputation und damit der ‚Sozialstruktur' eines Gebiets. Die Wirkungsweise dieses Mechanismus nimmt in dem Maße zu, wie die Forschung von finanziellen Ressourcen abhängig wird.

Bleibt noch zu erwähnen, dass Reputation in der Wissenschaft sich nicht nur auf Personen, sondern auch auf Institutionen, z. B. Universitäten oder Forschungsinstitute bezieht. Der Ruf der Harvard University, der Stanford University oder des MIT lässt sich u. a. in der Zahl der Nobelpreisträger dokumentieren, die diese Universitäten hervorgebracht haben. Es lässt sich im Nachhinein nicht einmal belegen, ob die Institutionen die Preisträger ‚produziert' haben, z. B. durch hervorragende Forschungsbedingungen und das ‚intellektuelle Umfeld', das sie bieten, oder ob sie eine besondere Anziehungskraft auf besonders kreative Forscher haben und diese an sich zu binden verstehen. Davon ganz unabhängig sind die Universitätsrankings, die inzwischen die Konkurrenz zwischen Universitäten weltweit anheizen, geeignet, die einmal erreichten Rangplätze zu verfestigen, weil sie ihnen zusätzliche Ressourcen verschaffen. Der Matthäus-Effekt wird auch auf der Ebene der Institutionen wirksam.

In jüngerer Zeit hat die Wissenschaftspolitik – vor allem in Deutschland – das Wissenschaftssystem allgemein und die Universitäten insbesondere durch die Schaffung künstlicher Märkte und die Einführung des ‚new public management' (NPM) zu mehr Konkurrenz motiviert. Konkurrenz ist eigentlich der Wissenschaft inhärent. Wissenschaftler konkurrieren um die ‚Priorität' bei Entdeckungen, weil diese den größten Ruhm, die größte Reputation versprechen, und nur um sie geht es, zumindest idealtypisch. Zugleich beruht Wissenschaft aber auf Kooperation. Der kollektive Prozess der Wissensproduktion wäre nicht möglich in der modernen Form der weit verzweigten, hoch differenzierten Arbeitsteilung, wenn die Wissenschaftler innerhalb eines Forschungsgebiets nicht kooperieren würden. Wechselseitige Kommunikation und die ‚kompetente Kritik' sind die eine Komponente dieser Kooperation. Zugleich gehört dazu das Vertrauen in die Korrektheit der Forschungen der jeweils anderen Fachkollegen, die für die eigene Forschung als ‚gegeben' vorausgesetzt werden können. Das ist die andere Komponente der Kooperation. Merton hat in seiner Analyse der Ambivalenz von Wissenschaftlern auf den Aspekt der zugehörigen Werte hingewiesen: das Interesse an Priorität bei Entdeckungen verweist auf den Wert der Originalität und damit auf das Konkurrenzverhalten; der Wert der Bescheidenheit (‚humility') bei der Inanspruchnahme von Priorität verweist auf Ko-

---

9 *Latour/Woolgar*, Laboratory Life. The Social Construction of Scientific Facts, 1979.

operation.[10] Im Normalfall balancieren sich beide Verhaltenstypen aus. Mit der nahezu einseitigen Belohnung des Konkurrenzverhaltens durch wissenschaftspolitisch eingeführte Leistungsmessungen wird diese Balance jedoch gestört. Eine der wahrscheinlichen Folgen ist wissenschaftliches Fehlverhalten. Die Verursachung von Fehlverhalten ist zwar schwer eindeutig festzustellen, aber vieles deutet darauf hin, dass besonders harte Konkurrenz um Forschungsgelder und Karrierechancen, wie sie z.B. in Gebieten wie der Medizin und der Biomedizin gegeben ist, Fehlverhalten begünstigt. Die Einführung von kurzfristig orientierten Belohnungen wie z.B. finanzielle Boni, die an Publikationen gebunden werden, fördern diese Entwicklung ebenfalls.[11] Fehlverhalten in Gestalt von Datenmanipulation oder Plagiaten ist jedoch nichts anderes als der Versuch, Reputation, und mit ihr materielles Kapital, zu erlangen, ohne dem normalen Prüfungs- und Validierungsverfahren unterworfen zu sein. Fehlverhalten setzt diese Mechanismen außer Kraft.

## III. Stabilität und Verfall von Reputation

Die erwähnte Funktion des ‚Glaubwürdigkeitszyklus', die Reputation zu stabilisieren, ebenso wie der ‚Matthäus-Effekt' wirken gleichsam als ‚Unterbrecher' des (idealtypisch gesprochen) kontinuierlichen Prozesses der Leistungsbeurteilung durch die wechselseitige Kritik der Wissenschaftler untereinander. Das wirft die Frage nach dem umgekehrten Prozess auf: unter welchen Bedingungen verfliegt Reputation, löst sie sich auf bzw. wird sie in Frage gestellt? Ein bekanntes Phänomen ist, dass die Reputation von Wissenschaftlern offenbar ein Eigenleben führt, das nur in der Wissenschaft gilt, von Ereignissen in der Außenwelt jedoch nahezu unberührt bleibt. Ganz offensichtlich wird dies daran, dass Reputation sogar den Tod eines Wissenschaftlers überdauert, wenn er/sie nur vorher bekannt genug war und so zur Gestalt der Wissenschaftsgeschichte geworden ist. In aller Regel jedoch gerät ein Wissenschaftler mit zunehmendem Alter in Vergessenheit und mit ihm die Leistungen, die ursprünglich die Grundlage seiner Reputation waren. Obgleich es schwer zu messen sein wird, kann man unterstellen, dass es einen Zusammenhang zwischen der Alterungsrate von Wissen und dem Altern seiner Urheber auf der einen und der Reputation auf der anderen Seite gibt. Je älter ein Wissenschaftler, desto wahrscheinlicher der Rückgang seiner Reputation, und: je schneller die Veraltungsrate des Wissens desto schneller der Rückgang der Reputation seiner Urheber. Früher wurde unterstellt, dass die Wissenschaftler in den Naturwissenschaften und der Mathematik ihren Schaffenshöhe-

---

[10] *Merton*, The Ambivalence of Scientists, in: ders. (Hrsg.), The Sociology of Science, 1963/1973, S. 383–412.

[11] Vgl. *Martinson et al.*, Scientists' perceptions of organizational justice and self-reported misbehaviors, in: Journal of Empirical Research on Human Research Ethics 1, 2006, S. 51–66; *Franzen/Rödder/Weingart*, Fraud: causes and culprits as perceived by science and the media, EMBO reports 8 (1), 2007, S. 3–7.

punkt um die 40 erreichen, jenseits dieses Alters jedoch kaum noch bemerkenswerte Leistungen erbringen. Inzwischen wird diese These bestritten.[12] Gleichwohl hat zumindest eine vergleichende Untersuchung von Fachzeitschriften der Soziologie, Psychologie, Wahrscheinlichkeitstheorie, Chemie und Medizin ergeben, dass das Wissen in den Sozialwissenschaften langsamer veraltet als in den Naturwissenschaften (Chemie) und der Medizin.[13] Der Prozess des Alterns und Veraltens ist in den sich schnell verändernden naturwissenschaftlichen Disziplinen (in denen mehr Forscher arbeiten und folglich der Wissensumschlag höher ist) ausgeprägter, als in den sich langsamer entwickelnden Sozial- und Geisteswissenschaften.[14] Der offensichtliche Unterschied zwischen den beiden ‚Kulturen' der Wissenschaft jedoch besteht darin, dass in den Naturwissenschaften Forschungsergebnisse, die zum Zeitpunkt ihrer Veröffentlichung die Reputation ihrer Urheber begründet haben, sich zu einem späteren Zeitpunkt als obsolet erweisen oder gar widerlegt werden. Selbst das führt nicht immer gleich zum vollständigen Verfall der Reputation, aber es leitet ihn doch ein und verstärkt ihn sogar noch, wenn sich die Ergebnisse im Nachhinein als fehlerhaft erweisen. In jedem Fall ist diese Zäsur zwischen älterem und neuem Wissen in den Geisteswissenschaften bei weitem nicht so ausgeprägt. Selbst in den Sozialwissenschaften wird inzwischen beklagt, dass es keine ‚Klassiker' mehr gibt, denn tatsächlich verweist das Phänomen der ‚Klassiker' in einem Fach auf den die Zeit überdauernden Wert bestimmter Wissensbestände, die ihren Urhebern bleibende Reputation verschaffen.

Eine weitere Ursache für den Bedeutungsverfall von Reputation liegt in der Entwicklung einiger Disziplinen selbst, d.h. insbesondere in der Abhängigkeit der Erkenntnisproduktion von geräteintensiven Experimenten. Als extremes Beispiel wird immer die Hochenergiephysik genannt. Für die Experimente am Large Hadron Collider LHC am CERN werden bis zu 2000 beteiligte Autoren pro Experiment erwartet, eine alle bisher bekannten Größen der Autorenschaft sprengende Dimension, die in letzter Zeit die Disziplin gezwungen hat, „intensiv über die Regeln zu Physikpublikationen in großen Kollaborationen" nachzudenken.[15] Diese Regeln sollen zwar die Reputation der Wissenschaftler wahren, aber sie werden nicht verhindern können, dass die Aufmerksamkeit sich in diesen und ähnlichen Disziplinen immer stärker auf Forschungskollektive richten wird, denen dann auch die Reputation zufällt. Der Trend zur Mehrautorenschaft für wissenschaftliche Publikationen besteht spätestens

---

[12] *Stroebe*, The Graying of Academia: Will it Reduce Scientific Productivity?, American Psychologists 65, 7, 2010, S. 660–673 (669f.).

[13] *Glänzel/Schöpflin*, A bibliometric study on ageing and reception processes of scientific literature, Journal of Information Science, 21, 1, 1995, S. 37–53 (44).

[14] *Weingart/Winterhager*, Altern in und Altern der Wissenschaft. Gegenworte, Hefte für den Disput über Wissen (25), 2011, S. 34–38.

[15] *Braun-Munzinger*, in: Alexander von Humboldt Stiftung, Publikationsverhalten in unterschiedlichen wissenschaftlichen Disziplinen – Beiträge zur Beurteilung von Forschungsleistungen, 2009, S. 92–94 (93).

seit Mitte des 19. Jahrhunderts, er beruht auf dem Wandel von ‚little science' zu ‚big science' (de Solla Price).

Ein letzter hier zu nennender Grund für den Verfall von Reputation ist der Verstoß gegen die Regeln des Reputationserwerbs: Betrug. Die Reputation eines Wissenschaftlers bleibt relativ unbeschadet auch dann noch erhalten, wenn er eine Straftat begangen hat. Sie wird aber mit einem Schlag zerstört, wenn er dabei ertappt wird, Daten gefälscht oder plagiiert zu haben. Mit dem Betrug wird die wichtigste Ressource in der Kommunikationsbeziehung, das Vertrauen, verraten. Die Sanktion gegen Betrug ist Ächtung durch die Fachgemeinschaft, nicht etwa formale Bestrafung, denn strafrechtlich sind die meisten Betrugsfälle gar nicht erfassbar. Die Fachgemeinschaften tun sich sehr schwer in der Verurteilung ihrer Kollegen, d. h. die Hürden für den Vertrauensentzug sind hoch. Gerade weil Vertrauen eine solch zentrale Funktion hat, kommt Betrug in der Wissenschaft vergleichsweise selten vor, aber umso nachhaltiger ist der Reputationsverlust, wenn er einmal eingetroffen ist.

## IV. Probleme der reputationsbasierten Selbststeuerung der Wissenschaft

Die Außenbeziehungen von Disziplinen bzw. Forschungsgebieten werden über den Selbststeuerungsmechanismus und die jeweilige Reputationshierarchie gestaltet. Welche Probleme ergeben sich aus dieser Konstellation und welche Chancen für die Beziehung der Wissenschaft zu ihrer gesellschaftlichen Umwelt?

Ein evidentes Problem der reputationsbasierten Selbststeuerung der Wissenschaft ist zugleich auch Schlüssel des Erfolgs. Insbesondere die aufgabensicheren Gebiete sind sehr erfolgreich in der Produktion gesicherten Wissens. Die Konzentration auf einen eng definierten Gegenstandsbereich, die Entwicklung von Spezialsprachen und die experimentelle Isolierung entscheidender Faktoren sind für die Effizienz der Wissensproduktion dieser Gebiete verantwortlich. Keine andere Form der Erkenntnisgewinnung ist je erfolgreicher gewesen.

Die Kehrseite dessen ist, dass die Generierung von Forschungsproblemen tendenziell endlos ist. Da sie zudem vorrangig nach den innerwissenschaftlichen Relevanzkriterien erfolgt und nicht auf gesellschaftliche Bedürfnisse und Interessen reagiert, unterliegen diese Felder einer Entwicklungsdynamik, die sie kontinuierlich von der Gesellschaft ‚entfremdet'. Freilich ist die Realität nicht ganz so pessimistisch zu sehen. Die Wissenschaftsgebiete sind nicht vollkommen gegenüber der Gesellschaft abgeschottet. Es gibt nicht zuletzt über die Forschungsförderung, der die Wissenschaft bedarf, Möglichkeiten der Einflussnahme auf die Themenwahl (s. unten). Außerdem, und wichtiger noch, generiert die Forschung Erkenntnisse, die sich – zufällig oder systematisch – gesellschaftlich oder ökonomisch als nützlich erweisen. Deshalb wird der Wissenschaft die Funktion der wichtigsten Innovationskraft zuerkannt, und deshalb ist die Innovationspolitik des Staates darauf gerichtet, den Transfer solcher Erkenntnisse in die Wirtschaft möglichst effizient zu organisieren, ohne *direkt* in den Forschungsprozess einzugreifen. Ein gewisser Anteil von Grundlagenforschung wird für wichtig erachtet, weil in ihm die Quelle für unerwartete Innovationen gesehen wird.

Die Selbststeuerung, die sich ja primär auf die Formulierung von Forschungsproblemen bezieht, impliziert neben der tendenziellen Abkoppelung von gesellschaftlichen Problemen außerdem die Unerschöpflichkeit der formulierbaren Forschungsprobleme, damit auch des Wachstums der Wissenschaft und somit der unausweichlichen Knappheit der Ressourcen. Die Wachstumsdynamik ist seit den Anfängen der modernen Wissenschaft im 17. Jahrhundert exponentiell und wird nur durch demographische und materielle Schranken begrenzt.

Die selbstgesteuerte Wachstumsdynamik der Wissenschaft impliziert noch ein weiteres Folgeproblem. Die finanziellen Aufwendungen für die Wissenschaft sind in allen Industrieländern in den vergangenen Jahrzehnten erheblich gestiegen. Viele Länder haben den Anteil der Forschungsausgaben am BIP seit der Jahrtausendwende gesteigert.[16] Die Zweckbestimmung zumindest eines erheblichen Teils dieser Mittel liegt unmittelbar oder mittelbar in den Händen der Wissenschaftler und entzieht sich weitgehend der Kontrolle der Öffentlichkeit. Daraus und aus der grundsätzlichen Distanz zur Gesellschaft entsteht in Demokratien ein Legitimationsdefizit. Anzeichen dessen sind die vermehrten Versuche der Wissenschaft und ihrer (politischen) Organisationen, für die ‚Akzeptanz' der Wissenschaft in der Öffentlichkeit zu ‚werben'. Ebenso erheben sich zunehmend Stimmen in der Zivilgesellschaft, die ein Mitspracherecht in der Wissenschaftspolitik fordern, ein Politikbereich, in dem weitreichende Entscheidungen wesentlich unter Ausschluss der breiteren Öffentlichkeit getroffen werden. Das Defizit demokratischer Kontrolle der Wissenschaft-(spolitik) ist insofern systematischer Art, als die Probleme, um die es dort geht, nur von wenigen Experten kompetent behandelt werden können. Das gilt freilich für andere Politikbereiche (Gesundheit, Arbeitsmarkt) auch und ist dann erträglich, wenn es Anlässe gibt, Vertrauen zu bilden und Entscheidungen darauf gründend zu delegieren. Dem steht im Fall der selbstgesteuerten Wissenschaft jedoch entgegen, dass diejenigen, die die relevanten Entscheidungen treffen, in eigener Sache entscheiden und dass der innerwissenschaftliche Prozess der Reputationszuweisung von außen kaum oder gar nicht nachvollziehbar, d. h. intransparent ist.

## V. Die (partielle) Aufhebung der Steuerungsfunktion der Reputation durch Leistungsindikatoren

Das traditionelle Selbstverständnis des Wissenschaftlers – wie übrigens auch die ihnen von außen zugeschriebene Stellung in der Sozialstruktur – ist, nur an seinem

[16] BFI, Bundesbericht Forschung und Innovation 2012, S. 412 f.

Ruhm unter den Kollegen interessiert, gegenüber materiellen Belohnungen jedoch weitgehend gleichgültig zu sein. Mit dieser Fokussierung auf den innerwissenschaftlichen Ruhm verbindet sich der Eindruck, objektiv, nicht korrumpierbar, nur der Wahrheit verpflichtet zu sein. Inwieweit dieses Selbstverständnis heute noch Realität ist oder inwieweit es durch materielle Anreize verdrängt worden ist, bleibt ungewiss und bedarf der genaueren Erforschung. Zunächst ist festzuhalten, dass sich das ‚idealistische' Selbstverständnis nicht in allen Disziplinen in gleich starker Weise findet. Als Faustregel kann unterstellt werden: je näher die Forschung an der ökonomischen Verwertung, desto größer das Interesse an bzw. die Offenheit der Wissenschaftler gegenüber materiellen Anreizen. Ähnliches gilt für die Disziplinen, in denen bezahlte Gutachten eine große Rolle spielen, also in einigen medizinischen Gebieten, in der Rechtswissenschaft, in der Ökonomie und in der Betriebswirtschaftslehre. Die Leichtigkeit, mit der Wissenschaftler aus der akademischen in die kommerzielle Forschung oder in eine Beschäftigung in der Industrie wechseln können indiziert die ‚Nähe' dieser Kulturen und folglich auch der in ihnen geltenden Handlungsanreize. Vereinfacht gesagt: für die Geistes- und Sozialwissenschaftler (außer die Ökonomen) ist die ausschließliche Orientierung an der innerwissenschaftlichen Reputation sicher stärker ausgeprägt, als für die Ingenieure, die Festkörperphysiker, die Biotechnologen oder die Biomediziner.

Die gleiche Unterscheidung wird sich auf der institutionellen Ebene treffen lassen. Die Wissenschaftler an Universitäten sind – unabhängig von ihrer disziplinären Zugehörigkeit – aller Voraussicht nach stärker an der wissenschaftlichen Reputation unter ihren Fachkollegen interessiert, als an materiellen Anreizen. Umgekehrt werden die Wissenschaftler in außeruniversitären Forschungsinstituten mit Bezug zur Wirtschaft oder auch zur Politik im weitesten Sinn materiellen Anreizen gegenüber aufgeschlossener sein. Diese kulturelle Differenz hat ihre Wurzeln bereits in der Antike, in der unterschiedlichen Bewertung von Kopf- und Handarbeit, und sie ist virulent geworden im letzten Viertel des 19. Jahrhunderts, als die Forschung in Gebieten wie der Elektrotechnik und der Farbchemie unmittelbar in industrielle Verwertung überführt werden konnte. Aus ihr rührt die – immer noch anzutreffende – Geringschätzung kommerzieller Motive von Forschern seitens der nur dem ‚reinen Geist' verpflichteten Wissenschaftler – vorwiegend an den Universitäten, und vorwiegend seitens der Geisteswissenschaftler.

Inzwischen hat sich das Verhältnis der Politik zur Wissenschaft in spezifischer Weise nachhaltig verändert. Die reputationale Geschlossenheit des Wissenschaftssystems hat es der ‚Außenwelt' schon immer schwer bis unmöglich gemacht, steuernd in die Wissenschaft einzugreifen. Mit der Einführung der Methoden des ‚New Public Management' in die Staatsverwaltungen vieler westlicher Industrieländer wurden auch deren Wissenschaftsverwaltungen davon erfasst. Der wichtigste Aspekt dessen ist in diesem Kontext die Einführung von Evaluierungsverfahren und formalisierten Leistungsmaßen. Durch die Digitalisierung eines Großteils der wissenschaftlichen Kommunikation wird es möglich, die ‚Leistung' von Wissenschaftlern wie vor allem Publikationen flächendeckend zu erfassen und zu quantifizieren. Aus den so gewonnenen Informationen lassen sich ‚Indikatoren' konstruieren, die diese Leistungen einzelner Wissenschaftler ebenso wie die von Organisationen wie Instituten, Fachbereichen oder Universitäten, vergleichbar machen. Dies dient dazu, zwischen den Akteuren Konkurrenz zu erzeugen. Dazu müssen allerdings Anreize in das System gesetzt werden, um die Konkurrenz anzuregen. Diese Anreize bestehen für Wissenschaftler in einigen Ländern (z. B. Spanien) in der direkten Zuwendung von zusätzlichem Einkommen, in der Regel in der indirekten Zuwendung zusätzlichen Einkommens. Die Indikatoren sind dann ein Element bei der Bemessung der Einkommenszulagen oder der Erhöhung der verfügbaren Mittel des Lehrstuhls oder des Instituts. Letztere können dann wieder für die Forschung und damit für den Reputationsgewinn eingesetzt werden.

Es ist unschwer zu erkennen, was die Einführung derartiger Leistungsmaße impliziert: erstens, wird die wissenschaftsinterne Reputationszuweisung, die bislang für Außenstehende unsichtbar bzw. nicht nachvollziehbar war, nunmehr ‚sichtbar'. Die Indikatoren beruhen zwar nach wie vor auf dem Prozess der Begutachtung und Reputationszuweisung durch Fachkollegen (z. B. durch die Publikation von Artikeln nach deren Prüfung oder durch die Zitierung derselben – als Maß von Aufmerksamkeit innerhalb der wissenschaftlichen Fachgemeinschaft), aber durch die Übersetzung in Zahlen wird dieser Vorgang formalisiert und nach außen ‚übersetzt'. Die Inhalte bleiben dem äußeren Publikum zwar weiterhin verschlossen, aber sie sind für dessen Entscheidungen unerheblich, zumindest solange es nur darum geht, zu prüfen, wer die besten Wissenschaftler sind und sicherzustellen, dass sie ihre Arbeit machen. Zweitens, wird mit dem Verfahren das bislang geltende ‚interne' Anreizsystem der Reputationserlangung durch ein anderes wenn nicht vollständig ersetzt so doch maßgeblich ergänzt. An die Stelle der Reputationszuteilung tritt jetzt die monetäre Belohnung. Diese Einführung materieller, ökonomischer Anreize in das Wissenschaftssystem wird von den Befürwortern des NPM (Ökonomen!) mit der Annahme begründet, dass alle Menschen letztlich für solche Anreize zugänglich sind. Kritiker, ebenfalls Ökonomen, die menschliches Verhalten empirisch untersuchen wie der Schweizer Bruno Frey, haben jedoch auf die unbeabsichtigten Folgen hingewiesen, dass es nämlich zu einer Zielverschiebung (‚goal replacement') kommt. Statt sich allein auf den innerwissenschaftlich geregelten Reputationserwerb zu konzentrieren, orientieren sich die Wissenschaftler nunmehr an den Indikatoren selbst, d. h. sie versuchen, die Indikatoren zu manipulieren, z. B. durch die Zerstückelung von Publikationen in ‚kleinste publizierbare Einheiten'[17]. Statt einer Erhöhung der Forschungsleistungen kommt es zu einer Aufblähung des Publikationsvolumens[18]. Inzwischen ist zu beobachten, dass vor allem in solchen Disziplinen, in denen es um viel Geld

[17] *Frey*, Markt und Motivation. Wie ökonomische Anreize die (Arbeits-)Moral verdrängen, 1997.

[18] Zu diesen und weiteren Folgen der Leistungsmaße s. *Butler*, Impacts of performance-based research funding systems: A review of the concerns and the evidence, in: OECD, Performance-based Funding for Public Research in Tertiary Education Institutions, 2010, S. 127–165.

geht und die internen Verteilungsprozesse entsprechend konfliktgeladen sind, die vermeintlich objektivierten Maße an die Stelle der informellen Prozesse der Reputationszuweisung getreten sind und von Hochschul- und Fakultätsverwaltungen eingesetzt werden, um dem Konfliktpotential der schwerer konsentierbaren Entscheidungen aufgrund zugeschriebener Reputation zu entgehen. Das gilt z.B. für Berufungsentscheidungen, die zuvor auf der Grundlage des ‚Rufs' (d.h. der Reputation) von Wissenschaftlern gefällt wurden und sich nun an Indikatoren wie dem Zitationsindex oder dem Hirsch-Index orientieren.

## VI. Reputation und Prominenz – die neue Orientierung an den Medien

Ein analoger Prozess der ‚Externalisierung' vormals reputationsbasierter Bewertung lässt sich im Hinblick auf die Orientierung an medialer Aufmerksamkeit beobachten. Mit der Ausdifferenzierung der Wissenschaft zu Beginn des 19. Jahrhunderts wurde die Kommunikation zwischen der Wissenschaft und der sie umgebenden Gesellschaft zu einem sehr grundsätzlichen strukturellen Problem. Bis dahin hatten die Wissenschaftler, die ja noch nicht einmal diese Bezeichnung trugen, direkt mit ihrem Publikum kommuniziert: an den Höfen mit den Aristokraten, auf den Jahrmärkten mit dem einfachen Volk, in den Salons mit dem aufgeklärten Bürgertum. Mit der Gründung der neuen (Humboldtschen) Universität, der Etablierung von Disziplinen und Fakultäten und der Errichtung und geschlossener Labore spezialisierte sich die wissenschaftliche Kommunikation. Die Kommunikation ihrer Ergebnisse in die breite Öffentlichkeit wurde von einer neuen Gattung von Literaten, den Popularisierern, übernommen. In dem Maß, in dem sich das wissenschaftliche Kommunikationssystem, und damit auch die innere Reputationszuweisung, nach außen abschloss, verlor die direkte Kommunikation mit der Öffentlichkeit zur Erlangung von Zustimmung und Unterstützung immer mehr an Bedeutung, um schließlich – zu Beginn des 20. Jahrhunderts – gar als Belastung und als für den Forschungsprozess hinderlich zu gelten.[19] Seither war unter Wissenschaftlern die direkte öffentliche Kommunikation geradezu tabuisiert, weil sie implizierte, dass die in der Sache ‚inkompetente' Öffentlichkeit zur Unterstützung in innerwissenschaftlichen Konflikten herangezogen werden würde, was in der Geschichte der Wissenschaft auch durchaus vorgekommen ist.[20]

An die Stelle der Kommunikation der Wissenschaft mit der Öffentlichkeit ist zunächst die spezielle Kommunikation zwischen Experten und ihren jeweiligen Klienten getreten. In ihr geht es nicht mehr um die allgemeine Informierung der Öffentlichkeit über die neuesten Entdeckungen der Wissenschaft, die sich vor allem an der

[19] *Bensaude-Vincent*, A genealogy of the increasing gap between science and the public, in: Public Understanding of Science 10, 2001, S. 99–113.

[20] *Bucchi*, Science and the Media: Alternative Routes in Scientific Communication: Alternative Routes to Scientific Communications, Routledge Studies in Science Technology and Society, 1998.

unspezifischen Neugier der allgemeinen Öffentlichkeit orientierte. Vielmehr tritt in dieser ‚Beratungskonstellation' der spezialisierte Experte einem Klienten gegenüber, der ein ebenso spezifisches Interesse an der Beratung hat. Dieses Kommunikationsverhältnis ist entsprechend der inneren Differenzierung der Wissenschaft und der sich darauf richtenden Interessen der speziellen Problemlösungen bis heute dominierend. Der Status des Experten wird im Prinzip auf der Grundlage der innerwissenschaftlich erlangten Reputation zugeschrieben. Wenn sich z. B. die Politik zu einem Problem – etwa die Reform der Einkommenssteuer – beraten lässt, wendet sie sich an die Nationale Akademie, an den Sachverständigenrat oder an einschlägige Fachverbände und lässt sich eine Liste der ‚besten Experten' geben, aus der sie dann die für sie passenden Berater auswählt. (Etwas anders verhält es sich übrigens im Hinblick auf Experten, die als Angehörige einer Profession auftreten wie z. B. Anwälte oder Therapeuten. Die speziellen Professionen haben ihre eigenen Reputationshierarchien entwickelt, nicht zuletzt deshalb, weil in ihnen über das Wissen hinaus die Beratung selbst als eine besondere Leistung gilt).

Das Arrangement der auf spezifische Interessen fokussierten Kommunikation zwischen Wissenschaft und Öffentlichkeit hat eine eigene Dynamik entwickelt, die zwar nicht zu seiner Auflösung, aber doch zu seiner Schwächung führt. Die innerwissenschaftlich zugeschriebene Reputation wird in dem Augenblick, in dem sie außerhalb der Wissenschaft in einen Beratungskontext überführt wird, zu einer Ressource der Einflussnahme und/oder der Legitimierung von Entscheidungen. Damit gerät die Expertenrolle in den politischen Konkurrenzkampf. Die zumeist irreduzible Interpretierbarkeit wissenschaftlicher Erkenntnisse gegenüber nichtwissenschaftlichen Fragestellungen lässt dann jeweils genug Raum für sich widersprechende Aussagen. Infolgedessen können Experten unterschiedlichen, gar konfligierenden politischen Interessen zugeordnet und dementsprechend ausgewählt werden. Diese ‚Politisierung' der wissenschaftlichen Expertise und der dadurch nunmehr üblich gewordene ‚Expertenstreit' haben die monopolartige Position der Experten aufgebrochen und ihre Autorität z. T. dramatisch gemindert.

Parallel dazu sind die Erwartungen der Öffentlichkeit an die Wissenschaft gestiegen. Sie werden in generalisierter Form als die Forderung nach Rechenschaftslegung artikuliert, neuerdings auch als die Forderung nach Partizipation, z. B. an der Formulierung von Themen der Forschungsförderung bzw. wissenschaftspolitischer Prioritäten. Diese Entwicklung lässt sich als ein partieller Vertrauensentzug oder auch als zunehmende Demokratisierung verstehen. Beides verweist darauf, dass das Verhältnis der Wissenschaft zur Gesellschaft zumindest ambivalent ist. Die Abhängigkeit der Wissenschaft von gesellschaftlicher Zustimmung, sei es für die Finanzierung, sei es für die Erlaubnis riskanter oder ethisch umstrittener Forschungen, legt es für die Wissenschaft nahe, um diese Zustimmung zu werben. Die allgemeine Öffentlichkeit (als potentielle Wähler) wird in dem Maße (wieder) relevantes Publikum, in dem sie der Wissenschaft Vertrauen vorenthält oder gar entzieht und/oder Anspruch auf Steuerung stellt.

Die Adressierung der Öffentlichkeit mit dem Ziel der Akzeptanzgewinnung hat in den USA bereits in der zweiten Hälfte der 1950er Jahre (als Reaktion auf den ‚Sputnik – Schock') begonnen, dann jedoch erst in den 80er Jahren vor allem in England neuerlich an Intensität zugenommen. Die Entwicklung der dazu entwickelten Formate lässt den Wandel von einem elitär patriarchalischen zu einem eher demokratischen Selbstverständnis klar erkennen. Ging es zuerst darum, über die bessere wissenschaftliche Bildung (scientific literacy) das ‚öffentliche Verständnis' (public understanding of science) zu fördern, so veränderte sich diese Haltung im Lauf eines Jahrzehnts zu der Aufforderung, sich mit Wissenschaft auseinanderzusetzen (‚public engagement with science and technology'), oder, wie in Deutschland, zu dem Versprechen eines Dialogs (‚Wissenschaft im Dialog').[21] Ganz unabhängig von der Bewertung all dieser Bemühungen um die Zustimmung der Öffentlichkeit ist eine Hinwendung sowohl wissenschaftlicher Organisationen als auch einzelner Wissenschaftler zu der Kommunikation mit der Öffentlichkeit zu beobachten.

Die Adressierung nimmt zwei Formen an. Wissenschaftsorganisationen wie Universitäten und Forschungsinstitute sowie die großen Zusammenschlüsse (Helmholtz Gemeinschaft, Leibniz, MPG) bedienen sich der Methoden und Instrumente der kommerziellen Werbung.[22] Interessanter im Hinblick auf die Steuerung durch aber auch die Außenwahrnehmung über innerwissenschaftliche Reputation ist das Kommunikationsverhalten der Wissenschaftler selbst. Die Tabuisierung der Adressierung der Öffentlichkeit ist der inzwischen weit verbreiteten Bereitschaft gewichen, die Öffentlichkeit direkt anzusprechen. Je stärker ausgeprägt die Orientierung an öffentlicher Aufmerksamkeit, desto wichtiger wird die Prominenz in den Medien gegenüber der innerwissenschaftlichen Reputation.

Diese Orientierung an öffentlicher Aufmerksamkeit bzw. die Konkurrenz medialer Prominenz mit innerwissenschaftlicher Reputation birgt spezifische Gefahren für die Wissenschaft. Zuallererst impliziert sie einen Konflikt zwischen zwei inkommensurablen Systemcodes, um in der Sprache der Systemtheorie zu sprechen.[23] Wissenschaft ist an der Produktion ‚wahren' Wissens bzw. ‚objektiver' Erkenntnisse orientiert, die Medien an der Erlangung bzw. Herstellung von Aufmerksamkeit. Aufmerksamkeit kann sich auf Triviales oder auch auf falsche Informationen oder irreführende Lehren richten.

Auf der Handlungs- oder Organisationsebene stellen sich die Verhältnisse etwas komplizierter dar. Wissenschaftler orientieren sich nicht ausschließlich am Urteil der Fachkollegen, sondern sie haben bei der Darstellung ihrer Forschungsergebnisse

---

[21] *Weingart*, Aufklärung von oben oder Pflege des Dialogs – Die plötzliche Entdeckung von Public Understanding of Science in Deutschland, Gegenworte: Hefte für den Disput über Wissen (3), 1999, S. 64–67.

[22] *Kohring et al.*, Media orientation of German university decision makers and the executive influence of public relations, Public Relations Review Vol. 39 (3), 2013, S. 340–351.

[23] Zur ausführlicheren theoretischen Diskussion der Medialisierung der Wissenschaft s. den Band *Rödder/Franzen/Weingart* (Hrsg.), The Sciences' Media Connection – Public Communication and its Repercussions, Sociology of the Sciences Yearbook 28, 2012, bes. Kap. 2.

auch ein Auge auf Fördereinrichtungen, auf Universitäts- bzw. Institutsleitungen und deren Anreizsysteme, und möglicherweise auch auf die Medien, wenn sie sich von deren Aufmerksamkeit eine indirekte Wirkung auf die vorgenannten Organisationen versprechen. Einige Fördereinrichtungen und auch Universitäten sind inzwischen dazu übergegangen, die Kommunikation mit den Medien (das sog. ‚outreach') als demokratisches Gebot der Rechenschaftslegung und Herstellung von Transparenz zu belohnen.

Das Selbstverständnis der Medien unterscheidet sich auch von der theoretisch motivierten Festlegung auf den Aufmerksamkeitscode. Vor allem die Leitmedien und hier besonders die wissenschaftsjournalistischen Redaktionen, sofern es sie noch gibt, nehmen für sich in Anspruch, der Wissenschaft gegenüber in ähnlicher Weise eine Kontrollfunktion wahrnehmen zu können, wie gegenüber der Politik. Qualitativ hochwertiger Wissenschaftsjournalismus arbeitet nach ähnlichen Standards der Qualitätssicherung wie die Wissenschaft (z. B. ‚Vier-Augen-Prinzip'; Konsultation unabhängiger Experten usw.), ist also zumindest der wahrheitsgemäßen Berichterstattung verpflichtet. Er versteht sich mitunter auch als Wächter über die Einhaltung von Normen, so in jüngerer Zeit bei der Berichterstattung von wissenschaftlichem Fehlverhalten, selbst wenn dies zugleich auch dem Nachrichtenwert der Sensationalisierung zugeordnet werden kann.

Es hieße, vereinzelte Anzeichen unzutreffend zu dramatisieren, wollte man die beobachtbaren Ansätze einer ‚Medialisierung der Wissenschaft'[24] vorschnell verallgemeinern. Eher handelt es sich um Symptome einer Entwicklung, die, würden sie die Wissenschaft tatsächlich flächendeckend erfassen, das über Reputationszuweisung operierende wissenschaftsinterne Selbststeuerungssystem außer Kraft setzen müssten. Die dazu vorliegenden empirischen Untersuchungen vermitteln ein differenziertes Bild. Peters[25] sieht in der Orientierung der Wissenschaft – einzelner Wissenschaftler wie wissenschaftlicher Organisationen – an den Medien eine Bedingung der ‚governance' der Wissenschaft neben anderen (z. B. Wissenschaftspolitik, industrielle Forschung). Er deutet sie als Anzeichen einer Professionalisierung der Kommunikation mit den Medien, als ihre strategische Benutzung zur Sicherung öffentlicher Legitimation und somit der gesellschaftlichen Unterstützung der Wissenschaft. Während er durchaus einen Einfluss auf das Kommunikationsverhalten und auch auf die wissenschaftlichen Publikationen konzediert, bleibt der Einfluss auf den epistemischen Kern der Wissenschaft, die Konstruktion von Theorien und Fakten seiner Meinung nach unbestätigt.[26] Rödder zeigt in der Untersuchung der Einstellungen

---

[24] *Weingart*, Die Stunde der Wahrheit?, 2001.

[25] *Peters*, Scientific sources and the mass media: Forms and consequences of medialization, in: Rödder/Franzen/Weingart (Hrsg.), The Sciences' Media Connection – Public Communication and its Repercussions, Sociology of the Sciences Yearbook 28, 2012, S. 217–240.

[26] *Peters*, Scientific sources and the mass media: Forms and consequences of medialization, in: Rödder/Franzen/Weingart (Hrsg.), The Sciences' Media Connection – Public Communication and its Repercussions, Sociology of the Sciences Yearbook 28, 2012, S. 237.

von Humangenomforschern, dass die Wissenschaftler in diesem besonders medienträchtigen Forschungsgebiet sehr klar unterscheiden zwischen der öffentlichen Werbung für das Forschungsfeld bzw. auch innerwissenschaftlich anerkannte Forschungsleistungen auf der einen und der Werbung ‚in eigener Sache', d.h. die Erlangung von Prominenz für die Person auf der anderen Seite. Mediale Aufmerksamkeit, die einer innerwissenschaftlich anerkannten Forschungsleistung gilt, wird akzeptiert. Wird sie hingegen nicht durch entsprechende Leistungen gestützt, gilt sie als illegitim. Insofern kommt sie zu dem Ergebnis, dass das wissenschaftliche Normensystem, auf dem der Mechanismus der Reputationszuweisung beruht, weiterhin intakt ist.[27] Franzen hat in einer Analyse der Redaktionspolitik der wichtigsten wissenschaftlichen (biomedizinischen) Zeitschriften gezeigt, dass diejenigen Zeitschriften, die ohnehin schon über das engere Fachpublikum hinaus wirken wie *Nature* und *Science* auf die Resonanz in den Massenmedien abstellen. Als Folge dessen kommt es zu einer Reihe von Rückwirkungen auf die Wissenschaft: Beschleunigung des Publikationsprozesses statt zeitaufwändiger Prüfungen auf Validität; Priorität für spektakuläre, unerwartete Ergebnisse und infolgedessen auch die Wahl spektakulärer Themen in der Forschung; schließlich die Überzeichnung von Forschungsergebnissen zur Erlangung medialer Aufmerksamkeit. Faktisch erweitert sich in einem hoch medialisierten Forschungsfeld (wie z.B. der Biomedizin) „das Publikum der Wissenschaft von der Fachwelt zur Politik und anderen Öffentlichkeiten".[28]

Die Evidenz der empirischen Untersuchungen, die inzwischen zum Phänomen der ‚Medialisierung' durchgeführt worden sind, lässt sich wie folgt zusammenfassen: die Orientierung des Handelns von Wissenschaftlern an einer breiten (meist unspezifischen) Öffentlichkeit ist umso ausgeprägter, je stärker die Konkurrenz im Feld um Ressourcen und damit um Aufmerksamkeit und je stärker das öffentliche Interesse an den Forschungsthemen und -ergebnissen sind. Die Rückwirkungen dieser Orientierung bleiben in erster Linie auf die Darstellung der Ergebnisse beschränkt, können in Ausnahmefällen jedoch auch den sog. epistemischen Kern, d.h. die Herstellung von Wissen betreffen. Das Normensystem der Wissenschaft, das die Orientierung primär an der internen Reputation gebietet und die an der öffentlichen Prominenz allenfalls als Folge derer akzeptiert, ist zwar noch weitgehend intakt. Aber die Akzeptanz von Medienkontakten sowie einer Hinwendung zur allgemeinen Öffentlichkeit ist deutlich gestiegen. Das macht die Wissenschaft einerseits anfällig für die persuasiven Formen der Werbekommunikation, andererseits entspricht sie ihrer veränderten Rolle in einer Gesellschaft, in der die demokratischen Teilhabe- und Mitgestaltungsansprüche erheblich zugenommen haben.

---

[27] *Rödder*, Wahrhaft sichtbar. Humangenomforscher in der Öffentlichkeit, 2009, insbes. S. 206f.

[28] *Franzen*, Breaking News: Wissenschaftliche Zeitschriften im Kampf um Aufmerksamkeit, 2010, S. 248ff. (251).

## VII. Exkurs: Die Interferenz von Reputation und Prominenz – die Plagiatsskandale von Politikern

Bei der partiellen Ersetzung von wissenschaftlicher Reputation durch öffentliche Prominenz handelt es sich um die Folge einer zunehmenden ‚Medialisierung' der Wissenschaft, die potentiell, wenn auch noch nicht in großem Umfang real, die Außerkraftsetzung des innerwissenschaftlichen Steuerungsmechanismus impliziert. Das in gewissem Sinn ‚umgekehrte' Phänomen lässt sich anhand der Interferenz von Reputation und Prominenz im Fall der Plagiatsskandale beobachten, die Politiker involvieren und ein breites mediales Echo gefunden haben. Es handelt sich um einen Sonderfall, der jedoch in mehrfacher Weise instruktiv ist.

Der Fall des CSU-Politikers und Bundesverteidigungsministers Karl-Theodor zu Guttenberg im Jahr 2011 ist die bislang spektakulärste Plagiatsaffäre in Deutschland, die Politiker involvierte, wenngleich auch keinesfalls die einzige. (Andere Politiker, denen in den letzten Jahren Plagiat im Zusammenhang mit ihrer Dissertation nachgewiesen worden sind u. a. die FDP-Politikerinnen Mathiopoulos und Koch Mehrin, der FDP-Politiker Chatzimarkakis, die CDU-Politikerin und ehemalige Bildungs- und Forschungsministerin Schavan, und im Ausland der ungarische Staatspräsident Schmitt sowie der österreichische EU-Kommissar Hahn). In der Mehrzahl der Fälle, in denen die Plagiate nachgewiesen und als gravierend eingestuft wurden, ist es zu Rücktritten von den jeweiligen Ämtern gekommen. Der Fall Guttenberg ist deshalb instruktiv, weil er viel deutlicher als die anderen Fälle den Prozess der Interferenz zwischen Reputation und Prominenz offengelegt hat. Zunächst ist nicht erwartbar und auch nicht plausibel, dass ein Verstoß gegen die Regeln guter wissenschaftlicher Praxis im Bereich der Politik sanktioniert wird. Die Leistungen, die ausschlaggebend für die Abfassung einer Dissertation sind, haben mit denen, die von einem Politiker erwartet werden, nichts oder so gut wie nichts zu tun. Anders gesagt: wissenschaftliche Reputation und politische Prominenz sind unabhängig voneinander. Diese Auffassung hatte wohl auch die Bundeskanzlerin Angela Merkel, als sie versuchte, die Kritik an ihrem Verteidigungsminister auf den wissenschaftlichen Bereich zu beschränken und mit der Erklärung politisch zu entschärfen: „Ich habe keinen wissenschaftlichen Assistenten (…) berufen, sondern mir geht es um die Arbeit als Bundesverteidigungsminister, die erfüllt er hervorragend, und das ist das, was für mich zählt." Gerade diese Erklärung provozierte jedoch die Reaktion von über 50.000 Doktoranden und Wissenschaftlern, die gegen die – implizierte – Geringschätzung ihrer eigenen Redlichkeit und der Bedeutung der Ehrlichkeit in Wissenschaft und Politik protestierten. Wie bekannt erzwang dieser ‚Dammbruch' zur Überraschung der Beteiligten den Rücktritt Guttenbergs. Seither – der Fall Schavan hat das bestätigt – wird zumindest in Deutschland der wissenschaftliche Regelverstoß vor allem prominenter PolitikerInnen in den Medien skandalisiert, so dass er das politische Überleben unwahrscheinlich bis unmöglich werden lässt.

Wie ist es möglich, dass die Regeln der Wissenschaft, hinsichtlich ihres moralischen Gehalts, Geltung und Anwendung im Bereich der Politik finden? Eine begünstigende Bedingung ist der Umstand, eine Besonderheit Deutschlands (und Österreichs!), dass der Doktortitel als Namensbestandteil geführt wird und noch immer soziale Anerkennung vermittelt. Das ist ein Relikt aus der Zeit, als der Akademiker einen hohen sozialen Status hatte, als Staatsbeamter und Vertreter des Geistes. Es indiziert aber auch das hohe Ansehen der Wissenschaft als Institution, das wenigstens relativ zu anderen Institutionen und Berufsgruppen stabil an der Spitze steht, ungeachtet eines allgemeinen Ansehensverlusts aller Institutionen. Bis heute sind außerdem mit dem Doktortitel im öffentlichen Dienst aber auch in der Privatwirtschaft höhere Einkünfte verbunden. Die Erlangung eines Doktortitels ist also begehrt. Er ist gleichsam der erste Einstieg in das System wissenschaftlicher Reputation und transportiert ein wenig Autorität, den Nimbus akademischer Objektivität und bewiesener intellektueller Kompetenz, Eigenschaften, die in der politischen Konkurrenz hilfreich sein können. Der akademische Titel ist insofern noch immer ein gesellschaftliches Distinktionsmerkmal, eine Kategorie zwischen Reputation und Prominenz.

Mit dem Plagiat verbindet sich unausweichlich das Urteil der Unehrlichkeit. Nun gehört Ehrlichkeit nicht gerade zu den zentralen Tugenden eines Politikers, aber sie wird vor allem von den Medien in ihrer skandalisierenden Berichterstattung dennoch als Basis des Vertrauens eingeklagt, das das Wahlvolk den Politikern entgegenbringen können soll. Das Gebot der Ehrlichkeit in der Wissenschaft wird als Norm auf alle anderen Bereiche der Gesellschaft, und die Politik zumal, ausgedehnt. Politiker selbst müssen entgegen der Praxis des notwendigen strategischen Verhaltens für ihr Verhalten jeweils Ehrlichkeit reklamieren, können kaum offen der Täuschung das Wort reden und sind insofern der Anklage der Unredlichkeit in der Wissenschaft schutzlos ausgeliefert.

Prominenz ist der Gegenstand der Skandalisierung bzw. attrahiert sie diese. Für die Prominenten (PolitikerInnen) wirkt sich Prominenz nachteilig aus, wo es um die Sanktionierung wissenschaftlichen Fehlverhaltens geht. Die Betreiber der ‚Plags' betonen, dass sie Plagiate jagen, um die Wissenschaft sauber zu halten. Sie konzentrieren sich jedoch auf Prominente, weil diese den größten Aufmerksamkeitserfolg versprechen. Für die Medien muss die Skandalisierung gerade am Beispiel der Prominenten erfolgen. Es ist einerlei, ob sie bei unerlaubten Sexaffären, Steuerhinterziehung oder beim Plagiieren erwischt werden. An ihnen muss das Exempel der öffentlichen Anprangerung statuiert werden, denn sie genießen nicht nur besondere Aufmerksamkeit, sondern sie sind zudem privilegiert und stehen gerade deshalb unter der Verpflichtung des besonderen Wohlverhaltens.

Aufgrund all dieser Bedingungen ist die Diskussion über Plagiate (als ein Sonderfall wissenschaftlichen Fehlverhaltens) zu einem Exempel für die Interferenz von wissenschaftlicher Reputation und öffentlicher Prominenz geworden.

## VIII. Das Steuerungsdilemma der Gesellschaft

Die systemspezifische Reputation in der Wissenschaft erweist sich als eine zentrale theoretische Kategorie wie auch als empirisches Schlüsselphänomen. Reputation ist die Grundlage der innerwissenschaftlichen Qualitätssicherung und der auf ihr aufruhenden Sozialstruktur, die Mechanismen der Reputationszuschreibung markieren die Ausdifferenzierung der Wissenschaft, ihre Autonomie, ebenso wie deren heteronome Erosion. Die Schwachstellen dieser Mechanismen lassen zugleich darauf schließen, weshalb und in welchem Ausmaß es zu Gefährdungen der Selbststeuerung kommt. Damit stehen diese Mechanismen im Zentrum des Interesses im Hinblick auf die Frage, wie sich die Autonomie der Wissenschaft zu den demokratisch begründeten Gestaltungs- und Teilhabeansprüchen der Gesellschaft verhält. In Abschnitt 2 war bereits das Legitimationsdefizit angesprochen, das die Wissenschaft und, wenn auch eingeschränkt, die Wissenschaftspolitik in demokratischen Gesellschaften hat. Der Konflikt zwischen wissenschaftlicher Autonomie und demokratischen Kontroll- und Teilhabeansprüchen betrifft nicht nur die individuelle Entscheidungsfreiheit des einzelnen Wissenschaftlers in der Wahl seiner Forschungsthemen, sondern er involviert den Mechanismus der Reputationszuschreibung, insofern diese die Autonomie der Wissenschaft gegen Einflussnahme von außen begründet.

Dies ist darin begründet, dass die Reputationszuschreibung zwei Funktionen hat: die thematische Steuerung der Wissenschaft und die Kontrolle der Qualität von Forschung. Die thematische Steuerung erfolgt durch die Verteilung von Aufmerksamkeit. Wissenschaftler, die sich auf ein bestimmtes Forschungsproblem konzentrieren, das überraschende Ergebnisse verspricht und viele Anschlüsse für weitere Forschung verspricht, erhalten besonders viel Aufmerksamkeit. Ihre besondere Sichtbarkeit wird zugleich auf die Forschungsthemen ausgedehnt. So kommen die Themen, spezifische Methoden oder Theorien ‚in Mode'. Sichtbarkeit wird in diesem Prozess implizit mit Qualität gleichgesetzt, obgleich unsichtbarere Wissenschaftler nicht schlechter, d. h. weniger kreativ und einfallsreich sein müssen. Dennoch genießen sie nicht die gleiche Reputation wie jene, die im Zentrum ‚modischer' Gebiete arbeiten bzw. solche Gebiete eröffnet haben.

Die Qualitätsprüfung im engeren Sinn findet vor allem im Kontext der ‚peer-review' Verfahren der wissenschaftlichen Fachzeitschriften statt, oder aber in Diskussionen auf Fachkonferenzen, auf denen neue Forschungsergebnisse vorgestellt werden. Zum Teil werden diese Diskussionen inzwischen im Internet geführt, wenn etwa die Ergebnisse in ‚open access' – Journalen publiziert werden. Die Reputation, die auf dieser Form der Qualitätsprüfung beruht, bezieht sich auf die Originalität von Entdeckungen, die Richtigkeit von Forschungsergebnissen, auf die Raffinesse der Untersuchungsmethoden. Wenngleich beide Funktionen der Reputationszuschreibung im konkreten Fall schwer voneinander zu unterscheiden sind, ist nachvollziehbar, dass die zweite nicht sinnvoll aus der Wissenschaft ausgelagert werden kann. Die Funktion der Themenwahl hingegen kann (und wird de facto) auch von außen wahrgenommen, so in der angewandten Forschung und in allen Formen der programmgesteuerten Forschung, die vom Staat oder von privaten Stiftungen in wachsendem Umfang gefördert werden. Zwar ist auch in diesen Zusammenhängen das Urteil der Wissenschaftler dazu notwendig, ob bestimmte Forschungsfragen sinnvoll verfolgt werden können, ob die erforderlichen Kompetenzen vorhanden sind, u. a. m. Aber die Forschungsförderer haben einen entscheidenden Einfluss darauf, ob sie bestimmte Fragen erforscht haben wollen oder nicht.

Die in Deutschland im Grundgesetz garantierte Wissenschaftsfreiheit bezieht sich sowohl auf die Festlegung von Qualitätsstandards in der Forschung als auch auf die Themenwahl. Letztere kann aber sinnvoller Weise nur insoweit frei sein, wie Wissenschaftler sie selbst finanzieren. Forschungspolitik zumal ist legitimiert, öffentliche Mittel im Sinn solcher Forschungen zu verwenden, an der ein öffentliches Interesse besteht. Es ist in der deutschen verfassungsrechtlichen Diskussion umstritten, inwieweit der Staat eine aus der grundgesetzlich garantierten Wissenschaftsfreiheit hervorgehende Verpflichtung zur Finanzierung der Forschung hat.[29] Unabhängig davon kann sich das Freiheitsrecht nur auf die Grundlagenforschung beziehen, und d. h. auf den Fördertypus, wie er im sog. Normalprogramm der DFG praktiziert wird. Alle Einschränkungen in den Förderprogrammen, seien sie thematisch oder organisatorisch (z. B. die Bedingungen für die Einrichtung von SFBs), erfüllen streng genommen nicht die Bedingung der vollkommenen Freiheit.

Der Schutz der Wissenschaftsfreiheit wird häufig damit begründet, dass Eingriffe von außen (vor allem der Politik) schädlich für das Funktionieren der Wissenschaft und abträglich für ihre kritische Funktion ist. Letzteres hat seine Wurzel in den bürgerlichen Verfassungen, die für Presse und Wissenschaft ein ihre Unabhängigkeit gegenüber den autoritären Regierungen garantierendes Abwehrrecht enthielten. Nach dem Zweiten Weltkrieg kam eine Begründung hinzu, die sich hauptsächlich auf den ersten Aspekt bezieht: die Wissenschaft sollte der technischen Innovation dienen und damit den wirtschaftlichen Wohlstand sichern. Das vorherrschende Begründungsmuster war das sog. lineare Modell der Innovation, das auf der Annahme beruhte, dass wissenschaftliche (selbstgesteuerte) Grundlagenforschung die Ausgangsbasis für alle angewandte Forschung und aus ihr hervorgehende Innovationen sei. Dieser implizite ‚Gesellschaftsvertrag' zwischen Politik und Wissenschaft, wonach die Gesellschaft die Grundlagenforschung nach den Prioritäten der wissenschaftlichen Gemeinschaft mit der Erwartung zwar ungewissen aber wahrscheinlichen Nutzens fördert, ist aufgekündigt worden. Inzwischen wird konzediert, dass Innovationen auch aus Anwendungskontexten heraus entstehen können.[30] Die unbedingte Notwendigkeit der Selbststeuerung als Grundbedingung für erfolgreiche Forschung wird nicht mehr anerkannt. Damit aber hat der bislang geltende Primat

---

[29] *Grimm*, Wissenschaftsfreiheit vor neuen Grenzen?, Göttinger Universitätsrede, 2006; *Schmidt-Assmann*, Die Wissenschaftsfreiheit nach Art. 5 Abs. 3 GG als Organisationsrecht, in: Becker/Bull/Seewald (Hrsg.), Festschrift für Werner Thieme, 1993, S. 697–711.

[30] *Stokes*, Pasteur's Quadrant. Basic Science and Technological Innovation, 1997.

der selbstgesteuerten Grundlagenforschung zumindest partiell an Legitimation eingebüßt.

In der Beurteilung der Frage, in welchem Verhältnis gesellschaftliche Interessen zu den von Wissenschaftlern nach Maßgabe disziplinärer Relevanzen formulierten Forschungsfragen stehen sollten, verschränken sich unterschiedlich motivierte Begründungen. Während die abwehrrechtlich motivierte Garantie der Wissenschaftsfreiheit ein politisches Grundrecht ist, lässt sich die innovationstheoretische Begründung der Förderung der Grundlagenforschung nur bedingt aufrechterhalten. Das wissenschaftspolitische Dilemma der Abwägung zwischen effizienter Forschung und der Berücksichtigung gesellschaftlicher Prioritäten stellt sich mit Bezug auf die gesellschaftspolitischen und wirtschaftlichen Funktionen der Wissenschaft. Dies markiert zugleich die Rahmenbedingungen, unter denen die Mechanismen der Reputationszuschreibung in der Wissenschaft zum Tragen kommen. Es ist erkennbar, dass ihr Einfluss im Zuge zunehmender Demokratisierung der Gesellschaft abgenommen hat, wenngleich er durchaus weiterhin besteht und auch unwahrscheinlich ist, dass er vollkommen verschwinden wird. Das nämlich käme der Entdifferenzierung von Wissenschaft und Gesellschaft gleich.

# Die Rolle von Reputation in der Rechtswissenschaft[1]

*Helmut Goerlich*

## I. Einleitung

*Heinrich Heine* wusste, Wissenschaftler müssen sich einen Namen machen, also Reputation erwerben. Er spricht am Anfang der Harzreise von Professoren, „die noch gar keinen Namen haben", also von namenlosen Professoren.[2] Das nur als erste Orientierung dazu, worum es hier geht. Einfache Lösungen dafür, wie sie die *Frankfurter Allgemeine Zeitung* für die Ökonomen Deutschlands durch Veröffentlichung der Namen auf den ersten Plätzen vor kurzem bot, haben wir Juristen zwar noch nicht. Als naiver Betrachter wird man dagegen noch immer erwarten, dass in der Wissenschaft Leistung zählt; erst nachdem Leistung sich als nicht messbar erwiesen hat, wird man auf „Reputation" setzen; versagt auch diese als Weg, so kann letztlich doch nur das wissenschaftliche Ethos und die eine große Leistung dessen zählen, der zwar wenig veröffentlicht, aber eine neue Perspektive, mag sein einen „Paradigmenwechsel" herbeiführt und aufgrund seines Ethos auf diesen riskanten Weg zum Erfolg setzt.[3] Dieser Typus war immer selten, man denke vielleicht an *Otto Bachof*, *Ernst Friesenhahn*, *Konrad Hesse* und *Franz Wieacker* oder auch an *Ludwig Raiser* sowie *Theodor Lenckner* und *Ernst-Walter Hanack*. Nebenbei: *Immanuel Kant*, der über ein Jahrzehnt nichts publizierte, wäre hingegen heute bei uns Juristen als Kollege sicher allenfalls geduldet.

---

[1] Der Text versucht, den Ertrag des Kolloquiums einzubeziehen, soweit er sein Thema betrifft; als Motto könnte man der Untersuchung voranstellen: „*Kollektives Wissen*. Für die Reputation eines Wissenschaftlers ist es ein Vorteil, wenn sein Name mit B anfängt." So *Gernot Böhme*, Alternativen der Wissenschaft (1980), 2. Aufl. Frankfurt am Main 1993, S. 11; abgesehen wurde hier von unergiebigen Belegen zur Etymologie des Wortes Reputation; zur Abgrenzung von „Ehre" siehe aber *Friedrich Zunkel*, Eintrag „Ehre" in: Geschichtliche Grundbegriffe, hrsg. v. O. Brunner, W. Conze u. R. Koselleck, Band 2, E–G (1975) Studienausgabe Stuttgart 2004, S. 1 ff. (20 ff.), wo auch nachgewiesen ist, dass Prinz Eugen von Savoyen den Verlust von „Ehre und Reputation … tausend mal ärger als den Tod" ansah.

[2] Vgl. *Heinrich Heine*, Die Harzreise, in: *ders.*, Sämtliche Werke, 11. Aufl., Stuttgart u. Leipzig 1899, S. 285, r. Sp.; *Heine* heute aufgreifend *Christian Graf von Krockow*, Erinnerungen, München 2002, S. 137.

[3] Von all dem ist in der Klassifikation deutscher Ökonomen in jenem Blatt nichts zu finden, vgl. FAZ Nr. 206/36D 1 v. 5.9.2013, S. 1, 9 und 11.

Die Formel vom namenlosen Professor wirft aber ein Licht auf das, was es mit der Reputation auf sich hat: Reputation ist in der Wissenschaft als sozialem Phänomen und in ihrem Umkreis, also bei ihren Nutzern und Verwertern von Ergebnissen usw., ein Hilfsmittel, um sich etwa bei der Wahl eines Studienorts oder der Auswahl eines Gutachters zu orientieren. Sie ist dabei als Hilfsmittel umso wichtiger, je größer der soziale Gesamtverbund „Wissenschaft" ist, je ferner der Nutzer diesem Verbund steht und je umfassender der Verbund über Fachgrenzen hinweg gesehen wird und zusammengefasst auftritt. Denn je größer die eigene Distanz zu den Fachdisziplinen eines Wissenschaftsbereichs ist, um so weniger kann man durch eigenes Urteil einen Gelehrten, Lehrer oder Forscher bewerten. Deshalb greift man zur „Reputation", und das geschieht auch gegenüber wissenschaftlichen Einrichtungen. Selbst rechtlich hat dieser Griff zur Reputation bei näherer Betrachtung durchaus legitime Züge. „Reputation" ist mithin angesichts ihrer noch näher zu ermittelnden Bedeutung in wissenschaftlichen Zusammenhängen als ein akzeptables Element der Ermessensausübung im verwaltungsrechtlichen Sinne anzusehen,[4] sicher in unterschiedlicher Weise, aber jedenfalls je nach Fachnähe, sachlicher Rolle und Art der Verfahrensbeteiligung.

Der Rückgriff auf „Reputation" ist in einer solchen Lage auch rational. Man verfährt so nicht aus Bequemlichkeit oder Trägheit. Man kann ja nicht selbst die Ermittlungen für eine Bewertung aufnehmen. Auch innerhalb der Wissenschaft ist das so, zumal der Wissenschaftler weiß, wie wenig er – jenseits des eigenen engeren Gebiets – von einem anderen Fach und seinen Leuten weiß. „Reputation" spielt so bei Bewerbungen, Akkreditierungen, Zertifizierungen und Exzellenzverfahren sowie bei der Qualitätssicherung oder -kontrolle eine Rolle. Gegen die Reputation zu entscheiden, dürfte in der Regel sehr schwer fallen.

## II. „Rechtswissenschaften", ihre Akteure, Kulturen und Foren

1. Eine Besonderheit der Rechtswissenschaft in Deutschland in ihrer Regionalität ist im europäischen Vergleich,[5] dass sie nicht nur von Wissenschaftlern, sondern auch von ganz ähnlich, nämlich ebenfalls wissenschaftlich ausgebildeten Praktikern betrieben wird, also etwa höheren Richtern und Fachanwälten sowie ebenfalls als Juristen ausgebildeten Beamten der Verwaltung. Und diese Wissenschaft wird ausdifferenziert betrieben, nicht nur nach Hauptgebieten wie Bürgerliches, Straf- oder öffentliches Recht, sondern vor allem auch quer zu den Hauptgebieten. Sie ist Wissenschaft vom Recht als rechtsdogmatische Wissenschaft, als Interpretations- und Methodenlehre, als Geschichtswissenschaft, als Geisteswissenschaft, auch im

[4] Vgl. dazu *Hartmut Maurer*, Allgemeines Verwaltungsrecht, 18. Aufl. München 2011, § 7 Rn. 6 ff.

[5] Ausklammern muss man hier zunächst nicht die Rollen von „Reputation" in anderen juristischen, zumindest der Ausbildung nach aber wissenschaftlich geprägten Berufen, denen die Wissenschaft zur Seite steht.

Sinne ihrer Geistes- und Ideengeschichte, als Rechtstheorie, als Rechtssoziologie oder als Gesetzgebungslehre und Entscheidungstheorie sowie als rhetorisch-pragmatische Lehre vom rechten Rat im Sinne einer Verhandlungs- bzw. Mediationslehre oder auch in Geschlechterstudien und zum feministischen Recht, zu schweigen von Recht, das Rechte einander zuordnet, sie vermittelt und in ihrer Pluralität bündelt, also seiner Funktion nach ganz verschiedene Rechtskulturen kennt und mit ihnen umgeht – wie etwa das internationale Privatrecht, die Rechtsvergleichung auf verschiedensten Gebieten des Rechts und all dies auf der Grundlage von Kenntnissen des ausländischen Rechts.

Wie in anderen Wissenschaften bestimmen die Kolleginnen und Kollegen im Wege der *peer review* die Reputationshierarchie. Dabei spielt eine erhebliche Rolle, dass das Recht nicht nur von der Wissenschaft gepflegt wird, sondern etwa auch durch andere öffentliche Instanzen und zwar nicht nur die Gerichte. Auch ist Wissenschaft immer zugleich bezogen auf ein System politischer Herrschaft, deren Recht sie pflegt. Diese Öffnung zur Praxis erweitert indessen die *peer group*, etwa durch höhere Richter, Fachanwälte und Verwaltungsbeamte, nicht nennenswert, allerdings gibt es neben sozusagen „Reputationsgemeinschaften" rein wissenschaftlicher Art solche, die gemischt sind, wie etwa die Gesellschaft für Umweltrecht e.V. oder der Studienkreis für Presserecht und Pressefreiheit e.V., d.h. der so genannte *Löffler-Kreis*, oder auch die frühere Vereinigung für Rechtssoziologie, jetzt für Recht und Gesellschaft, aus der mehrere hohe Richterinnen und Richter hervorgegangen sind, aber auch die breitere Deutsche Gesellschaft für Internationales Recht, und solche, die als engere Foren von Fachbruderschaften der Praxis fungieren, wie etwa die streng nicht-öffentlich tagenden Fachausschüsse des Deutschen Anwaltsvereins, oder aber die wie der Deutsche Juristentag und verschiedene Fachrichtertage, die Wissenschaft um unabhängige Begutachtung von Fragen oder zum Vortrag bitten und so Reputation anerkennen, aber auch vermitteln.[6]

2. Abgesehen von der grundlegenden Unterscheidung von einer auf die soziale Wirklichkeit des Rechts gerichteten Rechtssoziologie und der an den Rechtsfakultäten dominanten Rechtsdogmatik steht Rechtswissenschaft kraft ihres Gegenstands, des Rechts, als kommunikativ-rhetorische Wissenschaft in einem starken Praxisbezug. Sie wird professionell betrieben. Daher ist alles, was mit ihr zu tun hat, zugleich nicht nur universitäts- und wissenschaftsbezogen, sondern ebenso professionell und d.h. auch in der juristischen Zunft im weiteren Sinne von Interesse. Rechtswissenschaft befasst sich mit ihren Gegenständen auf topische Weise. Da ihr Gesamtgegen-

[6] Wissenschaftliche Beiträge und Gutachten solcher Tagungen – indes nicht nur solche von Wissenschaftlern im engeren Sinne – werden in wissenschaftlichen Fachzeitschriften veröffentlicht; zum Terminus „Reputationsgemeinschaft": *Wolfgang Hoffmann-Riem*, „Soft Law" und „Soft Instruments", in: M. Bäuerle,u.a. (Hrsg.), Demokratie-Perspektiven, Festschrift für B.-O. Bryde, Tübingen 2013, S. 595ff. (629), zur Venedig-Kommission des Europarats, deren Reputationsarbeit an Staaten gerichtet ist; ebd. auch zur Rechtssoziologie der wissenschaftsgeschichtlich-biographische Beitrag zu einer Laufbahn: *Thomas Raiser*, Der Ritt auf zwei Pferden, S. 109ff.

stand „Recht“ sich in ganz unterschiedliche Bereiche mit unterschiedlichen Traditionen gliedert, nutzt man die jeweils typische Topik des Teilgebiets, um sich zu orientieren und zu verhalten. Das heißt, es sind bereichsspezifische Argumentationsmuster, die eingesetzt werden, um sich zu verständigen. Daher wird, was mit „Rechtswissenschaft“ zu tun hat, bereichsspezifisch ausgelegt sein. Das wird auch für „Reputation(en)“ gelten. Daher muss es unterschiedliche Muster von „Reputation“ geben.

3. Zugleich ist die Rechtswissenschaft als gelehrte Befassung mit Recht immer noch und auch mit gutem Grund eine historisch-systematische Wissenschaft im Stile einer Geisteswissenschaft. Das war die Rechtswissenschaft lange, ganz maßgeblich insbesondere im 19. Jahrhundert, an den deutschen Universitäten in hohem Maße. Daher wird in ihr „Reputation“ nur von der *peer group* der Gelehrten anerkannt, also von den klassischen deutschen Gelehrten – wie etwa der des deutschen Mandarins bis in die Weimarer Zeit.[7] Diese Gelehrten kannten die Gelehrtenrepublik in gleicher Freiheit nur untereinander an, sie verknüpften Status mit Rang und beide strahlten ab auf die Ausgangsposition des Nachwuchses im wissenschaftlichen Diskurs. Die Hierarchie dominierte über die egalitäre Struktur des freien wissenschaftlichen Diskurses, in der nur das Argument zählt. Dieser egalitäre Diskurs ist für die idealtypische Kultur der Naturwissenschaft prägend und in der Wissenschaftssoziologie das maßgebliche Modell der Garantie wissenschaftlicher Erkenntnis.[8] Dabei scheint dem Juristen dieses Modell etwas zu sehr Modell – auch soweit individueller Ruhm Anreiz sein soll und nicht monetäre Prämien. Zeitloser Ruhm ist Juristen ohnehin kaum vergönnt, anders als Mathematikern und Naturwissenschaftlern angesichts ihrer Unsterblichen seit der Antike. Dagegen kann und konnte Anerkennung auch an das *Ethos der Forschung in der Verpflichtung auf die Suche nach Wahrheit* anknüpfen, das allerdings kaum zu fassen ist.

4. Mit dem Wandel des Rechts, des Rechtsverständnisses und der Wissenschaftskultur werden sich auch die Maßstäbe einer zeitgemäßen Reputation unter Juristen

---

[7] *Fritz K. Ringer*, The Decline of the German Mandarins, The German Academic Community 1890–1933, Cambridge, Mass., 1969, deutsch Stuttgart 1983 unter dem Titel Die Gelehrten. Der Niedergang der deutschen Mandarine 1890–1933; 1987 als Taschenbuch bei Hanser, München, erschienen; zum Wissenschaftsverständnis dieser Mandarine ist vielleicht die Beschreibung ihres Wissenschaftsverständnisses eines der letzten Seminarteilnehmer bei Adolf von Harnack wichtig, vgl. *Dietrich Bonhoeffer*, der auf dessen Trauerfeier für seine Studenten sprach, zit. in: E. Bethge, D. Bonhoeffer. Eine Biographie, München 1967, S. 175: Wahrheit wird für ihn nur aus Freiheit geboren, Freiheit aller Teilnehmer am Erkenntnisprozess, ganz im Sinne der „Gemeinschaft der Lehrenden und Lernenden“. Zur Vorgeschichte auch der Spaltung der Wissenschaften in Natur- und Geisteswissenschaften sowie zu damaligen Vereinen, Vereinigungen, Sozietäten und Gesellschaften, also auch Reputationsgemeinschaften im Wissenschaftsbetrieb, nun *Denise Phillips*, „Acolytes of Nature“. Defining Natural Science in Germany 1770–1850, Chicago 2012, etwa S. 71 ff.; eine entsprechende historische und gegenwartsbezogene Soziologie wissenschaftlich engagierter juristischer Gesellschaften und Vereine im deutschen Sprachraum fehlt, soweit ich sehe, wäre aber für eine korrespondierende Reputationsforschung notwendig.

[8] Nestor der Wissenschaftssoziologie ist *Robert K. Merton*; seine wissenschaftssoziologischen Beiträge enthält ein Band: *ders.*, Entwicklung und Wandel von Forschungsinteressen. Aufsätze zur Wissenschaftssoziologie, Frankfurt am Main 1985.

gewandelt haben. Man kann wohl auch annehmen, dass dieser Wandel auch diesen Reputationskontext entsprechend verändert hat. Hat es doch auf Reputationskriterien Einfluss, welche Foren die intendierte Reputation vermitteln. Daher wandeln sich mit der Rolle der Juristen jeweils auch die Erwerbsmodi, was Reputation angeht. Die Gelehrten der Rechtswissenschaft wurden mehr und mehr Juristen, die positives Recht auslegten, das ein modernisierter Staat geschaffen hatte. Während nämlich der Jurist vor der Entstehung des modernen Staates als Fürstenstaat eher genossenschaftlich orientiert sein mochte, etwa als Stadtsyndikus oder – mehr oder weniger – freier Anwalt, sofern er nicht zugleich Kleriker war und die Angelegenheiten in kirchliche Zuständigkeit fielen, wurden die Juristen nun Staatsdiener: Sie dachten nun eher „vom Staat her“[9], waren also sozusagen Etatisten[10], auch als Richter. Nun sollte plötzlich im letzten Jahrhundert – vor 50 Jahren – der Richter zwar nicht Sozialpsychologe, aber doch „Sozialingenieur“ sein und werden (*Konrad Zweigert*).[11] Daher wurde die zugehörige Wissenschaft nun als Sozialwissenschaft verstanden, weswegen auch andere Sozialwissenschaftler an ihren Fakultäten arbeiten sollten; so kam es, dass man Interdisziplinarität groß schrieb. Der Jurist sollte also nun nicht mehr nur „das“ Recht autoritativ durchsetzen – wobei sich fragt, wessen „Recht“ das war und ist. Zugleich internationalisierte sich das Fach, nachdem es zuvor schon in der Lehre in einem ersten Ansatz europäisiert worden war, wobei beide Phänomene mit Veränderungen der Funktionen des Nationalstaates zu tun haben. Mit dem Verständnis des Rechts als sozialem, nicht mehr nur als staatlich verordnetem Recht und der Sicht seiner Adepten als Sozialingenieure wurde auch der Diskurs ums Recht verändert. Recht sollte nun erörtert werden in der Weise, wie die Naturwissenschaft ihre Gegenstände idealtypisch traktierte, nämlich in einem Diskurs unter gleichgestellten Teilnehmern, unabhängig vom Rang. Der Einzelne definiert sich in der Hierarchie nicht mehr nach Status und Stellung. Recht kann nun als konsoziatives, sozusagen genossenschaftliches Recht in den Blick geraten. So erscheint Recht nicht mehr nur notwendig als staatlich gesetztes, sondern auch als selbsterzeugtes Recht, bis hin zu einem vielleicht autopoietischen Recht der Gesellschaft. Entsprechend ändern sich die wissenschaftlichen Arbeits- und Kommunikationsweisen. Recht ist nicht mehr nur aus autoritativer Perspektive, sondern auch als soziales Phänomen zu begreifen.

---

[9] Vgl. dazu insbes. für die Zeit nach 1945 in der Welt des öffentlichen Rechts *Frieder Günther*, Denken vom Staat her. Die bundesdeutsche Staatsrechtslehre zwischen Dezision und Integration, München 2004.

[10] Zum Etatismus in der wissenschaftlichen Teildisziplin öffentliches Recht *Michael Stolleis*, Geschichte des öffentlichen Rechts in Deutschland, Vierter Band 1945–1990, München 2012, S. 356ff.

[11] Das war das Etikett, mit dem *Konrad Zweigert* Ende der 60iger Jahre ein neues Bild vom Juristen anregte, vgl. ders., Vom Rechtsheiligen zum Sozialingenieur. Kritische Anmerkungen zum Ausbildungsweg des Richters, in: DIE ZEIT v. 21.2.1969, S. 56; zur sozialen Verantwortung vgl. *Ludwig Raiser*, Gedanken zur Verantwortung der Rechtswisssenschaft (1963), in: *ders.*, Vom rechten Gebrauch der Freiheit, hrsgg. v. K. Raiser, Stuttgart 1982, S. 119ff.; kein Zufall, dass beide mit Rechtsvergleichung und Internationalem Privatrecht zu tun gehabt hatten; später wurde Interdisziplinarität in den Rechtswissenschaften zum hohen Lied, vgl. heute etwa *Eric Hilgendorf*, Bedingungen gelingender Interdisziplinarität – am Beispiel der Rechtswissenschaft, in: JZ 2010, S. 914ff.

Jenseits der Dogmatik wurde so Rechtswissenschaft möglich als Sozialwissenschaft unter anderen Sozialwissenschaften. Und es wurde der interdisziplinäre Verbund mit Nachbardisziplinen eröffnet. Zudem konnte man wissenschaftssoziologisch Rechtswissenschaft nun unter das gleiche Regime stellen wie ihre Nachbardisziplinen.[12] Und darauf mussten Reputationskriterien und Reputationserwartungen der Juristen antworten.

Allerdings ist diese Entwicklung nicht wirklich Gemeingut geworden. Daher ist hier Rechtswissenschaft im engeren Sinne zugrunde zu legen, die in wissenschaftlichen Einrichtungen wie Fakultäten und unabhängigen Fachinstituten regelmäßig betrieben wird. Hingegen üben gemischte „Reputationsgemeinschaften" ihre eigene *peer review* ihren Angehörigen gegenüber als bloße Wissenschaftler aus. Dabei kann der Reputationsgewinn dank der Aktivität in solchen gemischten Reputationsgemeinschaften hier nur notiert werden als Ergänzung der Reputation, die man in der Wissenschaft im engeren Sinne erwerben kann. Die jeweiligen Fachvereinigungen der habilitierten Kollegen stellen dafür den Rahmen. Und der Nachwuchs kopiert sie in den Hauptgebieten durch entsprechende Assistententagungen, die sich inzwischen auch vereinsrechtlich untersetzen. Die so in mehrere Gruppen aufgespaltene *peer group* der habilitierten Kolleginnen und Kollegen tauscht den Reputationsstatus jeweils nur aus besonderer Veranlassung aus, also etwa aus Anlass der Verabschiedung einer Berufungsliste in einer Fakultät.

5. Gewiss vollzog sich die Entwicklung dieser engeren Fachwissenschaft(en) langsam und je nach der engeren Fachkultur in Teilen der Rechtswissenschaft in unterschiedlicher Gangart. Aber allmählich wurden viele Tagungen und sicherlich die meisten Seminare ihrer hierarchischen Struktur entkleidet. Die Wortmeldungen folgten nicht mehr einem sukzessiven Ritual vom Habilitand bis zum einfachen Studenten über die Mitarbeiter und die Hilfskräfte. Auch Sitzordnung und Bekleidung lockerten sich auf. Der Veranstalter des Seminars ist nicht mehr der alleinige Richter der Kommunikation, der bewertet und alles am Ende nahezu verbindlich zusammenfasst. Der Professor ist nicht mehr der Gelehrte aus gutem Hause mit profunder Bildung auch jenseits des Fachs. Zudem: Studierende kommen nicht mehr nur vom humanistischen Gymnasium, der Student ist meist nicht mehr Reserveoffizier[13]. Die Gelehrtenrepublik wurde sozusagen bürgerschaftlicher, jedenfalls lässiger und egali-

---

[12] Bester Ausdruck all dessen ist die jüngere Theorie, vgl. etwa *Thomas Vesting*, Rechtstheorie, München 2007, gerade auch zum Wandel des Rechts, etwa S. 35 ff., 57 ff., 77 ff.; etwas weniger hervorgehoben etwa bei *Manfred Rehbinder*, Rechtssoziologie, 8. Aufl. München 2014, S. 27 ff. (41 ff.). *Joachim Rückert* hat auf der Tagung zu Recht darauf hingewiesen, dass in Hannover das Reformprogramm von Rechtswissenschaften sprach.

[13] Klassisch *Eckart Kehr*, Zur Genese des Königlich Preußischen Reserveoffiziers, in: ders., Der Primat der Innenpolitik, 2. Aufl. Berlin 1970, S. 53 ff.; vgl. auch mit Nachweisen sozialgeschichtlicher Forschung, darunter Bezug auf Theodor Fontane, *Christian Graf von Krockow*, Warnung vor Preußen, Berlin 1981, S. 104; dass daneben eine ganz andere, Modernität initiierende Kultur der Reformen bis hin zu den Staatsexamina und darüber hinaus entstand, das steht auf einem anderen Blatt.

tärer. Und die Einführung der Staatsexamina sowie die damit verbundene Zentralisierung der Aufgabenstellungen hat dafür gesorgt, dass der Nepotismus an deutschen Universitäten mehr und mehr abnahm; es war dann nicht mehr so leicht, Reputationen im Sinne einer geradezu familiären Erbfolge auf Lehrstühlen aufzubauen und einzusetzen.[14] Ähnliche Einhegungseffekte haben auch Regeln wie das Verbot der Hausberufung. Es handelt sich dabei um Kontrollmechanismen jenseits der *peer review* und jenseits der Fakultät, etwa durch unabhängige zentrale Stellen zur Qualitätskontrolle und -sicherung, neben bloßen Drittgutachten in Berufungsverfahren.

6. Die Entwicklungen insgesamt haben auch die Erwartungen an die Qualität der Wissenschaft und an diejenigen, die sie betreiben, verändert. Sowohl die subjektiven als auch die objektiven Anforderungen an „Reputation" sind heute andere als früher. So kommt es etwas weniger darauf an, woher man kommt, d.h. wessen Schüler man ist, als darauf, was man sagt. Dies muss man im Auge behalten, wenn man von „Reputation(en)" handeln möchte. Auch sollte man nicht übersehen, dass die vielschichtigen Meinungsbildungsprozesse in den Rechtswissenschaften heute meist mit den Mitteln der an den Naturwissenschaften entwickelten Wissenschaftssoziologie analysiert werden. Ob aber die beiden Wissenschaftszweige so sehr vergleichbar sind, wie damit vorausgesetzt, steht auf einem anderen Blatt. Vielleicht ist es eine Frage von Graden der Vergleichbarkeit und eines Verständnisses im Sinne von normativen Postulaten, denen Wissenschaft überhaupt zu genügen hat. So mag in der Naturwissenschaft kraft des *ähnlich dem hippokratischen Eid* nirgends niedergelegten *wissenschaftlichen Ethos* der egalitäre Diskurs *bei gleicher Würdigung aller Bemühung und erkennbaren Leistung in der Suche nach der Wahrheit* unabhängig von Status, von Herkunft und von bisherigem Rang in der Tat prägend sein;[15] ob dies in der Rechtswissenschaft wirklich regelmäßig der Fall ist, erscheint zumindest fragwürdig. Vielleicht sollte man heute eher nicht mehr von einer hierarchischen Dominanz der Großordinarien, sondern von aus Schüler-Lehrer-Verhältnissen erwachsenden oligarchisch-oligopolen Netzwerken ausgehen.[16] Dennoch wird hier diese Vergleichbar-

---

[14] Sehr viel seltener findet man daher heute in klassischen Fakultäten die gleichen Namen über Generationen, was im 18. Jahrhundert an deutschen Universitäten der Fall war. Dass das Problem bis hin zur Duldung von Plagiaten nicht aus der Welt ist, dazu *Thomas Urban*, Gelehrte Günstlingswirtschaft. Im Filz der Vetternwirtschaft an Spaniens Universitäten werden Plagiatoren fürs Abschreiben mitunter sogar noch belohnt. Kritiker beklagen einen Mangel an wissenschaftlichem Austausch, stattdessen herrsche vielerorts „akademische Inzucht", in: Süddt. Ztg. Nr. 196 v. 26. 8.2013, S. 13.

[15] Vgl. dazu auf der Basis des wissenschaftlichen Ethos *Peter Weingart*, Wissenschaftssoziologie, Bielefeld 2003, S. 15ff., 22ff.; unter Bezug auf *Robert K. Merton* (Fn. 8), S. 86ff. (88ff.); in der Rechtswissenshaft rezipiert etwa bei *Eric Hilgendorf*, Das Ethos der Wissenschaft und der Gedanke der Interdisziplinarität, in: S. Beck (Hrsg.), Gehört mein Körper noch mir? Strafgesetzgebung zur Verfügungsbefugnis über den eigenen Körper in den Lebenswissenschaften, Baden-Baden 2012, S. 13ff.; auch für Juristen sind Promotionseide, die auf ein Ethos hätten verpflichten können, längst abgeschafft.

[16] Wahrscheinlich ist dies viel zu grobmaschig gesehen: Während solche Netzwerke und ihre Hierarchien bei personalpolitischen Verfahren und Entscheidungen eine erhebliche Rolle spielen dürften, mögen beim wissenschaftlichen Disput in solchen Netzwerken durchaus egalitäre Elemen-

keit mit den Naturwissenschaften zumal in Ansehung der Rollen von Reputationen unterstellt – und darum geht es hier. Es mögen Vergleichbarkeiten durchaus auch im Falle sehr unterschiedlicher Strukturen bestehen oder vorausgesetzt werden, schon um zu Ergebnissen zu kommen, die diskussionswürdig erscheinen. Für jede Wissenschaft sollte man allerdings immer im Blick behalten, dass „Reputation“ als außengesteuertes Polster dank bisheriger Leistungen regelmäßig in einem gewissen Widerstreit liegt mit dem *Ethos der Wissenschaft*, sofern dieses Ethos jeden Vorgriff auf Prestige dank bisheriger Meriten bei der Bewertung wissenschaftlicher Leistungen und Ergebnisse verbietet. Das Ethos erweist sich dabei allerdings als versteckter dritter, eben innerer Weg; es dürfte indes kaum messbar sein, obwohl man es spürt, wenn es präsent wird, und es geht einem dann wie dem berühmten amerikanischen Richter, der Kunst und Pornographie zwar nicht begrifflich, aber mit einem Blick zu unterscheiden wusste.

## III. Die Bedeutung des Wortes „Reputation“ im Kontext „Rechtswissenschaft“

Es gibt gewiss verschiedene Arten und Formen von „Reputation“. Das beginnt schon mit der Unterscheidung von Personen und Institutionen, gerade auch in der Wissenschaft. Hier geht es nur um die Reputation von Personen als Wissenschaftler. Ihre Reputation hat auch Bedeutung für Institutionen, in denen sie auftreten, leben, agieren oder die sie repräsentieren, also etwa Fakultäten, dortige Institute, Universitäten oder reine Forschungsinstitute. Deren Reputation ist auf der anderen Seite von Gewicht für die Reputation dieser Personen.

Aber zunächst einmal zur praktischen Funktion von „Reputation“ in der Wahrnehmung des wissenschaftlichen Nachwuchses: In der Regel kennen wir älteren die jungen Kollegen kaum persönlich. Es ist unmöglich, alles, was erscheint, zu lesen. Der persönliche Eindruck auf Tagungen kann ebenso täuschen wie ein Text. Daher behilft man sich. Neben der Empfehlung durch gleichaltrige Kollegen spielt das Hörensagen eine Rolle, die Reputation des Nachwuchses also. Stößt man auf einen weißen Fleck, d. h. fehlt es an Reputation überhaupt, so ist das desorientierend.

Was ist nun „Reputation“? Als Ausdruck der wissenschaftssoziologischen Fachsprache hat ihn bei uns *Helmuth Schulze-Fielitz* aufgegriffen.[17] Er bezieht sich auf einige prominentere Autoren, insbesondere der Wissenschaftssoziologie.[18] Die Rezep-

te dominieren; allerdings muss man die wissenschaftlichen Leistungen abwerten, wenn man nicht diejenigen, die sie erbracht haben, sondern andere berufen wissen will.

[17] Vgl. jetzt, nach einem sogleich in Fn. 20 genannten Vorläufer mit weniger Nachweisen *Helmuth Schulze-Fielitz*, Einleitung in: ders., Staatsrechtlehre als Mikrokosmos, Bausteine zu einer Soziologie und Theorie der Wissenschaft des öffentlichen Rechts, Tübingen 2013, S. 3 ff. (11 ff., bes. Fn. 61).

[18] Siehe aus der Fachliteratur: *Peter Weingart* (Fn. 15), S. 22 ff.; zuletzt auf der Basis einer Fülle mir nicht zugänglicher angelsächsischer Literatur *ders.*, Reputation in der Wissenschaft – Funktion

tion sucht dem gängigen Begriff mehr Kontur zu verschaffen. „Reputation" erwächst sicher aus einer Reihe ganz unterschiedlicher Aktivitäten, entsprechend den unterschiedlichen Feldern in der jeweiligen Wissenschaft und insbesondere dem betreffenden Teilgebiet. Daher wird sich „Reputation" zusammensetzen aus mehreren Elementen, so dass man von einem Reputationsmosaik oder einer Reputationscollage würde sprechen können. Für einen vielschichtigen Beruf wie den des Rechtswissenschaftlers ist dies nahe liegend. Allerdings kann der gute Ruf auch in seiner Vielschichtigkeit durchaus anders liegen als die jeweilige reale Qualität. Der gute Ruf mag flüchtiger sein – also ephemerer – als die reale Leistung, sei es im Geschriebenen oder in der Lehre; das Werk ist auch später überprüfbar, der Erfolg in der Lehre schwerlich, jedenfalls nicht so leicht. Aber reale Qualität mag einen Erfolg nicht unbedingt zu erklären. Hat sich doch *Max Weber* auf seinen ersten Ruf hin verwundert, warum er anderen Kollegen vorgezogen worden ist, die er für viel besser geeignet hielt als sich selbst. Auch sah er die Zufälligkeiten im Leben des Wissenschaftlers, den wilden *hazard*, den er nannte.[19] Das hat sich wahrscheinlich nicht verändert, eher sogar verschärft, zumal die soziale und die wirtschaftliche Absicherung beim Privatdozenten heute meist nicht mehr besteht: Er kommt nicht aus dem gehobenen Bürgertum und nicht mehr aus vermögendem Hause; auch ist er meist nicht mehr so jung wie früher, so dass er sich nicht mehr leicht in der Justiz, etwa auf einer Landrichterstelle, einrichten kann, bis er berufen wird. Umso mehr sollte der Dozent und dann der Professor aber in jedem Sinne innerlich unabhängig sein.

## IV. Reputation als Orientierungshilfe

Damit ist schon angedeutet: Reputation bietet Orientierungshilfe auf dem Markt der Wissenschaftler. Dies bedeutet zunächst einmal, dass die so genannte *peer review* maßgeblich ist für die Entwicklung der „Reputation" des Wissenschaftlers. In diesem Sinne ist sie Chiffre für fachliche Qualität von Wissenschaftlern und dient der Entstehung einer informellen Reputationshierarchie. Dabei tritt neben diese objektive Funktion eine subjektive Funktion der Steuerung des Verhaltens der Wissenschaftler bis hin zu ihren Veröffentlichungsstrategien.[20] In welchen Zusammenhängen die Orientierungshilfe nötig ist, wäre die nächste Frage. Ihre Antwort hat wahrscheinlich auch Einfluss darauf, was in der Sache Reputation verschafft. Je nach Zusammenhang mag das durchaus unterschiedlich ausfallen. Zunächst also zur

---

und Bedeutungsverlust, in diesem Band, S. 151 ff.; früher etwa *Niklas Luhmann*, Die Wissenschaft der Gesellschaft, Frankfurt am Main 1992, S. 245 ff., 352 ff.; u. *Justus Lentsch*, Organisationen der Wissenschaft, in: S. Maasen u. a. (Hrsg.), Handbuch der Wissenschaftssoziologie, Wiesbaden 2012, S. 137 ff. (139 ff.).

[19] Siehe *Max Weber*, Wissenschaft als Beruf, 1917/1919, MWS I/17, S. 1 ff. (3 u. 4 ff.) und dazu *Joachim Radkau*, Max Weber, Die Leidenschaft des Denkens, München 2005, S. 746 ff.

[20] Vgl. *Helmuth Schulze-Fielitz*, Leicht spekulative Notizen zur Reputationshierarchie in der deutschen Staatsrechtslehre, in: ders. (Fn. 17), S. 187 ff. (188 ff., 190).

Kontextualisierung des Rückgriffs auf „Reputation(en)": Reputationsabfragen sind notwendig, etwa im Rahmen der Redaktionspolitiken von Zeitschriften und der Verlagspolitik wissenschaftlicher Verlage; wenig sagen heute oft Zweitauflagen der größeren Schriften, seit die Erstauflagen von den Verlagen gezielt in geringer Stückzahl angesetzt werden; Reputation ist deutlich aber im Spiel bei der Gewichtung von Gutachten von Kollegen, etwa bei der Stipendienvergabe oder bei Entscheidungen über Preisverleihungen, sowie insbesondere bei Personalentscheidungen im engeren Sinne, also in Berufungsverfahren, der Erstellung von Einladungs- und Besetzungsvorschlägen, bei der Erteilung von Rufen, bei Berufungsverhandlungen und bei weiteren Fragen, etwa der Verleihung von Gastprofessuren, der Aufnahme in Akademien oder andere wissenschaftliche Einrichtungen und bei Vorschlägen oder auf Nachfragen von außen für die Vergabe von Ehrungen. Zunächst aber sind die Zahl der Rufe und die damit verbundene Besserstellung entscheidend.[21] Es müsste an sich auch eine erhebliche Rolle spielen, ob man in Entscheidungsgründen zitiert, so aufgegriffen und vielleicht sogar übernommen worden ist, und sei es ohne Beleg und nur in der Formulierung.[22] Dies ist indes nicht wirklich der Fall. Ebenso spielt in der Rechtswissenschaft hierzulande, aber wohl auch anderswo, eine geringe Rolle, ob man schon früh sachlich zum Ex- oder zum Import von Elementen des Rechts oder Bereichen des Fachs substantiell beigetragen hat. Solche auslandsbezogenen Anstrengungen – und sei es nur in Kooperation – sind noch immer eher ergänzendes Dekor, wiewohl ein ausländischer Grad und Sprachkenntnisse mehr und mehr unverzichtbar werden.

Traditionell nutzen die „Reputation" und ihre Abfrage nicht nur Minister oder Ministerialbeamte – also die Stellen, die bisher Rufe erteilten und die Verhandlungen führten, man denke etwa an das System der vielleicht durchaus sachlich sehr förderlichen Bevormundung der Universitäten durch den berühmten Ministerialdirektor *Althoff* in Preußen, der sich eines Informantennetzes bediente, das die Reputation in der Lehre, also die didaktischen Fähigkeiten abfragte;[23] auch die Wissenschaft selbst

[21] Vgl. *Christian Graf von Krockow* (Fn. 2), S. 201 ff.

[22] Sehr selten ist das Zitat mit Beleg im Falle wissenschaftlicher Mitarbeiter, vgl. aber BVerwGE 141, 223 ff. (S. 235 f.) mit Hinweis auf *Ralph Zimmermann*, Gesetzesvorbehalt für schulorganisatorische Maßnahmen gegen religiöse Äußerungen von Schülern, in: LKV 2010, S. 394 ff.; in steuerrechtlichen Entscheidungen wird oft belegt, vgl. etwa Zitate von *Holger Stadie* in BVerfG v. 13.6. 1997 – 1 BvR 201/97 – NJW 1997, S. 3368; v. 15.1.2008 – 1 BvL 2/04 – BVerfGE 120, 1 – Rz. 118; v. 29.5. 2012 – 1 BvR 640/11 – NVwZ 2012, S. 1033; und außerhalb des Steuerrechts ist er auch zitiert, insbes. BVerwG v. 16.3.2006 – 7 C 3/05 – BVerwGE 125, 325; v. 10.1.2012, – 7 C 6/11 – NVwZ 2012, S. 888; andererseits sind verdeckte Zitate beim BVerfG durchaus anzutreffen, so früher „das Leben als vitale Basis der Menschenwürde" in BVerfGE 39, 1 (42) und BVerwGE 115, 189 (202) aus *Helmut Goerlich*, Wertordnung und Grundgesetz, Baden-Baden 1973, S. 78, oder (Normen) „bilden ein in sich geschlossenes Reglungssystem für die Sozialversicherung" in BVerfGE 113, 167 (200) nach *Werner Heun*, Die Sozialversicherung und das System der Finanzverfassung, in: Festschrift f. Peter Selmer, hrsgg. v. L. Osterloh u. a., Berlin 2004, S. 657 ff. (665) und dazu einem Schriftsatz des Autors in jenem Verfahren.

[23] Vgl. *Joachim Radkau* (Fn. 19), S. 750 sowie schon S. 109, wo ausgeführt wird, dass *Althoff* Max Weber protegierte und Weber als junger Dozent glänzend Figur machte, während offenbar sein damals nationalistisches Pathos seine rasch erworbene Reputation erklären würde – dazu dort

nutzt sie als materielles Element ihrer Selbststeuerung zunehmend, während zugleich die persönliche Kenntnis infolge der großen Zahl der Kandidaten in der Personalpolitik eher abnimmt. Das geschah angesichts der Zahl der Neugründungen von Universitäten und Fakultäten in den letzten vierzig Jahren immer wieder, zuletzt im Rahmen der deutschen Wiedervereinigung angesichts der rechtswissenschaftlichen Besetzungswellen in den neuen Bundesländern. Diese Rückgriffe auf Reputation sind also unvermeidlich. Es ist angesichts der Spezialisierung in den größeren Fächern nicht nur den im Verhältnis zum engeren Fach durchaus schon fachfremden Dekanen unmöglich, sich ein selbstständiges Urteil zu bilden, ganz zu schweigen von den Universitätspräsidenten und Rektoren, die zunehmend an Stelle der Minister die Rufe aussprechen und die Berufungsverhandlungen in vollem Umfange führen.

## V. Reputationserwerb als sozialer Prozess – subjektive und objektive Elemente

Für den Wissenschaftler sind mithin der Erwerb und der Fortbestand seiner Reputation von großer Bedeutung. Er muss Eigenschaften besitzen, die ihn befähigen, sich einen Namen zu machen, ebenso wie er auf eine erworbene Reputation hin in der Lage sein muss, diese zu pflegen, also auch zu erweitern und zu ergänzen oder zu vertiefen. Dies wäre von geringer Bedeutung, wäre der Wissenschaftsbetrieb nicht immer auch sozialer Prozess. Denn dann ließe sich Reputation sozusagen linear ermitteln aus dem wissenschaftlichen Ethos,[24] der originären Neugier und dem Erkenntnisinteresse des Wissenschaftlers, seinen Ergebnissen, deren Vermittlung dann seine Reputation bildet. So liegt es aber nicht. Der Wissenschaftsbetrieb ist wesentlich von Interaktion und Kommunikation geprägt. Daher spielen neben dem Ethos, der bloßen Neugier und dem aus ihnen fließenden Erkenntnisinteresse die soziale Kompetenz, die politische Begabung und die Sensibilität der Persönlichkeiten eine Rolle. Es sind also auf der einen Seite subjektive und soziale Fähigkeiten nötig. Auch können die „scientific community", „die Gemeinschaft der Lehrenden und der Lernenden", die *Joachim Rückert* auf dem Kolloquium betont hat, und die Fachöffentlichkeit, die jeweils ihre eigene Gruppendynamik entfalten, Anerkennungserwartungen pflegen und sie zum Maßstab der Integration von denen, die neu hinzutreten, machen. Es findet also soziale Interaktion statt. Und in einem stetigen allseitigen

S. 143, vielleicht ebenso wie den frühen Ruf nach Freiburg i. Br.; zum über die Reputation vielleicht manchmal hinweg interventionistischen „System Althoff" mit Nachweisen *Helmuth Schulze-Fielitz*, Politische Voraussetzungen wissenschaftlicher Forschung, in: H. Dreier u. D. Willoweit (Hrsg.), Wissenschaft und Politik, Stuttgart 2010, S. 71 ff. (75).

[24] Zu diesem Ethos der von den jüngeren Autoren immer wieder zitierte *Robert K. Merton*, Die normative Struktur der Wissenschaft (1942), in: ders. (Fn. 8), 1985, S. 86 ff. (88 ff.); bezogen auf ihn auch *Helmuth Schulze-Fielitz* (Fn. 20), S. 191; vgl. auch zum sittlichen Anspruch der Wissenschaft *ders.*, Der öffentlich-rechtliche Habilitationsvortrag, ebd., S. 118 ff. zur Funktion der Mündlichkeit als verantwortlich verantwortetes Medium.

Austausch werden Informationen, Kenntnisse und Neuigkeiten in diesen Prozess einbezogen, um Reputation zu erstellen, zu ergänzen, zu erneuern, zu bekräftigen oder auch abzubauen. Das führt zu Profilierungszwängen auch etablierter Wissenschaftler und fortgesetztem Konkurrenzdenken um Personal- und Sachmittel – und damit in einen Pfauenwettbewerb mit immer größeren Rädern. Derlei ist fragwürdig, das fördern jedoch Exzellenzwettbewerbe und Evaluierungen immer mehr.

Zugleich folgt die objektive Seite der Entstehung, Pflege und Anerkennung von „Reputation" gewissen objektiven Standards, die berufen werden. Also etwa Standards zur Bestimmung der Leistungen eines Wissenschaftlers in seinen verschiedenen Rollen als Forscher, Lehrer, Verwalter und dergleichen. Dabei sind diese Standards ebenso wenig starr wie die Sachverhalte, an die sie anknüpfen. Wenn also etwa das Anforderungsprofil an den „Wissenschaftler" sich verändert, dann ändern sich auch die Reputationsmaßstäbe und -erwartungen. Andererseits wird der Wissenschaftler seine Anstrengungen anpassen. Er wird in dem Maße wie der Reputationserwerb von neuen Profilen mitgeprägt ist, diese aufgreifen und einbeziehen in seine „performance". Deutlich ist allerdings, dass „Reputation" nicht in einem politisch-demokratischen Entscheidungsprozess erworben wird, vielmehr ist sie idealtypisch Frucht eines eher elitär-egalitären Kommunikationsprozesses weithin informeller Art. Wie auch sonst erscheinen der Wissenschaft demokratische Ansätze oder Ingerenzen eher abwegig – und oft mit Recht.[25] Seinen Grund hat dies vor allem im epistemologischen Charakter von Wissenschaft,[26] abgesehen von der Sensibilität der betreffenden Bewertungsabläufe gerade auch jenseits der Publizität von Bewertungen, etwa in Rezensionen, eingehenden Zitaten oder weiterführenden Auseinandersetzungen in Veröffentlichungen. Wissenschaft basiert zwar auf intern egalitären Disputen um „die Wahrheit", sie erlaubt indes nicht, solche Wahrheitsfragen egalitär-demokratisch durch wissenschaftsexterne Einheiten entscheiden zu lassen.

## VI. Elemente von „Reputation(en)" und Reputationserwerb im Wandel auch der (Rechts)wissenschaft

Reputation kann in der Rechtswissenschaft auf verschiedenen Ebenen und mit dem Wandel der Wissenschaft in verschiedenen Modalitäten entstehen. Diese verschiedenen Ebenen sind nur teilweise innerhalb der Rechtsberufe angesiedelt; oft, vor allem im öffentlichen Recht, aber auch in anderen Rechtsgebieten, sind sie durchaus auch politisch geprägt und entsprechen verschiedenen Rollen, die jeweils einzunehmen sind, will man auf dem betreffenden Gebiet zusätzlich jeweils spezifische Reputation

---

[25] Hierzu pointiert *Wilhelm Hennis*, Demokratisierung. Zur Problematik eines Begriffs, abgedruckt in: ders., Politikwissenschaft u. politisches Denken. Politikwissenschaftliche Abhandlungen II, Tübingen 2000, S. 194ff.

[26] Dazu *Andrew Abbott*, Wissen zwischen Elitismus und Demokratie, in: M. Hagner (Hrsg.), Wissenschaft und Demokratie, Berlin 2012, S. 140ff.

erwerben.[27] Dabei entsprechen die verschiedenen Ebenen nicht nur den Feldern der Entwicklung der Rechtswissenschaft als vielschichtige Sozialwissenschaft. Sie entsprechen vielmehr auch den verschiedenen Fertigkeiten und Eigenschaften, die Juristen im Laufe der Ausübung ihrer Berufe und Tätigkeitsfelder entwickeln können und die zugleich ihre Chancen, Reputation, d. h. eigentlich „Reputationen" zu erwerben, weithin prägen. In diesem Sinne sind Reputationen der Juristen kontextabhängig und zu erheblichen Wandlungen fähig.

1. Die Reputation als Folge voller Hörsäle und Seminare ist für den jungen Privatdozenten und den jüngeren Professor für sein Weiterkommen entscheidend. Der „sitzengebliebene" Privatdozent ist nicht nur sich selbst und gegebenenfalls seiner Familie, sondern auch jeder Fakultät ein Problem oder – im besseren Falle – eine Sorge.[28] Denn jede Fakultät wird nicht nur Wert darauf legen müssen, wie sie im heute modischen „Ranking" oder traditioneller in akademischen Zirkeln, vom Kaffeekränzchen bis zum Pausengespräch auf Fach-Tagungen als Studienstandort schon für Anfänger gehandelt wird, sondern auch darauf, dass „ihre" Privatdozenten „wegkommen". Und beides hängt wesentlich auch von der Reputation der Fakultätsangehörigen in der Lehre ab. Dabei mag die Wahl des Studienorts seitens der Studierenden allerdings ganz anderen Kriterien folgen, also etwa der Reputation der Stadt oder den dort üblichen Mietpreisen und anderem mehr, darunter auch der Nähe zu Heimatort und Elternhaus, etwa aus finanziellen Gründen. Die Funktion der Reputation als akademischer Lehrer steigert sich und wird elitärer, wenn es um die Förderung von Schülern, also in Lehrprogrammen wie Magisterstudiengängen, Doktoranden-Kollegs und im Rahmen der individuellen Promotionsförderung, oder um die Förderung von Habilitanden geht. Das betrifft dann schon eine andere Art der Reputation, die auf den eigenen Forschungen aufbaut und auch an Fähigkeiten anknüpft, die mit der Art und Weise der Forschungstätigkeit, dem Forschungsbetrieb und sozusagen dem Forschergeist zu tun hat, der sich an einer Einrichtung entwickelt.

2. Zunächst aber ist zur Reputation des herkömmlichen Forschers in „Einsamkeit und Freiheit" zurückzukehren: Er erwirbt als Habilitand, vielleicht schon als Doktorand, Reputation in der Konzentration auf seinen Gegenstand, die sich dann in Publikationen, zunächst in der Dissertation und dann in der Habilitationsschrift oder in

[27] Siehe zur Sicht von Rollen und Ebenen für die Staatsrechtslehre exemplarisch *Andreas Voßkuhle*, Die politische Dimension der Staatsrechtslehre, in: H. Schulze-Fielitz (Hrsg.), Staatsrechtslehre als Wissenschaft, Beiheft 7 der Zeitschrift „Die Verwaltung", Berlin 2007, S. 135 ff. (143 ff.); auch zu *Voßkuhle* süffisant im Blick auf dessen „Reputation" *Josef Isensee*, Staatsrechtslehre als Wissenschaft, in: JZ 2009, S. 949 ff. (951 f.).

[28] Vgl. dazu *Christian Graf von Krockow* (Fn. 2), S. 139; selten war ein als „unzuverlässig" geltender, daher „dienstältester Privatdozent" Deutschlands aus guten politischen Gründen doch von Reputation, vgl. *Carlo Schmid*, Erinnerungen, Wien u. a. 1979, S. 172; dazu, dass politische Denunziation durchaus ein Mittel der Beschädigung von Reputation auch heute sein kann, unten, bei Fn. 49 und in Fn. 50.

den für die Habilitation ausschlaggebenden einzelnen Schriften spiegelt.[29] Später kann richtungsweisend für die Reputation sein, welche Literaturgattungen als Medium gewählt werden; so war es früher für den Wissenschaftler nicht von Gewicht, ob man das positive Recht kommentiert hatte. Heute ist dies anders, und zwar nicht nur, wenn man sich als Dogmatiker ausweisen will. Auch hier reicht die Reputation rasch über den Zirkel der Forscher untereinander hinaus, das Ansehen wächst mit dem Ruf auch in den an die Fakultät nur angrenzenden Kreisen der akademischen Welt und der zugehörigen Praxis, je nach Wahl von Form und Charakter der Veröffentlichungen, beinahe schon bis hin zum Feuilleton.

Allerdings birgt das Feuilleton auch Gefahren für die Reputation und sollte nicht zu früh in der akademischen Laufbahn zur Plattform unseres Forschers werden. Besser ist es, länger in der dem allgemeineren, aber noch fachnahen Publikum eher doch verborgenen Welt der Fachzeitschriften zu verharren und dort zu publizieren. Eine erste Mitwirkung an seriöseren Festschriften[30] und den zahllosen Tagungen mag hinzukommen und dann der Reputation förderlich sein, wenn die Beiträge in sich tragend gestaltet sind und ebenso gut in einer gehobenen Fachzeitschrift hätten erscheinen können. Eine noch höhere Stufe der Reputation verschafft die Mitwirkung in Handbüchern[31] und Lexika, etwa einem der Staatslexika oder noch enzyklopädischeren gelehrten Nachschlagewerken. Nichts anderes gilt – wie schon erwähnt – für die Beteiligung an Kommentaren. Und in Teilgebieten spielt eine erhebliche Rolle für die Steigerung der Reputation, ob man zur rechten Zeit auf der Tagung der einschlägigen umfassenden berufsständischen wissenschaftlichen Vereinigung vortragen durfte oder nicht. Das Echo auf solche Präsentationen des eigenen Könnens, unmittelbar auf der Tagung, aber auch im Anschluss daran in Tagungsberichten oder auf informelle Weise, kann für den Aufbau weiterer Reputation Weichen stellen.

Eine nächste Stufe des Reputationsgewinns in der Forschung ist für den Nachwuchs alsbald, aber auch später noch erreicht, wenn seine selbstständigen Schriften in respektabler Weise rezensiert werden, ohne dass es sich um nahezu als bestellt erscheinende, nur fördernde – man könnte fast sagen – Rezensionslobhudeleien handelt, die erkennbar nicht aus einem vertieften Umgang mit ihrem Gegenstand entstanden oder auch nicht durch diesen ganz geprägt sind. Eine gute Rezension nimmt

[29] Zum Wandel des Charakters von Habilitationsschriften *Michael Stolleis* (Fn. 10), S. 545 mit Bezug auf *Helmut Goerlich*, Verfassungsrecht – Verfassungsgeschichte – Verfassungspolitik. Gängige Inszenierungen einer Wissenschaft und ihrer Ebenen, in: comparativ 16 (2006), S. 171 ff. (183).

[30] Festschriften können von ganz unterschiedlicher Qualität sein und ganz unterschiedliche Funktionen haben, vgl. etwa *Helmuth Schulze-Fielitz*, Festschriften im Dienst der Wissenschaft, in: ders., Staatsrechtslehre (Fn. 17), S. 204 ff.; er spricht nicht ohne Grund auch von „Festschriftenbetrieb"; einige große Gelehrte wie *Ernst Friesenhahn* und *Konrad Hesse* haben es abgelehnt, eine Festschrift zu ihren Ehren entgegenzunehmen; die Analyse des Festschriftenbetriebs setzt 1979 ein, unter den ersten *Peter Häberle*, Festschriften im Kraftfeld ihrer Adressaten, in: AöR 105 (1980), S. 652 ff.; weitere umfassende Nachweise bei *H. Schulze-Fielitz*, a.a.O.

[31] Vgl. etwa die Rezension des Handbuchs des Staatsrechts durch *Helmuth Schulze-Fielitz*, Grundsatzkontroversen in der deutschen Staatsrechtslehre nach 50 Jahren Grundgesetz – in der Beleuchtung des Handbuchs des Staatsrechts, in: ders., Staatsrechtslehre (Fn. 17), S. 255 ff.

auch die Reputation im Verhältnis zur tatsächlichen Qualität ins Visier. Wird Qualität bestätigt, so steigert das die Reputation umso mehr. Nur auf den ersten Blick förderlich sein können neben Rezensionskartellen auch bloße Zitierkartelle, letzteres ein tradierter Ausdruck aus dem Repertoire der Kritik des Wissenschaftsbetriebs. Hinzu kommen heute in permanenter Konkurrenz weitere Kartellbildungen auf institutioneller Ebene. So konnte man im Mai 2013 von Exzellenzkartellen hören,[32] ebenso würde man gelegentlich von Reputationskartellen sprechen können, die dazu dienen, gegen- oder wechselseitig an der Aura der jeweiligen Reputation eines Kollegen oder einer Kollegin durch bloße Bemerkungen oder geradezu feiernde Bezugnahmen förderlich zu wirken.

Erhebliche *Reputationsrisiken* können für den Nachwuchs hingegen im Einstieg neben der immer noch fragwürdigen Sammelhabilitation in weiteren Schwächen liegen, etwa im Fehlen eines respektablen Stallgeruchs, der durch brave Assistentenjahre an einem reputierlichen Lehrstuhl erworben wird, so dass der Lehrer auch substantiell gutsagen kann für seinen Kandidaten.[33] Das heißt auch, fehlt es überhaupt an einer erkennbaren Zugehörigkeit zu einer Schule oder liegt gar der Wechsel zwischen verschiedenen Schultraditionen im Sinne eines naiven oder schon reflektierten Lagerwechsels zwischen zwei nahezu verfeindeten wissenschaftlichen Lagern oder Lehrerpersönlichkeiten vor, so kann dies außerordentlich kritisch wirken. Es fehlt dann der Stallgeruch, der für die Chancen auf einen Ruf entscheidend sein kann.[34] Stallgeruch vermittelt schließlich etwas Berechenbarkeit, was die spätere Entwicklung angeht zu einer Zeit, nachdem man den Kandidaten zum Kollegen gemacht hat, was wichtig ist, gerade wenn der Kollege der Fakultät erhalten bleibt. Auch darf der Habilitand im Rahmen seines Habilitationsvortrages oder von ersten Probe-Vorlesungen nicht eingebrochen sein; die Konsolidierung der Kandidaten im *„reputati-*

---

[32] Vgl. auf institutioneller Ebene *Roland Preuss/Sebastian Krass*, Rektoren mit Zündschnur. Der Streit zwischen den Hochschulen eskaliert: Im Ringen um Ruf und Forschungsmittel stehen vor allem große gegen kleine Universitäten, in: Süddt. Ztg. Nr. 115 v. 21.5.3013, S. 15; zu Zitier- und Lobekartellen nebst „Matthäus-Effekt" *Helmuth Schulze-Fielitz* (Fn. 17), S. 192, 199. Vor kurzem wurde ein Etikettierung von Reputation benutzt, um das Prädikat der „Exzellenzuniversität" zu entziehen, indem gesagt wurde, die dort angesiedelte „School of History" sei nicht an einem Universitätsinstitut, sondern an eine „Ansammlung von Spitzenintellektuellen" angeseilt, vgl. *Franziska Augstein*, Eine schöne Leiche. Die Freiburger School of History schließt, in: Süddt. Ztg. Nr. 151 v. 3.7.2013, S. 15; vgl. auch die *Jürgen Kaube*, Das sind doch nur Spitzenintellektuelle. Was hat man getan, wenn einem bescheinigt wird, nicht mehr exzellent zu sein? Womöglich war man zu elitär und forschte irrtümlich disziplinär, in: FAZ Nr. 151 v. 3.7.2013, S. N 5.

[33] Die Zugehörigkeit ist allerdings ganz bürgerlich geprägt, wird also nicht etwa durch einen nahezu perversen „Esprit de Corps" und Drill erworben, wie dies in Kadettenanstalten für das Offizierscorps der Fall gewesen sein mag, vgl. *René Halkett*, Der liebe Unhold. Autobiographisches Zeitportrait 1900–1939, Hürth bei Köln 2011, S. 68 ff.; und literarisch verfremdet *Sybille Bedford*, Das Vermächtnis, Frankfurt am Main 2003, S. 37 ff. u. passim; dennoch: als Sozialisationsprozesse werden Wissenschaft und Staatsrechtslehre durchaus verstanden, vgl. *Helmuth Schulze-Fielitz*, Einleitung und Zwischenüberschrift in: ders. (Hrsg.), Staatsrechtslehre (Fn. 17), S. 3 ff. (13) und S. 45.

[34] Vgl. *Hans Peter Bull*, Widerspruch zum Mainstream. Ein Rechtsprofessor in der Politik, Berlin 2012, S. 80 ff.

*onspsychologischen*" Sinne muss nach dem objektiven Hergang dieser Stationen und seinem Selbstverständnis und seiner *Selbstdarstellung in der allgemeinen Fachöffentlichkeit* als erwiesen gelten.[35] Ebenso schlummern Reputationsrisiken in einer gewissen Provinzialität des Auftretens bis hin zu einer dem Wissenschaftler nicht immer fernen Kauzigkeit, nach bürgerlichen Maßstäben Schwächen im Benehmen, in fehlender Eleganz im Umgang mit den Damen, insbesondere der Staatsrechtslehrer,[36] in mangelnder Weltläufigkeit, festgemacht an schlechten Sprachkenntnissen oder einem Verharren bloß im nationalen Recht, gespiegelt in fehlenden Auslandsaufenthalten, in schlechten Examensnoten, die die Übernahme in Verwaltung oder Justiz ausschließen, aber auch im Vertreten von extremen Positionen in Rechtsfragen oder in nicht als seriös angesehenen Nebentätigkeiten neben einer Assistentenstelle oder einem Habilitationsstipendium und vielem anderen mehr. Hingegen ist eine gewisse Breite der Ausweisung förderlich, etwa im Sinne einer zweiten Heimat eines Theoretikers in einem Teilgebiet des besonderen Verwaltungsrechts, das dogmatisch geprägt ist.

3. Ist unser Forscher und dann Lehrer in seiner Karriere durch erste Rufe weitergekommen, so eröffnen sich weitere Felder der Reputation: Diese Art der Reputation ist Folge der Tätigkeit als Gutachter, Rechtsberater und – wenn es hoch kommt, insbesondere im privaten Wirtschaftsrecht – als Schiedsrichter oder – vom Straf- oder Strafprozessrecht kommend – als Strafverteidiger. Dabei können sich diese Anknüpfungspunkte für Reputation noch stärker auswirken, wenn die Schiedssachen internationalen Charakter annehmen; nichts anderes gilt für die Vertretung in länderübergreifenden Rechtssachen. So erzählte man sich früher im öffentlichen Recht, dass die angesehenen Kollegen sich gegenseitig auch an der Höhe ihrer Honorare als Gutachter oder Rechtsberater maßen. Dabei erreicht unser Kandidat eine gesteigerte allgemeinere Öffentlichkeit, wenn die betreffende Aktivität in der Presse zur Sprache kommt. Noch förderlicher sein kann allerdings eine eher elitär-diskrete Bekanntheit in diesen Tätigkeiten, bei den zivil- oder wirtschaftsrechtlichen Kollegen, die beraten oder durch Teilnahme in Schiedsverfahren auf der Richterbank hervortreten. Wie sich bei Strafrechtlern die Übernahme von spektakulären Verteidigungen auf die Reputation auswirkt, ist nicht ganz klar. Sicher ist es je nach Segment des Fachs unterschiedlich, kann also nicht allgemein erfasst werden. Unterschiedlich können auch die Mandate wirken, die man wahrnimmt. Ähnliches gilt insoweit wahrscheinlich im öffentlichen Recht.

4. Hinzukommen kann, ergänzend oder darüber hinaus, die Reputation als Richter im Nebenamt oder besser im zweiten Hauptamt, an Oberlandesgerichten oder Oberverwaltungsgerichten und entsprechenden Gerichtshöfen sowie schließlich an den Verfassungs- oder Staatsgerichtshöfen der Länder. Gleich viel gilt sicher die Tä-

---

[35] Vgl. dazu *Helmuth Schulze-Fielitz*, Habilitationsvortrag (Fn. 24), S. 118 ff. (141 ff.).

[36] Zu deren Vereinigung in früheren Jahre kritisch *Peter Häberle*, Vermachtungsprozesse in nationalen Wissenschaftsgemeinschaften, insbes. der deutschen Staatsrechtslehre, in: H. Schulze-Fielitz (Fn. 27), S. 159 ff.

tigkeit als vertrauter Berater der Staatsregierung eines Landes, des Bundespräsidenten oder eines Regierungschefs in Bund oder Ländern oder gar ausländischer entsprechender Stellen oder internationaler Einrichtungen.

Etwas ironisch mag man anfügen, dass neben einem eleganten Stil auch in der Fachsprache die „Nebentätigkeit" als witziger Unterhalter – also neudeutsch „Entertainer" – etwa im Wege einer sagenumwobenen lange erinnerten geistreichen „Damenrede" im geselligen Begleitprogramm nicht nur für Damen, die Tagungen wissenschaftlicher Vereinigungen umrahmen, für die Steigerung der Reputation außerordentlich förderlich sein kann. Das heißt, „Nebentätigkeiten" sind hier weit zu verstehen. Das liegt auch daran, dass nebenbei erworbene Reputationen oft mit der bloßen Fachreputation verschmelzen und nur eine spätere kritische Betrachtung die Dinge wieder auseinander hält.

5. Eine weitere Reputationssteigerung ist möglich, wenn man in ein fachorientiertes größeres Forschungsinstitut, vorzugsweise eines der großen der Max-Planck-Gesellschaft wie diejenigen in Hamburg, Freiburg, München und Heidelberg als Direktor wechselt. Dieser Wechsel kann auch schon früher in der Laufbahn geschehen, umso zugespitzter wird sich die Reputation des betreffenden Kollegen oder der betreffenden Kollegin entwickeln. Vorstufen dazu können die Leitung oder die Mitwirkung in der Programmforschung des Bundes erbringen, wenn sie Projekte an rechtswissenschaftlichen Fakultäten einrichtet.[37] Derartige Programmforschung besteht schon lange, insbesondere in Gestalt von Förderprogrammen großer Stiftungen, aber auch der Deutschen Forschungsgemeinschaft. Das gilt insbesondere für kontinuierlich, etwa über etwas mehr als eine Dekade, von der DFG geförderte Projekte, die sich in elitären Tagungen und Tagungsbänden niederschlagen und in ihrer Thematik ein Ziel vermitteln, wie etwa das Projekt „Reform des Verwaltungsrechts". Die Kollegen *Schmidt-Aßmann* und *Hoffmann-Riem* haben es jahrelang geleitet.[38] Es mag zurückgehen auf ein Forschungsvorhaben eines der leitend Beteiligten, nämlich das ursprüngliche Habilitationsprojekt von *Wolfgang Hoffmann-Riem*, das – wie früher in Hamburg zu hören war – zur Theorie eines allgemeinen Verwaltungsschuldrechts beitragen sollte. Nahe bei diesem Projekt lag mehr als zwei Jahrzehnte später die Habilitationsschrift von *Andreas Voßkuhle*.[39] Der Reputationsgewinn aller an diesen

[37] Dazu – vor allem für die Naturwissenschaft – *Walter Rosenthal*, Die Helmholtzifizierung der deutschen Wissenschaft, in: FAZ Nr. 77 v. 3.4.2013, S. N 5; zu weiteren bisher außeruniversitären Forschungseinrichtungen und Gemeinschaften *Helmuth Schulze-Fielitz* (Fn. 23), S. 80 ff. (81); sie mögen gerade im Rahmen der Exzellenz- und Cluster-Politik in vielem Pate gestanden haben.

[38] Vgl. die von 1993 bis 2004 von *Eberhard Schmidt-Aßmann* u. *Wolfgang Hoffmann-Riem* herausgegebene zehnbändige Reihe „Schriften zur Reform des Verwaltungsrechts", erschienen bei Nomos, Baden-Baden; die beiden Herausgeber waren so weithin respektierte Reputationsarchitekten einer ganzen Generation, von der viele auf ihren Tagungen referiert haben; daneben haben die beiden viele habilitiert, die rasch erfolgreich waren.

[39] Vgl. *Andreas Voßkuhle*, Das Kompensationsprinzip, Tübingen 1999; sehr viel enzyklopädischer ist das in der vorigen Anmerkung genannte Projekt gemündet in dem 2012/2013 vollständig in zweiter Auflage präsenten Gemeinschaftswerk der Herausgeber W. Hoffmann-Riem, E. Schmidt-Aßmann und nun auch A. Voßkuhle, Grundlagen des Verwaltungsrechts, Bd. I–III,

Vorhaben beteiligten Kolleginnen und Kollegen ist nicht zu unterschätzen, neben einer ausgezeichneten Vernetzung in und mit der jüngeren Generation.

6. Eine eigene Kategorie bildet die Tätigkeit als Richter oder gar Präsident des Bundesverfassungsgerichts. Erfolgt die Wahl altersmäßig verfrüht, so kommt es zu einer Rückkehr in die Wissenschaft, manchmal mit gewissen Reputationsverlusten, im Selbstbewusstsein aber unter Umständen völlig abgehoben. Teilweise kommt es erst nach dem Ausscheiden aus dem Gericht zum Weg in Wissenschaft und Lehre, ohne dass es in einem solchen Fall noch auf weitere, insbesondere akademische Reputation so sehr ankommen könnte.[40] Neuerdings kommen am Ende der Karriere weitere, vor allem eine gewisse Ausstattung sichernde ehrende Stellungen hinzu, etwa als Senior Professor, dem *Senior Scientist* nachempfunden, oder als *Associate* oder *Affiliated Professor*, insbesondere bei der *Bucerius Law School* in Hamburg.

7. Anders liegt es wohl mit dem Wechsel in die Politik, sei es in ein politisches Kabinett, in die Diplomatie oder in europäische Dienste. Hier wird man regelmäßig einen Abbruch des Wachstums der Reputation in der eigenen Wissenschaft beobachten können. Es geht sozusagen um eine respektierliche Form des Verrats an der eigenen Wissenschaft. Dieser Verrat wird verzeichnet. Auch wandeln sich mit diesem Wechsel die Arbeitsweisen der betreffenden Kollegen zu sehr, als dass man sie noch als wissenschaftlich tätig wird verstehen können. Es kann aber auch anders verlaufen, nämlich dahin, dass der Karrierewechsel sozusagen mit Rückfahrkarte unternommen wird. Dann tritt unter Umständen der im vorigen Abschnitt erörterte Fall der Reputationssteigerung ein.

8. Wachsen wird die Reputation auch in der Rechtwissenschaft in jüngerer Zeit durch den Wandel der Forschungsstile und -praktiken kraft anderer erkennbar gewordener Eigenschaften: Auch in dieser Wissenschaft wird ein kooperativer Arbeitsstil, werden organisatorische Fähigkeiten in Forschung und Lehre ebenso wie früher vor allem in der Selbstverwaltung und darunter auch akquisitorische Leistungen bedeutsam für die Reputation. Dasselbe gilt, allgemeiner ausgedrückt, für das Management von Wissenschaft darüber hinaus. Das gilt auch für die zwischenstaatliche, die internationale und die nicht-governementale Kooperation, nicht nur in Europa. Es reicht heute bis hin zur Wahrnehmung ausländischer Lehre und zur Forschung in Kooperation mit ausländischen Kollegen und an Einrichtungen im Ausland. Dies folgt aus der Internationalisierung der Wissenschaft, den Notwendigkeiten der Rechtsvergleichung im Rahmen der europäischen und der weltweiten Integration des Rechts und der Rechte. Es folgt auch aus den durch neue Formen der Forschungsförderung, neuartigen Einflüssen auf die Forschungsorganisation, ihre Präsentation und ihre „Vermarktung".

---

1. Aufl. München 2006 ff. unter Mitwirkung zahlreicher Autorinnen und Autoren vor allem der jüngeren Generation.

[40] So lag es wohl im Fall der Berufung des früheren Präsidenten des Bundesverfassungsgerichts *Ernst Benda* nach Freiburg i. Br.

9. Schon das Erklimmen einer weiteren Plattform des Reputationserwerbs, wie sie eben Anknüpfungspunkt der Darstellung war, signalisiert eine Manifestation bisher erworbener Reputation. Das gilt bei Aufnahme in den jeweiligen Kreis von Gutachtern, Nebenamts- oder gar Schiedsrichtern, Beratern und Forschungsdirektoren. Die zuvor erworbene Reputation wird dadurch anerkannt, es werden neue Reputationschancen zugewiesen.

Anders liegt es bisher mit sozusagen abschließenden Ehrungen, etwa der Aufnahme in Akademien, der Verleihung von Ehrendoktoraten, Orden und Ehrenzeichen, Preisen bis hin zum Leibnizpreis als informellem Nobelpreis[41] und ausländischen Anerkennungen dieser Art. Sie waren bisher sehr oft auf dem Höhepunkt oder zum Abschluss einer „Reputationslaufbahn“ anzutreffen. Teilweise stößt man auf solche Auszeichnungen nun auch schon bei jüngeren Kollegen und Kolleginnen, was vielleicht Fragen aufwerfen sollte. Geht es hier um Reputationsschwindel? Das gilt auch für verfrühte Festschriften, Festgaben und Libri Amicorum, manchmal sogar für Festschriften und verwandte Gattungen überhaupt als Institution der Darstellung von Reputation, abgesehen von den unterschiedlichen Rollen von Herausgebern von Kommentaren, Handbüchern und Lexika, die teils nur ehrenhaft, teils aber auch sehr arbeitsintensiv ausfallen können. In Deutschland besitzen solche Ehrungen angesichts der großen Zahl der Festgaben allerdings nur einen begrenzten Reputationswert. Und die Reputation nimmt auch nicht mit einem größeren Umfang solcher Bände zu. In geringerem Maße gilt das auch für die schmalen Bände, die Festkolloquien zusammenfassen.

## VII. Funktionen und Rollen von „Reputation(en)“ in einem ersten Zugriff

„Reputation“ kann entlasten, kann Status verschaffen, kann Kontinuität sichern und kann allerdings auch – wie später zu zeigen ist – im Verhältnis zu den tatsächlichen Leistungen – nicht nur eines Juristen – in die Irre führen.

1. Mit wachsender Reputation wandelt sich der Druck auf den Wissenschaftler. Schließlich gilt, der Mensch beginnt beim Lehrstuhlinhaber,[42] der unbefristet beschäftigt in seinem Stuhle amtet. Zuvor gewinnt man Reputation als Forscher durch die Forschungstätigkeit und ihr Tempo sowie ihre Nachhaltigkeit. Ihr Output baut zunächst die „Reputation“ auf. Später kann der Forscher von dieser Art Reputation

[41] Vgl. *Helmuth Schulze-Fielitz* (Fn. 17), S. 190; dieser Autor nennt dort als Kenner der Rituale und Besucher vieler Tagungen sowie sozusagen Hausgenealoge der Vereinigung der Deutschen Staatsrechtslehrer noch weitere, auch schlichtere Reputationskriterien, die nachzulesen lohnt; auch unterscheidet er objektive und subjektive Reputationskriterien in konventionellerer Weise als das hier geschieht, z.B. betont er, dass bestimmte Fakultäten mehr Prestige an ihre Habilitanden vermitteln als andere, eben weil sie sozusagen mehr Reputation abstrahlen.

[42] Vgl. *Jan Rübel*, Der Mensch beginnt beim Lehrstuhlinhaber, in: FAZ Nr. 284 v. 5.12.2012, S. N 5.

schon etwas zehren, wenn und während er nach einer ersten Berufung auf eine unbefristete Stelle weitere „Reputation“ in der Lehre erwirbt. Die Dynamik der Forschung und ihrer Dokumentation in Publikationen darf zwar nicht abreißen, aber sie muss nicht mehr mit einer mehr oder minder rasanten Geschwindigkeit des *„publish or perish“* suchen, die Zuschauer in ihren Bann zu schlagen. Es wird sozusagen *goodwill* gutgeschrieben, was auch als *Matthäus-Effekt* – wer hat, dem wird gegeben etc. – bezeichnet worden ist.[43] Ist die Lehrreputation einmal erworben, so sinkt insbesondere nach der ersten Berufung mit der Routine der Aufwand dafür und darf es ruhig zu gelegentlichen, allerdings schon singulär bleibenden Pannen kommen. Auch lässt diese Reputation dann ohne Verlust zu, Teile der Lehre zu delegieren. Hier zeigt sich – und das ließe sich fortführen – die Entlastungsfunktion von „Reputationen“. Sie erübrigen sozusagen die stete Wiederholung des realen Qualifikationsnachweises dessen, der Reputation besitzt. Es tritt gewissermaßen der symbolische Ausweis an die Stelle des realen Nachweises von Qualität. Die Reputation erlaubt dann nahezu, sich selbst als eigenes Denkmal verflossener wissenschaftlicher Leistung zu gerieren. Das kann auch dazu führen, dass man sich selbst ein Denkmal der Reputation setzt, um das etwa die eigenen Memoiren in einer fortgesetzten Selbstinszenierung kreisen und unter Umständen die tatsächlich erbrachten Leistungen, die die „Reputation“ ganz zurecht gesteigert haben, verdunkeln.[44]

2. Die jeweilige Reputation entsteht im Anschluss an die jeweilige Tätigkeit des Kollegen oder der Kollegin. Ist sie entstanden, so trägt sie. Sie trägt auch dahin, das jeweilige Bild zu ergänzen: Lücken in der Publikationspraxis oder dort angesiedelte Schwächen kann das Reputationsbild so schließen, dass diese Fehlstellen nicht weiter auffallen. Das gilt auch für die Lehrtätigkeit. Die Luft wird also nicht ständig dünner mit Erreichen gesteigerter Reputationen, sie wird vielmehr etwas sauerstoffhaltiger für unsere Überlebenskünstler und Gipfelstürmer im Zoo der Wissenschaft. In zugespitzten Fällen, die selten sein mögen, kann die Reputation wirkliche Defizite ernster Art überdecken und den realen Gehalt der betreffenden Qualifikation ersetzen, substituieren und so sogar erübrigen.

3. Stabilisierende Wirkungen haben Reputationen für die Rollen, die in der Wissenschaft wahrgenommen werden müssen, soll sie autonom bleiben: Nicht für die persönliche Rolle des Einzelnen, sondern auch die institutionelle Wirkung seiner Tätigkeit ist seine Reputation von Bedeutung. Die Reputation ist – wie schon gesagt – wichtig, weil sie als Referenzrahmen dienen kann, unmittelbar in der Wissenschaft für die Begutachtungspraxis und Förderungskultur, aber auch für den Nachwuchs als Orientierung, etwa bei der Auswahl von Standorten. Und Reputation verschafft die Gewissheit, derer die Forschungsförderungsprogramme bedürfen. Denn die Ver-

---

[43] Dazu *Robert K. Merton* (Fn. 8), S. 147 ff. – aufgegriffen auch von *Peter Weingart* (Fn. 15), S. 23.

[44] *Hans-Peter Schneider*, Verfassungszeit. Ortstermine von Jena bis Tripolis, Jena u. Quedlinburg 2012, vermeidet diesen Effekt offenbar.

gabe von Mitteln bedarf sicherer Prognosen, die eine hohe Wahrscheinlichkeit des Erfolges des Einsatzes der Mittel erwarten lassen.

4. Auch für die Nachwuchsförderung sind die Abbreviaturen der Reputationen von Bedeutung. Kommt jemand von jemandem, der Reputation hat und vielleicht dazu noch spezifische beschreibbare Reputation, so kann man annehmen, dass man einen dieser Reputation genügenden Fang macht, wenn man die betreffende Person in den eigenen Kreis aufnimmt. Es wird sozusagen auf einen, die konkrete Beschaffenheit symbolisierenden, allgemein schon bekannten Status der betreffenden Personen rekurriert, orientierend und absichernd, so dass die Wahrscheinlichkeit des Fehlgriffs oder eines sonst mit der Entscheidung einhergehenden persönlichen oder institutionellen Reputationsverlusts minimiert erscheint.

5. Das führt zu dem weiteren Punkt aus der Sicht der anderen Seite, nämlich des Nachwuchses, der sich bewirbt: Reputation des eigenen Lehrers steigert die Akzeptanz auch der Schüler im Kreis der Wissenschaft, ihrer Verwaltungs- und ihrer Förderungsstrukturen und sichert auch so den Status des jeweiligen Nachwuchses im Wettbewerb ab.

6. Die mehr oder weniger kooptativen Strukturen der Wissenschaft werden durch Reputationen selbst-tragend gemacht, sicherer und dauerhafter. Wie schon im Falle von Personalentscheidungen angedeutet, wird mit dem Rückgriff auf Reputation ein Konsens antizipiert; die Orientierung und damit die Konsensbildung auch in Sachfragen werden dadurch erleichtert. Das hat stabilisierende, legitimierende und befriedende Wirkung. Daher wird der Rückgriff auf Reputation habituell, ja gilt als angemessener administrativer Kunstgriff und verstärkt gewissermaßen in der gegenseitigen Anerkennung der beteiligten Kreise untereinander auch den Geltungsanspruch der jeweiligen individuellen Reputation. Zugleich vermittelt Reputation den Status, der dazu führt, dass man in die engere Wahl der Berücksichtigung bei einer Entscheidung kommt. Befriedend ist dabei zudem, wenn es gelingt, vor Ort oder anderwärts reputierliche, aber nicht weiterverfolgte Alternativen mit entsprechenden Positionen, seien es Personal- oder Sachfragen, um die es geht, zu versorgen oder versorgt zu sehen. Auf diese Weise kommt letztlich jeder zum Zuge, der Reputation reklamieren kann; leer geht der Außenseiter aus, der bisher auf seinem Wege durch die Wissenschaft Reputation nicht zu akkumulieren verstand. Ohne Zweifel wird „Reputation" dabei auch zum Instrument und zur Funktion im sozialen Kontext von Wissenschaft, da sie die Zuteilung von Chancen und Erfolg steuert. In der Hierarchie der wiederum kraft zugeschriebener Reputation in der Wissenschaft Einflussreichen ist „Reputation" daher immer auch Schlüssel zur Macht in diesem sozialen System. Insbesondere darauf ist noch einmal zurückzukommen.

## VIII. Problematische Aspekte von Reputation im wissenschaftlichen Prozess

Der Rückgriff auf Reputation kann indes auch zu Fehlentscheidungen führen. Dies ist kurz zu beschreiben.

1. In kooperativen Forschungsformen, an denen mehrere Forscher beteiligt sind, in Auswahlprozessen, etwa in Redaktionen von Zeitschriften, aber auch bei Personal- und Vergabeentscheidungen kann der Rückgriff auf „Reputation(en)" oder die Nutzung der eigenen Reputation von Beteiligten dazu führen, dass Erkenntnisprozesse behindert oder in die Irre geleitet werden und im Ergebnis fehlsam ausfallen. Insbesondere in einer Wissenschaft, die in hohem Maße auf Meinungsbildung unter den respektablen Kollegen und Praktikern angewiesen ist, kann Reputation außerdem den Wandel der Perspektiven, den Paradigmenwechsel und die Innovation in erheblichem Maße verzögern. Klassisch ist hier der Fall, dass eine überholte wissenschaftliche Lehre kraft der Reputation der älteren Fachvertreter von diesen länger als noch vertretbar mit Erfolg verteidigt wird. Das hat bekanntlich beigetragen zu großen Fehlentscheidungen in der Anerkennung neuer, durchaus sogar schon experimentell gefestigter Erkenntnis im Fortschritt der Wissenschaft. Nicht zufällig war das Ziel, den anderen zu überleben, die letzte Konkurrenz zwischen berühmten Fachvertretern im öffentlichen Recht, man denke an *Rudolf Smend* und *Carl Schmitt*. Es sind also gerade in einer auf die Meinungsbildung der partizipierenden, präsenten und geachteten Wissenschaftler angewiesenen Zunft durchaus forschungsfremde, soziale und schulorientierte Einflüsse, die eine erhebliche Rolle für das Maß des Erkenntnisfortschritts spielen.

2. Als Gewicht fällt „Reputation" in die Waagschale von Entscheidungen auch dann, wenn zwischen Autonomie und Fremdsteuerung entschieden werden muss. Stellen sich die reputierlichen Kollegen nicht gegen oder gar auf die Seite einer Neuerung, so hat sie Chancen sich durchzusetzen. Das gilt für *Bologna* ebenso wie für die Propagierung neuer Strukturen wie etwa dessen, was unter *„public-private-partnership"* gepriesen wurde, oder sonstige Fälle des Dritteinflusses bis hin zum politischen Einfluss demokratischer Entscheidungsprozesse in die Wissenschaft hinein – und ebenso *vice versa*, auch wenn gegenläufig solche Neuerungen und Entwicklungen in der Praxis ihren Glanz verlieren. Dieser Verlust beschleunigt sich mit dem Gewicht der Reputation, die entgegentritt. In diesem Sinne hat „Reputation" bildungs-, hochschul-, wissenschafts- und forschungspolitische Bedeutung. Ihr Einsatz kann den Ausschlag geben und zu Fehlsteuerungen führen, wenn etwa das eingesetzte Ansehen die Sachargumente verdrängt.

Die in anderen Wissenschaften schon lange etablierte und heute auch der Rechtswissenschaft dringlich empfohlene *Zusammenarbeit von Wissenschaft und Wirtschaft* führt zu einem anderen Reputationsprofil. Es ist sicher ein anderes als das in der Welt der gelehrten deutschen Mandarine des 19. Jahrhunderts. Das neue Reputationsprofil mag entscheidend sein für die Motivation und damit den Erfolg einer solchen

Zusammenarbeit. Daher ist es nicht zu vernachlässigen. Kritisch kann jedoch eine solche Zusammenarbeit werden, wenn sie auch den Wissenschaftler zur exklusiven Repräsentanz einer Seite des wirtschaftlichen Interesses verpflichtet, so dass die gebotene Distanz und die umsichtige Sachlichkeit der Wissenschaft gefährdet werden. Dann leidet nicht nur rasch die wissenschaftliche Reputation im engeren Sinne, sondern eigentlich auch die Reputation, die zur Zusammenarbeit von Wissenschaft und Wirtschaft befähigt, und zwar auf Dauer. Dann schlüpft der Wissenschaftler zunehmend in die Rolle des interessierten Akteurs der Praxis auf der anderen der beiden beteiligten Seiten. Diese Zusammenarbeit kann übrigens auch dazu führen, dass in der Tat ein Bedeutungsverlust der Reputation als Entscheidungskriterium eintritt, insbesondere wenn diese Zusammenarbeit andere, teils auch formalisierte Entscheidungskriterien mit sich bringt. Das kann durch *rankings* von außen, durch weitere von außen entwickelte und herangetragene Bewertungskriterien und vieles mehr geschehen. Es ist aber fraglich, ob das wirklich zu einem Bedeutungsverlust und nicht vielmehr nur zu Akzentverschiebungen in der Reputation führt. Gewissermaßen wird die Reputation von außen aufgeladen, nicht beseitigt. Sicherlich wird allerdings das reine Konzept der *peer review* durchbrochen.

3. Angesichts von Art. 33 Abs. 2 GG und entsprechender Vorschriften kann Rückgriff auf „Reputation" rechtlich relevante Konflikte auslösen im Verlauf von Entscheidungsprozessen insbesondere personeller Art, aber auch bei der Vergabe von Mitteln, wenn das dazu führt, dass nicht auf die in aller Regel rechtlich unerbittlich geforderte sachliche Bestenauslese[45] abgestellt wird, sondern eben auf „Reputation". Auch können dabei unüberprüfbare Gemengelagen entstehen. So kann die geforderte Beschaffenheitsprüfung im Ansatz durchaus erfolgt sein, sie mag aber abgebrochen worden sein und daher den rechtlichen Anforderungen an die Durchführung einer Auswahlentscheidung nicht genügen. Dies kann zur Aufhebung von Entscheidungen vor Gerichten oder schon durch Aufsichtsbehörden führen. Die rechtliche Verpflichtung, bis zu den beiden letzten Konkurrenten jeweils erneut eine volle Gewichtung in der Sache und in der Person vorzunehmen, ohne das durch den Rückgriff auf „Reputation" zu verkürzen, darf nach den rechtlichen Maßstäben nicht unterlaufen werden.

Delikat ist allerdings, ob die Fähigkeit, „Reputation" zu erwerben, selbst ein Qualifikationsmerkmal sein kann. Denn Reputation ist ein Gut, das in der Wissenschaft an einem Standort, in einer Einrichtung oder für einen Lehrstuhl von großer Bedeutung sein kann. Hier grenzt die Qualifikation des reputierlichen Kollegen an „soziale Kompetenz" an, die befähigt, Ansehen zu erwerben und dieses Ansehen würdig darzustellen und einzusetzen. Wenn dies die Wahrnehmung einer Stelle erfordert, so sollte man das in den Ausschreibungen auch sagen und zum Gegenstand der Bestenauslese machen.

[45] Vgl. dazu – und zur Realität – *Hans Peter Bull* (Fn. 34), S. 82.

4. Ähnliches gilt für die Prüfung der Fortsetzung der Gewährung eines erreichten und auch durch „Reputation“ bewehrten Besitzstandes in persönlicher, personeller oder sächlicher Hinsicht. Auch hier kann „Reputation“ zu Fehlentscheidungen beitragen. Reputation kann – wie schon erwähnt – sogar Neuansätze in der Wissenschaft, mithin den wissenschaftlichen Fortschritt hindern, wenn das Ansehen des älteren Forschers dazu führt, dass der jüngere mit seinen neuen Ergebnissen keine Anerkennung, keinen Arbeitsplatz und auch keine sächliche Förderung erfährt. Am Rande: Die Besitzstandsorientierung der klassischen Ordinarien hat auch dazu geführt, dass man glaubte, man müsse diese Gattung demontieren. Dass aber damit nebenbei die Wissenschaft gefährdet wurde, etwa durch eine stete Verminderung der Gehälter im Wege der Einführung einer neuen, in der Höhe sehr deutlich abgesenkten Besoldungsart für Hochschullehrer, blieb unreflektiert.[46]

5. Auch für akademische Ehrungen gilt, dass sie für Fehlentscheidungen anfällig sind; man sollte sie deshalb nicht zu ernst nehmen. Dennoch sind sie oft auch nicht Ausdruck eines Ehrenhandels im Sinne einer Gegenseitigkeit der Ehrungen, sondern signalisieren wirklich Qualität und Rang. Auf der anderen Seite lässt sich hier ein Markt der Eitelkeit ohne Grenzen auftun, auf dem immer neuer Reputationsdekor gehandelt werden kann. Auch insoweit ist also eine gewisse Vorsicht angesagt. Unter Ehrungen mag man auch fassen, wenn Jubilare große Einladungen ausrichten und dann auch tatsächlich alles strömt und kommt.

## IX. Störfälle, ihre Varianten und ihre Bewältigung

Es gibt nun neben den eben jedenfalls in Andeutungen genannten Fehlentwicklungen, die nahezu unvermeidlich sind, auch pathologische Wirkungen von „Reputation“. In diesem Sinne ist die heitere Wanderung durch den Garten der Reputation[47] allerdings nicht mehr ausreichend, es bedarf vielmehr einer Alternative. Die Fehlentwicklungen sind so stark, dass gegenläufige Instrumente notwendig erscheinen. Teilweise sind sie aber auch so offensichtlich, dass das eigentlich überflüssig sein sollte. Über die Wahrnehmung von Fehlentwicklungen entscheidet allerdings gewiss oft wieder die Reputation dessen, der sie einleitet oder „begeht“; ist seine Reputation

---

[46] Dazu *Burkhard Müller*, W wie Weniger. Warum schwindet das Prestige der deutschen Universitäten? Eine Gesellschaft, die ihre Professoren immer schlechter bezahlt, ruiniert die ganze höhere Bildung, in: Süddt. Ztg. Nr. 31 v. 6.2.2013, S. 11; fraglich ist, wie – und wie rasch – die Sicht der Rechtsprechung zur Amtsangemessenheit der Besoldung von Hochschullehrern sich tatsächlich durchsetzt, vgl. aber jedenfalls BVerfGE 130, S. 263 ff.; siehe jetzt zum steten Gefälle der Besoldung von Hochschullehrern schon vor 1964 *Philip Plickert*, Akademischer Abstieg – Deutsche Professoren sind keine Spitzenverdiener mehr, in: FAZ Nr. 84 v. 9.4.2014 S. N 4, fußend auf einem dort nachgewiesenen wissenschaftlichen Beitrag von Alexander Sohn, Bielefeld.

[47] Dazu *Helmuth Schulze-Fielitz* (Fn. 17), S. 187 ff. und durchgehend, dem Charakter des früheren, ersten Veröffentlichungsortes gemäß – in einer unveröffentlichten Festgabe für einen nahe stehenden Ordinarius, nämlich Walter Schmitt Glaeser, in Bayreuth.

hoch, so wird die Fehlentwicklung unter Umständen nicht als solche erkannt und sanktioniert.

1. Neben Rechtsfällen, in denen die Reputation die Bestenauslese stört, gibt es Fälle, in denen der Rückgriff auf Reputation dazu dient, jemanden aus der Bahn zu werfen. Dies ist auch der Fall, wenn die Reputation von jemandem im Sinne einer Rufschädigung gezielt, systematisch und auf allen Feldern, auf denen sie zu erwerben denkbar erscheint, an der Entstehung gehindert, gemindert oder zerstört wird. Dies kann sich als Racheakt eines einmal in einer Konkurrenz ausgeschiedenen Kollegen darstellen. Auch sind Rachefeldzüge denkbar, die sich über Jahre hinziehen und jedes Mittel nutzen.[48] Sonstige Pathologien, professorale Intrige,[49] totale Blockaden, also nicht bloß punktuell greifende Sperren im Sinne eines Rachefeldzuges,[50] teils schlicht aus Neid und verbunden mit einer professionell oder politisch massiv beschädigenden Wertung,[51] und Ähnliches kommen in Betracht. Standard sind eher mildere Formen des Verlaufs missbräuchlichen Einsatzes der eigenen Reputation und der eigenen Mittel.

2. Reputation ermöglicht nicht nur Schulenbildung und die Förderung der eigenen Schülerinnen und Schüler, sie ermöglicht auch Kartellbildungen, strategische Bündnisse, Tauschhandel um Stellen, Schaffung von Loyalitäten oder gar Abhängigkeiten und Rettungsschirme ebenso wie die genannten Intrigen, Kampagnen bis hin zu lang anhaltenden, ja sich auf das ganze aktive Berufsleben und darüber hinaus erstreckenden „Rachefeldzügen". Auch können Renommee und Reputation von aus-

---

[48] Dazu eine Andeutung bei *Helmuth Schulze-Fielitz*, Reaktionsmöglichkeiten des Rechts auf wissenschaftliches Fehlverhalten, in: W. Löwer u. K.F. Gärditz (Hrsg.), Wissenschaft und Ethik, Wissenschaftsrecht Beiheft 21, Tübingen 2012, S. 1 ff. (33).

[49] Exemplarisch für den zur „Intrigue" neigenden Professor *Joachim Radkau* (Fn. 19), S. 631 unter Bezug auch auf die Person *H. Schelsky*, „der es wissen musste", und unter Bezug auf eine Stelle bei ihm, vgl. *Helmut Schelsky*, Einsamkeit und Freiheit, Idee u. Gestalt der deutschen Universität und ihrer Reformen, Reinbek 1963, S. 117.

[50] Sehr selten wird es sein, dass aus einer Loyalität jenseits der akademischen Welt heraus ein junger Mann vor der Rachsucht eines Kollegen warnt, den man im Wettbewerb um eine Assistentenstelle geschlagen hat, noch seltener, dass sich eine solche Warnung über Jahrzehnte durch das Verhalten jenes Kollegen bewahrheitet, obwohl dieser eine makellose, im Start, was die Assistentenstelle angeht, weit bessere und auch sonst ganz und gar komplette Karriere durchlaufen hat. Dabei können sich die Wirkungen der Rachsucht auf alle drei klassischen Tätigkeitsfelder des Rechtswissenschaftlers erstrecken, also auf die Hochschulkarriere selbst, auf die „Nebentätigkeiten" als Richter welcher Art immer und auf die Tätigkeit als Gutachter auf dem engen Markt hoch dotierter Aufträge. Die damit einhergehende Schädigung zunächst einmal des Ansehens des Opfers kann in der Kombination im Einzelfall zu einem den Betreiber selbst bloßstellenden Rufmord werden, abgesehen von privaten Folgen; eine letzte Steigerung mag u. U. die öffentliche Herabsetzung vor einem reputierlichen erweiterten Kreis des Fachs sein, etwa um akademische Ehrungen oder auswärtige Aktivitäten zu verhindern und den Betroffenen nicht nur von manchen Aufgaben fernzuhalten, sondern sogar aus der Wissenschaft seines Fachs auszugrenzen; dem allen standzuhalten ist allerdings nur möglich, wenn man aus anderen Quellen lebt, als die Suche nach „Reputation" vermuten lässt, wie Richterin *Ulrike Bumke* festzustellen wusste.

[51] Vgl. für letzteres *Christian Graf von Krockow* (Fn. 2), S. 213 ff.

wärtigen oder gar ausländischen Kollegen dazu missbraucht werden, grobe Verstöße gegen eine gute wissenschaftliche Praxis zu vertuschen.[52]

Der Sache nach sind das Marktstörungen, gerade wenn ein gewisses Maß überschritten wird. Hält sich solches Verhalten in Grenzen, so kann es im Sinne eines durch einen dominanten Spieler geschaffenen Schutzraumes für den Nachwuchs sehr förderlich sein, weil der Nachwuchs dadurch einen Platz findet, ungestört arbeiten und auch schneller professorale Forschungsfreiräume, also Freisemester, Forschungsaufenthalte im Ausland, Kollegiaten-Stellen für Forschungszwecke, Stipendien, Gastprofessuren u. ä. erreichen zu können. Solche Schutzräume täuschen allerdings über die reale Situation und können zum Makel, ein Protégé zu sein, führen. Korrekturen, die Marktstrukturen sichern, sind immer wieder im Wege von die Abschlüsse oder die Entscheidungsprozesse betreffenden Reformen vorgenommen worden. Auf sie wurde eingangs schon hingewiesen. Recht kommt da allerdings oft zu spät und kann auf immer neue Weise überspielt werden.

3. Hilfsmittel gegen Fehlentwicklungen sind daher letztlich ethische Standards, Standards wissenschaftlicher Arbeit und ihrer Ausweisung, Verfahrens- und Begründungsanforderungen, darunter auch Offenlegungspflichten. Die Durchsetzung solcher Standards ist allerdings nur informell möglich, ebenso wie die Entwicklung einer Reputation im guten Sinne. Informell muss sie bleiben, schon weil es an einer Dokumentation fehlt; bis hin zum *„gossip"* dominiert Informalität und daran lässt sich jedenfalls durch Formalität nichts ändern. *„Outet"* sich allerdings ein Teilnehmer des Spiels, dann sind der Formalität in einer Reaktion die Tore geöffnet und kann demgemäß Fehlverhalten auch rechtlich sanktioniert werden. Auf der informellen Ebene müsste ein ganz erheblicher *Reputationsverlust* eintreten, wenn sich zeigt, dass Eitelkeit, Ehrgeiz und Sinn für Macht wesentlich im Spiel waren und damit auch ein Verstoß gegen das wissenschaftliche Ethos, allein der Wahrheitssuche verpflichtet zu sein, vorliegt.

Hier sind also vor allem dann doch Charakter und Persönlichkeit gefordert. Und neben Charakter, den man sozusagen nicht kaufen kann, hilft wesentlich noch ein anderes Mittel: Es empfiehlt sich in der Wissenschaft, das eigene innere Gleichgewicht nicht aus der Anerkennung, dem Erfolg und dem allgemeinen Echo im Fach zu gewinnen. Vielmehr tut man gut daran, die eigene Mitte außerhalb der Wissenschaft

---

[52] Zu Letzterem ein Extremfall außerhalb der Rechtswissenschaft: *Paul Igenday*, Die Willkür der Kaziken. Erst ist es nur ein Plagiat an einer nordwestspanischen Hochschule, dann kollektive Vertuschung, ein paar Professoren, die nicht mitspielen werden ausgebootet und am Ende enthüllt sich die Korruptheit eines ganzen Systems ..., in: FAZ, Nr. 145 v. 26.6.2013, S. N 5; zur Frage, ob der „Wissenschaftsbetrug" strafbar werden sollte, vgl. *Ingke Goeckerjan*, „Wissenschaftsbetrug" als Straftat?, in: JZ 2013, S. 723 ff. u. *Milos Vec*, Mangel an Originalität ist kein Verbrechen. Doping für Forscher: Warum der Straftatbestand „Wissenschaftsbetrug" ein Schritt in die falsche Richtung wäre, in: FAZ Nr. 211 vom 11.9. 2013, S. N5 mit w. N.; dagegen *Michael Hartmer*, Wer treibt die Geister des Ghostwriting aus? Mangel an Originalität ist kein Verbrechen – aber vorgetäuschte Forschung schon. Der Straftatbestand „Wissenschaftsbetrug" ist notwendig, in: FAZ Nr. 223 v. 25.9.2013, S. N5 mit Zahlen.

und ihrer volatilen Aspekte, die sich leicht zu Schall und Rauch verflüchtigen mögen, anzusiedeln. Die so gewonnene Distanz ist das beste Mittel gegen den missbräuchlichen Griff in die Raster der „Reputation“ jeder Wissenschaft. Eine solche innere Basis ist auch der beste Ausgangspunkt, um die Dinge gelegentlich etwas zurechtzurücken. Und Bitterkeit, seelische Nöte und Fluchten sind dann nicht auf dem Plan. Diese innere Basis ist in der Wissenschaft *ein die eigene Haltung bestimmendes Interesse an wissenschaftlicher Erkenntnis selbst, unabhängig von Erfolg und Ansehen, und das heißt auch, ganz unabhängig von „Reputation“* – und insofern liegt diese Basis jenseits der Rolle und der Waffen des Alltags der Wissenschaft in ihrem reputierlichen und reputationspsychologisch relevanten Betrieb. Eine solche innere Basis verschafft Distanz. Davon zu wissen, ist vielleicht die wichtigste Voraussetzung, lässt man sich auf eben diesen Alltag ein.[53]

4. Gewiss gibt es in der Reichweite dieses Alltags Fluchten im Kampf um Ansehen, wie sie *Helmuth Schulze-Fielitz* beschrieben hat.[54] Denn im Wettbewerb um Reputation gibt es natürlich Verlierer, Geschlagene, manchmal vielleicht Opfer. Sie strecken oft die Waffen. Sie versuchen nicht mehr, als „bedeutend“ zu gelten, und sie wollen auch nicht einmal eine „Hoffnung“ mehr sein;[55] gilt doch schließlich: „ist der Ruf erst ruiniert, so lebt es sich ganz ungeniert.“ Daher verfolgen sie Ausweichstrategien, indem sie Ersatzaktivitäten verwirklichen. Schließlich werden sie oft nicht etwa den Narren machen wollen, der ohne Anerkennung fortgesetzt in die Offensive geht. Letzteres kann Folge einer Selbstüberschätzung, einer mangelhaften Wahrnehmung der eigenen Lage im Wettbewerb oder einer gewissen Betriebsblindheit überhaupt sein. Die Offensive kann ebenso wie die Resignation in Trotz oder Rückzug enden, bis dahin, dass man die Brücken für eine Rückkehr abbricht. Dies endet dann im Verzicht auf eine eigenständige Reputation in der eigenen Wissenschaft.

---

[53] Weist man auf diese Sicht der Dinge hin, so bescheinigen einem jüngere, an der Schwelle zur Berufswahl stehende Wissenschaftler gelegentlich „eine gewisse kritische Distanz“ zum Wissenschaftsbetrieb, „ohne gleich wissenschaftliche Ideale mit über Bord zu werfen“, so *Andreas Voßkuhle* am 8.11.1994 in einem Brief an den Verfasser; immer noch ist festzuhalten, dass hinter diesem Ideal eine normative Struktur von Wissenschaft als Ethos aller Disziplinen gleichermaßen steht, die nicht preisgegeben werden darf, zu dieser Struktur *Helmuth Schulze-Fielitz* (Fn. 48), S. 27 unter Berufung wiederum auf *Robert K. Merton* (Fn. 8); dieses Ethos vollzieht sich allerdings vor allem vor dem *forum internum* dessen, der ihm folgt; aber es ist doch allen, die daran teilhaben, erkennbar; entstehen kann es in der hiesigen Tradition aus der „Gemeinschaft der Lehrenden und Lernenden“ Humboldts immer wieder neu; denn die Jugend nimmt es wahr und reagiert darauf.

[54] Vgl. *Helmuth Schulze-Fielitz* (Fn. 20), S. 201 ff.

[55] Zur Fragwürdigkeit des Zieles, „bedeutend“ zu werden oder zu sein, *Robert Musil*, Der Mann ohne Eigenschaften, Sonderausgabe, Hamburg 1970 ff., S. 35 ff. u. 44.

## X. Reputationen und Konjunkturen in Wissenschaft und Wissenschaftsgeschichte

Mit Hinweisen zu diesen Niederungen individueller Schicksale sind die Ausführungen zu Reputation und Wissenschaft noch einmal zu spiegeln in einer weiteren Dimension, nämlich in einer historischen Perspektive. Jenseits der Niederungen in der Wissenschaft und ihrer Bewältigung durch die Betroffenen ist zum guten Schluss nämlich noch auf den Wandel in der Zeit auch des Gewichts und der Geltung von Reputation hinzuweisen. Dieser Hinweis ist von erheblicher Bedeutung für das Verständnis von Reputationsmechanismen, sowohl in einer kürzeren Perspektive der Achse der Zeit, mithin in einer biographischen Dimension als auch in einer längeren, die individuelle Lebensspanne übergreifenden Perspektive, also in einer sozusagen historischen Dimension.

1. Allgemein anerkannt ist die Erfahrung, dass auch in der Wissenschaft, in den Geisteswissenschaften vielleicht etwas mehr als in den Naturwissenschaften, aber auch dort, Anerkennung und Ansehen von Forschungsergebnissen schwanken. In der Rechtswissenschaft scheint in der großen historischen Perspektive *Hans Kelsen* dafür ein ausgezeichnetes Beispiel. Er wurde jedenfalls nach der Weimarer Zeit in Deutschland in seiner Bedeutung völlig verkannt und, abgesehen vom Dritten Reich und seiner Emigration – und teilweise doch auch wegen dieser –, geradezu missachtet. In meiner Studienzeit gab es ihn für den ordinären Studenten nicht. Und auch die Smend-Schule wurde ihm in keiner Weise gerecht.[56] Erst die Dissertation von *Horst Dreier*[57] hat seine Anerkennung eingeleitet und heute steht er in dem Ansehen, das er verdient.[58] *Horst Dreier* hat seinen Weg in diesem Wandel der Anerkennung *Kelsens* selbst näher beschrieben.[59] Sozialwissenschaftlich wurde er eingehend analysiert.[60] Einen weiteren Zusammenhang hat *Helmuth Schulze-Fielitz* vor kurzem auf derselben Tagung untersucht, nämlich die Frage, welche Bedeutung Konjunkturen für *Hans Kelsen* und seine Rezeption gehabt haben.[61] Dieser Ansatz ist zu verallge-

---

[56] Siehe zu Rudolf Smend *Horst Dreier*, Integration durch Verfassung? Rudolf Smend und die Grundrechtsdemokratie, in: F. Hufen (Hrsg.), Verfassungen. Zwischen Recht und Politik, Festschrift zum 70. Geburtstag für H.-P. Schneider, Baden-Baden 2008, S. 70 ff.

[57] Vgl. *Horst Dreier*, Rechtslehre, Staatssoziologie und Demokratietheorie bei Hans Kelsen, 1. Aufl. Baden-Baden 1986, 2. Aufl. Baden-Baden 1990.

[58] Vgl. jetzt den Band Michael Jestaedt (Hrsg.), Hans Kelsen und die deutsche Staatsrechtslehre. Stationen eines wechselvollen Verhältnisses, Tübingen 2013.

[59] *Horst Dreier*, Die (Wieder-)Entdeckung Kelsens in den 80iger Jahren – Ein Rückblick (auch in eigener Sache), in: M. Jestaedt (Fn. 58), S. 175 ff.

[60] Vgl. *Frieder Günther*, „Jemand, der sich schon vor fünfzig Jahren selbst überholt hatte". Die Nichtrezeption Hans Kelsens etc., in: M. Jestaedt (Fn. 58), S. 67 ff.; aufschlussreich sind in diesem Kontext Berichte von Gesprächen in diesem Band, etwa S. 127 ff. zur Präsenz eines Abwesenden; anfangs dieses Bands auch bes. *Thomas Olechowski*, Hans Kelsen als Mitglied der Deutschen Staatsrechtslehrervereinigung, a.a.O., S. 11 ff. (22 ff.).

[61] Siehe *Helmuth Schulze-Fielitz* , Konjunkturen der Klassiker-Rezeption in der deutschen Staatsrechtslehre – Vermutungen auch im Blick auf Hans Kelsen, in: M. Jestaedt (Fn. 58), S. 147 ff.

meinern. Danach kann die Wertschätzung – hier im Sinne von Reputation – wissenschaftlicher Leistungen durchaus ganz erheblichen Schwankungen unterliegen. *Kelsen* hat dies sicher – jedenfalls in einem objektiven Sinne – durchlitten. Es ist allerdings durchaus auch anderen Größen der Wissenschaft widerfahren. *Kelsen*, den unsere akademischen Vorväter um seine Reputation gebracht und dadurch expatriiert haben, ist schließlich zurückgekehrt. Gegen solche Entwicklungen – eben auch Konjunkturen, nicht nur Untaten – kann man sich kaum schützen. Man kann allerdings hoffen, dass der Prozess der Wissenschaftsgeschichte, die Wirkungsmechanismen der fortgesetzten Auseinandersetzung in der Wissenschaft ebenso wie die Soziologie des eigenen Fachs die Aufklärung solcher Schicksale in den Strömungen der Wissenschaft leisten. Erforderlich ist also ein nicht erlöschendes Vertrauen in den Prozess der freien geistigen Auseinandersetzung in der Wissenschaft.

2. In manchen Fällen – wie im Falle *Kelsen* – haben die Betroffenen solche Erfahrungen angesichts der Dauer des eigenen Lebens und der Kürze des Atems der Wissenschaft auch biographisch selbst erlebt. Bei Kelsen gilt das für sein Ansehen in Deutschland. Allerdings hat Kelsen die weltweite und besonders die „deutsche" Renaissance seines Werkes als Gegenstand der wissenschaftlichen Debatte und die damit verbundene Anerkennung im letzten Viertel des vorigen Jahrhunderts nicht mehr persönlich erlebt. Ganz unabhängig von Rang und Bedeutung des jeweils Betroffenen lassen sich solche Erfahrungen auch in einem bescheideneren Zusammenhang an objektiven Abläufen der Rezeption von wissenschaftlichen Arbeiten festmachen. Dabei haben die Rezeptionsvorgänge maßgeblichen Einfluss auf die Reputationschancen der Autoren dank dieser Werke.

So können sich Ausblendungen als Reputations- und infolgedessen notwendige Rezeptionsverweigerung unter dem biographischen Aspekt kleiner dimensioniert und zum Teil bezogen auf einzelne Arbeiten darstellen. So hat etwa der „Grundrechtsschutz durch Verfahren und Organisation", eigentlich schon eingeleitet durch *Peter Häberle*,[62] und zunächst unbemerkt entwickelt in der Praxis des Bundesverfassungsgerichts, nach einem etwas verzögerten Anlauf in den Zeitschriften eine sehr breite Konjunktur erfahren. Sie führte rasch zu einer Flut von Aufsätzen, so dass zunächst von anderen gesehene individuelle Forscherleistungen unter diesem bunten Strauß verwischt wurden und so die Anhäufung von „Reputation" unter diesen Stichworten sozusagen „ent-individualisiert" und dadurch im Wege der Neutralisierung unmöglich gemacht wurde – bis schließlich dann das Themenfeld seine Aktualität verloren hatte. Ebenso ist es auch möglich, dass Arbeiten Reputation nur deshalb verschaffen, weil sie unter einem Teilaspekt des zur Zeit ihres Erscheinens bedeutsamen Themas verschiedenen Lagern aus ihren jeweils eigenen spezifischen Blockaden helfen, dass aber, nachdem dieser Effekt eingetreten ist, die betreffenden Arbeiten kaum mehr *Reputationsrelevanz* entfalten, die Reputation, die sie bewirkt haben mögen, also dann schnell verblasst.

---

[62] Vgl. *Peter Häberle*, Grundrechte im Leistungsstaat, in: VVDStRL 30 (1972), S. 43 ff. (121 ff.).

Im Sinne einer *Reputationsbewirtschaftung* ist Betroffenen hier zu raten, ihre eigene Reputation fortzuentwickeln, um sich den Folgen solcher Umwertungen der Wertschätzung ihrer Arbeiten zu entziehen. Sicher setzt das eine gewisse Einbettung in ein wissenschaftliches Arbeitsklima voraus. Aber es beweist, wenn dieser Weg eingeschlagen wird, eben auch die Mobilität im Themenwechsel, in der Auffächerung der Arbeitsfelder und in den Orientierungen, die einem Wissenschaftler jedenfalls in einem so praktisch orientierten Feld wie der Rechtswissenschaft wohl abzuverlangen sind.

Im Ganzen lässt sich festhalten: Techniken des *Reputationsmanagement*s können vor Verschleiß schützen. Das setzt allerdings ein Bewusstsein von den Strukturen der Reputationswirtschaft voraus. Dann hilft gegen den Verschleiß eine angemessene Reputationsbewirtschaftung durch die Betroffenen im eigenen Interesse, etwa im Wege eines Wechsels der Themenfelder, einer Verbreiterung der Basis – und im Übrigen letztlich gewiss auch im Wege einer guten Vernetzung im Fach, das solche Schritte dann wahrnimmt, also etwa jüngere Arbeiten zitiert.

3. Jedenfalls hat „Reputation" hier Teil am allgemeinen Schicksal zwischenmenschlicher Anerkennungen und Auszeichnungen: sie ist in hohem Maße vergänglich, wird in hohem Maß von ihrer Zeit beeinflusst und kann daher nicht als ein einmal erworbener sicherer Schatz verstanden werden. Sie hat Teil an der Vergänglichkeit der Gattung und ihrer Leistungen und so eben auch am Schicksal der Wissenschaft überhaupt. Vergänglichkeit des Ruhmes ist schließlich das Schicksal in der Rechtswissenschaft, zumal für ihre Adepten.

## XI. „Rollen" von Reputation(en) in der Rechtswissenschaft

Wiewohl bei der Ermittlung dessen, was „Reputation" ausmacht, immer schon mitgedacht worden ist, welche „Rolle" Reputation in der Rechtswissenschaft spielt, ist dies nochmals gesondert zu erfassen. Mit „Rolle" wird dabei hier die Funktion von Reputation als Legitimations- und Entscheidungsfaktor in wissenschaftsrelevanten sozialen und politischen Prozessen verstanden – Prozessen, die für die Wissenschaftler und ihre Wissenschaft sowie darüber hinaus von Gewicht sind. Auf einen ersten Blick spielt „Reputation" in einer oder der anderen Ausprägung in diesem Sinne eine Rolle etwa unter folgenden Gesichtspunkten:

1. Bedeutend zu sein ist, wie schon angedeutet, ein Ziel des Wissenschaftlers, insbesondere als „Karrierewissenschaftler", wenn man diesen als besonderen Typus hier einführen kann. „Bedeutung" kann ganz Unterschiedliches meinen, also etwa die Leistung im und fürs Fach. Es kann aber auch damit das allgemeine Gewicht gemeint sein, das eine Persönlichkeit im öffentlichen Leben erlangt. Letzteres liegt vielleicht schon etwas jenseits unseres Themas hier.

2. Die Rolle der Reputation ist nicht zu vernachlässigen bei der Zuteilung von Chancen auf eine oder weitere Berufungen, von Ausstattungen, von Drittmitteln,

von Gast- und Forschungsprofessuren und so fort. All dies sind handfeste Prämien, die auch auf die Arbeit auswirken und oft, nicht immer, aber doch regelmäßig die Arbeitsmöglichkeiten verbessern. Auch wird der Erfolg außerhalb des engeren eigenen wissenschaftlichen Fachs dadurch geprägt, also etwa die Chance, beratende und leitende Aufgaben in der Wissenschaft überhaupt oder darüber hinaus in Wissenschaftspolitik, Forschungspolitik, Wirtschaftspolitik und Rechtspolitik im weiten Sinne wahrzunehmen – sofern man dies wünscht.

3. Schließlich eröffnet „Reputation" auf diesen Wegen die Aussicht auf erheblichen Einfluss im Fach, auf die Personalpolitik und die Steuerung der Forschung mit anderen Mitteln. Auch wird dadurch der Ort der eigenen Arbeit attraktiv für den begabten, aufgeschlossenen, mobilen und rezeptionswilligen Nachwuchs. Das steigert die Möglichkeiten, über eine Generation hinaus zu wirken und so wenn nicht eine Schultradition, dann doch wenigstens eingeschlagene Forschungspfade im Sinne der eigenen Forschungsansätze nachhaltig zu beeinflussen und so sicherzustellen, auch das, was man nicht mehr selbst zu leisten vermochte, jedenfalls durch andere fortgeführt zu sehen.

4. Das führt schließlich zum delikaten Verhältnis zwischen freier Kommunikation in der Wissenschaft, Hierarchisierungen und damit verbundenen Machtzuweisungen. Die Zuschreibung von Macht und Chancen, solche auszuüben, sowie die Zuschreibung von Orten in einer imaginären Hierarchie der Teilnehmer am Wissenschaftsprozess und damit die Ausgestaltung der Kommunikation ist in hohem Maße informell durch die Reputationszuschreibungen gesteuert, die Wissenschaftler untereinander stetig vollziehen.[63] Dadurch entsteht zwar eine gewisse Spannung zwischen der der Wissenschaft allein angemessenen, durch Gleichheit geprägten freien geistigen Auseinandersetzung und einem Machtgeflecht, das über die Bewertungen, die Chancen und Kooptationen in ihrem Kreis mit Hilfe von Reputationszuschreibungen wacht. Aber dies ist wohl unvermeidlich. Es sollte nicht verschwiegen werden, wenn man über die Rollen von Reputation in der (Rechts-)Wissenschaft spricht. Es ist auch notwendig, weil anders gewisse Steuerungsprozesse im Betrieb der Wissenschaft, ihrer Verwaltung und ihrem Fortgang nicht vollzogen werden könnten. Jeder Administrator im wissenschaftlichen Bereich weiß, dass er im Vorsitz von Kommissionen, in der Beschlussfassung und in der Vertretung von Beschlüssen in weiteren Gremien sowie gegenüber übergeordneten Einrichtungen sich auf eben diese Strukturen hinter den Steuerungsprozessen der Wissenschaft verlassen musste, wollte er weiterkommen, die Einrichtung, ihre Forschungen und ihre Lehre sichern und auch ihre institutionelle „Reputation" fortentwickeln. Denn solche Entscheidungsprozesse werden ermöglicht durch Steuerungsvorgänge, die ihrerseits wiederum durch informelle, zusammenführende Akte der Willensbildung geprägt werden, in denen die Partizipanten ihre Plätze haben, die auf ihrer Reputation beruhen und ihnen die Ausübung der ihnen jeweils zugewiesenen Entscheidungsmacht gestatten.

---

[63] Vgl. *Helmuth Schulze-Fielitz*, Staatsrechtslehre (Fn. 17), S. 4 ff., 7 ff., 10 ff.

Das ermöglicht auch eine gewisse Verlässlichkeit in der Durchsetzung in der Wissenschaftsverwaltung, sei sie nun autonom oder nicht.

Diese *verwaltungswissenschaftliche*, aus eigener Erfahrung gewonnene Sicht kann man *politikwissenschaftlich* ergänzen: Die für die Verwaltung benötigte Stabilität führt neben anderen Faktoren dazu, dass mittelbar über Reputationszuschreibungen auch die Anhäufung einer gewissen Macht im Wissenschaftsbetrieb stattfindet. Dies führt zum Problem der „Vermachtung", offenbar eine Wortschöpfung von *Theodor Heuss.*[64] Vermachtungen kollidieren allerdings sicher mit dem egalitären Kommunikationsprozess, den die Wissenschaft immer zum Ausgangspunkt hat. Das soll hier nur als Problem bezeichnet im Raume stehen bleiben. Jedoch muss die Wissenschaft sich dieses Problems bewusst sein. Ihre idealtypische Ausgangslage behält nur Glaubwürdigkeit, wenn sie dieses Bewusstsein pflegt und Schritte dagegen erwägt – dann behält auch sie ihre „Reputation".[65]

All dies gehört zu den „Rollen" von Reputation in der Rechtswissenschaft. Damit ist ihr außerordentliches Gewicht hier nochmals zusammengefasst, nun allerdings ergänzt um den eben genannten Aspekt der Hierarchisierung, der Stabilität und der Macht in der Wissenschaft.

## XII. Schlussbemerkung

Ohne diese Dimensionen nun wieder ganz aus dem Auge zu verlieren, sind vielleicht am Ende noch zwei praktische Bemerkungen möglich, die auch etwas mit der eingangs erwähnten Bemerkung zur „Reputation" als Element von Ermessensentscheidungen im rechtlichen Sinne zu tun haben:

1. Reputation ist Artefakt und Abbreviatur. Es ist daher ein delikater Umgang mit ihr erforderlich. Sie ist als Orientierungshilfe unverzichtbar, ja notwendig. Es ist jedenfalls wissenschaftsintern die Beschränkung ihrer Nutzung auf eine erste Orientierung geboten. Oft aber ist das Reputationsprofil von hohem Symbolwert für die Außendarstellung einer Forschungs- oder Bildungseinrichtung, neben der realen Qualifikation ihrer Mitarbeiter und ihrer Leitungsebene. Unverzichtbar erscheint aber auch wissenschaftsintern die Bestätigung durch ein Ausloten der realen Ebene der Qualifikation im Fach. Daher muss so etwas wie ein Interaktionsprozess zwischen „Reputation" und „Qualifikation" inszeniert werden, der den Stellenwert der

[64] Vgl. *Peter Merseburger*, Theodor Heuss, Der Bürger als Präsident, 2. Aufl. Stuttgart 2013, S. 582; das Wort ist inzwischen Terminus, gerade für Vermachtungen in der Wissenschaft vgl. *Peter Häberle* (Fn. 36).

[65] In den wissenschaftssoziologischen Arbeiten, die mir zur Verfügung standen, kommt das Problem der Vermachtung nur am Rande vor, etwa, wenn der erwähnt wird unter den Staatsrechtslehrern, der gelegentlich mitteilte, er könne lesen, vgl. *Helmuth Schulze-Fielitz*, Staatsrechtslehre (Fn. 17), S. 12 Fn. 65; die Bewältigung von „Vermachtungen" ist schließlich nicht Gegenstand der Soziologie.

Reputation im Verhältnis zur effektiven wissenschaftlichen Leistung offenlegt.[66] Ausreichende Maßstäbe für die Bewertung beider im Vergleich lassen sich entwickeln.[67]

2. Ein Durchgang durch die Reputationen und ihre Funktionen macht geneigt, einen praktischen Vorschlag zu unterbreiten. Zwar ist der Rückgriff auf Reputationsmuster – wie eingangs geschehen – als rationales Verhaltensmuster zu deuten. Aber dieses Verhalten hat nur eine begrenzte Legitimation, wenn es kontrolliert praktiziert werden kann. Daher der Vorschlag: In Berufungs- und Ernennungs-, aber auch in anderen Antrags- oder Bewerbungsverfahren sollte vielleicht künftig eine eigene Prüf- bzw. Begutachtungsstation eingeführt werden, die die Reputation einer Bewerbung mit dem tatsächlichen fachlichen Gewicht vergleicht. Nur dann kann das Verhältnis zwischen realer Qualität und ephemerer Reputation Gegenstand werden. Dann ließe sich vermutlich auch das Verhältnis zwischen Leistung und Ansehen auf ein angemessenes Verhältnis reduzieren. Die Wahrscheinlichkeit, von bloßer Reputation in die Irre geführt zu werden, könnte abnehmen. Das gilt jedenfalls unter den verschiedenen Reputationen, die ein Bewerber, eine Forschungsgruppe oder ein Institut aufweisen kann, für diejenigen, die mit seiner Beschaffenheit als Jurist und als Wissenschaftler zu tun haben.

Und zum Rechtsschutz wäre zu sagen: Soweit Rankings formalisiert werden und dabei „Reputation" eine Rolle spielt, sollte die Kontrolldichte des denkbaren Zugriffs von Gerichten im Streitfall zunehmen, zumal die Grenzen zu wissenschaftlichem Fehlverhalten fließend sein können und eine Irreführung von Entscheidungsorganen sehr wohl möglich ist.[68] Es mögen zwar, wie die Debatte gezeigt hat, *codes of conduct* eher zur Bürokratisierung beitragen als helfen; jedoch können gewisse elementare, gerade oft ungeschriebene Verfahrensregeln, etwa entsprechend einem *due process* oder der *natural justice* im Common Law als *fleet in being* mit interner Wirkung in der Wissenschaft von Nutzen sein und disziplinierend wirken.[69]

Dabei wird es eine besondere Aufgabe sein, legitime Reputation greifbar zu machen, wobei äußere Raster helfen mögen, es letztlich aber immer auch um das wissenschaftliche Ethos geht. Im Ergebnis wird dann vielleicht möglich, „Reputationscollagen" aufzudröseln, die ähnlich einem Kunstwerk oder einer Komposition eines Schriftstücks einen simplen Kern sehr banal motivierten Forschens, Lehrens und sich Inszenierens ohne ernsthaftes Ethos elegant, vielschichtig und nahezu sozusagen selbst-tragend verhüllen. Jedenfalls könnte man damit auch den fragwürdigen,

---

[66] Dies ist gerade nach Schaffung so genannter Wettbewerbsstrukturen von Bedeutung, zu diesen vgl. *Helmuth Schulze-Fielitz* (Fn. 22), S. 88 ff.

[67] Für das öfftl. Recht vgl. *Helmuth Schulze-Fielitz,* Was macht die Qualität öffentlich-rechtlicher Forschung aus?, in: ders., Staatsrechtslehre (Fn. 17), S. 298 ff.

[68] Vgl. dazu *Alfred Kieser,* So ertrickst man sich Reputation. Seriöse Forschung und die Jagd nach Ranking-Punkten sind nicht vereinbar. Die Grenze zum wissenschaftlichen Fehlverhalten ist bei Orientierung an Rangtabellen fließend, in: FAZ Nr. 187 v. 14.8.2013, S. N5.

[69] Dazu *Joachim v. Bargen,* Wissenschaftliche Redlichkeit und zentrales hochschulinternes Verfahrensrecht, in: JZ 2013, S. 714 ff. mit zahlreichen aktuellen Nachweisen.

von der realen Qualität oft abgelösten Kreislauf zwischen Evaluation und Reputation vielleicht öfter durchbrechen und stärker auf die Eigengesetzlichkeit der Wissenschaften selbst abstellen, als dies heute oft geschieht.[70] Mit solchen Prüfelementen ließe sich einer zu großen Häufung einer Wirkung des schon genannten Matthäus-Effekts und dem Sog der Reputationsvorgaben in Bewerbungs-, Akkreditierungs-, Evaluierungs- und Exzellenzverfahren gegensteuern. Diese Verfahren sind ja in einem gewissen Maße auch Elemente eines akademischen „Verbraucherschutzes", der greifen sollte.[71] Bisher wird auf die reale Qualität manchmal nur in Rezensionen durchgestoßen, weshalb wohl sensible Ängste und allergische Reaktionen gerade in diesem Bereich bei Autoren häufig anzutreffen sind.[72] All dies soll nicht sagen, dass Scharlatanerie gerade in dem Bereich, dem der Autor entstammt, dem öffentlichen Recht, besonders häufig ist. Auch sollte man die in diesem Beitrag sicher nur zum Teil erschlossenen objektiven Elemente der Entstehung und des Wandels von Reputation gewiss nicht aus dem Auge verlieren. Zudem gilt wieder, nach einem berühmten Diktum des britisch-deutschen Historikers *John Dalberg-Acton*, das zuerst in einem Brief zu finden ist:[73] Macht korrumpiert immer, und in der Wissenschaft kann zumal auch für Ehrgeiz und Eitelkeit anderes nicht gelten; außerdem gehen diese Eigenschaften nicht unbedingt mit Charakter einher – und dies unter der Bedingung derjenigen umfassenden Unabhängigkeit, die der Beruf der Wissenschaft erfordert.

---

[70] Vgl. dazu knapp *Helmuth Schulze-Fielitz* (Fn. 23), S. 103 f.

[71] Dazu die Überschrift: *Rainer Künzel/Hermann Reuke*, Akkreditierungsagenturen sind die Verbraucherschützer des Hochschulsystems, in: FAZ Nr. 145 v. 26.6.2013, S. N 5; gegen *Jürgen Kaube*, Tipps und Tricks für Akkrediteure, in: FAZ Nr. 133 v. 12.6.2013, S. N5; und für Manipulationsmöglichkeiten *Ronald Schenkel*, Wie man auf einen Spitzenplatz kommt, Mit etwas Management können Hochschulen ihre Position in Rankings mitbeeinflussen, in: NZZ Nr. 266 v. 15.11.2010, Campus S. 31.

[72] Vgl. außerhalb der Rechtswissenschaft, aber doch typisch der Titel *Rudolf Neumaier*, Wo Akademiker die Beherrschung verlieren. Läusesucherei, ganz gemeine Kerle und zertrümmerte Karrieren: Ein Spaziergang über das Schlachtfeld der Rezensionen, in: Süddt. Ztg. Nr. 130 v. 8./9.6.2013, S. 16.

[73] Zuerst im Brief vom 5.4.1887 an Bischof Mandell Creighton zu finden; das Diktum bezieht sich auf die päpstliche Unfehlbarkeit, die Lord Acton als Katholik vor dem ersten Vatikanum bekämpfte; veröffentlicht in J. N. Figgis et al. (Eds.), Historical Essays and Studies by J. E. E. Dalberg-Acton, London 1907, Appendix, S. 504.

# Methodologie und Organisation der Rechtswissenschaft

*Hubert Rottleuthner*

Es gibt eine Diskrepanz zwischen dem permanenten Selbstzweifel von Rechtswissenschaftlern an der Wissenschaftlichkeit und am Wissenschaftscharakter ihrer Disziplin auf der einen Seite[1] und der traditionell festen organisatorischen Etablierung des Faches an den Universitäten auf der anderen Seite.

## I. Wissenschaftlichkeit und Wissenschaftscharakter der Rechtswissenschaft

### *1. Wissenschaft und Unwissenschaftlichkeit*

Um am Wissenschaftscharakter zu zweifeln, muss die Disziplin überhaupt erst einmal als „Wissenschaft" begriffen werden. Diese Eigenschaft muss man der „Jurisprudenz" nicht unbedingt zuschreiben. Zwar heißt es schon bei Ulpian „Iuris prudentia est divinarum atque humanarum rerum notitia, iusti atque iniusti scientia." (Digesten 1,1,10,2) „Scientia" ist hier noch im Aristotelischen Sinn der ἐπιστήμη gemeint als die Erkenntnis der Prinzipien, des Bleibenden.[2] Der Begriff „Rechtswissenschaft" nistete sich gegen Ende des 18. Jahrhunderts in Deutschland ein: etwa bei Christoph Christian Dabelow (1768–1830) im Jahre 1793[3], dann bei Gottlieb Hufeland (1760–

[1] Die Rechtswissenschaft ist nicht die einzige Disziplin, die von solchen Zweifeln befallen ist. In Würzburg fand im Juni 2013 die 75. Wissenschaftliche Jahrestagung des Verbandes der Hochschullehrer für Betriebswirtschaft (VHB) statt zum Thema: „Die Zukunft der BWL als wissenschaftliche Disziplin" (vgl. FAZ 10.6.2013). In einem wissenschaftstheoretischen Vortrag betonte Hartmut Kliemt, dass die BWL nicht bloß Auftragsforschung betreibe, nicht bloß Regelbücher erstelle, sondern auch nach generellen Normen suche. – Beklagt wurde, dass die BWL zum Ausbildungsbetrieb in Konkurrenz zu Fachhochschulen zu degenerieren drohe, aber auch ihre Praxisferne. Moniert wurde die Zersplitterung in Einzeldisziplinen und die Abschottung gegenüber Nachbardisziplinen. Die Befunde hätten nur geringe Prognosekraft.

[2] Und prudentia ist die lateinische Übersetzung von φρόνησις, der die Beschäftigung mit dem Recht zuzurechnen wäre; vgl. *Ralf Dreier*, Zum Selbstverständnis der Jurisprudenz als Wissenschaft (1971), in: ders., Recht-Moral-Ideologie. Studien zur Rechtstheorie, Frankfurt a.M. 1981, S. 48–69 (49).

[3] Einleitung in die deutsche positive Rechtswissenschaft, Halle 1793. – In Grimms Wörterbuch (seit 1838) werden spätere Autoren nachgewiesen für rechtswissenschaft, f. wissenschaft des gesetz-

1817), der in seinem „Abriss der Wissenschaftskunde und Methodologie der Rechtsgelehrsamkeit" von 1797[4] unterschied zwischen einer theoretischen Rechtswissenschaft (die die Grundsätze des Rechts und seine Gründe behandelt) und einer praktischen Rechtswissenschaft (in der es um die Anwendung geht). Kant spricht nicht systematisch von Rechtswissenschaft, sondern meist von „Rechtslehre".[5] Bei Savigny heißt es 1814 in „Über den Beruf unserer Zeit für Gesetzgebung und Rechtswissenschaft"[6]: „Diese [leitenden Grundsätze in den verschiedenen Teilen des Rechts] heraus zu fühlen, und von ihnen ausgehend den innern Zusammenhang und die Art der Verwandtschaft aller juristischen Begriffe und Sätze zu erkennen, gehört eben zu den schwersten Aufgaben unserer Wissenschaft, ja es ist eigentlich dasjenige, was unsrer Arbeit den wissenschaftlichen Charakter gibt." Ein „Herausfühlen" als wissenschaftliche Tätigkeit? Methodisch ist das sehr unklar, aber der Gegenstand kommt dem Aristotelischen Verständnis nahe; es geht um etwas Zugrundliegendes, Subsistentes,

---

lichen rechtes: *Friedrich von Adelung* (1768–1843): Cicero hat philosophie in die rechtswissenschaft gebracht. – Friedrich Christoph Schlosser (1776–1861) weltgeschichte (1815–1824). 4, 153: eine übersicht der rechtswissenschaft und ihres ganzen fachwerks hatte ich mir so ziemlich verschafft. – Göthe (sic) 26, 39; die rechtswissenschaft studieren, sich der rechtswissenschaft widmen. – auch wissenschaftliche kenntnis des rechts: gestählt von seiner ganzen rechtswissenschaft rief er sich jene schöne maxime zu seinen eignen gunsten heran: wir sollen anvertraute geschäfte der fremden wie unsere eigenen behandeln, warum nicht die unsrigen in eben dem sinne? Göthe 21, 159. – A propos Goethe: Faust (Teil 1, Kap. 4) hatte nun ach alle vier Fakultäten besucht, die „untere" philosophische, und die drei „oberen": Medizin, Theologie und „Juristerei", nicht Rechtswissenschaft. In welchem Fach hatte Heinrich Faust seinen Doktor erworben?

[4] Jena 1797 (§ 30). – Mitunter spricht er auch (im Plural) von Rechtswissenschaften. Methodologie meint bei ihm übrigens die Vermittlung in der akademischen Lehre. Vor allem Philosophie und Geschichte (wozu u. a. auch Geographie – die war einmal Teil des Quadriviums – und Statistik zählen) führt er unter den Hilfswissenschaften auf.

[5] Der „Rechtsgelehrte" kommt bekanntlich kaum über die Beantwortung der Frage „quid sit iuris" hinaus, also über die Feststellung der Rechtslage (Metaphysik der Sitten, Einleitung in die Rechtslehre (1797)). An ganz vereinzelten Stellen taucht der Begriff „Rechtswissenschaft" auf: Einleitung in die Rechtslehre (AA VI, 229): „Der Inbegriff der Gesetze, für welche eine äußere Gesetzgebung möglich ist, heißt die Rechtslehre (*Ius*). Ist eine solche Gesetzgebung wirklich, so ist sie Lehre des positiven Rechts, und der Rechtskundige derselben oder Rechtsgelehrte (*Iurisconsultus*) heißt rechtserfahren (*Iurisperitus*), wenn er die äußern Gesetze auch äußerlich, d. i. in ihrer Anwendung auf in der Erfahrung vorkommende Fälle, kennt, die auch wohl Rechtsklugheit (*Iurisprudentia*) werden kann, ohne beide zusammen aber bloße Rechtswissenschaft (*Iurisscientia*) bleibt. Die letztere Benennung kommt der systematischen Kenntniß der natürlichen Rechtslehre (*Ius naturae*) zu, wiewohl der Rechtskundige in der letzteren zu aller positiven Gesetzgebung die unwandelbaren Principien hergeben muß." – Und ansonsten AA VI, 357: „Wenn rechtskundige Philosophen sich bis zu den metaphysischen Anfangsgründen der Rechtslehre erheben oder versteigen wollen (ohne welche alle ihre Rechtswissenschaft bloß statutarisch sein würde), so können sie über die Sicherung der Vollständigkeit ihrer Eintheilung der Rechtsbegriffe nicht gleichgültig wegsehen: weil jene Wissenschaft sonst kein Vernunftsystem, sondern bloß aufgerafftes Aggregat sein würde." – Und „Logik – Von den Begriffen" (1800) (AA IX, 93): „In allen Wissenschaften, vornehmlich denen der Vernunft, ist die Idee der Wissenschaft der allgemeine Abriß oder Umriß derselben, also der Umfang aller Kenntnisse, die zu ihr gehören. Eine solche Idee des Ganzen – das Erste, worauf man bei einer Wissenschaft zu sehen und was man zu suchen hat, ist architektonisch, wie z. B. die Idee der Rechtswissenschaft."

[6] In der Originalausgabe Heidelberg 1814, S. 22.

nämlich ein System von Prinzipien. Bei und mit Savigny scheint der Begriff „Rechtswissenschaft" etabliert zu sein.

Zweifel an der Wissenschaftlichkeit der Rechtswissenschaft regen sich bald. Berühmt – d.h. viel zitiert und wenig gelesen – ist natürlich Julius von Kirchmanns Vortrag von 1848 „Die Wertlosigkeit der Jurisprudenz als Wissenschaft"[7]. Von Kirchmann lässt es offen, ob die Jurisprudenz als Wissenschaft wertlos sei oder ob sie gar keine Wissenschaft sei. Wissenschaftlich wertvoll sei die Rechtswissenschaft, wenn sie ihren eigentlichen Gegenstand untersuchte, nämlich das „natürliche Recht" im Volk. Dies ist das Subsistente der rechtswissenschaftlichen Erkenntnis, das sich zwar in Gestalt des Volksrechts[8] wandele, aber nicht mit der Beliebigkeit der neueren Gesetzgebung. Aufgabe der Rechtswissenschaft sei es, dieses natürliche Recht in den positiven Gesetzen zu seinem „wahren" Ausdruck zu bringen. Tatsächlich habe sie aber das Recht dem Wissen und Fühlen des Volkes entfremdet. Die Rechtswissenschaft laufe den Moden der Gesetzgebung hinterher (und dann kommt die bekannte Sache mit der „Makulatur").

Rudolf Jhering ging in seiner Wiener Antrittsvorlesung von 1868 der Frage nach „Ist die Jurisprudenz eine Wissenschaft?"[9] Seine Antwort lautete: Sie ist es, soweit sie die Trias von Rechtsphilosophie, Rechtsgeschichte und Rechtsdogmatik umfasst.

Die Geschichte der Wissenschaftskritik ließe sich leicht fortsetzen über die Freirechtsschule bis zu neueren Bemühungen um eine „Verwissenschaftlichung" der Jurisprudenz und zu Versuchen einer „Rechtswissenschaftstheorie".[10] Es ist auffällig, dass die meisten neueren wissenschaftstheoretischen Beiträge aus dem Bereich des öffentlichen Rechts stammen.[11]

Neben der Frage, ob die Rechtswissenschaft überhaupt eine Wissenschaft sei, geht es stets auch um ihren Wissenschaftscharakter. Wenn sie eine Wissenschaft ist, von welcher Art ist sie dann? Die Angebote sind reichlich: Normwissenschaft, angewandte, praktische Wissenschaft, exegetisch-hermeneutisch[12], Buchwissenschaft. Max

---

[7] Ausgabe Darmstadt 1966.

[8] Der Kontext des Streits zwischen Germanisten und Romanisten ist unverkennbar, etwa, wenn auch nicht explizit, der Bezug auf *Georg Beseler*, Volksrecht und Juristenrecht, Leipzig 1843. Zur Rolle von Volk und Nation s. etwa bei *Kirchmann*, ebd. S. 33 ff.

[9] 2. Aufl hrsg. von Okko Behrends, Göttingen 2009.

[10] Und natürlich wird weiterhin gefragt, etwa von *Jens-Peter Damas*, Ist die Rechtswissenschaft eine „Wissenschaft"?, in: ARSP 2003, S. 186–199.

[11] Helmuth Schulze-Fielitz (Hrsg.), Staatsrechtslehre als Wissenschaft, 2007 (=Die Verwaltung, Beiheft 7); Andreas Funke/Jörn Lüdemann (Hrsg.), Öffentliches Recht und Wissenschaftstheorie, Tübingen 2009; Otto Depenheuer/Christoph Grabenwarter (Hrsg.), Verfassungstheorie, Tübingen 2010; Gregor Kirchhof/Stefan Magen/Karsten Schneider (Hrsg.), Was weiß Dogmatik? Was leistet und wie steuert die Dogmatik des Öffentlichen Rechts? Tübingen 2012. – Ausnahmen im Zivilrecht sind etwa: Joachim Rückert/Ralf Seinecke (Hrsg.), Methodik des Zivilrechts von Savigny bis Teubner, 2. Aufl. Baden-Baden 2012; Tagung der Zivilrechtslehrervereinigung 15. bis 17. September 2013 in Würzburg „Methoden des Privatrechts".

[12] Bei *Gadamer* liegt übrigens ein gravierendes Missverständnis vor im Abschnitt „Die exemplarische Bedeutung der juristischen Hermeneutik", in: Hans Georg Gadamer, Wahrheit und Methode, Tübingen 1960, S. 307 ff. – Die Verbindlichkeit von Rechtstexten für den Richter ist keine Sache

Rumpf fragte bereits 1929, ob die Rechtwissenschaft eine Sozialwissenschaft oder eine Kulturwissenschaft sei.[13] In der DFG-Fachsystematik taucht die Rechtswissenschaft unter „Geistes- und Sozialwissenschaften“ auf. Zu der Untergruppe der „Sozialwissenschaften“ werden allerdings gezählt: die Soziologie (mit den Untergruppen „Soziologische Theorie/Empirische Sozialforschung“), Publizistik und Kommunikationswissenschaft sowie die Politikwissenschaft. Die Rechtswissenschaft enthält dann einen eigenen Platz.

Von solchen Klassifikationsfragen ist die Frage zu unterscheiden, wie die Rechtswissenschaft betrieben werden *sollte*: etwa als Realwissenschaft[14], als Sozialwissenschaft[15]?

Der anfangs angedeuteten Diskrepanz zwischen methodologischem Selbstzweifel und fester organisatorischer Etablierung entspricht ein unterschiedliches Verständnis von „Wissenschaftstheorie“. Man kann – und ich behaupte: man sollte – Wissenschaftstheorie sowohl als Methodologie, also normativ betreiben, um Kriterien richtigen wissenschaftlichen Arbeitens zu formulieren und zu begründen. Auf der anderen Seite geht es um wissenschaftssoziologische Untersuchungen über die Praxis, Strukturen und Funktionen der organisierten Wissenschaften.[16] Um normative Fragen kommen wir – wie sich zeigen wird – nicht herum.[17]

---

eines „wirkungsgeschichtlichen Geschehens“, in das er einrückt, sondern in den Rechtsnormen statuiert, die den Richter zur Gesetzesbindung verpflichten.

[13] *Max Rumpf*, Rechtwissenschaft als Sozialwissenschaft?, Nürnberg 1929.

[14] S. *Horst Eidenmüller*, Rechtswissenschaft als Realwissenschaft, JZ 1999, S. 53–61.

[15] S. dann nach Rumpf (und ohne Kenntnis seiner Arbeit): *Hubert Rottleuthner*, Rechtswissenschaft als Sozialwissenschaft, Frankfurt a. M. 1973.

[16] Mit dieser zweifachen Perspektive wende ich mich gegen die Reduktion einer „Rechtswissenschaftstheorie“ bei Christoph Möllers auf eine praktisch-institutionelle Betrachtungsweise, d.h. von Methodologie auf Wissenschaftssoziologie. *Christoph Möllers*, Vorüberlegungen zu einer Wissenschaftstheorie des öffentlichen Rechts, in: Matthias Jestaedt/Oliver Lepsius (Hrsg.), Rechtswissenschaftstheorie, Tübingen 2008, S. 151–174. – Ein Verzicht auf eine Theorie „richtiger“ Wissenschaft setze sich, so behauptet Möllers, „allmählich“ durch (S. 153); das sei „gegenwartsangemessen“ (S. 159) – gewiss ein normatives, und sehr schwaches Kriterium. Er plädiert für eine Betrachtung von Wissenschaft als „institutionelles Phänomen“ (S. 159), für eine „vergleichende, empirisch arbeitende Wissenschaftssoziologie“ (S. 156), für eine „deskriptive Herangehensweise der Wissenschaftstheorie“ (S. 157). Es ginge nicht um die Bewertung der Richtigkeit von Aussagen, sondern um einen „institutionellen Zusammenhang“ (S. 163); Wissenschaft sei institutionell zu verstehen. – In der FAZ-Kontroverse zwischen Heinig/Möllers und Canaris/R.Schmidt gingen wissenschaftstheoretische und wissenschaftssoziologische/-politische Aspekte durcheinander – und das alles unter „Kultur“ (FAZ 23.3., 6.4., 20.4.2011 – mit den Titeln: Kultur der Kumpanei – Hohe Kultur – Kultur der Wissenschaftlichkeit).

[17] Möllers spricht am Ende doch von „Richtigkeitsansprüchen“ und von Wissenschaft als einer „normativen legitimationsbedürftigen Praxis“, ebd., S. 170. – Zu einem normativen Verständnis von Rechtswissenschaftstheorie vgl. *Matthias Jestaedt*, Perspektiven einer Rechtswissenschaftstheorie, in: Matthias Jestaedt/Oliver Lepsius (Hrsg.), Rechtswissenschaftstheorie, Tübingen 2008, S. 185–205 (191, 193).

### 2. *Schwierigkeiten der Juristen mit der Wissenschaftlichkeit ihrer Disziplin*

Aus der Sicht anderer, vor allem empirisch arbeitender Disziplinen nimmt sich der Gebrauch von Begriffen, die für diese Wissenschaften zentral sind, im Munde von Juristen sehr eigenartig, diffus, ich würde sagen: oft unwissenschaftlich, manchmal ganz witzig aus. Das gilt etwa für Begriffe wie: Theorie, Hypothese, Signifikanz, Zufall, repräsentativ, empirisch, Experiment. Sie erhalten in juristischen Kontexten eine eigenartige, jedenfalls eine andere Bedeutung als in den Stammdisziplinen.

Ich möchte das zunächst am Begriff der „*Theorie*" verdeutlichen. Ich werde dann weiter auf den Status der *Dogmatik* eingehen und mich der Frage widmen, was bei Juristen „*Forschung*" heißt. An diesen drei Komplexen lassen sich Wissenschaftlichkeit und Wissenschaftscharakter der „Rechtswissenschaft" diskutieren.

#### *a) Theorie*

Der Begriff der „Theorie" ist mehrdeutig, nicht nur im juristischen Bereich. In der Soziologie kennen wir Großtheorien wie die „Theorie kommunikativen Handelns" von Habermas oder die Luhmannsche Variante der Systemtheorie. Die haben nichts zu tun mit Theorien in der empirischen Sozialforschung, in der Theorien eine Menge von empirisch prüfbaren Zusammenhangs-Hypothesen bilden. In juristischen Kontexten ist der Begriff „Theorie" aber extrem vieldeutig und unklar.[18] Es gibt anscheinend

- Theorien in der Rechtsdogmatik;
- es wird von einer theoretischen Rechtswissenschaft geredet (heute anders als bei Hufeland); damit sind wohl eher die üblichen Grundlagenfächer gemeint;
- dann gibt es eine eigenständige Rechtstheorie[19]
- und schließlich haben wir noch eine Rechtswissenschaftstheorie[20] bekommen, in der es wohl um eine Theorie über die Rechtswissenschaft geht – wobei das „über" höchst unklar ist.

Allein unter den Theorien der Rechtsdogmatik (diese bezeichnet Lepsius allerdings in einem anderen Zusammenhang als „theoriefrei"[21]) wimmelt es von Angeboten:

---

[18] Vgl. *Ralf Dreier*, Zur Theoriebildung in der Jurisprudenz (in: Recht und Gesellschaft, Festschrift für Helmut Schelsky, Berlin 1978, S. 103–132), wieder abgedruckt in: ders., Recht – Moral – Ideologie. Studien zur Rechtstheorie, Frankfurt a.M. 1981, S. 70–105. Die Arbeit von R. Dreier zeichnet sich durch wohltuende Klarheit aus gegenüber etwa *Claus-Wilhelm Canaris*, Funktion, Struktur und Falsifikation juristischer Theorien, in: JZ 1993, S. 377–391.

[19] *Matthias Jahn*, Pluralität der Rechtsdiskurse – Sektoralisierung der Methodenlehre. Zum Verhältnis von Rechtswissenschaftstheorie und Rechtstheorie, in: Matthias Jestaedt/Oliver Lepsius (Hrsg.), Rechtswissenschaftstheorie, Tübingen 2008, S. 175–184 identifiziert die Rechtstheorie mit der Wissenschaftstheorie der Rechtswissenschaft (178).

[20] Vgl. *Oliver Lepsius*, Themen einer Rechtswissenschaftstheorie, in: Matthias Jestaedt/Oliver Lepsius (Hrsg.), Rechtswissenschaftstheorie, Tübingen 2008, S. 1–49.

[21] *Lepsius*, ebd., S. 3, 6.

da haben die Strafrechtler die Ablationstheorie (samt Apprehensionstheorie etc.); dann gibt es die Saldotheorie, die Mosaiktheorie und vieles mehr. Hier scheint es um die Kennzeichnung von Auslegungsvarianten zu gehen. Auf einem abstrakteren Niveau bewegen sich Adäquanztheorie und Äquivalenztheorie (in Fragen von Kausalität und Zurechnung). Was ist mit Grundrechtstheorien und Verfassungstheorien? Bei den großen Straftheorien geht es um normative Fragen der Rechtfertigung von Strafen, ihres Zweckes – dann kann man fragen, ob diese Zwecke tatsächlich erfüllt werden und dafür empirisch überprüfbare kriminologische Theorien heranziehen. Bei Schulze-Fielitz sind Theorien vor allem Ordnungs- und Systematisierungsleistungen.[22]

Der Begriff „System" wäre übrigens ein weiterer Kandidat, an dem sich Fragen der Wissenschaftlichkeit diskutieren ließen. Bei Kant – und ähnlich auch bei Hegel – ist „Wissenschaft": „der Inbegriff einer Erkenntniß als System"[23]. Die Architektur des Rechts darf kein „Aggregat" sein, sondern muss – in der Rechtswissenschaft – als ein Vernunft*system* entfaltet werden.[24]

### b) *Dogmatik*

Ein weiterer wissenschaftstheoretisch-methodologisch ganz unklarer Punkt ist der Status der Dogmatik. Was die Frage der Wissenschaftlichkeit der juristischen Dogmatik betrifft, so besteht das grundlegende Problem darin, dass es in ihr keine Unterscheidung von Theorie und Objektbereich gibt. Wenn eine „juristische Theorie" bestimmt wird als „eine Trias aus einer oder mehreren Regeln in Form von Aussagen über das geltende Recht, Grundwertungen bzw. allgemeinen Rechtsprinzipien und paradigmatischen Problemlösungen"[25], so wird „Theorie" eben nicht von „praktischen Problemlösungen" geschieden. Diese Vermengung lässt sich auch modischer ausdrücken: dass es keine Beobachtung erster und zweiter Stufe gibt, dass keine getrennten Diskurse existieren, dass Akteur/Teilnehmer und Beobachter[26] ungeschieden sind etc.

Den Objektbereich der Rechtswissenschaft bildet das (geltende) Recht, d.h. die Rechtspraxis in Gesetzgebung, Justiz, Verwaltung, manchmal auch die anwaltliche und notarielle Praxis, von der sich die Rechtswissenschaft, so wie sie betrieben wird,

---

[22] *Helmuth Schulze-Fielitz*, Was macht die Qualität öffentlich-rechtlicher Forschung aus? (2002) Wieder abgedruckt in: ders., Staatsrechtslehre als Mikrokosmos, Tübingen 2013, S. 298–374 (313, 337 ff.)

[23] *Immanuel Kant*, Logik (1800), AA. IX, 72.

[24] S.o. zu Kant Fn. 5 und die Stellen in AA VI, 357 und IX, 93.

[25] *Karl Larenz/Claus-Wilhelm Canaris*, Methodenlehre der Rechtswissenschaft, 3. Aufl. Berlin u.a. 1995, S. 279; s. auch *Canaris*, a.a.O. (Fn. 18), S. 384; er spricht (S. 383) von „Anwendungen einer Theorie, d.h. ihre paradigmatischen Problemlösungen". Theorie umschlösse dann auch ihre Anwendung.

[26] Aber was ist mit der Figur des „teilnehmenden Beobachters"? – Die akademische Doktrin steht nicht unter Entscheidungszwang (muss sich nicht für nur eine Lösung entscheiden) und unterliegt auch keinem zeitlichen Entscheidungsdruck.

aber nicht abhebt.[27] Akademische Juristen verwenden die gleichen Begriffe wie die juristischen „Praktiker"; sie bedienen sich der gleichen Argumente. Im Vordergrund steht die Praxistauglichkeit, der Anwendungsbezug. Die Dogmatikrelevanz ist auch der Filter, durch den die sog. Grundlagenfächer in den juristischen Diskurs eingelassen werden. Die juristische Methodenlehre – bei Larenz/Canaris (oder Canaris/Larenz) heißt sie „Methodenlehre der Rechtswissenschaft" – ist eine Methodenlehre von Rechtswissenschaftlern für die Rechtspraxis, sie ist keine „Methodenlehre der Rechtswissenschaft", die irgendwie von der Rechtspraxis unterschieden wäre. Jestaedt nennt sie denn auch eine „Rechtsinterpretationsmethodenlehre"[28]. Der juristischen Literatur ist meist nicht anzusehen, ob sie von einem Rechtsprofessor oder einem (meist wohl) höherrangigen Praktiker stammt.[29] Selbst die „Rechtswissenschaftstheorie" greift bei Lepsius[30] direkt durch auf Probleme der Rechtspraxis (z. B. Probleme der Normenbindung). Rechtswissenschaftstheorie und theoretische Rechtswissenschaft geraten in den Sog der Rechtspraxis.

„Dogmatik" steht für den Zusammenschluss von akademischer Rechtswissenschaft und Rechtspraxis. Akademische Theorie und forensische Praxis bildeten ein „sonderbares Amalgam" in der Rechtsdogmatik. Rechtspraxis und Rechtswissenschaft seien „symbiotisch".[31] Der Wissenschaftscharakter der Rechtswissenschaft wird dadurch aufrechterhalten, dass man betont, dass es sich bei ihr eben um eine praktische, angewandte Wissenschaft handele. Man mag dann noch unterscheiden zwischen (praktischem) Betreiben und (wissenschaftlichem) Beschreiben des Rechts[32], bekommt dann aber von anderer Seite zu hören, dass die Rechtswissenschaft das Recht nicht nur beschreibt, sondern auch vertritt.[33] Hans Kelsen hat eine Vielzahl von „Trennungsthesen" vertreten, nicht nur die Trennung von Sein und Sollen oder die von Recht und Moral, sondern eben auch die zwischen Theorie und „Gegenstand", etwa zwischen Ethik als Norm-Wissenschaft und Normen der Moral[34], wie zwischen Rechtswissenschaft und Recht als einer Normen-Ordnung. Deshalb kann er auch mit „Rechtsdogmatik" nichts anfangen (oder eben zum Gegen-

[27] Das sehen auch Rechtsdogmatiker so (z. B. bei *Lepsius*, a.a.O. (Fn. 20), S. 13, 19; *Möllers*, a.a.O. (Fn. 16), S. 158). Die Frage ist, wie sie darauf reagieren.

[28] *Jestaedt*, a.a.O. (Fn. 17), S. 189. – Präziser: *Friedrich Müller/Ralph Christensen*, Juristische Methodik, Bd. 1. Grundlegung für die Arbeitsmethoden der Rechtspraxis, 11. Aufl. Berlin 2013.

[29] *Lepsius*, a.a.O. (Fn. 20), S. 13, 19: Einheit mit der Praxis; keine Unterscheidung, z. B. bei Kommentierungen; zur Austauschbarkeit von Rechtswissenschaftlern und Praktikern (S. 20 f.); *Möllers*, a.a.O. (Fn. 16), S. 158; *Matthias Jestaedt*, Wissenschaftliches Recht. Rechtsdogmatik als gemeinsames Kommunikationsformat von Rechtswissenschaft und Rechtspraxis, in: C.Jabloner u. a. (Hrsg.), Vom praktischen Wert der Methode. FS für Heinz Mayer, Wien 2011, S. 169–187 (180, speziell zum BVerfG). – Diese Verbindung von akademischem und „praktischem" Bereich wird wohl auch von den Verlagen gefördert.

[30] *Lepsius*, a.a.O. (Fn. 20), z. B. S. 34 ff.

[31] *Jestaedt*, a.a.O. (Fn. 29), S. 169 f. – Beide bewegen sich im „Kommunikationsraum der Dogmatik" (ebd., S. 181).

[32] *Jestaedt*, a.a.O. (Fn. 17), S. 201.

[33] *Möllers*, a.a.O. (Fn. 16), S. 167, 171.

[34] Etwa bei *Hans Kelsen*, Reine Rechtslehre, 2. Aufl. Wien 1960, S. 60 f.

stand seiner Kritik machen). Da kommt Matthias Jestaedt, dem man eine Kelsen-Affinität nicht absprechen wird, in Schwierigkeiten, die er durch weitere Unterscheidungen zu lösen versucht: für ihn gibt es „zwei unterschiedliche Dogmatiken“[35]: die eine zielt auf Rechtserkenntnis, die andere auf Rechtserzeugung; die eine erarbeitet Rechtsetzungsvorschläge, die andere verfüge über eine Rechtsetzungsermächtigung. Es gäbe „inkompatible und inkommensurable Kompetenzen“. Rechtswissenschaft und Rechtspraxis gingen von einer „unterschiedlichen Binärcodierung“ aus. Gemeint ist damit wohl die rechtspraktische Unterscheidung von Recht/Unrecht (zu ergänzen wäre auch noch die von rechtlich gültig/ungültig) und die rechtswissenschaftliche von wahr/unwahr. Entsprechend gäbe es dann zwei Arten von „Rechtsteilnehmern“: im Bereich der Rechtspraxis und in der Rechtswissenschaft. In der Rechtswissenschaft, genauer in Rechtstheorie und Rechtsphilosophie, existierte aber auch noch der „rechtswissenschaftliche Beobachter“[36].

Die in der Jurisprudenz fehlende Trennung von Theorie und Objektbereich wird deutlich, wenn man einen Blick auf andere Disziplinen wirft. Die Beziehungen zwischen der Soziologie und dem Sozialen, der Politikwissenschaft und dem Politischen, der Psychologie und dem Psychischen, der Erziehungswissenschaft und der Erziehungspraxis sind dadurch gekennzeichnet, dass in den Wissenschaftsbereichen eine Terminologie verwendet wird, die nicht der Redeweise der Praxis-Akteure entspricht; und die Wissenschaften versuchen Zusammenhänge, vielleicht sogar Gesetzmäßigkeiten herauszufinden, die in der Akteursperspektive nicht präsent sein müssen. In den Naturwissenschaften mit einem nichtkommunikationsfähigen Objektbereich ist dessen Trennung von der Theorie auf die Spitze getrieben. Im Fall der Medizin ist die Beziehung zwischen Forschung, klinischer Praxis und Patient komplizierter. Bekannt ist das Problem auch aus dem Verhältnis von Theologie und Religionswissenschaft.

Der Wissenschaftsanspruch der Rechtswissenschaft wird einmal durch Unterscheidungen zu bewahren versucht, die oben schon auftauchten: Rechterkenntnis/Rechtserzeugung, Beobachter/Teilnehmer etc. Wissenschaftliche Distanz zum rechtspraktischen Treiben wird auch zu markieren versucht durch das Zauberwort oder eher die präfixierte Zaubersilbe „Meta“. Es wimmelt von Meta-Ebenen: es gibt „Meta-Disziplinen der Jurisprudenz“[37], es gibt „Meta-Theorien“ und „metatheoretische Reflexionen“[38]; sogar eine Metadogmatik taucht auf.[39] Ich verstehe dieses Präfix als Ausdruck der Bemühungen, aus dem Theorie-Praxis-Gemenge der Dogmatik

---

[35] *Jestaedt*, a.a.O. (Fn. 29); die folgenden Zitate auf S. 186 f.

[36] *Matthias Jestaedt*, Geltung des Systems und Geltung im System. Wozu man die Grundnorm benötigt – und wozu nicht, in: JZ 2013, S. 1009–1021 (1019 f.).

[37] *Jestaedt*, a.a.O. (Fn. 17), S. 201.

[38] *Lepsius*, a.a.O. (Fn. 20), S. 2, 26. Aber ist „Reflexion“ nicht immer schon „meta“? *Jestaedt*, a.a.O. (Fn. 17), S. 187 versteht unter Theorie – nicht Meta-Theorie – „explizit gemachte Reflexion“.

[39] *Helmuth Schulze-Fielitz*, Das Bundesverfassungsgericht in der Krise des Zeitgeistes. Zur Metadogmatik der Verfassungsinterpretation, AöR 122 (1997), S. 1–31.

herauszukommen und empfehle eine genauere Betrachtung der diversen Meta-Beziehungen.

*Ein kleiner Meta-Exkurs*

Lassen wir einmal die eigenartige Geschichte des Begriffs „Metaphysik“ (von Aristoteles bis Kant) außer Acht, so scheint mit der Vorsilbe „Meta“ ein Rangverhältnis gekennzeichnet zu werden, eine Betrachtung „auf“ oder „über“ etwas. „Meta“ klingt jedenfalls irgendwie gehoben. Das Bild kann auch kippen und dann geht es um „Grundlagen“. Die Meta-Ethik bezieht sich „auf“ deskriptive wie normative Ethiken[40], diskutiert aber deren begriffliche „Grundlagen“. Allgemein kann man von „Meta-Theorien“ sprechen, wenn Theorien „über“ andere Theorien formuliert werden (Philosophie der Mathematik, Wissenschaftssoziologie, Wissenschaftstheorie). Wir können über Sprache sprechen, Sätze über Sätze bilden. Dann bewegt man sich auf den semantischen Stufen von Meta-Sprache und Objektsprache, betreibt „Meta-Kommunikation“. Eine Meta-Kritik besteht nicht bloß aus Sätzen über eine Kritik, sondern es ist die Kritik einer Kritik.[41] Für den Juristen am nahe liegendsten – und relevant für den Wissenschaftscharakter seines Umgangs mit Rechtsnormen – ist wohl die Unterscheidung von norm formulation und normative statement (von Wright), von Rechts-Norm und Rechts-Satz[42] oder von Rechtssatz und Rechtsaussagesatz (Rechtswissenschaftssatz)[43]. Es ist möglich, informative, wahrheitsfähige Äußerungen, also *Aussagen über Rechtsnormen* zu machen. Es wäre aber genauer zu klären, welchen Inhalt solche Aussagesätze als „Normbeschreibungen“ annehmen können. Die bloße Wiedergabe des Wortlauts der Norm ohne Befolgungsanspruch oder in indikativischer Formulierung reicht nicht aus. In Sätzen der Rechtsdogmatik ist mehr enthalten: manchmal sind es auch Interpretationsvorschläge, Informationen über vorhandene Interpretationen, Darstellungen und kritische Prüfung von Zusammenhängen mit anderen Normen, Systematisierungen, Informationen über die Entstehung von Normtexten, Bezüge zu tatsächlichen oder fiktiven „Fällen“ etc. Rechtsdogmatiker bleiben eben nicht auf einer semantischen Meta-Ebene gegenüber den Normtexten, sondern mischen sich in ihr Objekt ein. Ob eine Meta-Dogmatik sie darüber aufklären kann?

---

[40] Die selbst als Theorien der Moral fungieren können, wie bei *Kelsen* (s. o. zu Fn. 34) oder *D. von der Pfordten*, Rechtsethik, 2. Aufl. München 2011; das Verhältnis von Ethik und Moral kann aber auch anders gefasst werden (wie z. B. bei *Habermas*, z. B. Faktizität und Geltung, Frankfurt a. M. 1992, S. 204).

[41] *Herders* „Metakritik zur Kritik der reinen Vernunft“, 1793; aber was ist mit *Adornos* „Metakritik der Erkenntnistheorie“ (1956), wenn es doch um eine Kritik der Husserlschen Philosophie geht?

[42] So *Hans Kelsen*, Allgemeine Theorie der Normen, Wien 1979, S. 124.

[43] So die Terminologie etwa bei *Jestaedt*, a.a.O. (Fn. 17), S. 200 f.

### c) *Forschung*

Die Schwierigkeiten mit der Wissenschaftlichkeit der Jurisprudenz kulminieren in der Frage nach der rechtswissenschaftlichen Forschung. Was machen Juristen eigentlich, wenn sie forschen? Oder: Was sagen Juristen, wenn sie behaupten, sie forschten? Das Problem ist bekannt aus Situationen, in denen Vertreter der Universitätsverwaltung so fragen, wenn es um die Vergabe von Leistungsmitteln geht.

In seinem schönen Aufsatz „Was macht die Qualität öffentlich-rechtlicher Forschung aus?"[44] diskutiert Helmuth Schulze-Fielitz eine Fülle von Qualitätskriterien, die sich nicht nur auf den Bereich des öffentlichen Rechts beziehen. Was mich an diesem Beitrag vor allem interessiert hat, sind nicht so sehr die Qualitätskriterien, sondern die Gegenstände der Bewertung, also das, was er wohl unter Forschung versteht. Was da versammelt wird, ist eigentlich alles, was Juristen – ob Angehörige juristischer Fakultäten oder Praktiker – irgendwo veröffentlichen. Das geht bis zu Kommentaren, Lehrbüchern, Zeitschriftenartikeln und Buch- oder Urteilsrezensionen. Soll das alles „Forschung" sein?[45] Dafür bekäme man jedenfalls keine Sachmittel der Deutschen *Forschungs*gemeinschaft. An dieser Stelle wird wieder deutlich, dass man um (normative) Kriterien von Wissenschaftlichkeit nicht herumkommt. Man kann nicht einfach praktisch-institutionell sagen, Forschung sei alles, was Juristen für Forschung hielten oder das, was sie veröffentlichen. Forschung ist auch nicht nur das, was von der DFG gefördert wird. Das mag hinreichend sein, aber es gibt eben eine riesige Menge von Forschung, die von der DFG *nicht* gefördert wird. Rechtshistoriker, Rechtssoziologen und Kriminologen haben üblicherweise keine Probleme, ihre Recherchen als Forschung zu deklarieren und entsprechende Anträge zu stellen – mit oder ohne Erfolg. Aber wie es ist mit Rechtsdogmatikern?[46]

Anscheinend stützt sich das weite Verständnis von Forschung unter Juristen, zumal unter Verfassungsrechtlern, auf die Interpretation von Art. 5, Abs. 3, Satz 1 GG („Kunst und Wissenschaft, Forschung und Lehre sind frei.") durch das Bundesverfassungsgericht. Im Hochschulurteil vom 29. Mai 1973[47] subsumierte es Forschung und Lehre unter „Wissenschaft", d. h. „alles, was nach Inhalt und Form als ernsthafter planmäßiger Versuch zur Ermittlung der Wahrheit anzusehen ist". Forschung definierte das Gericht unter Verwendung eines Zitats aus dem Bundesbericht Forschung III (BTDrucks. V/4335 S. 4) als „die geistige Tätigkeit mit dem Ziele, in methodischer, systematischer und nachprüfbarer Weise neue Erkenntnisse zu gewin-

---

[44] *Schulze-Fielitz*, a.a.O. (Fn. 22).

[45] Eine kleine Nebenbemerkung: Im Englischen finde ich zur Erläuterung von „Legal research": use of a law library, LexisNexis, and Westlaw. Stöbern in JURIS als Forschung?

[46] Die Handreichung für Forschungsanträge von *W. Bauer/J. Bleck-Neuhaus/R. Dombois/I. S. Wehrtmann*, Forschungsprojekte entwickeln – von der Idee bis zur Publikation, Baden-Baden 2013 enthält keinerlei rechtswissenschaftlichen Bezug. Die Autoren stammen aus den Bereichen Sozialwissenschaft, Erziehungswissenschaft, Biologie, Physik. Sie legen „Prinzipien empirisch-analytischer Forschung" zugrunde (S. 12).

[47] 1 BvR 424/71, 1 BvR 325/72, BVerfGE 35, 79; die folgenden Zitate von S. 112.

nen". Die Freiheit der Forschung umfasse „insbesondere die Fragestellung und die Grundsätze der Methodik sowie die Bewertung des Forschungsergebnisses und seine Verbreitung".

Sind Verfassungsrechtler an interpretative Vorgaben des Verfassungsgerichts „gebunden"? Sie sollten Abschied nehmen (können) von der Dichotomie von Forschung/Lehre; es gibt auch noch anderes. Sonst könnten sie gar nicht die Klage erheben „Vor lauter Gutachten über Drittmittelanträge komme ich nicht zur Forschung." Was ist denn das Schreiben eines Gutachtens zu einem Drittmittelantrag? Was ist denn das Schreiben eines solchen Antrags? Ist das schon Forschung? Vielleicht ist schon einiges an Forschung eingegangen. Aber es soll ja erst etwas Neues herausgefunden werden.

Das zentrale Kriterium für Forschung scheint mir zu sein, dass mit Hilfe empirischer Methoden intersubjektiv überprüfbar ein „etwas" herausgefunden wird, das bislang nicht oder so nicht bekannt war. Ohne einen erkenntnistheoretischen Realismus geht es wohl nicht: es muss ein „etwas" geben, das man herausfinden möchte. Unterscheiden muss man also zwischen Fakten und Fiktionen (oder Konstruktionen); und es müssen Methoden der empirischen Forschung zur Anwendung kommen.[48] Für Juristen liegen dabei am nächsten Methoden aus dem Bereich der textorientierten Inhaltsanalyse. Solche Untersuchungen könnten prinzipiell als Einzelforschung durchgeführt werden, auch wenn zur Sicherung der Reliabilität eine intersubjektive Überprüfung sinnvoll wäre; sie müssen jedenfalls überprüfbar sein. Eine rechtswissenschaftliche Forschung, die sogar noch dogmatiknah wäre, würde dann z.B. darin bestehen können, bestimmte Argumentationsmuster oder Arten von Behauptungen, Zitierweisen und Zitierkartelle etc. in der Rechtsprechung herauszufinden.[49] Hier würde sich ein weites Forschungsfeld auftun.

Rechtswissenschaftliche Forschung in diesem Sinne besteht nicht in der Beschreibung der Rechtslage, eventuell verbunden mit klärenden Interpretationsvorschlägen, nicht in der systematischen Zusammenstellung von Gesetzen, Gerichtsentscheidungen und doktrinären Meinungen, nicht in der Bildung von Fallgruppen und der Einführung von Unterscheidungen, nicht in der Verknüpfung bestimmter Regelungen und Entscheidungen mit weiteren Rechtsfolgen, die nicht im Horizont der Akteure waren; sie besteht jedenfalls auch nicht in kritischen Stellungnahmen und Vorschlägen de lege ferenda.

---

[48] Bei dieser Festlegung gerate ich in Schwierigkeiten mit dem Verständnis von mathematischer Forschung. Da ist noch tief zu denken, aber wohl wenig zu forschen.

[49] Es lohnt sich etwa, Arten der teleologischen Argumentation in der Rechtsprechung des BGH zu identifizieren und zu analysieren: *Muna Reichelt*, Die Absicherung teleologischer Argumente in der Zivilrechtsprechung des Bundesgerichtshofes – eine empirisch-deskriptive Analyse, Berlin 2011. – Oder von: *Klaus Jürgen Philippi*, Tatsachenfeststellungen des Bundesverfassungsgerichts, Köln u.a.1971 bis zu: *Friedemann Vogel/Ralph Christensen*, Korpusgestützte Analyse der Verfassungsrechtsprechung. Eine Abwägung von Prinzipien findet nicht statt, in: Rechtstheorie 2013, S. 29–60.

Zur Klärung des Wissenschaftscharakters und zur Wissenschaftlichkeit der Rechtswissenschaft schlage ich folgende *Stufen* von Kriterien vor; sie können mehr oder weniger erfüllt werden:

Als *rational* können Äußerungen bezeichnet werden, die möglichst widerspruchsfrei sind, die ein hohes Maß an Präzision durch Bedeutungsklärungen und -festlegungen erstreben. Es geht nicht um bloße Meinungen und Behauptungen, nicht um subjektive Expressionen. Behauptungen müssen begründet, Erklärungen oder Rechtfertigungen – also Antworten auf Warum-Fragen – müssen explizit gemacht werden. Die Berufung auf Autoritäten oder Traditionen ist unzulässig. So mag die Berufung auf eine „h. M." (etwa bei der Interpretation von Art. 5, Abs. 3 GG) im Entscheidungskontext noch hinnehmbar sein, weil entlastend; aber in einer akademischen Debatte ist das ungehörig.

Um mit Satzkomplexen einen *wissenschaftlichen* Anspruch verbinden zu können, müssen weitere Merkmale hinzukommen: Nachvollziehbarkeit, Intersubjektivität der Überprüfung von Annahmen, Widerlegbarkeit. Eine wesentliche Leistung von Wissenschaften besteht in der Systematisierung von Gefundenem. Das kennt man aus ganz unterschiedlichen Disziplinen: Botanik, Geologie, Chemie, Archäologie. Das sind nicht bloß sortierende Taxonomien; Systematik heißt eben auch immer Zusammenhänge und leitende „Prinzipien" zu sehen. Wissenschaft muss nicht auf Gesetzmäßigkeiten zielen; häufig geht es um genaue Beschreibungen von Zuständen und Abfolgen. Es geht auch ohne Experimente. Auch in der Frage der Wertfreiheit ist Toleranz angebracht. Begründete Wertungen sind zulässig, nur muss klar gemacht werden, dass es sich um solche handelt. Juristen kennen dafür die Trennung von de lege lata / de lege ferenda, in der ökonomischen Analyse wird getrennt zwischen einer positiven und einer normativen Analyse, Politikwissenschaftler scheuen sich nicht vor Empfehlungen für eine „gute" Politik. Eine „gute" Wissenschaft macht aber den Übergang in normative Gefilde deutlich. Wissenschaft muss nicht wertfrei sein, sie muss aber „wert(ungs)bewußt" (Röhl) verfahren.

Nicht alle wissenschaftlichen Äußerungen müssen deshalb *wahrheitsfähig* sein. Das sind nur „Aussagen" im klassischen Sinne, die also die Wahrheitswerte w/f annehmen können. Das Ziel der Wissenschaft besteht darin, Wahrheit zu ermitteln, d. h. Behauptungen aufzustellen, die sich bei intersubjektiver Überprüfung als wahr (und nicht als falsch) erweisen. Der Weg dorthin ist aber von Sätzen übersät, die nicht wahrheitsfähig sind. Im juristischen Kontext hatte ich oben auf wahrheitsfähige Sätze (Rechts-Sätze, Rechtsaussagesätze) über Rechtsnormen hingewiesen.

Erfahrungen, Erkenntnisse in einem umgangssprachlichen Sinn kann man auch ohne Wissenschaft und Forschung erlangen. Wissenschaft besteht nicht nur aus Forschung und Lehre; tertium datur. Die Anforderungen an Forschung gehen über die an Wissenschaft(lichkeit) hinaus. Den Bereich der Forschung hatte das Bundesverfassungsgericht im Hochschulurteil bestimmt durch Methodik, Systematik, Nachprüfbarkeit und Innovation. Es geht um die Entdeckung, das Herausfinden von Neuem, bisher Unbekanntem; es geht darum, methodisch Erfahrungen zu machen. Wie das intersubjektiv nachprüfbar geschehen kann, sagen die Methoden der *empirischen* Forschung. Der Begriff „empirisch" wird häufig – auch von Juristen – im Sinne von „tatsächlich" oder „wirklich" verwendet.[50] Das halte ich für schief. Der Ausdruck „empirisch" sollte auf das methodische Vorgehen bezogen werden. Von den Naturwissenschaften über die Psychologie bis zur Sozialforschung hat sich hier ein breiter Kanon herausgebildet, der auch der juristischen Forschung anempfohlen sei.[51] Er liegt jedenfalls dem wissenschaftspolitischen Verständnis von Forschung zugrunde. Hier berühren sich also Wissenschaftstheorie und die politische Organisation von Wissenschaft.[52]

## II. Zur organisatorischen Verankerung der Rechtswissenschaft

### *1. Universität und (Gerichts-)Praxis*

Ich hatte begonnen mit der einen Seite der Diskrepanzerfahrung, dem permanenten Selbst-Zweifel an der Wissenschaftlichkeit und dem Wissenschaftscharakter der Rechtswissenschaft. Dem steht anscheinend eine traditionell feste Verankerung der Jurisprudenz im universitären Betrieb gegenüber. Sie zählt neben Theologie und Medizin zu den drei „oberen Fakultäten". Es ist aber nicht nur die universitäre Etablierung, die der Jurisprudenz anscheinend große institutionelle Stabilität verleiht, sondern auch ihre feste Verzahnung mit der „Praxis", vor allem mit der Justiz. Daneben existieren sicher auch starke Vernetzungen mit der Gesetzgebung in Form von Gutachten, Empfehlungen des Deutschen Juristentages oder medienwirksamen Stellungnahmen zu rechtspolitischen Themen. Rechtsprofessoren werden auch von größeren Anwaltskanzleien für gutachterliche Tätigkeit herangezogen. Im Zentrum steht aber wohl die Verzahnung mit der Justiz: die Schaltstelle der Justizprüfungsämter verbindet erste und zweite Phase der juristischen Ausbildung. Schon frühzeitig wird im Jurastudium „ausbildungsorientiert" in die richterliche Perspektive eingeübt. Rechtsprofessoren sind im Nebenamt selbst als Richter tätig. Sie publizieren ge-

---

[50] Z.B. das „empirische Recht"; *Kelsen* (a.a.O., Fn. 34), S. 61 spricht von „empirischen Tatsachen", die dann von einer „empirischen Wissenschaft" erfasst werden, auch wenn diese – wie die Rechtswissenschaft – nicht Tatsachen sondern Normen zum Gegenstand habe. Da geht vieles durcheinander.

[51] Die Dogmatik wird nicht dadurch zu einer empirischen Wissenschaft, dass man z.B. eine „strukturelle Gleichartigkeit" von (strafrechts)dogmatischer und empirischer Argumentation aufzuzeigen versucht; vgl. Eike von Savigny, Übereinstimmende Merkmale in der Struktur strafrechtsdogmatischer und empirischer Argumentation, in: U. Neumann/J.Rahlf/E.v.Savigny, Juristische Dogmatik und Wissenschaftstheorie, München 1976, S. 120–143. Der Versuch ist ziemlich abenteuerlich, wenn Normen und Werturteile als „Hypothesen" behandelt werden, eine „Falsifizierung" durch Billigkeitserwägungen erfolgen kann und Beobachtungen in Analogie zu Einzelfallwertungen vorgenommen werden.

[52] Zum Zusammenhang von Wissenschaftstheorie und Wissenschaftspolitik vgl. *Eberhard Schmidt-Aßmann*, Zur Situation der rechtswissenschaftlichen Forschung, JZ 1995, S. 2–10.

meinsam mit Praktikern, kommentieren und rezensieren die Rechtsprechung, sind in der Fortbildung von Justizjuristen und Anwälten engagiert usw.

Diese enge organisatorische Vernetzung bildet sozusagen den institutionellen Unterbau für die methodologische Verschmelzung der Perspektiven von akademischer Jurisprudenz und Praxis in Gestalt der Dogmatik. Die beiden Aspekte der Wissenschaftstheorie – der normativ-methodologische und der institutionell-organisatorische – liefern sozusagen ein Kippbild der Situation: der Verschmelzung von akademischer Jurisprudenz und Gerichtspraxis in Gestalt der Dogmatik auf der einen Seite entspricht die organisatorische Verbindung von Universität und Rechtsprechung auf der anderen Seite.

| Wissenschaftstheorie | |
|---|---|
| Methodologisch | wissenschaftssoziologisch |
| Dogmatik als Verschmelzung der Perspektiven von akademischer Jurisprudenz und Gerichtspraxis | Organisatorische Vernetzung von Universität und Gerichten |

## 2. *Gefährdungen*

So sicher scheint der Status der Rechtswissenschaft im universitären Bereich aber nicht mehr zu sein. Und das hängt vor allem zusammen mit dem Verständnis von Forschung.

Das seit ca. 15 Jahren implementierte universitäre System der Leistungsmittel orientiert sich u.a. an der Menge eingeworbener Drittmittel.[53] Als Rechtsdogmatiker hat man damit bekanntlich Probleme; das rechtsdogmatische Verständnis von Forschung entspricht ersichtlich nicht dem der Drittmittelgeber. Wie gesagt, im Bereich von Rechtsgeschichte, Rechtssoziologie und Kriminologie gibt es da keine Probleme. Wenn aber der Anteil von Drittmitteln an der Finanzierung der Mittel der Hochschulen, der derzeit etwa ein Viertel ausmacht, weiter steigt, dürfte die Situation für die rechtswissenschaftlichen Fachbereiche schwierig werden.

Mit der Einführung der W-Besoldung hat sich die Lage noch verschärft, da für den Leistungsteil der Besoldung vor allem die Einwerbung von Drittmitteln zählt. Bei der Einstellung gibt es Auflagen, dass ein bestimmter €-Betrag pro Jahr eingeworben werden muss, um eine bestimmte Höhe der Bezüge zu erreichen und die Ausstattung der Professur zu erhalten. Was machen Juristen da üblicherweise, zumal aus den

[53] Eine persönliche Reminiszenz am Rande sei erlaubt: als an meinem Fachbereich an der FU Berlin Ende der 90er Jahre Leistungsmittel eingeführt wurden, erhielt ich für jedes eingeworbene Drittmittelprojekt DM 5,-. Vielleicht meinten die lieben Kollegen, dass ich als Drittmittelforscher privat Geld (von der DFG oder der VW-Stiftung) bekäme, so wie sie „Drittmittel" bei ihren privaten Gutachten für Rechtsanwaltskanzleien und andere finanzkräftige Auftraggeber erhielten. Man sieht daran übrigens auch: Wissenschaftliche Neugierde bedarf keines monetären Anreizes.

dogmatischen Fächern: sie veranstalten Tagungen, Symposien etc. Das bleibt aber alles in der Phase der Vorlust der Forschung.

Betrachtet man sich die Bewilligungen der DFG für die Jahre 2008 bis 2010, so ist es nicht verwunderlich, dass die Rechtswissenschaft unter den Geistes- und Sozialwissenschaften auf dem vorletzten Platz (knapp vor der Theologie) rangiert. Betrachten wir uns die vier klassischen Fakultäten, so sieht die Rangordnung für die Jahre 2008 bis 2010 so aus:

DFG-Bewilligungen 2008–2010[54]:

| | in Mio. € |
|---|---|
| Medizin | 1.291,3 |
| Philosophie | 22,1 |
| Jura | 20,8 |
| Theologie | 20,7 |

Ein Blick in die Übersicht der von der DFG im Bereich Rechtswissenschaft geförderten Projekte[55] zeigt einen deutlichen Schwerpunkt bei historisch orientierten Arbeiten, daneben gibt es rechtstatsächliche Untersuchungen, international-vergleichende und interdisziplinäre (z.B. in Kooperation mit Medizinern). Allerdings wird seit 2013 auch ein Projekt von Christian Bumke von der Bucerius Law School über „Rechtsdogmatik. Studien über eine Grundform rechtswissenschaftlichen Denkens und Arbeitens" gefördert.

Für die Rechtswissenschaft könnte es mit ihrem universitären Status noch schlimmer kommen, wenn das englische Modell einer radikalen Ökonomisierung auf den Kontinent überschwappte. In den Niederlanden und Belgien scheint das schon zu passieren. Die Ökonomisierung der Wissenschaften bringt nicht nur auf der input-Seite ein System von Anreizen mit sich, das den traditionellen Vorstellungen von intrinsischer Motivation widerspricht. Auf der output-Seite sollen nicht nur Forschungen stehen, sondern solche, die einen spezifischen impact haben, nämlich einen monetär messbaren Nutzen für Wirtschaft und Gesellschaft. Daran orientieren sich dann die politischen Entscheidungen über die staatliche Finanzierung der Universitäten und über die Studiengebühren. In Großbritannien wurde seit 1997 regelmäßig ein Bericht veröffentlicht über den „impact of the universities on the UK economy". Für 2009 wurde beispielsweise ermittelt, dass die britischen Universitäten einen volkswirtschaftlichen Wert von mindestens 1,31 Milliarden Pfund geschaffen haben – und zwar „in the form of health and well being, citizenship and political engagement". Es ist schon toll, was man alles meint, messen zu können. Hervorgeho-

[54] DFG-Förderatlas 2012, S. 225, 227 (auch als pdf); (http://www.dfg.eu/dfg_profil/foerderatlas_evaluation_statistik/foerderatlas/tabellen_abbildungen/index.html)

[55] Zu finden unter http://gepris.dfg.de/gepris/OCTOPUS/

ben wird eine Leistung an der Universität Warwick. Sie lieferte „£28.6 million of value in cultural enrichment a year to the local community through its Arts Centre and just through one strand of its student volunteering programme, working with primary schools to improve reading and allowing local children to meet international students from a variety of cultures".[56] Für US law schools wird deren impact auf einer individuellen Ebene zu bestimmen versucht, nämlich danach, wie das spätere Einkommen der Absolventen mit der besuchten Universität/law school variiert (und danach werden auch gleich ihre Studiengebühren kalkuliert).[57]

Fragen wir uns also nicht nur, wie viel die Organisation dieser Tagung kostete, ob die Anreize für die Referenten (nur Männer) und die Teilnehmerinnen und Teilnehmer hoch genug waren, sondern rechnen wir aus, wie viel € wir mit dieser Tagung zum deutschen Bruttosozialprodukt beigetragen haben und langfristig, nachhaltig beitragen werden.

[56] Die irrsinnige Quantifizierung des ökonomischen outputs von Universitäten scheint in den letzten Jahren abgelöst zu werden durch eine „qualitative" Betrachtung. Für 2011 finde ich einen Report („wealth of life-changing research"), in dem die „top 100 pieces of university research" aufgelistet werden. Darunter findet sich auch folgendes Exzellenz-Projekt: „A new ‚excergaming' system has been developed at Teesside University, where middle-aged men compete against a virtual boxing opponent in order to lose weight and improve fitness." (http://www.universitiesuk.ac.uk/highereducation/Pages/BigIdeasForTheFuture.aspx#.UwYxtM75Qcs). – Die wenigen Beispiele mit Rechtsbezug (S. 82 ff.) beziehen sich ausschließlich auf das Feld von criminal justice.

[57] *Michael Simkovic/Frank McIntyre*, The Economic Value of a Law Degree (April 13, 2013), HLS Program on the Legal Profession Research Paper No. 2013-6 (http://ssrn.com/abstract=2250585). – Aber welche Kausalzusammenhänge bestehen hier?

# Vom schwindenden Beruf der Rechtswissenschaft unserer Zeit, speziell der Strafrechtswissenschaft

*Bernd Schünemann*

Dass ich mit dem für die Publikation meines Vortrages gewählten Titel sowohl auf die berühmte Schrift *Savignys* „Vom Beruf unserer Zeit für Gesetzgebung und Rechtswissenschaft“[1] als auch auf den nicht weniger berühmten Vortrag *Max Webers* „Wissenschaft als Beruf“[2] anspiele, ist so offensichtlich, dass ich mich nur Stichworte zu liefern anheischig machen kann, um mir nicht den berechtigten Vorwurf der Hybris zuzuziehen. Ferner muss ich mich wegen der Zeit- und Umfangsbegrenzung hinsichtlich des soziologischen Verständnisses des Berufs des Rechtswissenschaftlers und damit hinsichtlich der Anlehnung an *Max Webers* Gedankengänge auch formal auf einige Stichworte beschränken, die ich an anderer Stelle näher ausführen möchte.[3] Mit der gesellschaftlichen Aufgabe und Leistung, also der „Berufung“ der Rechtswissenschaft im Sinne *Savignys*, möchte ich mich dagegen etwas ausführlicher beschäftigen.

## I. Zur sozioökonomischen Oberfläche des Berufs

1. Der Beruf des Rechtswissenschaftlers, verstanden als eine akademische Profession, ist heute in Deutschland, im Unterschied zu vielen anderen Ländern[4], eine zumeist in mittleren Jahren am Ziel angekommene Beamtenlaufbahn, die eine Pfründe verleiht. Mit der von *Max Weber* vor fast 100 Jahren[5] vorgenommenen Charakterisierung des Berufs des Universitätswissenschaftlers hat das nur noch eine geringe Ähnlichkeit. Dass das akademische Leben ein wilder Hazard sei, wie *Weber* zu behaupten

---

[1] 1814.

[2] Erstmals publiziert 1919.

[3] „Rechtswissenschaft als Beruf“, Sitzungsberichte der philosophisch-historischen Klasse der Bayerischen Akademie der Wissenschaften, 2015.

[4] Beispielsweise ist der Beruf des Universitätsprofessors in Lateinamerika in der Regel die bloße Nebentätigkeit eines praktisch tätigen Juristen, meist eines Rechtsanwalts.

[5] Nämlich am 7. November 1917 und nicht, wie in der 4. Auflage seiner von Johannes Winckelmann herausgegebenen „Gesammelten Aufsätze zur Wissenschaftslehre“, 1973, S. 582, fälschlich angegeben, im Wintersemester 1918/19, was sowohl wegen der damals noch offenen Kriegslage als auch im Hinblick auf die Biographie Webers einen erheblichen Unterschied macht.

nicht müde wird[6], trifft jedenfalls für die heutige Profession des akademischen juristischen Nachwuchses nicht zu, dem pro Jahr durchschnittlich 30 vakante Professorenstellen offen stehen, von der verlässlichen Exit-Strategie eines jederzeitigen Überganges an Fachhochschulen oder in die Praxis ganz abgesehen. Das von *Weber* noch apostrophierte traurige Los des Assistenten als eines proletarischen Arbeiters[7] ist heute durch betuliche Betreuungsgremien für Habilitanden, in München etwa „Mentorat" genannt, und erst recht für die die Katheder derzeit (jedenfalls im Strafrecht) stürmenden Habilitandinnen in ein Wohlfühlklima verwandelt worden. Während *Webers* Verständnis der Jurisprudenz im technischen Sinn als wertfrei wie die Naturwissenschaft[8], eigentlich seit dem Aufkommen der Interessenjurisprudenz und der Freirechtsschule schon zu seinen Lebzeiten überholt, heute von niemandem mehr geteilt wird, trifft seine Charakterisierung des amerikanischen Professors, der den Studenten Kenntnisse wie „Kohl" verkaufen würde[9], mittlerweile auf die meisten Hörsäle der deutschen juristischen Fakultäten zu, wo mit den Repetitoren darum gewetteifert wird, den Geist der Jurisprudenz sozusagen auf Trinkstärke für durch dessen Genuss eigentlich überforderte Studenten zu verdünnen, indem er auf Aufbauschemata, Definitionen und Leitsätze der Rechtsprechung reduziert wird.

2. Als Reaktion auf die größere soziale Sicherheit bei gesunkenem Prestige des „juristischen Kohlverkäufers" waren seine Dienstbezüge (jedenfalls für den Normalfall) unter diejenigen von Richtern und Staatsanwälten abgesenkt worden[10], doch wird dieser Verlust reichlich überkompensiert durch seine in der heutigen Gesellschaft weit mehr als früher ausbeutbare Pfründe als Rechtsgutachter, für den Zivilrechtler auch als Schiedsrichter, für den Strafrechtler auch als Strafverteidiger und für den Öffentlichrechtler auch als Prozessvertreter vor dem Bundesverfassungsgericht. Dieses seltene Privileg, die Sicherheit des Berufsbeamten (man denkt unwillkürlich an Fafner in *Richard Wagners* Siegfried: „Ich lieg und besitz, lasst mich schlafen", bzw. Alberich: „Und ruhig lebst Du lang") mit den Verdienstmöglichkeiten der freien Wirtschaft zu kombinieren, müsste, wenn es in dieser Welt halbwegs gerecht zugehen soll, durch auf diese Weise ermöglichte oder zumindest gesteigerte besondere Leistungen für Staat und Gesellschaft legitimiert werden – die Distribution juristischen Kohls an für dessen Konsum schwach gerüstete Studierende[11] genügt dafür

[6] AaO. (Fn. 5), S. 585, 586 unten, 588 oben.

[7] AaO. (Fn. 5), S. 584.

[8] AaO. (Fn. 5), S. 600.

[9] AaO. (Fn. 5), S. 606.

[10] BVerfGE 130, 263, Rn. 168ff., rügte allerdings die „evidente Unangemessenheit" der W 2-Besoldung im Verhältnis zu A 13, die durch das Gesetz zur Neuregelung der Professorenbesoldung pp. v. 20.6.2013 (BGBl I 1514) beseitigt worden ist.

[11] Diese Konzession an den feministischen Zeitgeist vermeidet die Vergewaltigung der Orthographie durch das Wort „StudentInnen" und vergällt zugleich den historisch überständigen Studentenverbindungen einen Großteil ihres politisch verdächtigen Liedgutes (wer möchte schon singen „Studierender sein, wenn die Veilchen blühn"), ist also trotz ihrer sprachlichen Hässlichkeit kaum weniger genial als die Erfindung der „Exzellenzuniversität", die an der Mediokrität der nicht in

sicherlich nicht. Jeder Blick auf die sozioökonomische Realität des Berufs des Rechtswissenschaftlers wirft also zwangsläufig die Frage nach seiner Berufung auf und verlangt sozusagen die Volte von *Weber* zu *Savigny*.

## II. Zu dem gesellschaftlichen Auftrag der (Straf)Rechtswissenschaft und ihrem Leistungsvermögen zu dessen Erfüllung

1. Als gesellschaftliche Aufgabe der Rechtswissenschaft habe ich vor mehr als einem Jahrzehnt die Bildung einer 4. Gewalt (i. w. S.) im Staate propagiert, die nicht herrscht (im Sinne von: notfalls Gewalt i. e. S. ausübt), sondern nur die (selbst herrschende) Rechtsprechung (einschließlich der Verfassungsrechtsprechung) intellektuell kontrolliert und dadurch den sonst drohenden infiniten Regress in der Gewaltenteilung als Basistheorie des Rechtsstaats (Quis custodiet ipsos custodientes?) abzubrechen vermag[12]. Die Fähigkeiten zur Erfüllung dieser Aufgabe, also die an eine in diesem Sinne elaborierte Rechtswissenschaft zu stellenden Anforderungen, scheinen mir cum grano salis und pars pro toto in der von mir im Detail überblickten und selbst betriebenen deutschen Strafrechtsdogmatik des vergangenen halben Jahrhunderts realisiert worden zu sein. Dagegen hat *Joachim Vogel* vor kurzem in einer schonungslosen, von großer Sachkenntnis der höchst unterschiedlichen nationalen Stile der Rechtswissenschaft getragenen Analyse gravierende Defizite des – wie man ihn zunächst nennen könnte – *mos teutonicus* der zeitgenössischen Strafrechtswissenschaft reklamiert und zur Vermeidung einer Marginalisierung im europäischen Rahmen zu einer Neuorientierung aufgerufen[13]. Sein kritischer Beitrag hat eine in so hohem Grade prinzipielle Bedeutung, dass ich an ihm meine persönliche rechtswissenschaftliche Selbstreflexion orientieren und entwickeln möchte[14]. *Vogel* spricht „von einem Binnenraum deutscher Strafrechtsdogmatik", deren „Hintergrundüberzeugungen auf die internationale und europäische Wirklichkeit" träfen und eine Art „Pisa-Schock" auslösen könnten[15], zumal deren Geltungsansprüche zu sehr an einem „Strafrechtsexport" und mangelnder „Importbereitschaft" litten[16], was zur Kri-

---

dieser Weise dekorierten Heimstätten von Forschung und Lehre und ihres Kümmerpersonals keinen Zweifel lässt.

[12] *Schünemann*, FS Roxin, 2001, S. 1 ff., 8.

[13] *Vogel*, JZ 2012, 25 ff.

[14] Als ich meinen Vortrag für die Würzburger Tagung vorbereitete, glaubte ich noch sicher zu sein, mit *Joachim Vogel* dort zusammenzutreffen und unseren über ein Vierteljahrhundert höchst intensiven, ungeachtet unseres Altersabstandes und aller Meinungsunterschiede allezeit freundschaftlich-konstruktiven Disput an diesem Basisthema bewährt zu sehen. Nach seinem tragischen Tod habe ich gezögert, meine pointierte Antikritik zu seiner wahrhaftig tiefschürfenden Kritik des mos teutonicus zu publizieren. Aber es wäre ein Verrat an *Joachim Vogels* kompromisslosem wissenschaftlichen Ethos, die Pietät über die Wahrheitssuche zu stellen, und in diesem Sinne möchte ich sein Vorbild durch die über den Tod hinaus fortgesetzte, offene Auseinandersetzung ehren.

[15] *Vogel*, JZ 2012, 25 li. u. und re. o.

[16] *Vogel*, JZ 2012, 27 re. o.

tik geführt habe, dass sich deutsche Strafrechtswissenschaftler als „Priester einer Glaubensgemeinschaft" fühlten[17]. Dieselbe Kritik findet sich auch außerhalb der Strafrechtswissenschaft und hier eher noch schärfer, sie empfindet die Rechtsdogmatik (in der Wiedergabe durch *Jestaedt)* als „zu deutsch, zu eigenbrötlerisch, zu vereinnahmend", kurz: einen (in internationaler Perspektive) „disziplinären Provinzialismus"[18].

2. Ich will mir nicht anmaßen, den von *Jestaedt* proklamierten „Beruf unserer Zeit zur Rechts*wissenschafts*vergleichung"[19] für den Bereich des Zivilrechts oder öffentlichen Rechts auszuüben, sondern bleibe bei meinen strafrechtlichen Leisten und verstehe unter Dogmatik alle wie auch immer begründeten Aussagen zum „geltenden Recht", also über die hic et nunc die Bürger bei Strafandrohung bindenden Verbote und Gebote und über die von den Gerichten bei deren Übertretung zu verhängenden Rechtsfolgen. Und jedenfalls auf diesem Feld läuft die Forderung, sich unter Abkehr von dem heute in Deutschland selbstverständlichen Niveau der strafrechtswissenschaftlichen Argumentation anderen Dogmatikstilen zu öffnen, auf die Proklamation einer Rückwärtsbewegung, auf eine Absenkung des Rationalitätsniveaus und auf eine selbstverschuldete Unmündigkeit hinaus, die die Wahrnehmung der von mir als 4. Gewalt apostrophierten Kontrollaufgabe nicht nur vereitelt, sondern sogar undenkbar macht. Das möchte ich durch einen Vergleich mit den Denkformen der französischen und englischen Strafrechtsdogmatik belegen.

a) Die der zitierten Kritik zugrunde liegende Wertschätzung westeuropäischer Strafrechtspublikationen[20] ist als zwischenstaatliche Courtoisie vorbildlich, muss aber in der Sache zurecht gerückt werden. Wer einmal ein dogmatisches Problem in der vorwiegend mit allgemeinen politischen Betrachtungen gepflasterten, zeitgenös-

---

[17] Unter Hinweis auf einen Ausspruch *Fletchers* in JZ 2012, 27 li. u., von *Vogel* selbst auf S. 29 re. o. durch die Wendung aufgegriffen, kein Strafrechtswissenschaftler sei darauf festgelegt, sich als „Gralshüter deutscher Strafrechtsdogmatik" zu verstehen. Weil ich das privilegium odiosum genieße, für die von ihm sonst im Anonymen gelassenen Vertreter einer von ihm offensichtlich für obsolet erachteten „Gralshüterschaft" der deutschen Strafrechtswissenschaft die alleinigen Zitate zu liefern, muss ich zu seinem mir zugeschriebenen Zitat, „Deutschland sei zum Lakaien Brüssels herabgesunken" (JZ 2012, 27 li. o.), auf das Thema meines dafür angeführten Beitrages verweisen, die Degradierung *der* (scil. aller!) *nationalen Parlamente* bei der Ausübung ihrer Gesetzgebungsgewalt zum Befehlsempfänger eines Rahmenbeschlüsse fassenden Ministergremiums als Verletzung der demokratischen Minimalia zu brandmarken (so ganz deutlich die Überschrift meines Beitrages „Die parlamentarische Gesetzgebung als Lakai von Brüssel?" StV 2003, 531) – was der Sache nach in der Lissabon-Entscheidung BVerfGE 123, 267 (wenn auch ohne explizite Erwähnung von Rahmenbeschlüssen) genauso gesehen worden ist und worin ich mich deshalb nicht dadurch beirren lasse, dass sich die Praxis der nationalen Parlamente in ihrer Lakaienrolle wohl zu fühlen schien und darin auch in der europastrafrechtlichen Standardliteratur durch Ignorierung des ganzen Problems ihre Sekundanten fand.

[18] *Jestaedt*, JZ 2014, 1 ff. m.z.N. und einer eingehenden eigenen Diskussion, die in die Forderung nach Dogmatizität und Interdisziplinarität mündet, allerdings als Gradmesser nur für ein germanophobes Rechtswissenschaftsverständnis taugen soll (S. 12 Fn. 78).

[19] *Jestaedt*, JZ 2014, 12.

[20] Exemplarisch *Vogel*, JZ 2012, 27 mit Fn. 22.

sischen französischen oder englischen Strafrechtsliteratur nachzuverfolgen getrachtet hat (und das ist selbst bei Dissertationen an deutschen Jurafakultäten heute eher die Regel als die Ausnahme), wird bald feststellen, dass zu einer Frage, zu der er in der deutschen Diskussion etliche Monografien und Dutzende von Aufsätzen findet, in der französischen Strafrechtsliteratur nur wenige Aufsätze – meist nur vom Umfang einer NJW-Anmerkung – anzutreffen sind[21]. Die Arbeiten der führenden Strafrechtlerin *Delmas-Marty*[22] stellen durchweg schöngeistige, in hohen Abstraktionssphären mit dem Appell an das Gute und Edle arbeitende Betrachtungen dar, die zum großen Teil gar nicht dem Strafrecht, sondern einer vor-analytischen Rechtsphilosophie zuzuordnen sind.[23] In der anglo-amerikanischen Literatur wird man mehr finden, aber traditionell unter expliziter Beschränkung auf Common-Sense-Argumente „mittlerer Reichweite“[24] und damit unter Verzicht auf jene systematische Verknüpfung aller Argumente, die in einer hermeneutischen Disziplin allein über den Satz vom Widerspruch den Wissenschaftsanspruch zu legitimieren vermag[25], während die elaborierte angloamerikanische Strafrechts*philosophie*[26] erst allmählich den Stil der Dogmatik zu beeinflussen beginnt[27].

---

[21] Am Beispiel der unechten Unterlassungsdelikte s. *Schünemann*, in: Tiedemann (Hrsg.), Wirtschaftsstrafrecht in der Europäischen Union, 2002, S. 103, 17f. m.w.N.

[22] Laut *Vogel*, JZ 2012, 27 mit Fn. 22 und z. N. „wegweisend“, was für die französische Strafrechtswissenschaft sicher zutrifft.

[23] Paradigmatisch für den Stil der Betrachtungen ist etwa folgender Satz: „Le débat punir/pardonner prend ici un intensité dramatique. Engagées dans une véritable odyssée, les sanctions doivent traverser les divers espaces de la justice pénale, que celle-ci soit nationale, internationale ou internationalisée, articuler le temps de la justice et le temps du pardon et, finalement, prendre le double pari de restaurer le lien communautaire à l'échelle nationale et de l'instaurer à l'échelle du monde.“ (*Delmas-Marty*, Vers une communauté de valeurs? -Les forces imaginantes du droit, Tome IV-, 2011, S. 142).

[24] Vgl. zur US-amerikanischen Strafrechtsdogmatik *Dubber*, ZStW 121 (2009), 977ff. (S. 984: „... lässt sich ein Einfluss amerikanischer Strafrechtswissenschaft ... auf die amerikanische Strafrechtspflege nicht verzeichnen, weil 1. es eine amerikanische Strafrechtswissenschaft nicht gibt; 2. die Zelebrierung leerer *common law* Floskeln keinerlei Kontrollfunktion ausüben kann“); *Stuntz*, The Collapse of American Criminal Justice, Harv Univ Pr 2011, S. 260ff.

[25] Dazu einstweilen nur *Schünemann*, FS Roxin, 2001, S. 1ff.; *ders.*, FS Herzberg, 2008, S. 39ff.; *ders.*, GA 2011, 445, 447f.; *Mastronardi*, Juristisches Denken, 2. Aufl. 2003, Rn. 101ff.

[26] Hinzuweisen ist (eine spärliche Auswahl) etwa auf das mehrbändige Werk von *Feinberg*, The Moral Limits of the Criminal Law, New York/Oxford, Bd. I: Harm to Others, 1984; Bd. II: Offense to Others, 1985; Bd. III: Harm to Self, 1986; Bd. IV: Harmless Wrongdoing, 1988; ferner *von Hirsch*, Past or Future Crimes, New Brunswick/London, 1985; *ders.* Censure and Sanctions, Oxford, 1993; *Moore*, Placing Blame, Oxford, 1997; *Duff*, Punishment, Communication, and Community, Oxford, 2001; *Deigh/Dolinko* (Hrsg.), The Oxford Handbook of Philosophy of Criminal Law, Oxford, 2011.

[27] Bezeichnenderweise ist das an der deutschen Dogmatik geschulte Werk von *Fletcher*, Rethinking Criminal Law, 1978, überall hoch gelobt worden, aber ohne Nachfolger geblieben (2000 ist entgegen *Vogel*, JZ 2012, 28 keine 2. Aufl., sondern nur ein Reprint erschienen). In der englischen strafrechts*dogmatischen* Literatur verblüfft selbst die arrivierteste Darstellung von *Ashworth*, Principles of Criminal Law, 6. ed. 2009, durch ihren Fragen des AT und des BT mischenden Aufbau und (am selben Beispiel wie in Fn. 21) ihre ungefähr dem hiesigen Diskussionsstand vor 200 Jahren entsprechenden, spärlichen Bemerkungen zum „Manslaughter by omission“ auf S. 275.

b) Dass eine genuin wissenschaftliche Strafrechtsdogmatik für alle für sie als Heuristik fruchtbaren Anregungen aus aller Welt offen sein muss und dass die in Deutschland üblichen wissenschaftlichen Diskurse dies auch tatsächlich gewesen sind und bleiben, ist jedem Teilnehmer oder auch nur Beobachter dieser Diskurse so evident, dass die von *Vogel* zitierte Polemik *Fletchers* gegen die angeblich in „selbstbewusster Provinzialität verharrenden Priester einer Glaubensgemeinschaft"[28] von diesem, einem der besten US-amerikanischen Kenner der deutschen Dogmatik, nicht ernst gemeint, sondern ein sacrificium intellectus auf dem Altar der sprachlichen Pointe gewesen sein dürfte. Beispielhaft: Allein die rechtsvergleichenden Dissertationen im deutschen Sprachraum sind Legion; *Vogels* Lehrer *Klaus Tiedemann* ist schon vor über 20 Jahren das Madrid-Symposium 1992 mit seinen „Bausteinen des europäischen Wirtschaftsstrafrechts"[29] gewidmet worden, dieser selbst hat 2002 den Sammelband „Wirtschaftsstrafrecht in der Europäischen Union" herausgegeben, und in seiner Festschrift 2008 (hrsg. u. a. von *Vogel)* finden sich unter insgesamt 98 Autoren nur 42 deutsche. Eine kritische Diskussion der durch die Europäisierung des Strafrechts entstandenen rechtsstaatlichen Probleme[30] findet sich nahezu ausschließlich in Deutschland, während der Erfolg belgisch-niederländischer Universitäten bei der Einwerbung von EU-Forschungsmitteln eng damit zusammen hängt, dass sich diese auf praktische Anwendungs- und Evaluierungsfragen konzentriert und damit freilich das Wohlwollen der Kommission erworben haben[31]. Oder was die Beschäftigung der deutschen strafrechtswissenschaftlichen Diskussion mit der den Kern der europäischen Strafprozessprobleme bildenden Judikatur des Europäischen Gerichtshofs für Menschenrechte anbetrifft, so sei auf die modellhafte Ausprägung

---

[28] Bei *Vogel*, JZ 2012, 27 mit Fn. 18 und 20.

[29] 1994 auf Deutsch hrsg. von Schünemann/Suárez Gonzalez, parallel in Spanien 1995 als Boletín Oficial del Estado unter dem Titel „Hacia un Derecho Penal Económico Europeo"; nicht zu vergessen das Coimbra-Symposium für Claus Roxin 1991, von Schünemann/Figueiredo Dias 1995 hrsg. unter dem Titel „Bausteine des europäischen Strafrechts" und parallel von Silva Sánchez in Spanien unter dem Titel „Fundamentos de un Sistema Europeo del Derecho Penal".

[30] An dem ich mich selbst über ein Jahrzehnt beteiligt habe (jetzt kompiliert in: *Schünemann*, Die Europäisierung der Strafrechtspflege als Demontage des demokratischen Rechtsstaats, 2014), von Anfang bis Ende ebenso wie bei der zunächst mit 11 Kollegen aus 4 Ländern (Schünemann [Hrsg.], Alternativentwurf europäische Strafverfolgung, 2004, und dazu die außerordentliche Dresdner Strafrechtslehrertagung 2003, in ZStW 116 (2004), 275 ff.) und sodann im EU-finanzierten AGIS-Programm mit 15 Kollegen aus 10 Ländern betriebenen und in 6 Sprachen publizierten (Schünemann [Hrsg.=Ed.], Ein Gesamtkonzept für die europäische Strafrechtspflege=A Programme for European Criminal Justice, 2006, engl. S. 255 ff., slowakisch S. 527 ff., und dazu die Tagung in Thessaloniki, ibid. S. 61 ff.; Ed. italiana a cura di Militello, „Un Progetto Alternativo di Giustizia Penale Europea", 2007; auf Polnisch hrsg. v. Szwarc u. Guzik-Makaruk, 2005; spanische Übersetzung von Rey Sanfiz, 2007) Ausarbeitung eines rechtsstaatlich überzeugenderen Zukunftsentwurfs in dem *Camus*' Sisyphos entsprechenden Bewusstsein, dass in den gubernativ-bürokratischen Machtstrukturen der EU die Etablierung der Strafrechtswissenschaft als einer 4. Gewalt keine Realisierungschance besitzt.

[31] Siehe *Vogel*, JZ 2012, 30 li. Sp. Die andere Ursache liegt in der Deklassierung der deutschen Sprache, die zuvor die *lingua franca* der Strafrechtsdogmatik der meisten Mitgliedstaaten gebildet hatte, in der EU.

in den Kommentierungen von *Paeffgen* im SK-StPO und von *Esser* im Löwe-Rosenberg sowie in den beiden großen Monografien von *Esser* und *Gaede* hinzuweisen[32], denen in der englisch- und französischsprachigen Literatur wenig Vergleichbares an die Seite zu stellen ist. In der darin zu findenden, von allen Teilnehmern verlangten „Netzstruktur" der dogmatischen Arbeit[33] liegt zweifellos der Grund dafür, dass seit Jahrzehnten ein so überaus fruchtbarer strafrechtswissenschaftlicher Austausch mit den Strafrechtsdogmatikern von Portugal bis Griechenland, in Ost-Mittel-Europa, Skandinavien sowie Ostasien und Lateinamerika stattfindet, wobei die im *mos teutonicus* alltägliche Praxis, dogmatische Probleme von den obersten Prinzipien bis zu konkreten Fällen zu analysieren und in ein widerspruchsfreies System zu integrieren, für den Nachwuchs zahlreicher Länder einen mehrjährigen Forschungsaufenthalt in Deutschland attraktiv macht, der häufig bedeutende, die gemeinsame Diskussion wesentlich vorantreibende Abhandlungen oder gar Monografien zeitigt[34] und dadurch den traditionellen Dogmatikexport in diese Rechtsordnungen durch einen -import ergänzt.

c) Dass ein ähnlich intensiver Austausch im Verhältnis zu Großbritannien und Frankreich bis heute (noch) nicht stattfindet, beruht nicht auf einer Unzulänglichkeit der deutschen, sondern auf spezifischen Randbedingungen der dortigen Dogmatik. Wichtige Punkte sind für England auf der Ebene des Diskurs*inhalts* die immer noch starke Verankerung der Dogmatik in den vormodernen[35] (nämlich rein deskriptiv und nicht teleologisch gebildeten, materiellrechtliche und prozessuale

[32] *Esser*, Auf dem Weg zu einem europäischen Strafverfahrensrecht, 2003; *Gaede*, Fairness als Teilhabe, 2007.

[33] Und nicht in der von *Vogel* (JZ 2012, 27 li. Sp. Mitte) apostrophierten „gleichermaßen problematischen Vergangenheit".

[34] Exemplarisch *Morozinis*, Dogmatik der Organisationsdelikte, 2010, und *Rigopoulou*, Grenzen des Paternalismus im Strafrecht, 2013, sowie die „Auslandshefte" GA 2010/6 und 2013/11 („Spaniehefte" mit Beiträgen von *Silva Sánchez* und *Gracia Martín* bzw. *Silva Sánchez, Robles Planas, Montaner Fernández/Ortíz de Urbina Gimeno* und *Sánchez Lázaro*), 2011/5 („Roxin-Spanienheft" mit Beiträgen von *Díaz y García Conlledo, Gimbernat Ordeig, Luzón Peña* und *Silva Sánchez)*, 2011/8 („Griechenlandheft" mit Beiträgen von *Mylonopoulos* und *Morozinis*) und 2011/10 und 2014/4 („Portugal-Brasilienhefte" mit Beiträgen von *Sousa Mendes* und *D'Avila* bzw. *de Figueiredo Dias* und *Leite*) sowie 2013/8 („Argentinienheft" mit Beiträgen von *Pérez-Barberá* und *Béguelin*), die den Auslandsteil der ZStW mit seiner Rechts- und Dogmatik*vergleichung* durch einen Dialog über die aus sachlogischen Gründen international *identischen* dogmatischen Fragen ergänzen; und seit einem knappen Jahrzehnt die von *Rotsch* gegründete (Internet-) Zeitschrift für Internationale Strafrechtsdogmatik, die sich inzwischen zu einer globalen Plattform der Strafrechtsdogmatik entwickelt hat, zuletzt die „Brasilien-Ausgabe" 2014/6. Entsprechende Beispiele könnten im Verhältnis zu Polen, Skandinavien oder Italien, Japan, Südkorea oder Taiwan gegeben werden. Zur Volksrepublik China siehe neuerdings *Hilgendorf* (Hrsg.), Das Gesetzlichkeitsprinzip im Strafrecht, 2013.

[35] Natürlich war die latinisierte Formel *„actus non facit reum nisi mens sit* (egtl. fit) *rea*", als sie von *Edward Coke*, Institutes, Part III Cap. I Regula 57, 1606, aufgestellt und in *Fowler v. Padget*, 101 ER 1103, 1798, anerkannt wurde, ein (auch heute noch bedeutsamer) Meilenstein des Strafrechtsdenkens, der aber in einem teleologischen System zu der zentralen Systembildung „Unrecht und Schuld" fortentwickelt werden muss (zu deren Notwendigkeit und ihren Konsequenzen in einem funktionalen System *Schünemann*, Coimbra-Symposium [Fn. 29], S. 149; *Greco*, GA 2009, 636), was aber wiederum nicht gelingen kann, solange an der prozessual motivierten Kategorie der affir-

Normebene noch nicht genügend trennenden) Kategorien des Common Law[36], auf der Ebene der Diskurs*formen* die Schwurgerichtsverfassung und die „Massenproduktion“ des plea bargaining[37], durch die – wie letztlich auch in Frankreich – das als Stoff der strafrechtsdogmatischen Analyse dienende Rechtsprechungsmaterial stark verringert und das Schrifttum quasi auf Holzschnittniveau fixiert wird, mit dem verglichen das Schrifttum in den Ländern des mos teutonicus dem Pointillismus entspricht[38]. Einen ähnlichen Begriffskäfig wie das common law für die englische

---

mative defences festgehalten wird (dazu *Dubber*, Einführung in das US-amerikanische Strafrecht, 2005, S. 139 ff.; *ders.*, Model Penal Code, New York 2002, S. 186 ff.).

[36] Nämlich actus reus, mens rea und defences, näher *Dubber*, Einführung (Fn. 35), S. 42, 55, 139; *Ormerod*, Smith & Hogan's Criminal Law, 13. Aufl. Oxford 2011, Part I 4, 5, 12.

[37] Dazu näher *Salditt*, FS Mehle, 2009, S. 581 ff.

[38] Als Beispiel nenne ich die strafrechtliche Produkthaftung, die natürlich in allen Industriestaaten dieselben Sachprobleme aufwirft. Die *deutsche* Diskussion wird – unter Außerachtlassung aller Kommentare, Lehr- und Handbücher und „Kleinbeiträgen“ – von folgenden Monographien und Abhandlungen gebildet: *Bloy*, FS Maiwald, 2010, S. 35; *Heine*, Die strafrechtliche Verantwortlichkeit von Unternehmen, 1995, S. 110 ff.; *Hilgendorf*, GA 1995, 522; *ders.*, Weber-FS, 2004, S. 33; *Holtermann*, Neue Lösungsansätze zur strafrechtlichen Produkthaftung, 2007; *Kuhlen*, in Achenbach/Ransiek (Hrsg.), Handbuch Wirtschaftsstrafrecht, 3. Aufl. 2011, S. 79 ff.; *Schmucker*, Die „Dogmatik“ der strafrechtlichen Produktverantwortung, 2001; *Schünemann*, Unternehmenskriminalität und Strafrecht, 1979; *ders.*, in: Gimbernat/Schünemann/Wolter, Internationale Dogmatik der objektiven Zurechnung und der Unterlassungsdelikte, 1995, S. 68 f.; *ders.*, FG-Wiss. BGH, 2000, S. 621; *ders.*, in Tiedemann (Hrsg.), Wirtschaftsstrafrecht in der Europäischen Union, 2002, S. 121 f. – In *Frankreich* gibt es einen allgemeinen Personengefährdungstatbestand, Art. 223–1 Code Pénal, dazu näher *Pradel/Danti-Juan*, Droit pénal spécial, 4. Aufl. Paris, 2007, Rn. 129 ff.; zur Haftung aus dem Verletzungsdelikt ebda. Rn. 78; es gibt ferner ein umfassendes Verbraucherschutzstrafrecht, das auch abstrakte Gefährdungsdelikte durch fehlerhafte Produkte miterfasst, dazu *Stasiak*, Droit pénal des affaires, 2. Aufl. Paris, 2009, S. 509 ff.; *Jeandidier*, Droit pénal des affaires, 6. Aufl. Paris, 2005, S. 595 ff. Dass eine Spezialliteratur hierzu, die mit der deutschen qualitativ oder quantitativ auch nur annähernd verglichen werden könnte, weder existiert noch auch nur entfernt in Sicht wäre, erklärt vielleicht die französische (wie übrigens auch englische) Übung, in Gesamtdarstellungen im Unterschied zur deutschen Übung so gut wie keine Aufsätze oder Monographien zu zitieren. – Noch krasser ist die Situation im Bereich des *common law*. In den *USA* wird die Produkthaftung ausschließlich als ein zivilrechtliches Problem angesehen, weshalb der Vorstoß des Senators *Arlen Specter*, einen bundesrechtlichen Spezial-Straftatbestand zu schaffen, auf heftige und bis heute erfolgreiche Kritik stieß (s. *Vandall*, Catholic Univ. L. R., Vol. 57 No 1, 2008; *Schwartz/Silverman*, Criminalizing Product Liability Law: Putting to Rest a Bad Idea, U. S. Chamber Institute for Legal Reform, 2006). In *England* gibt es mit demselben praktischen Effekt den eigenständigen Tatbestand einer fahrlässigen Tötung durch Unternehmen („corporate manslaughter“, in Schottland „corporate homicide“) auf Grund des Corporate Manslaughter and Corporate Homicide Act 2007 (dazu näher *Ashworth* [Fn. 27], S. 279 ff.), neben dem zwar eine strafrechtliche Verfolgung der individuell Verantwortlichen wegen manslaughter und gross negligence nach dem Health and Safety at Work etc Act 1974 nicht ausgeschlossen ist, aber in der Dogmatik doch nur eine geringe Rolle spielt, weshalb das Standardwerk von *Whittaker*, The Development of Product Liability, Cambridge 20120, unter „criminal liability“ zwar Regelungen in Frankreich, Italien und Spanien erwähnt (S. 93 f., 223 f. und 253 f.), nicht aber im Vereinigten Königreich. Dagegen lässt sich auch nicht einwenden, es fehle eben hier an vergleichbaren Skandalen wie *Contergan* und *Lederspray* in Deutschland oder *Colza Öl* in Spanien, denn in England findet sich der leading case *Donoghue v. Stevenson* bereits im Jahre 1932 (dazu *Whittaker*, S. 19 f., 32 f., 52 ff.), und in den USA gab es schon in den 70er Jahren des vorigen Jahrhunderts den *Ford Pinto Skandal*. Außerdem lässt sich der Quantensprung

bildet die sog. Elementenlehre für die französische Strafrechtsdogmatik[39], die in Gestalt der drei unbestrittenen Elemente „légal, matériel, moral" auf einen ähnlichen Kategorienfehler hinausläuft wie der tradierte dreistufige Aufbau der deutschen Dogmatik[40], in der Abgrenzung aber bei weitem größere Unklarheiten schafft. Und schließlich hat die von *Vogel* hervorgehobene[41] Zuordnung des Strafrechts zum Bereich des Sicherheitsrechts, über eine bloße Rubrizierung weit hinausgehend, England und Frankreich als die von *Vogel* mit Recht apostrophierten *historischen* Mutterländer von Demokratie und Rechtsstaatlichkeit[42] auf dem Gebiet der *heutigen* Strafrechtspflege in *Stiefmütter* des liberalen Rechtsstaats verwandelt[43] und dadurch der wechselseitigen Verständigung sogar stofflich (d.h. im Gegenstand der Dogmatik) verankerte Hürden bereitet.

3. a) Die Differenz zwischen der Strafrechtswissenschaft in den vom mos teutonicus geprägten Ländern und derjenigen Frankreichs/Englands[44] könnte man danach durch einen dreifachen Graben zu beschreiben versuchen: zwischen einem tendenziell liberalen bzw. einem tendenziell polizeilichen Denken einerseits, zwischen einer tendenziell bis zum Einzelfall hin konkretisierten und einer sich tendenziell auf allgemeine Regeln beschränkenden Dogmatik andererseits und schließlich zwischen einer in den letzten 150 Jahren permanenten Weiterentwicklung und Modernisierung der zentralen Kategorien einerseits und einem Verharren auf dem im 19. Jahrhundert erreichten System andererseits. Aber damit wäre noch nicht einmal das *proprium* bezeichnet, das in meinen Augen in der Verschmelzung von Rechtsphilosophie und Gesetzesinterpretation anstelle eines reinen Gesetzespositivismus besteht, durch die erst der Anspruch auf eine intellektuelle Kontrolle der Machthaber vorstellbar und erfüllbar wird, die auch im internationalen Diskurs eingefordert werden muss und die nicht durch die weitgehend deskriptive und damit vor-dogmatische

---

in der Quantität, Intensität und Subtilität der Problembearbeitung zwischen dem mos teutonicus einerseits, der französischen und angloamerikanischen Strafrechtsdogmatik andererseits an jedem beliebigen Beispiel demonstrieren, seien es die schon erwähnten unechten Unterlassungsdelikte, die sachlogischen Grundlagen der Täterschaft (deren Analyse nicht einmal durch das epochale Werk *Roxins* über „Täterschaft und Tatherrschaft" [1. Aufl. 1963] zur Ruhe gekommen ist, s. zur erneut aufflammenden Diskussion *Schünemann*, FS Roxin II, 2011, S. 799 ff.) oder die objektive Zurechnung, deren kontroverse Behandlung in Deutschland mittlerweile Regale füllt, während (als Beispiel) in England die in der Entscheidung R v Blaue ([1975] 61 Cr App R 271) formulierte „thin skull rule", derzufolge der Täter auch für unvorhersehbare Anfälligkeiten des Opfers und damit also unsinniger Weise für Zufall haftet, immer noch das Maß aller Dinge ist (s. *Glanville Williams*, Law Quarterly Review 77 [1961], 179, 195; *Moore*, Causation and responsibility, Oxford 2009, S. 221 ff.; *Loveless*, Complete Criminal Law: Text, Cases, and Materials, Oxford 2012, S. 94 ff.).

[39] Eingehende deutsche Darstellung bei *Vogel*, GA 1998, 127, 128 ff.

[40] Denn die Tatbestandsmäßigkeit ist eine bloß formale Kategorie und betrifft wie die Rechtswidrigkeit das Unrecht, genauso gut könnte man auch bei der Schuld zwischen einem Indiztatbestand und Schuldausschließungsgründen unterscheiden.

[41] *Vogel*, JZ 2012, 31 re. o.

[42] *Vogel*, JZ 2012, 27 li. Sp. Mi.

[43] Zu Beispielen der illiberalen Entwicklung s. u. III. 1. b).

[44] Auf die Sonderentwicklung Schottlands kann hier nicht eingegangen werden.

Darstellung der sprachlichen Oberflächenstruktur ausländischer Strafgesetze ersetzt werden kann[45].

b) Jede elaborierte Strafrechtsdogmatik besteht in der nicht positivistischen, sondern philosophischen Entfaltung der allgemeinen Zurechnungsprinzipien auf Basis der seit *Beccaria* und *Feuerbach* vorauszusetzenden Aufgabe des Strafrechts *zum Rechtsgüterschutz durch Androhungsgeneralprävention*, was bereits auf der Zweckebene die individuelle Vermeidbarkeit und damit das auf der Legitimationsebene erneut relevante *Schuldprinzip* einschließt. Strafrechtsdogmatik heißt deshalb die (jeden Terminus auf die darin vorausgesetzte Bedeutung befragende und damit) analytische, (alle einzelnen Aussagen in einen dem Satz vom Widerspruch genügenden Ableitungszusammenhang bringende und damit) systematische sowie (mittels der Verwertung gesicherter empirischer Erkenntnis auch) synthetische Entfaltung der (nicht willkürlich gesetzten, sondern aus dem Denkmodell des Gesellschaftsvertrages abgeleiteten) Grundaxiome des Strafrechts als *der durch das Schuldprinzip legitimierten ultima ratio zum Rechtsgüterschutz durch Androhungsgeneralprävention*, und ihre gesellschaftlich wichtigste, unersetzliche Aufgabe ist der *Schutz der Freiheit des Bürgers vor nicht legitimierbarer staatlicher Gewalt.*

c) Ohne diesen archimedischen Punkt, das räume ich gerne ein, ist deshalb eine Strafrechtsdogmatik als 4. Gewalt nicht vorstellbar. Deshalb ist es auch konsequent, dass *Joachim Vogels* Grundposition und die meine in dieser materiellen Standortbestimmung ebenfalls differieren. *Vogel* hält gerade den Rechtsgüterschutzansatz für eine Sackgasse der deutschen Strafrechtsdogmatik und hat sich hierfür zuletzt auf *Stuckenberg* berufen[46]. Aber dass er wirklich dessen das Strafrecht hinter *Beccaria* und damit um 250 Jahre zurück katapultierender These der Pönalisierbarkeit auch bloßer Unmoral[47] das Wort reden will, kann ich mir schwerlich vorstellen. Und abgesehen davon, dass die Ablehnung des Rechtsgüterschutzprinzips im Inzesturteil des BVerfG[48] selbst eine protestatio facto contraria darstellt, weil dieses dann doch wieder ein dem Inzestverbrechen zugrunde liegendes Rechtsgut darzutun versucht[49] und mit seiner im späteren Untreueurteil noch unterstrichenen ultima-ratio-Formel[50] ja ohne einen hinzugefügten Gegenstand schon logisch nicht auskommt (ultima ratio wozu?), wurzelt die Rechtsgüterschutzdoktrin als bloße Umformulierung des von *Beccaria* aus dem Modell des Gesellschaftsvertrages abgeleiteten Sozialschadensprinzips[51] in den *Grundvoraussetzungen jeglicher Staatsgewalt* und kann deshalb

---

[45] Anders *Vogels* (JZ 2012, 29 Fn. 35) Wertschätzung komparativer Projekte.

[46] JZ 2012, 25 Fn. 3, bemerkenswerter Weise ohne hierbei das Inzesturteil des BVerfG (E 120, 224) als Eideshelfer zu bemühen.

[47] *Stuckenberg*, GA 2011, 653, 659.

[48] BVerfGE 120, 224, 241 ff.

[49] BVerfGE 120, 224, 243 ff.; mit Recht betont von *Roxin*, StV 2009, 545 f.; *Kühl*, FS Stöckel, 2010, S. 117, 129; s. auch *Schünemann*, FS Amelung, 2009, S. 303, 304 Fn. 3.

[50] BVerfGE 120, 224, 240; 126, 170, 195, 197.

[51] Zu dieser freilich umstr. Sicht näher *Schünemann*, in: Hefendehl u.a. (Hrsg.), Die Rechtsgutstheorie, 2003, S. 133, 138 ff.

nicht mit *Stuckenberg* durch ein angeblich vorrangiges Demokratieprinzip überspielt werden, weil dieses erst die Organisation einer bereits rechtlich begründeten Staatsgewalt regelt. Anders formuliert: Die Theorie vom Sozialschaden (= Rechtsgutsverletzung) als Legitimationsschwelle für die staatliche Strafe ist inhaltlich aus der fundamentalen Legitimationsfigur des Gesellschaftsvertrages abgeleitet und historisch älter als die Grundrechtstheorie und darf deshalb nicht kleingeraspelt werden, indem man die weitaus laxere Schwelle für Grundrechtseinschränkungen nimmt und nur noch eine schlaffe Verhältnismäßigkeitsprüfung anschließt. Denn das staatliche Reaktionsmittel der Strafe ist im Kern unverhältnismäßig, wie gerade der Vergleich mit dem als archaisch-streng verrufenen Vergeltungsprinzip zeigt. Wie *Immanuel Kant* zu Recht ausgesprochen hat[52], wird eine Vergeltung durch das Talionsprinzip beschränkt, denn wenn dem Übeltäter etwas Schlimmeres zugefügt wird, als er selbst zu verantworten hat, dann findet gerade keine Vergeltung, sondern nur noch Rache statt. Die Wirklichkeit des Strafrechts bleibt aber nur bei der Bestrafung von Tötungsdelikten und schweren Körperverletzungsdelikten hinter der Talion zurück, während sie im Regelfall weit darüber hinausgeht: Wer ein Vermögensdelikt begeht, erst recht im Rückfall, wird unter Umständen über Jahre hinweg wie ein wildes Tier in einen Käfig gesperrt. Und dasselbe passiert einem Sexualtäter, der Leib und Seele seines Opfers zweifellos übel mitgespielt hat, aber nur über eine ganz kurze Zeitspanne. Dieses fast permanente Übermaß der strafrechtlichen Sanktion, dieser strukturelle *overkill*, gebiert für den Anwendungsbereich des Strafrechts die heute allgemein anerkannte *Ultima-Ratio-Formel*: Strafen dürfen gerade wegen ihres Overkill-Effekts nur verhängt werden, wenn es um die Gewährleistung der unentbehrlichen Güter des Einzelnen und der Gesellschaft geht und wenn alle anderen Mittel fruchtlos sind, und bei geringfügigen Verletzungen muss ganz auf sie verzichtet werden.

d) Natürlich ist es ausgeschlossen, an dieser Stelle in die fast uferlos gewordene Kontroverse um die Rechtsgutstheorie abermals vertieft einzusteigen[53]. Es genügt die Feststellung, dass weder die *strafrechtskritische* Ausprägung in Frankreich oder Angloamerika (wo aber bemerkenswerter Weise in der Strafrechts*philosophie* in Gestalt des *harm principle* von *Feinberg* ein Pendant entwickelt worden ist[54]) ein Äquivalent findet (sei es auch nur in funktionaler Form oder wenigstens einer elaborierten Ab-

---

[52] *Kant*, Metaphysik der Sitten, 2. Auflage 1798, S. 227 ff.

[53] Vgl. schon früher *Vogel*, StV 1996, 110 einerseits, *Schünemann*, in: Hefendehl/Wohlers/v. Hirsch (Hrsg.), Die Rechtsgutstheorie, 2003, S. 133 andererseits sowie *Roxin* in: Hefendehl (Hrsg.), Empirische und dogmatische Fundamente, kriminalpolitischer Impetus, 2005, S. 135; *ders.*, FS Hassemer, 2010, S. 573; *ders.*, GA 2013, 433; *Greco*, ZIS 2008, 234; *ders.*, Lebendiges und Totes in Feuerbachs Straftheorie, 2009, S. 303 ff.; und die Sammelbände *Hefendehl/Wohlers/v. Hirsch* (Hrsg.), Die Rechtsgutstheorie, 2003; *von Hirsch/Seelmann/Wohlers* (Hrsg.), Mediating Principles, 2006; *Swoboda*, ZStW 122 (2010), 24.

[54] *Feinberg*, Harm to Others, New York/Oxford, 1984; dazu *Seher*, Liberalismus und Strafrecht, 2000, S. 53 ff.; *v. Hirsch* GA 2002, 2 (erweitert in: Hefendehl/v. Hirsch/Wohlers – Fn. 53 –, S. 13); *ders.*, FS Herzberg, 2008, S. 915; *Simester/v. Hirsch*, Crimes, Harms and Wrongs, 2011, S. 35 ff.

lehnung) noch die *strafrechtsimmanente*[55], deren zentrale methodologische Bedeutung für die gesamte Interpretation des Besonderen Teils selbst von dem im Europastrafrecht modischen Neopositivismus nicht bestritten werden kann.

4. Unabhängig von der Rechtsgutskontroverse und der Frage einer wie auch immer gearteten Begrenzung der legislatorischen Strafgewalt sind jedenfalls die allgemeinen Regeln der strafrechtlichen objektiven und individuellen *Zurechnung* eine philosophische und keine gesetzespositivistische Frage. In der logisch-systematischen Entfaltung der *Prinzipien genereller und individueller Vermeidbarkeit* besteht deshalb der Kern der Strafrechtsdogmatik, und allein um dessentwillen ist sie eine Wissenschaft, deren Charakter man verfehlt, wenn man ihre wissenschaftstheoretische Struktur mit *Stuckenberg* für ein „Misstrauen seit vorkonstitutioneller Zeit" hält[56]. Dagegen hilft es auch nichts, nach der „Kraft des besseren Arguments" unter Kombination „aller methodischen Positionen" zu suchen und hierfür auf die ökonomische Analyse (über die es zahlreiche kritische, ihre engen Grenzen aufzeigende Untersuchungen nicht nur in der deutschen Strafrechtswissenschaft gibt[57]), „Strafrecht und Literatur" und die Critical Legal Studies[58] und damit auf Strömungen zu verweisen[59], die in den USA ein Gedankengut nachholen, das als Relativierung der dort lange Zeit die Praxis beherrschenden lexikalischen Wortlautauslegung Konjunktur hat, für Deutschland aber seit Freirechtsschule und ontologischer Hermeneutik wenig Neues bringt.

5. Gewissermaßen den Lackmustest für die Überlegenheit einer elaborierten systematischen Zurechnungsdogmatik über eine bloße positivistische Gesetzeskunde bildet die Durchsetzung des Schuldprinzips, ohne deren Beachtung der strafrechtliche Overkill nichts anderes ist als eine sinnlose Gewaltorgie. Es ist deshalb kein Zufall, dass die angloamerikanische Strafrechtswissenschaft in dieser Hinsicht bis heute blind ist. Das erste Beispiel bildet die Bestrafung juristischer Personen und damit eines systemischen Vorganges, in der sich der geistige Habitus des persischen Großkönigs *Xerxes* manifestiert, der nach *Herodot* bei einem Unwetter die hochgehenden Wellen des Hellespont zur Strafe mit 300 Rutenschlägen züchtigen ließ. Dass es bei systemischen Prozessen nicht um ein allein wegen eines vergangenen Ereignisses zu-

---

[55] Zu dieser Unterscheidung *Hassemer*, Theorie und Soziologie des Verbrechens, 1980, S. 19; *Roxin*, Strafrecht AT I 4. Aufl. 2006 § 2 Rn. 4f.

[56] *Stuckenberg*, GA 2011, 659 mit der das bisher Erreichte preisgebenden Forderung, durch eine strafrechtsspezifische Grundrechtsdogmatik die verfassungsrechtlichen Grenzen der Strafgesetzgebung schärfer zu konturieren, ibid. S. 661.

[57] *Eidenmüller*, Effizienz als Rechtsprinzip, 3. Aufl. 2005; *Fezer*, JZ 1988, 223ff.; *Lepsius*, ZVglRWiss 109 (2010), S. 327ff.; *Mestmäcker*, A Legal Theory without Law, 2007; *Wittig*, Der rationale Verbrecher, 1993.

[58] Zu ersterem immer noch grdl. *Binder/Weisberg*, Literary Criticisms of Law, Princeton 2000, und *Lüderssen*, Produktive Spiegelungen, Bd. 1, 2. Aufl., 2002, Bd. 2, 2007; zu letzterem grdl. *Unger*, Knowledge and Politics, New York, 1975; die Aufsatzsammlung Boyle (Hrsg.), Critical Legal Studies, Aldershot u.a., 1994; zusammenfassend und eher krit. *Altman*, Critical Legal Studies, New Jersey, 1990.

[59] *Vogel*, JZ 2012, 30 re. Sp., 31 re. Sp.

gefügtes Übel, sondern nur um das System optimierende prospektive Maßnahmen gehen kann, bewegt sich außerhalb des im Common Law entwickelten Begriffsinstrumentariums.[60] Das zweite, auch von *Vogel* angeführte Beispiel wird durch das Erstaunen ausländischer Kollegen illustriert, dass im StGB eine Regelung zu rauschbedingten Irrtümern und rauschbedingter fehlender Schuldfähigkeit fehle[61]. Denn diese Regelung findet sich ja implizit bereits im Schuldprinzip, in der Regelung der mittelbaren Täterschaft als dogmatisch allein tragfähiger Basis der actio libera in causa und im Analogieverbot des Art. 103 Abs. 2 GG, braucht also nur durch die Strafrechtswissenschaft explizit gemacht zu werden. Deshalb erklärt sich die Verwunderung der ausländischen Kollegen aus ihrer Verwurzelung in Rechtsordnungen, die den rauschbedingten Schuldausschluss auch außerhalb der actio libera in causa verweigern und dadurch das Schuldprinzip verletzen, also sich anstatt logisch-systematischer Erörterung einer kruden Sündenbockprojektion überantworten[62].

6. Mit wissenschaftlichen Diskursarenen, die sich dem vorstehend beschriebenen Strafrechtsparadigma nicht nur im Ergebnis, sondern auch in der Bereitschaft zu einer Diskussion darüber verweigern, besteht deshalb keine hinreichende gemeinsame Basis, so wenig, wie etwa ein heutiger Naturwissenschaftler mit einem Anhänger des Hexenglaubens auf einen gemeinsamen Nenner kommen könnte. Es braucht deshalb nur an die klaren Worte von *Hirsch* erinnert zu werden, dass es keine nationale deutsche, französische usw., sondern nur eine richtige oder eine falsche Strafrechtsdogmatik gibt[63] (von den trivialen Fällen der Interpretation unterschiedlicher sprachlicher Semantiken natürlich abgesehen). Für eine rechtsphilosophisch fundierte Strafrechtswissenschaft gibt es von Haus aus „keine Integrationsschranken"[64], sie braucht deshalb auch mitnichten eine „europäische Öffnung", so als ob es dann doch wieder eine abgekapselte „europäische" Strafrechtswissenschaft gäbe, denn sie ist ab ovo so global wie der menschliche Geist. Einer um vorpositivistische Erkenntnis bemühten Strafrechtswissenschaft, an der vor allem, aber nicht nur in Deutschland seit rund 200 Jahren und in einer verfeinerten, die Prämissen des liberalen Rechtsstaats mitreflektierenden Weise seit rund 60 Jahren gearbeitet wird, eine nationale Sackgasse zu attestieren, stellt die Dinge deshalb ebenso auf den Kopf wie wenn

---

[60] Das kann ich hier natürlich nicht weiter ausführen, weshalb ich vollständig auf meine m. w. N. versehenen Überlegungen in ZIS 2014, 1 ff. verweisen muss.

[61] JZ 2012, 26 li. o.

[62] Im common law ist die Begehung einer Tat im Rausch Jahrhunderte lang nicht etwa als eine Verteidigungseinrede, sondern genau umgekehrt als ein Strafschärfungsgrund angesehen worden, was nach der Majewski-Regel im Grundsatz auch noch heute gilt, s. *Helmert*, Der Straftatbegriff in Europa, 2011, S. 124 f.; ferner *Safferling*, Vorsatz und Schuld, 2008, S. 460 ff.; *Smith/Hogan/Ormerod*, Criminal Law, 11. Aufl. Oxford 2005, S. 273 ff. Zu der dogmatischen Figur der actio libera in causa, die gegenwärtig in Deutschland heillos umstritten ist, nach dem Modell der mittelbaren Täterschaft aber ohne Verletzung des Analogieverbots und auch in der Sache überzeugend begründet werden kann, s. nur *Roxin*, FS Lackner, 1987, S. 307 ff., 314 ff.; *Jakobs*, FS Nishihara, 1998, S. 105 ff.; *Dold*, GA 2008, 427 ff.; *Schünemann*, FS Lampe, 2003, S. 537, 554 ff.

[63] *Hirsch*, FS Spendel, 1992, S. 43, 58.

[64] *Vogel*, JZ 2012, 29 re. o.

ich als Vertreter einer gegenteiligen, das Strafrecht in nationaler Identität und Kultur (=positivistisch!) verankernden Auffassung angeführt werde[65]: Ich habe (speziell in der Auseinandersetzung mit „Europastrafrechtlern“) immer darauf insistiert, dass man einer Strafrechtsangleichungstätigkeit der EU keinesfalls eine nationale „Kultur“ der Mitgliedstaaten entgegenhalten könne, weil hierfür in einem auf den Rechtsgüterschutz beschränkten Strafrecht angesichts der insoweit einheitlichen europäischen Kultur kein Raum sei[66] – während umgekehrt gerade die „Verfassungspositivisten“ den von *Vogel* eigentlich und mit Recht abgelehnten *nationalen* Standpunkt vertreten müssten, weil dann eben je nach der einzelnen Verfassung jedes Mitgliedstaates unterschiedliche Strafrechtsordnungen konsequent wären, etwa wenn man in Irland die Abtreibung strafwürdig findet, in Deutschland die Präimplantationsdiagnostik oder von mir aus in einem künftigen muslimischen Mitgliedstaat die Kritik am Propheten.

## III. Zu den Ursachen ihrer schwindenden Beachtung

Wenn die Verbindung analytisch-systematischer Präzision mit rechtsphilosophischer Reflexion und dezidiert rechtsstaatlich-liberalen Axiomen, kurz: der *mos teutonicus* oder (inhaltlich und wegen seiner Verbreitung weit über Deutschland hinaus ab jetzt präziser:) *mos analytico-philosophicus civitatis iuris (=mapci)*, wie er nicht nur in der deutschen Nachkriegsdogmatik, sondern auch bei der Mehrzahl der europäischen Strafrechtswissenschaftler heute als *pantón chrématón metron* gilt[67], in den *Institutionen* der EU und anderen von der englischen Sprache dominierten Milieus aber ins Hintertreffen geraten ist – und das ist der auch nach meiner Meinung rechtssoziologisch unleugbare Befund von *Vogels* Analyse! –, so bedroht das nicht nur den Elfenbeinturm der Wissenschaft, sondern die Freiheit aller Bürger. Es kömmt deshalb drauf an, falls diese schöne neue Welt schon nicht (mehr) verändert werden kann, sie wenigstens zutreffend zu interpretieren.[68]

1. a) Der von *Vogel* geübten Kritik an der internationalen Rolle der neueren deutschen *Strafgesetzgebung*[69] pflichte ich ohne Umschweife bei[70] und möchte sie sogar

---

[65] So *Vogel*, JZ 2012, 28 mit Fn. 29.

[66] *Schünemann*, GA 2004, 193, 197; ZStW 116 (2004), 376, 382; ZIS 2007, 535; KritV 2008, 6, 15 f.

[67] „Das Maß aller Dinge“ (das nach *Protagoras*, zit. nach Diog. Laërt. IX, 51; Plato, Theaet. 152, der Mensch [anthrópos] ist). Mit dem griechischen Zitat erweise ich zwei Befunden meine Reverenz, nämlich dass die für den heutigen gesellschaftlichen Erfolg der Strafrechtswissenschaft immer wichtiger werdende EU von den Fundamenten der griechischen Philosophie niemals loskommen darf und dass gerade auch die heutigen griechischen Strafrechtswissenschaftler die im Text genannte Verbindung praktizieren und die deutschsprachige Diskussion als deren Teil (!) laufend bereichern, exemplarisch o. Fn. 34.

[68] In Umkehrung des berühmten Dictums von *Karl Marx* über die Philosophen in seiner 11. These über (Ludwig) Feuerbach.

[69] *Vogel*, JZ 2012, 25 re. u.

[70] Dabei darf aber nicht übersehen werden, dass die von *Vogel* angeführten Beispiele des 6. Straf-

noch verschärfen. So wenig, wie das gegenwärtige deutsche Straf- und Strafprozess*recht* als „weltweit führend" angesehen werden kann und dies auch von niemandem, erst recht nicht von mir proklamiert wird[71], so gründlich (aber wohl unbewusst) arbeitet die Bundesregierung umgekehrt daran, den deutschen Einfluss auf die internationale Strafrechtssetzung und Strafjustiz (weiter) zu schwächen. Wie *Vogel* zutreffend herausgestellt hat, verfolgt sie die Linie, auf supranationaler und europäischer Ebene eher nicht initiativ zu werden, sich aber andererseits auch solchen Vorstößen nicht zu verweigern, die das in der Bundesrepublik selbstverständliche Rechtsstaatsniveau preisgeben[72]. Als besonders betrübliches Beispiel hinzuzufügen ist die deutsche Zustimmung zunächst zu Art. 5 RbEuHb und sodann zu dem EU-Rahmenbeschluss 2009/299 JI zu Abwesenheitsverurteilungen vom 26.02.2009[73], durch den die Auslieferung auch von deutschen Staatsangehörigen zur Vollstreckung ausländischer Abwesenheitsurteile festgeschrieben worden ist[74], anstatt auf der deutschen Regelung der prinzipiellen Unzulässigkeit von Abwesenheitsverfahren zu insistieren. Die deutsche Politik – national mit einer die Wissenschaft mittlerweile weitestgehend ignorierenden, inhaltlich perspektivlosen Straf- und Strafprozessgesetzgebung, international mit der Dynamik eines aggregatlosen Schleppkahns – trägt deshalb eine zentrale Verantwortung dafür, dass der in den meisten Mitglied-

rechtsreformgesetzes und der (in Deutschland durch das Verständigungsgesetz partiell erfolgten) Übernahme des amerikanischen Prozessmodells (JZ 2012, 26 li. u. und Mitte) durch die deutsche Strafrechts- bzw. Strafprozessrechtswissenschaft eine so umfassende, detaillierte und vernichtende Kritik erfahren haben, wie sie in der sei es anglo-amerikanischen, sei es französischen Strafrechtsliteratur nicht einmal vorstellbar wäre, geschweige denn jemals anzutreffen gewesen ist. Für Ersteres exemplarisch *Schroeder*, GA 1998, 571; *Lesch*, GA 1999, 365; *Rengier/Küper/Mitsch*, ZStW 111 (1999), 1, 30, 65; für Letzteres exemplarisch *Altenhain/Haimerl*, JZ 2010, 327; *Backes*, FS Hassemer, 2010, S. 985; *Fezer*, NStZ 20120, 177; *Fischer*, StraFo 2009, 177; *ders.*, ZRP 2010, 249; *Hauer*, NJ 2010, 10; *Murmann*, FS Roxin II, 2011, S. 1385; *Schünemann*, ZRP 2009, 104; *ders.*, StraFo 2010, 90; *ders.*, ZIS 2009, S. 484; *ders.*, in: Posch u.a. (Hrsg.), Konfliktlösung im Konsens, Graz 2010, S. 51 (beides in überarbeiteter Form auch in: Schünemann (Hrsg.), Risse im Fundament, Flammen im Gebälk: Zum Zustand des kontinentaleuropäischen Strafverfahrens, 2010, S. 71, 93); *Roxin/Schünemann*, Strafverfahrensrecht, 28. Aufl. 2014, § 44 Rn. 59 ff. Dass der weltweite Siegeszug des amerikanischen Strafverfahrens (von mir bereits vor 20 Jahren prophezeit in: Jornadas sobre la „Reforma del Derecho Penal en Alemania", Consejo General del Poder Judicial [comp.], Madrid 1992, S. 49 ff.) nichts anderes als die den politischen Machthabern opportun erscheinende Übernahme einer Mogelpackung („außen Jury Trial, innen plea bargaining") bedeutet (näher *Schünemann*, ZStW 119 [2007], S. 945; *ders.*, FS Fezer, 2008, S. 555), hinter der sich der „Kollaps der amerikanischen Strafjustiz" verbirgt, wird mittlerweile auch in den USA gesehen, s. *Stuntz*, The Collapse of American Criminal Justice, Harv Univ Pr 2011.

[71] Denn ich habe in GA 2002, 511 bewusst nur von der Strafrechts*wissenschaft* gesprochen, während *Vogel* mich in JZ 2012, 25 li. Sp. m. Fn. 2 auch für das Straf*recht* anführen zu können vermeint.

[72] *Vogel*, JZ 2012, 26 re. u. Eine Ausnahme bildet der nur die Geburt einer lächerlichen Maus zeitigende Versuch, während der deutschen Ratspräsidentschaft wenigstens Mindestrechte (s. *Schünemann*, StV 2006, 361) im Strafverfahren durchzusetzen, Kommissionsvorschlag COM (2004) 328 endg. sowie abschließend Ratsdokument 10267/07, S. 37.

[73] ABl. L 81/24.

[74] Zur Kritik *Roxin/Schünemann*, Strafverfahrensrecht (Fn. 70), § 62 Rn. 2; *Esser*, in: Sieber u.a. (Hrsg.), Europäisches Strafrecht, 2011, § 53 Rn. 46 f.

staaten der EU praktizierte strafrechtswissenschaftliche *mapci* auf der europäischen Ebene in ein schwarzes Loch fällt.

b) Was dieses Loch dann ausfüllen wird, sollte man nicht dadurch beschönigen, dass von dem *mapci* ein Zerrbild gezeichnet und diesem das Traum- und Trugbild einer alltagstheoretischen, bevorzugt französisch-angelsächsischen Dogmatik gegenüber gestellt wird, deren internationale „Erfolge" deskriptiv registriert werden und deren aktuelle rechtlich-normative Bewertung durch die Erwähnung lange zurück liegender Verdienste ersetzt wird. Exemplarisch: In der Tat haben die USA als eines der „Mutterländer von Demokratie und Rechtsstaatlichkeit ... den von ihnen ausgerufenen War on Drugs auch mit strafrechtlichen Mitteln erfolgreich internationalisiert"[75], aber die amerikanische Drogenpolitik ist ja in verheerender Weise gescheitert und für den politischen Ruin zahlreicher Produktions- und Durchlieferungsländer hauptverantwortlich[76], dasselbe rechtsstaatliche Mutterland hat die systematische Folter in Gestalt von Waterboarding u. ä. zu einem Eckpfeiler seines Vorgehens gegen wirkliche oder vermeintliche Terroristen gemacht[77], und hier wie in dem anderen „Rechtsstaats-Mutterland" Großbritannien war die längerfristige Inhaftierung ohne Gerichtsverhandlung als Standardmaßnahme eingeführt worden[78], bis zu einer Grenze von sechs Tagen auch im dritten „Mutterland" Frankreich[79].

[75] *Vogel*, JZ 2012, 27 li. Sp. und 26 re. Sp.

[76] Vgl. etwa *Davenport-Hines/Treadwell*, The Pursuit of Oblivion. A Global History of Narcotics, 2002; *Fish* (Ed.), Drugs and Society. U.S. Public Policy, 2006; *Garland*, The Culture of Control, 2001, S. 132 f.; *Keefer/Loyaza* (Ed.), Innocent Bystanders: Developing Countries and the War on Drugs, 2010.

[77] Vgl. in erster Linie die ausf. Dokumentensammlung in *Greenberg/Dratel* (Hrsg.), The Torture Papers: The Road to Abu Ghraib, Cambridge, 2005 und *Danner*, Torture and Truth. America, Abu Ghraib and the War on Terror, 2004, mit Dokumentation ab S. 75 ff. Zur Absicherung der Straflosigkeit derartiger Folterpraktiken s. den American Servicemembers' Protection Act, näher dazu *Werle*, Völkerstrafrecht 3. Aufl. 2012, Rn. 70. Zur rechtlich problematischen Tötung *Osama bin Ladens* s. *Ambos/Alkatout*, JZ 2011, 758.

[78] Der „Terrorism Act 2000" des Vereinigten Königreichs erlaubte eine Inhaftierung ohne Haftbefehl (section 41), die bis zu 14 (bis 2011: 28) Tage verlängert werden konnte (schedule 8, paragraph 36). Der „Anti-terrorism, Crime and Security Act 2001" sah ferner die zeitlich unbegrenzte Inhaftierung von „Gefährdern" vor, die nicht angeklagt, zugleich aber aus humanitären Gründen nicht wie geplant abgeschoben werden konnten, bis das House of Lords dieses Regime 2004 in der Entscheidung A and others v Secretary of State for the Home Department [2004] UKHL 56 als EMRK-widrig verwarf. Kaum besser wurde die Lage dann unter dem „Prevention of Terrorism Act 2005", der immerhin 2011 aufgehoben wurde, womit insbesondere die „control orders" der Exekutive (dazu *Bonner*, European Public Law 12 [2006], 45; *Kavanagh*, The Modern Law Review 73 [2010], 836) als rechtsstaatliches Skandalon beseitigt wurden. Übrig bleiben verschiedene „Terrorism prevention and investigation measures", insb. Hausarrest oder Meldeauflagen, i. d. R. mit vorheriger gerichtlicher Kontrolle, die aber eine Anhörung des Betroffenen nicht voraussetzt.
(http://www.legislation.gov.uk/ukpga/2011/23/contents, abgerufen am 26.6.2014).

[79] Nach Art. 63 II, 706-88, 706-88-1 Code de procédure pénale (CPP) über den Polizeigewahrsam (garde à vue), kann die reguläre Frist von 24 Stunden einmal auf 48 Stunden auf Anordnung der Polizei bzw. der Staatsanwaltschaft verlängert werden. Die Frist kann nach Art. 706-88 für bestimmte Delikte um insgesamt 48 Stunden verlängert werden; Art. 706-88-1 1. Abs. erlaubt wiederum eine Verlängerung von insgesamt 48 Stunden bei Terrorgefahr oder „zwingender Notwendig-

2. Wenn der *mapci* in der deutschen Gesetzgebung und Regierung keinen Rückhalt findet, bleibt als letzter Transmissionsriemen, wie dessen reine Vernunft praktisch werden kann, die Straf*rechtsprechung* übrig.

a) So wie der von mir apostrophierte Beruf der (Strafrechts)Dogmatik als einer *vierten Gewalt*, die die sonst nicht mehr kontrollierte und deshalb die Gefahr des Machtmissbrauchs bergende dritte Gewalt ausschließlich kontrolliert, ohne selbst Herrschaft auszuüben, die deshalb auch keiner besonderen demokratischen Legitimation bedarf, sondern ihre ausreichende Legitimation in der Herrschaft der Vernunft findet, stellt deren Beachtung durch die Justiz eine implizite Legitimationsbedingung ihrer selbst dar. Daraus folgt, dass die Justiz nach den ungeschriebenen Prämissen eines auf dem Prinzip der Gewaltenteilung aufgebauten demokratischen Rechtsstaats verpflichtet ist, die Konzepte der Strafrechtsdogmatik zu berücksichtigen und sich mit ihnen bei der Gesetzesauslegung ausdrücklich auseinanderzusetzen. Der international beispiellos aufwendige Begründungsstil der BGH-Entscheidungen wird – ungeachtet seiner verbleibenden erheblichen Defizite[80] – dieser Anforderung so gut wie nirgendwo sonst gerecht und sollte deshalb die unterste Messlatte für alle rechtsstaatlich verfassten Gemeinwesen und damit auch für die gesamte Strafjustiz in der EU bilden[81].

b) Dass die deutsche Strafrechtsprechung auf internationaler und europäischer Ebene „nicht sehr präsent" ist[82], verstopft deshalb indirekt auch die Ausbreitungschancen des *mapci*, von dem sich in dem spezifischen, eher autoritär-legislatorischen als interpretativ-analytischen Begründungsstil der EuGH-Entscheidungen nicht einmal Rudimente finden lassen. Natürlich muss man fragen, woher der EuGH die Legitimation für seine vielfach vom Primärrecht nicht gedeckte Judikatur nehmen will[83] und warum die Bundesregierung durch die Aufnahme des deutschen EuGH-

---

keit internationaler Zusammenarbeit": Im Ergebnis summieren sich diese drei 48-Stunden-Fristen zu 144 Stunden oder sechs Tagen. Darüber hinaus kann der Staatsanwalt die Anwesenheit eines Verteidigers „ausnahmsweise" für bis zu zwölf Stunden ausschließen (Art. 63-4-2 Abs. 4 CPP), in bestimmten Fällen (namentlich bei schwerer oder organisierter Kriminalität, BtM und Terrorismus, näher Art. 706-73 CPP) für 24 Stunden (Art. 706-88 Abs. 6 CPP), der Richter auch in weiterem Umfang.

[80] Dazu näher *Schünemann*, GA 2011, 445 ff.

[81] Zu der dadurch überhaupt erst ermöglichten Kontrolle durch die Strafrechtswissenschaft schon früher *Schünemann*, FS Roxin, 2001, S. 1, 8; *ders.*, FS Herzberg, 2008, S. 39, 44; *ders.*, in: Strafrechtswissenschaft in einem zusammenwachsenden Europa, FS der Strafrechtslehrertagung Georgien 2011, Tbilisi/Georgien 2013, S. 435.

[82] *Vogel*, JZ 2012, 26.

[83] Ein Beispiel bietet etwa die sog. Pupino-Entscheidung, Urteil vom 16.06.2005, Rs. C-105/03 – *Pupino*; zur Kritik *Hillgruber*, JZ 2005, 841, 844; *Rackow*, ZIS 2008, 526, 529 f., in der eine Pflicht zur rahmenbeschlusskonformen Auslegung des nationalen Strafverfahrensrechts proklamiert wird, die sich völlig unabhängig davon dogmatisch nicht begründen lässt, dass der Gesetzgeber durch die Rahmenbeschlüsse eines Regierungsgremiums im Strafrecht ohnehin nicht gebunden werden kann, wie seit dem Lissabon-Urteil des BVerfG (E 123, 267, 410, 413 f. und dazu *Schünemann*, ZIS 2009, 393; *ders./Roger*, ZIS 2010, 515, 516 f.) eigentlich außer Streit stehen sollte, in der Standardliteratur aber meist ignoriert wurde, s. etwa *Ambos*, Internationales Strafrecht, 2. Aufl. 2008, § 11 Rn. 4;

Richters in den Parteienproporz den deutschen Einfluss in Luxemburg ab ovo selbst marginalisiert hat[84]. Soweit sich diese Fragen nicht von selbst beantworten, hat die Erklärung nichts mit einer besonderen Unbehelflichkeit der deutschen Strafjustiz zu tun, aber viel mit den von der political correctness gewöhnlich verschwiegenen Konstruktionsproblemen des EuGH, die der deutsche Richter *von Danwitz* dahin charakterisiert hat, dass die „Ernennung eines Richters aus jedem Mitgliedstaat … 27 Richter aus unterschiedlichen Rechtskreisen" (ergibt, ohne Blick) „auf das Verhältnis von kleinen zu großen Mitgliedstaaten"[85], aber durch die interne Organisation in Dreier-, Fünfer- und Große Kammer zu einer „internen Zentralisierung und Hierarchisierung des Gerichtshofs" führt, wobei sich durch „das Französische als (alleinige) Beratungssprache … die Dogmatik gleichsam natürlich an Begriffskategorien oder Leitvorstellungen orientiert, die in den französischsprachigen Rechtsordnungen der Union … Vorbilder finden", während „es oftmals an der wirksamen Möglichkeit der fachwissenschaftlichen Auseinandersetzung fehlt, sodass die Rationalitätsgarantie, die eine diskursive Dogmatik verbürgt, im Gemeinschaftsrecht bisher kein … vergleichbares Niveau erreicht hat"[86]. Dass das speziell im Strafrecht einen auf dem Niveau des *mapci* geführten Diskurs ausschließt, liegt auf der Hand.

c) Und das Verhältnis zum EGMR? Dass die unsägliche deutsche Praxis des Brechmitteleinsatzes gegenüber mutmaßlichen Drogenkurieren vom EGMR mit Recht unterbunden worden ist[87], steht für mich mit *Vogel*[88] außer Frage, doch zeigt (auch) dieser Fall die Fruchtbarkeit des *mapci*: Weil es hier wie im Fall *Gäfgen* nach der

*Hecker*, Europäisches Strafrecht, 3. Aufl. 2010, § 10 Rn. 77 ff.; *Satzger*, Internationales und Europäisches Strafrecht, 5. Aufl. 2011, § 7 Rn. 6, § 9 Rn. 33 (deutlicher noch *ders.*, NStZ 2009, 297 [305]: „Zweifellos sind Rahmenbeschlüsse rechtlich verbindlich"); *Suhr*, in: Calliess/Ruffert (Hrsg.), EUV/AUV, 4. Aufl. 2011, Art. 67 AEUV Rn. 13; *Vogel*, in: Grabitz/Hilf/Nettesheim, Das Recht der Europäischen Union, Art. 82 AEUV Rn. 58; *Dannecker*, Jura 2006, 95, 173. Zur „Überreizung" der vom EuGH usurpierten Rolle als „Motor der Europäisierung" angesichts seiner schmalen Legitimationsbasis s. *Mähner*, Der europäische Gerichtshof als Gericht, 2005; *Balders/Hansalek*, ZRP 2006, 54; *Siebert*, Die Auswahl der Richter am Gerichtshof der Europäischen Gemeinschaften, 1997, S. 97 f.; *Pieper*, Verfassungsrichterwahlen, 1999, 64; *Schubarth*, FS Drexl, 2002, S. 102; *P.-A. Albrecht*, KritV 2008, 39, 51 f.

[84] Nach Art. 253 AEUV werden die Richter auf sechs Jahre bestimmt. Die Wiederwahl ist zulässig, wovon viele Mitgliedstaaten unter Steigerung ihres Einflusses im EuGH Gebrauch gemacht haben. Die deutschen Richter waren 1988–1994 *Manfred Zuleeg*, damals SPD-Wunschkandidat, 1994–2000 *Günter Hirsch*, von der CSU benannt, 2000–2006 die SPD-nahe *Ninon Colneric*, seit 2006 *Thomas von Danwitz* mit Rücksicht auf die Union. Eine gesetzliche Regelung findet sich, nachdem ein Gesetzesantrag des Landes Baden-Württemberg vom 23.12.2005 (BR-Dr 915/05) der Diskontinuität zum Opfer fiel, erst aufgrund des Gesetzes über die Ausweitung und Stärkung der Rechte des Bundestages und des Bundesrates in Angelegenheiten der Europäischen Union Union vom 22.9. 2009 (BGBl. I 3022, Art. 2 Nr. 1) in § 1 Abs. 3 Richterwahlgesetzes und dürfte nach allen Erfahrungen an dem Parteienproporz als trüber Quelle der Nominierung nichts ändern.

[85] Wobei es eigentlich nicht auf die Größe des Mitgliedstaates, sondern auf Tradition und Eigenständigkeit seiner Rechtskultur ankommt.

[86] EuR 2008, 769, 776–780.

[87] Wenn auch nur mit der verhältnismäßig knappen Mehrheit von 10:7, siehe EGMR StV 2006, 617, 624.

[88] *Vogel*, JZ 2012, 25 re. Sp.

Rechtsauffassung des EGMR nicht um Folter, sondern um unmenschliche Behandlung ging[89], stand die in Deutschland von einer Mindermeinung befürwortete Rettungsfolter streng genommen gar nicht zur Debatte, während genau umgekehrt das vom EGMR implizit formulierte Verbot, zur Rettung des Lebens eines Kindes wenigstens einen „Hartnäckigkeitstest" gegenüber dem Verantwortlichen für dessen mutmaßlich drohende Tötung zu versuchen, in Wahrheit selbst die unmenschliche Behandlung des Kindes darstellen könnte.[90] Die Judikatur des EGMR kann deshalb erst dann einen Grund für die Kritik der deutschen Wissenschaft ergeben, wenn man sie methodisch und inhaltlich prüft und für den bei uns vertretenen Positionen überlegen hält. Tatsächlich zeichnen sich nun aber sowohl das (die Judikatur von BGH und BVerfG billigende) Schießbefehlsurteil[91] als auch das (die deutsche Praxis missbilligende) Urteil zur Sicherungsverwahrung[92] durch eine ziemlich oberflächliche Analyse der entscheidungsrelevanten Kategorien von Strafe und Strafgesetz aus, weil nicht auf die Wurzel des Gesetzlichkeitsprinzips und des Rückwirkungsverbots und deren daraus abzuleitendes Telos zurückgegangen, sondern auf einem unzulänglichen Differenzierungsniveau ein bloßes common-sense-Urteil gefällt wird. Es stellt deshalb abermals die Dinge auf den Kopf, wenn die inhaltlich wie methodisch höchst angreifbaren Richtersprüche des EGMR nicht hinterfragt und dadurch wie Glaubensartikel behandelt, ausgerechnet aber die auch auf diesem Feld extrem kritischen deutschen Strafrechtswissenschaftler als „Priester einer Glaubensgemeinschaft" hingestellt werden.

## IV. Auslaufmodell trotz kultureller Überlegenheit?

Dieses Resultat – kultureller Höhenflug, politisch-praktischer Niedergang des *mos analytico-philosophicus civitatis iuris* im Strafrecht – müsste widersinnig erscheinen, wenn die Geschichte der zivilisierten Menschheit nicht so übervoll von ähnlichen Entwicklungen wäre. Nehme man den Untergang der antiken Kultur notabene nicht erst infolge der Völkerwanderung, sondern bereits der Schließung der Schulen und Akademien nach der Christianisierung des römischen Reiches, den vor 100 Jahren

---

[89] EGMR NJW 2006, 3117 (3121, Rn. 82); NJW 2010, 3145 (3146, Rn. 120 ff.).

[90] Zur Kritik, dass die überwiegende Auffassung (etwa *Saliger*, ZStW 116 [2004], 35, 40 ff.; *Roxin*, FS Eser, 2005, S. 461 ff.; *Greco*, GA 2006, 628) meist mit einem vorgefassten Begriff der Menschenwürde und deshalb zirkelschlüssig argumentieren würde, u. a. *Brugger* JZ 2000, 165; *ders.* Freiheit und Sicherheit, 2004, S. 56 ff.; *Herzberg*, JZ 2005, 321; *Erb*, NStZ 2005, 593; *ders.*, Jura 2005, 24; *Schünemann*, GA 2006, 644. Das weitere Argument, eine (evtl.) rechtlich nicht realisierbare Drohung könne nicht effizient sein (*Roxin*, FS Eser, 2005, S. 461, 464), wird m. E. den psychologischen Gegebenheiten einer Entscheidung unter Unsicherheit nicht gerecht.

[91] EGMR NJW 2001, 3035; zur Kritik vgl. nur *Schünemann*, FS Zoll, Krakau 2012, Band 2 S. 251, 261.

[92] EGMR NStZ 2010, 263; Zur Kritik vgl. nur *Hörnle*, FS Rissing-van Saan, 2011, S. 239; *Renzikowski*, ZIS 2011, 531; *Frisch*, FS Zoll, Krakau 2012, Band 2 S. 943, 953 ff.

begonnenen Rückfall Europas in die Barbarei und später Deutschlands in die moralische Kloake, die Fundamentalisierung des Islam oder den oben schon angesprochenen, im militärischen Bereich noch weiter fortgeschrittenen moralischen Abstieg der USA, damit verglichen ist die Schwächung der demokratischen und rechtsstaatlichen Strukturen in dem gubernativ-bürokratischen Machtkonglomerat der EU sogar bisher bescheiden ausgefallen. Dass der *mapci* darin keinen Platz mehr findet, liegt eigentlich auf der Hand, denn weil ja an dessen Diskurs prinzipiell jedermann teilnehmen kann, sofern er nur Verstand hat, wohnt ihm ein subversiver, basisdemokratischer Zug inne. Mit der Eliminierung dieser Vorbedingung für die Rolle der Rechtswissenschaft als intellektuelle Kontrollgewalt wird sich, wenn auch deren nationale Biotope durch die fortschreitende Europäisierung der Strafrechtspflege ausgetrocknet sein werden, der Ring zu der eingangs skizzierten Berufssoziologie des Juraprofessors schließen. Wenn diesem nur noch der Verkauf juristischen Kohls als Aufgabe bleibt, die ein Repetitor zugegebenermaßen kosteneffizienter erfüllen kann, könnte man ihn füglich auf eine Fachhochschule zurück versetzen. Mindestens wird man ihm die doppelte Pfründe von Beamtenstatus und faktisch unbegrenzter Nebentätigkeit nehmen müssen, die für einen Beruf ohne höhere Berufung fehl am Platze wäre.

# Neue Entwicklungen in der Hochschulpolitik und ihre Folgen für die Rechtswissenschaften

*Wilhelm Krull*

In seinen einleitenden Bemerkungen der 1832 erstmals abgedruckten und gut zehn Jahre später noch einmal von ihm veröffentlichten Schrift „Wesen und Werth der deutschen Universitäten“ führte Friedrich Carl von Savigny aus: „[…] Bei der hier vorliegenden Schrift aber ist es mehr, als bei allen anderen, nöthig, ausdrücklich zu bemerken, daß sie schon 1832, nicht erst 1849, abgedruckt worden ist. Ich sage das nicht, um diese Schrift durch die entlegene Zeit der Entstehung zu rechtfertigen oder zu entschuldigen, gleich als wären die aufgestellten Ansichten der Gegenwart nicht mehr angemessen. Hätte dieselbe bisher ungedruckt gelegen, und wäre ich jetzt veranlaßt worden, sie bekannt zu machen, so würde vielleicht einiges stärker betont worden seyn, nach den Erfahrungen, die uns die neueste Zeit zugeführt hat; irgend eine hier ausgesprochene Ansicht aber zu ändern oder zurück zu nehmen, würde mir auch gegenwärtig unmöglich gewesen seyn […].“[1]

## I. Studium und Lehre

Auch über 150 Jahre nach dieser Anmerkung des bedeutenden Rechtsgelehrten und (wissenschafts-)politischen Akteurs mit gedanklicher Nähe zu Wilhelm von Humboldt lässt sich die grundlegende inhaltliche Einschätzung des Beitrages durchaus aufrechterhalten: Savigny befasste sich in seiner Schrift zu „Wesen und Werth der deutschen Universitäten“ zwar unter anderem noch mit der ‚Neuerung‘ und ‚Herausforderung‘ für die wissenschaftliche Landschaft, die der Buchdruck mit sich brachte – einem nicht mehr ganz zeitgemäßen Feld. Doch selbst hier lassen sich einige plausible Parallelen zu den Herausforderungen der ‚neuen Medien‘ und den hoch aktuellen Überlegungen und Gehversuchen im Bereich der Massive Open Online Courses (MOOCs) an Universitäten ziehen. So ist es gewissermaßen eine vertraute Feststellung, dass „[die] äußere Unentbehrlichkeit der Universitäten verschwunden“[2] sei. Es kann wohl auch weiterhin ganz nach Savigny gelten, dass „durch sie

[1] *Savigny*, Wesen und Werth der deutschen Universitäten, 1850, S. 270 f.

[2] Ebd., S. 274.

wichtige und eigenthümliche Vortheile erreicht werden, welche bei dem bloßen Bücher- [oder aktuell: Online-] Unterricht aufgegeben werden müssten". Und auch wir wären ohne den Fortbestand dieser ‚unentbehrlichen' Institutionen nicht hier versammelt.

Es stellen sich jedoch gewiss vielfältige Fragen dahingehend, welcher Natur und Ausrichtung diese Institutionen folgen und gerecht werden sollten. Eine Grundfeste besteht bei der Betrachtung der deutschen Universitäten traditionell und insbesondere im internationalen Vergleich – auch das bereits eine Feststellung von Savigny – „[...] darin, daß jede derselben die Gesamtheit der Wissenschaften umfaßt, anstatt sich auf eine einzige Wissenschaft zu beschränken, so wie dieses in den Specialschulen mancher anderen Länder geschieht"[3]. Zumindest bei allgemein vergleichender Betrachtung gegenüber anderen Staaten ist dies nach wie vor festzustellen. Ob dies stets eine Stärke oder auch eine Schwäche des deutschen Systems sein kann, soll an dieser Stelle nur fragend in den Raum gestellt und einstweilen nicht eingehender erörtert werden.

Bei näherer Betrachtung der universitären Situation in Deutschland und Europa ist vor allem im Bereich der klassischen Fakultäten Medizin und Rechtswissenschaft auf eine weitere Besonderheit hinzuweisen, die seit Beginn des Bologna-Prozesses – mit der Erklärung europäischer Staatenvertreter „Der gemeinsame europäische Hochschulraum" aus dem Jahr 1999 – augenfällig wird: In einem Großteil der europäischen Staaten ist die Anpassung in diesen Disziplinen an das ‚neue' Format erfolgt. In Deutschland gibt es hierzu für die Rechtswissenschaft weitreichende – wohl wie die Gesamtausrichtung der Hochschulen dem Anspruch der Generalität geschuldete – Diskussionen und ein Festhalten am bisherigen einheitlichen Ausbildungsweg. Als gängiges Argument wird die Notwendigkeit eines Ausbildungsweges mit Staatsprüfungen für Juristen angeführt. Insbesondere zur einheitlichen und fundierten Vorbereitung auf den Staatsdienst und die Anwaltschaft wird die Notwendigkeit seines Fortbestandes vielfach vertreten. Auch die 2011 und 2012 ausgerichteten Tagungen der VolkswagenStiftung führten zu dem Ergebnis, „[...] dass [...] nicht an eine grundlegende Neugestaltung der Juristenausbildung gedacht ist. Sie [sollte] jedoch alsbald den Anforderungen der Praxis entsprechend fortentwickelt werden."[4]

Eine erfolgreiche universitäre Ausbildung bedarf unabhängig vom Wissenschaftsbereich neben der praxisrelevanten Vorbildung und Vorbereitung der Absolventen und unabhängig von ihrer Struktur stets auch der Förderung eines ‚(pro-)aktiven', eines ‚lebendigen' und kreativen Studierenden. Dies ist ein überaus wichtiger Aspekt der Überlegungen zum (rechts-)wissenschaftlichen Ausbildungsweg mit langer Tradition, aber fortwährender Aktualität, der ebenfalls bereits in Friedrich Carl von Sa-

---

[3] Ebd., S. 283, vgl. auch S. 293.

[4] *Hof/von Olenhusen*, Rechtsgestaltung – Rechtskritik – Konkurrenz von Rechtsordnungen ..., Tagungsband 2012, S. 553.

vignys Argumentation seinen Niederschlag fand. Gerade in den per se recht stark auf die Aufarbeitung und Bezugnahme auf die geltende Rechtsprechung und weniger auf die Grundlagenforschung ausgerichteten Rechtswissenschaften ist dies ein Aspekt, der gestärkt werden kann. In diesem Sinne ist es sinnvoll, auch über eine Anpassung von Ausbildungsstrukturen nachzudenken, um den individuellen Interessen der Studierenden und Forscher(innen) Rechnung zu tragen und so ihre aktive Wissensaneignung und möglichst kreative Beteiligung am (Rechts-)Wissenschaftsprozess zu befördern. Zudem kann dies auch im Hinblick auf die ‚modernen' Anforderungen an ausgebildete Juristen in einem internationalisierten und interdisziplinären wissenschaftlichen und beruflichen Umfeld eine sinnvolle Fortentwicklung erfahren. Dass Savigny hier richtig lag und auch eine gewisse ‚aktiv-gestaltende Kreativität' und forscherische Inspiration anzustoßen vermochte, kann anschaulich durch die Benennung zweier seiner Schüler dokumentiert werden: Jacob und Wilhelm Grimm.[5]

Kreativität in Studium, Lehre und Forschung zu befördern ist eine Aufgabe, die als überaus vielschichtig und diffizil zu charakterisieren ist. Rogers Hollingsworth hat im Rahmen der von ihm durchgeführten Wissenschafts- und Innovationsforschung in den USA die hierfür geeigneten institutionellen Voraussetzungen auf die Probe gestellt. Er kam unter anderem zu dem Ergebnis, dass an Hochschulen mittlerer Größe deutlich mehr wissenschaftliche Durchbrüche erzielt wurden als an größeren Einrichtungen. Als Grundvoraussetzungen für solche Erfolge nannte er neben einer klaren strategischen Ausrichtung und einem allgemein forschungsfreundlichen Klima vor allem die Balance zwischen einer hinreichend großen Vielfalt der Forschungsbereiche und der intensiven kommunikativen Interaktion zwischen diesen. Bei zu kleiner und fachlich eingeschränkter Orientierung einer Einrichtung mangele es am Potential zu Anstößen durch Vertreter anderer Fachbereiche. Bei zu großen, lokal verteilten und vielfältig orientierten Einrichtungen komme es hingegen oft gar nicht erst zum nötigen persönlichen und gedanklich anregenden Austausch.

Dies ließe sich bis zu einem gewissen Grad gewiss auch auf die rechtswissenschaftliche Ausbildung, Forschung und Lehre übertragen: im Studium könnte eine verstärkte Interdisziplinarität verankert werden, wie dies beispielsweise in einer Reihe von Masterstudiengängen bereits der Fall ist. Ein Resultat der erwähnten Tagungen 2011/2012 war zudem der Vorschlag eines verstärkten Co-Teachings, um die variierenden Fragestellungen und Denkweisen anderer Disziplinen direkt in die Lehre mit einzubeziehen. Es wurden auch Ideen entwickelt, wie bislang im juristischen Studium recht wenig behandelte, aber in der Praxis zunehmend an Bedeutung gewinnende ‚innovative' Themenfelder wie die Rechts- und Vertragsgestaltung – gegenüber der üblichen Betrachtung der Rechtsanwendung –, Fragen der Good Governance und Compliance, die Schlichtung oder Mediation und auch – vielleicht weniger ‚innovativ', aber umso relevanter – das internationale und europäische Recht stärker in den Fokus genommen werden könnten. Den Stein der Weisen bilden diese Entwick-

---

[5] Vgl. ZEIT-Artikel: Rechtsgeschichte: Alles Recht geht vom Volksgeist aus, 25.10.2011.

lungsanstöße hin zum verstärkten trans- und interdisziplinären Handeln gewiss nicht, und es soll dabei auch die Spezialforschung nicht in den Hintergrund gedrängt werden. Es handelt sich aber um eine allgemein feststellbare Tendenz in der (inter-) nationalen wissenschaftspolitischen Ausrichtung, die in der heutigen Arbeits- und Lebensweise ihre Begründung hat.

Gemäß Hollingsworth – und in der grundsätzlichen Lesart auch schon bei Savigny – kann ein enger einzeldisziplinärer Fokus ebenso zu Monotonie führen, wie allumfassende Breite durch eine überaus große Vielfalt in eine unproduktive Heterogenität umschlagen kann. Intellektuelle Kreativität zur Bildung transformativen Wissens wird in diesen beiden Extremkonstellationen eher nicht befördert. Auf ihre Ausbildung und Stärkung kommt es aber an. Daher sollte unser wissenschaftspolitisches Augenmerk stets auf den Aspekt der hinreichenden Vielfalt gerichtet sein.

## II. Perspektiven der (Rechts-)Wissenschaftspolitik

Die richtigen Rahmenbedingungen zu schaffen, um eine kreativ-gestaltete und erfolgreiche wissenschaftliche Ausbildung, Lehre und Forschung zu ermöglichen, ist eine umfassende Aufgabe. In seinem Festvortrag anlässlich der Eröffnung des von der VolkswagenStiftung wieder auf- und zu einem Tagungszentrum ausgebauten Schloss Herrenhausen führte der Präsident des Bundesverfassungsgerichts, Professor Dr. Andreas Voßkuhle, aus: „Es gibt keine stillen Gewissheiten, auf die man bauen könnte. [Zu] vieles ist in Bewegung geraten und zur Disposition gestellt worden. Ökonomisierung, Funktionalisierung und eine neue, mit durchaus handfesten Folgen verbundene Exzellenz- und Elitenrhetorik haben die alteuropäischen Fundamente der Universität kräftig ins Wanken gebracht. Um in dieser Situation Maßstäbe und damit Halt zu finden, wird man nicht umhin kommen, auf die Frage nach dem Wozu von Wissenschaft eine Antwort zu suchen. [...] Man sieht: Es sind nicht gerade Probleme der Fliegengewichtsklasse, mit denen man hier zu ringen hat.“

Das deutsche Wissenschaftssystem wurde mit den von Herrn Voßkuhle angesprochenen Aspekten der ‚Auftragserfüllung‘, der Mittelbeschaffung und der Exzellenzinitiative in den zurückliegenden Jahren vor neue An- und Herausforderungen gestellt. In den vielfältigen Diskussionen zur Exzellenzinitiative, die seinerzeit von der Bundesregierung ausging, wurde auch die große Frage nach dem „Wozu“ in vielfältiger Form immer wieder aufgeworfen. Die Bestrebungen, den deutschen Wissenschaftsstandort an die Weltspitze heranzuführen – zumindest gemessen an den recht weitgehend akzeptierten Shanghai, THES und Leiden Universitätsrankings sowie den hochrangigsten Auszeichnungen für die Spitzenforschung – und eine damit assoziierte Stärkung von Wissenschaft und Innovation in Deutschland zu erreichen, waren ausschlaggebende Beweggründe für die Politik. Erfolgreiche Fördermodelle konnten so in Teilbereichen auch tatsächlich umgesetzt werden. Die Forschungscluster und Graduiertenschulen sind hier zuvorderst zu nennen, wie dies auch der Wissenschaftsrat in seinem im Juli vorgestellten Bericht „Perspektiven des deutschen Wissenschaftssystems" zum Ausdruck brachte.[6]

Für eine angemessene Bestandsaufnahme ist hierbei jedoch zu berücksichtigen, dass die Exzellenzinitiative durch Nichtberücksichtigung oder ‚Nichtwiederberücksichtigung' große Unterschiede und Nachteile in der (Außen-) Wahrnehmung für ebenfalls hervorragende Hochschulen wie etwa der Universität Würzburg, der Universität Freiburg oder der Universität Göttingen mit sich gebracht hat. Alle drei Hochschulen tauchen unter den bestplatzierten deutschen Einrichtungen in den erwähnten einschlägigen Rankings – und insbesondere dem Leiden Ranking – auf. Im Rahmen der Exzellenzinitiative wurden sie jedoch 2012 zumindest nicht im Bereich der Zukunftskonzepte ausgewählt und genießen so auch nicht den ‚Exzellenzstatus' im engeren institutionellen Sinne. Die kritische Betrachtung dieser dritten Förderstufe kann über die jüngsten Einschätzungen und Empfehlungen des Wissenschaftsrates[7] hinaus als mittlerweile weitgehend verbreitet angesehen werden.[8] Zumindest hier wird für die Zeit nach Abschluss des gegenwärtigen Förderzeitraums im Jahr 2017 eine grundlegende Anpassung – nicht zuletzt mit Blick auf die Governance eines neuen Wettbewerbs der Institutionen oder Standorte – erfolgen müssen, die meines Erachtens aber erst nach einer entsprechenden Systemevaluation, wie sie jüngst auch Peter Gruss, der Präsident der Max-Planck-Gesellschaft, gefordert hat, angemessen justiert werden kann.[9]

Die Rechtswissenschaften sind in der Exzellenzinitiative insgesamt nur recht schwach vertreten und erfahren als eigenständige Disziplin keine besondere Förderung. In einigen Fällen werden sie indirekt im Rahmen von Graduiertenschulen oder Exzellenzclustern wie der Bamberg Graduate School of Social Sciences (BAGSS), der Bremen International Graduate School of Social Sciences (BIGSSS) oder auch dem Frankfurter Cluster „Die Herausbildung normativer Ordnungen" und dem Heidelberger Cluster „Asia and Europe in a Global Context" mit berührt. In anderen Fällen haben herausragende rechtswissenschaftliche Universitätsstandorte wie Berlin, Heidelberg oder München sich mit ihren breit aufgestellten ‚Zukunftskonzepten' als ‚Exzellenz'-Standorte durchsetzen können. Von der entsprechenden Förderung profitieren dann indirekt auch die rechtswissenschaftlichen Institute und Fakultäten. Die ausgebliebene alleinstehende Förderung ist jedoch auffällig. Sie ist insbesondere auch auf die Tatsache zurückzuführen, dass es sich bei rechtswissenschaftlichen Forschungsvorhaben in der Regel nicht um Grundlagenforschung im engeren Sinne handelt. Sowohl die Einschätzungen zur Erstellung der Rankings als auch die Exzellenzinitiative, die ja gerade eine Verbesserung der Position und Wahrnehmung deutscher Universitäten im internationalen Wettbewerb zum Ziel hatte, richten ein besonderes Augenmerk auf die Natur- und Lebenswissenschaften. Hieraus ergeben

[6] Wissenschaftsrat, Perspektiven des deutschen Wissenschaftssystems, 2013, S. 13.

[7] Ebd.

[8] Vgl. z. B. *Turner*, Von der Universität zur University, 2013, S. 67.

[9] Max Planck Forschung 2/13, S. 7.

sich zweifellos kritisch zu hinterfragende Gesichtspunkte, die viele weitere intensive Gespräche erfordern und als wichtige Perspektivthemen einer näheren Betrachtung unterzogen werden könnten.

Die deutschen Hochschulen sind trotz der Exzellenzinitiative und vor allem in der Breite einer Unterfinanzierung ausgesetzt. Insbesondere die Universitäten sind finanziell eindeutig schlechter ausgestattet als ihre Konkurrenten in den OECD-Staaten.[10] In Niedersachsen wurden beispielsweise 2012 etwa 1,8 Milliarden Euro jährlich für Hochschulen mit insgesamt 170.000 Studierenden bereitgestellt. Die Universität Stanford hat demgegenüber bei einer Studierendenzahl von 17.000 Studenten einen jährlichen Etat von circa 2,3 Milliarden Euro aufzuweisen.[11] Auch der Vergleich der Finanzausstattung einer der führenden technischen Universitäten in Deutschland, der TU München, mit der ETH Zürich führt zu einem eher ernüchternden Ergebnis: einem Vorsprung der letzteren mit einer relational etwa dreimal so hohen Mittelausstattung. Der Vergleich mit dem Massachusetts Institute of Technology (MIT) offenbart gar eine etwa zehnfache finanzielle Besserstellung dieser internationalen Spitzenuniversität. Die vor allem seit Mitte der 1990er Jahre auferlegten Einsparungen stehen den anwachsenden Studierendenzahlen seit Mitte der 1970er Jahre diametral gegenüber. Trotz des auch gegenwärtig starken Anstiegs der Anzahl der Studienanfänger durch doppelte Abiturjahrgänge fällt Deutschland im internationalen Vergleich nach dem OECD-Bildungsbericht, auch was die Studierendenzahlen und ihren Anteil an der jeweiligen Alterskohorte betrifft, deutlich zurück.

Gemessen an all diesen Problemen und Herausforderungen war nicht zu erwarten, dass die Exzellenzinitiative eine ruckartige Beförderung der deutschen Universitäten in den Rang der internationalen Spitzeneinrichtungen mit sich bringen würde. Wohl aber ist es gelungen, besondere Leistungsbereiche – auch international – besser sichtbar zu machen und eine Vielzahl von Reformschritten zu befördern. Dies gilt insbesondere für die neu geschaffenen Graduiertenschulen und Exzellenzcluster, zumeist einhergehend mit einer stärkeren Verknüpfung universitärer und außeruniversitärer Akteure. Inwieweit es den Universitäten und beteiligten Institutionen gelingen wird, die zunehmend inter- und transdisziplinäre Grundlagenforschung auch auf längere Sicht derart zu strukturieren und zu gestalten, dass Kreativität und Forschergeist befördert und verlässliche Karrieremöglichkeiten für die besten (Nachwuchs-) Wissenschaftler(innen) eröffnet werden, bleibt abzuwarten.

Hier spielen auch nicht-staatliche Fördereinrichtungen und -mechanismen eine zunehmende Rolle, die jedoch auf Grund der entstehenden Overhead-Kosten und der nur vergleichsweise kurzen Förderzeiträume die finanzielle Grundausstattung nicht gleichwertig ersetzen können.[12] Sowohl die Deutsche Forschungsgemeinschaft als auch die Projektträger des BMBF und die Helmholtz-Gemeinschaft sind als zen-

---

[10] Vgl. *Krull*, Bildung und Wettbewerb, in: Bildung? Bildung!, 2009, S. 200ff.
[11] Ebd.
[12] Vgl. Wissenschaftsrat, Perspektiven des deutschen Wissenschaftssystems, 2012, S. 56ff.

trale Drittmittelgeber zu nennen. Daneben stehen wissenschaftsfördernde Stiftungen wie beispielsweise die Krupp-, die Thyssen- oder die VolkswagenStiftung. Gemessen an den jährlich ausgeschütteten Fördermitteln handelt es sich bei letzterer zwar um die größte wissenschaftsfördernde Stiftung privaten Rechts in Deutschland, aber von ihrem gesamten Fördervolumen pro Jahr her erreicht sie gerade mal 5 bis 7% des DFG-Etats.

Für die diversen Programmlinien wie die Schlüsselthemen, Opus Magnum oder die Freigeist-Fellowships und Lichtenberg-Professuren – um nur einige zu nennen – wird der Versuch unternommen, Themenfelder und Forscherpersönlichkeiten zu identifizieren, die ein hohes Maß an Innovation erwarten lassen und die im Idealfall einen zukunftsweisenden Charakter haben. Wie Sie sich vorstellen können, ist diese Auswahl ein wichtiger Bestandteil der Stiftungsarbeit. Es ist unser Versuch, kreative Freiräume zu schaffen und ‚Freigeister' zu fördern; Risiken sind in dieser Arbeit unvermeidlich. Nur ein Teil der ausgewählten und geförderten Forschungsvorhaben führt am Ende auch tatsächlich zu Ergebnissen, die für die jeweilige Wissenschaftsdisziplin von größerer, nachhaltig prägender Bedeutung sind.

Als ein konkretes Beispiel in einem rechtswissenschaftlichen Schnittstellengebiet, das die VolkswagenStiftung im Sinne des oben zur disziplinübergreifenden Forschung bereits Ausgeführten für förderungswürdig und zukunftsweisend erachtet hat, möchte ich auf eine Schumpeter-Fellowship und eine Lichtenberg-Professur verweisen. Von 2005 bis 2010 widmete sich Professor Philipp Dann in seiner im vergangenen Jahr publizierten Habilitationsschrift dem „Entwicklungsverwaltungsrecht" und somit Fragen des nationalen und internationalen Rechts im Kontext der Entwicklungszusammenarbeit.[13] Auch die Ende 2012 von der Stiftung bewilligte Lichtenberg-Professur für Professor Moritz Renner zum Thema „Transnationales Wirtschaftsrecht zwischen Vertrag und Unternehmen" an der Universität Bremen berührt einen (grenz-)überschreitenden Bereich.

Darüber hinaus ist die VolkswagenStiftung seit einiger Zeit – und ganz besonders seit der Eröffnung des neuen Tagungszentrums im Schloss Herrenhausen in Hannover – auch selbst Ausrichterin wissenschaftlicher Tagungen. Die 2011 und 2012 noch in Celle und Berlin abgehaltenen Veranstaltungen zur Juristenausbildung und auch der Vortrag von Professor Voßkuhle können hier als Beispiele rechtswissenschaftlicher Themenstellungen angeführt werden. Die Förderung der Stiftung ist vorrangig auf die Forschung ab dem Postdoc-Niveau ausgerichtet. Die Grundlagen für herausragende Forschungsarbeit werden jedoch in der Regel bereits während des Studiums gelegt.

Dies führt uns zu der Frage, die die Rechtswissenschaften seit geraumer Zeit – nicht erst seit dem Beschluss zur Bologna-Reform – beschäftigt: der Frage nach der

[13] *Dann*, Entwicklungsverwaltungsrecht – Theorie und Dogmatik des Rechts der Entwicklungszusammenarbeit, untersucht am Beispiel der Weltbank, der EU und der Bundesrepublik Deutschland, 2012.

bestmöglichen juristischen Ausbildung. Um zu dieser Frage einen gedanklichen Zugang zu finden, lohnt sich ein Blick zurück in mehrfacher Hinsicht: Eine Auseinandersetzung mit Uwe Wesel, dem schon seit geraumer Zeit emeritierten Professor für Rechtsgeschichte und Zivilrecht sowie ehemaligen Präsidenten der FU Berlin, rückt den Aspekt der Sprache des Rechts und seine gesellschaftliche Funktion in den Blickpunkt. Auch die Orientierung an Beispielen aus der deutschen und europäischen Vergangenheit kann einige Aufschlüsse und Bezugspunkte für die Formulierung einer modernen und zeitgemäßen Position liefern.

Uwe Wesel stellt in seinem 1992 erstmals erschienen Band „Fast alles, was Recht ist" schon mit dem Titel des ersten Kapitels deutlich heraus, was er als grundlegend erachtet: „Alle Sprachgewalt geht vom Volke aus".[14] Sein leitender Gedanke ist dabei, dass das Recht „die Gesamtheit der staatlichen und gesellschaftlichen Ordnung" darstellt. Um diese Aufgabe zu erfüllen, wird es von staatlicher Seite „produziert", nämlich von den drei Staatsgewalten. Da alle Staatsgewalt in der demokratischen Grundordnung vom Volke ausgehen soll, bestimmt dieses durch Wahlen das Parlament und indirekt auch die vom Parlament und der Regierung gewählten und ernannten Richter. Die wiederum haben den Auftrag, durch die Gestaltung des Rechts eine dem Volkswillen entsprechende Ordnung zu erhalten oder zu schaffen. Das Volk muss über diese Schritte angemessen informiert sein. Und ich zitiere Wesel: „Öffentlichkeit bedeutet Durchsichtigkeit staatlichen Handelns, Transparenz. Die aber fehlt, wenn staatliches Handeln, also Handeln von Parlament, Regierung und Gerichten, in einer Sprache stattfindet, die der normale Bürger, der Wähler, nicht verstehen kann. Das Prinzip von Demokratie, von Öffentlichkeit und Kontrolle, muss dann versagen."[15]

Hier knüpfte gedanklich auch Andreas Voßkuhle an, als er in seinem Herrenhäuser Vortrag zur freiheitsstiftenden Funktion von Normen und Rechtssätzen im demokratischen System ausführte, dass sie insbesondere auf drei Faktoren basiere: dem Ideal gleicher Freiheit, der Veränderungsoffenheit der Rechtsordnung und ihrer Reflexivität.[16] Das funktionierende Zusammenspiel zwischen Gesellschaft und Staat – seiner dritten Gewalt im Besonderen – wird hier vorausgesetzt. Ein Grundverständnis von gesellschaftlichen und politischen Strukturen, Interessen und Bedürfnissen ist eine entscheidende Voraussetzung für schlüssige juristische Entscheidungen, ihre Auffassung, Auslegung und Anwendung.

Das gilt besonders angesichts der fortschreitenden Europäisierung und Internationalisierung sowie der mit ihnen einhergehenden Notwendigkeit verstärkter sprachlicher und ‚interkultureller' Kompetenz. Sie stellen neue Herausforderungen für Nachwuchsjuristen und junge Rechtswissenschaftler dar. Wie einleitend bereits erwähnt, stellt sich jedoch die Frage, ob diesen Anforderungen in der gängigen Form

---

[14] *Wesel*, Fast alles, was Recht ist, 2002, S. 11 ff.

[15] Ebd., S. 12.

[16] *Voßkuhle*, Freiheit und Demokratie durch Recht, Herrenhausen Lectures 2013, S. 13 ff.

der juristischen Ausbildung angemessen und im Sinne der Studierendenschaft sowie des gesamten juristischen Interessenfeldes entsprochen werden kann. Der zweigliedrige deutsche Ausbildungsweg mit theoretischem und praktischem Abschnitt und den zwei auf dem Weg zum ‚Volljuristen' zu absolvierenden Staatsexamina zielt auf die Vorbereitung für die traditionellen Berufe im Staatsdienst und in der Anwaltschaft ab. Die Qualität dieser Ausbildung für die spätere berufliche Betätigung in den traditionellen juristischen Berufen ist unbestritten und soll von mir auch gar nicht in Frage gestellt werden.

Das war im Übrigen auch der Konsens auf den von der VolkswagenStiftung ausgerichteten Tagungen und fand bereits politisch Ausdruck in den Koalitionsverträgen der letzten und der gegenwärtigen Bundesregierung. Hieß es im Koalitionsvertrag der 16. Legislaturperiode noch: „Die Juristenausbildung muss den sich ändernden Anforderungen an die juristischen Berufe gerecht werden. Einen Bedarf für neue Abschlüsse gibt es allerdings nicht. Die Koalitionspartner lehnen deshalb die Übertragung des ‚Bologna-Prozesses' auf die Juristenausbildung ab"[17], so heißt es in der Vereinbarung für die 17. Legislaturperiode nur mehr: „Der Bologna-Prozess stellt die Juristenausbildung in Deutschland vor besondere Probleme. Der hohe Qualitätsstandard der Ausbildung, wissenschaftliche Tiefe, thematische Vielfalt und Praxisorientierung müssen auch künftig Maßstab für die Studienabschlüsse sein."[18] Eine Aufweichung der klaren politischen Ablehnung des Bologna-Prozesses für die Juristenausbildung kann gemessen hieran jedenfalls in Ansätzen festgestellt werden.

Eine klare Ablehnung der Übertragung des Bologna-Prozesses mit einem neuartigen zwei- oder mehrgliedrigen Ausbildungsweg im Bachelor-Master-System auch für Juristen erfolgt nicht mehr. Dies mag der Tatsache geschuldet sein, dass gemäß den Angaben des Wissenschaftsrates aus dem vergangenen Jahr bereits „knapp 16%" aller Studierenden im Bereich der Rechtswissenschaft an Universitäten „mit dem Ziel eines Bachelor- oder Masterabschlusses eingeschrieben" sind. Zusätzlich nehmen mehr als 13% der Jura-Studierenden „Angebote an Fachhochschulen und privaten Hochschulen wahr", die oft den Erwerb des Bachelorgrades – zumindest als eine Qualifikationsstufe – einschließen. „Der Wissenschaftsrat", so heißt es, „begrüßt die Diversifizierung des Studienangebots, die zu einer höheren Perspektivenvielfalt und diskursiven Bereicherung des Fachs führt."[19] Eine solche ist bei gleichzeitigem Erhalt der hohen Qualität der Ausbildung des Volljuristen in jedem Fall zu begrüßen.

Es ergibt sich die Überlegung, welche Konsequenzen die bereits erfolgten Entwicklungen mit sich bringen und welche Perspektiven aus ihnen erwachsen. Dies gilt in besonderem Maße vor dem Hintergrund der dargelegten weitreichenden und viel-

---

[17] Koalitionsvertrag von CDU, CSU und SPD: Gemeinsam für Deutschland. Mit Mut und Menschlichkeit, 2005, S. 145.

[18] Koalitionsvertrag zwischen CDU, CSU und FDP: Wachstum. Bildung. Zusammenhalt, 2009, S. 109.

[19] Wissenschaftsrat, Perspektiven der Rechtswissenschaft in Deutschland. Situation, Analysen, Empfehlungen, 2012, S. 9.

fältigen Bedeutung des Rechts für die Gesellschaft und seiner Funktion als ‚Spiegel' ihrer Verfasstheit. Vordergründig stellen sich diese Fragen für die Hochschulen und die Absolventen selbst, sie berühren jedoch auch die traditionellen juristischen Betätigungsfelder, grundlegende gesellschaftliche Strukturen und nicht zuletzt die (Rechts-)Wissenschaftspolitik.

## III. Perspektiven für die (Rechts-)Wissenschaft

Die deutsche Hochschul- und Wissenschaftslandschaft steht – wie schon so oft – vor elementaren Herausforderungen und Weichenstellungen für die Entwicklungen in den kommenden Jahren und Jahrzehnten. Die Exzellenzinitiative in ihrer gegenwärtigen Form läuft aus; Governancestrukturen und Fördermechanismen müssen überprüft und angepasst werden. Hierbei sollte nicht der Fehler begangen werden, erfolgreich Begonnenes am Wegesrand zurück zu lassen und notwendige Mittel zur sinnvollen Fortführung zu verwehren. Eine neuerliche Verfassungsänderung, insbesondere im Bereich der bildungspolitischen Kompetenzen von Bund und Ländern wird mittlerweile offen diskutiert und könnte für die positive Weiterentwicklung des Wissenschaftsstandortes Deutschland Sinn machen. Eine Ausdehnung der Bundeskompetenz könnte eine homogenere Bildungs- und Wissenschaftspolitik ermöglichen. Nach dem Abschluss der gegenwärtigen Exzellenzinitiative im Jahr 2017 ist es jedoch zunächst insbesondere an den Ländern, die finanzielle Absicherung und Fortführung begonnener Forschungsarbeiten in Exzellenzclustern und Graduiertenschulen zu garantieren. Unter den betroffenen wissenschaftlichen Akteuren herrscht diesbezüglich und auf Grund der Befürchtung möglicherweise ausbleibender Mittelbereitstellungen Unruhe. Andere Drittmittelgeber können hier nur bedingt und subsidiär eine Funktion übernehmen.

Die Bedeutung der verfassungsmäßigen Kompetenzverteilung unterstreicht auch die gesellschaftliche Relevanz und Vielschichtigkeit des Rechts. In der Juristenausbildung stellen sich unter diesem Gesichtspunkt besondere Fragen, die mit der Exzellenzinitiative zumeist nicht direkt zu tun haben. Vordergründig sind hier vielmehr die Perspektiven einer hochwertigen und zeitgemäßen Ausbildungsstruktur und die vielfältigen Anforderungen eines modernen und diversifizierten juristischen Berufsfeldes zu nennen.

Die Ausbildung in ihrer gegenwärtigen Form ist von einer großen Tradition geprägt und maßgeblich auf die spätere berufliche Tätigkeit in den klassischen, zumeist staatlichen, juristischen Berufen gerichtet. Das Studium ist von großer Lern- und Fleißanstrengung bestimmt und kann zumeist nur mit Hilfe eines (privaten) Repetitors mit gutem bis sehr gutem Resultat abgeschlossen werden. Die Herausforderung und teils unüberwindbare Hürde der Staatsexamina als Abschlussprüfung stellt viele Studierende vor eine schwierige Aufgabe. Einerseits führt dies zu einer hohen Qualität der Abschlüsse im traditionellen Sinne. Andererseits ist die Studienform nicht vordergründig darauf gerichtet, den Studierenden Anstöße für eigene kreative, interdisziplinäre und interkulturelle Initiativen und Pro-Aktivität zu vermitteln. Aus wissenschaftspolitischer Sicht erscheint es sinnvoll, auch zu erwägen, welche Form einer juristischen Ausbildung für die rechtswissenschaftliche Forschung die besten Voraussetzungen schaffen könnte.

Eine staatliche Abschlussprüfung ist auch weiterhin eine geeignete Form, um Juristen auf den Staatsdienst vorzubereiten. Die Vielfältigkeit der heutigen juristischen Berufe – von traditionellen Tätigkeitsfeldern über die Beschäftigung als Mitarbeiter von Rechtsabteilungen großer bis mittlerer Unternehmen, in rechtsberatender und Mediations-Funktion, bis hin zur Übernahme politischer und international-grenzüberschreitender Aufgaben, Lobbyarbeit und vielem mehr – scheint eine (weitere) Diversifizierung der Ausbildungswege zu erfordern. Dies erfolgt gegenwärtig in zweierlei Form: einerseits durch eine Ankoppelung zusätzlicher Themengebiete an die traditionelle Ausbildung in Form von Wahlfächern, Profilen oder Doppelabschlüssen, was angesichts der bereits großen Lern-Anforderungen an die Studierenden zu einer nur schwer zu bewältigenden Mehrbelastung führt. Andererseits ergeben sich ‚neue' Studienangebote, die sich zunächst an den Fachhochschulen, mittlerweile jedoch auch an den Universitäten vermehrt etablieren: die Bachelor- und Masterausbildung führt Studierende zwar nicht an die als ‚volljuristisch' eingeordneten Berufsgebiete heran, sie ermöglicht aber bei entsprechender Gestaltung und Umsetzung eine Diversifizierung und größere Interdisziplinarität der Studieninhalte und eine teils intensivere und kohärentere Schwerpunktsetzung als dies Staatsexamenskandidat(inn)en im Rahmen ihres Studiums offen steht. Auch letztere treten jedoch nach dem Studium oft in Teilbereiche der grundlegenden juristischen Materie über und erreichen auf diesem Wege eine zunehmende Spezialisierung, die von späteren Arbeitgebern oft erwartet, ja gefordert wird.

Es besteht zugleich die Gefahr einer strukturellen Zerfaserung: staatsexaminierte ‚Volljuristen' stehen Bachelor- und Master-Absolventen gegenüber, sie begegnen sich sowohl im Studium als auch in der Berufswelt, haben beizeiten gemeinsame Studienfächer und sehr ähnliche berufliche Aufgaben. Dies erfolgt jedoch unter der Prämisse einer deutlichen Abgrenzung: der Status des in Deutschland nicht nur im Staatsdienst oft gefragten ‚Volljuristen' bleibt dem Bachelor- und Masterabsolventen zumindest über einen ordentlichen Anerkennungsweg verwehrt. Arbeitgeber vertrauen oft eher dem Volljuristen, auch wenn er mit seiner generalistischen Ausbildung womöglich für ein relevantes Teilgebiet nicht in gleicher Weise über Spezialwissen verfügt wie ein entsprechend ausgebildeter Bachelor- und Master-Jurist.

Als Beispiel könnte hier etwa eine Referententätigkeit in einem deutschen Ministerium genannt werden, in welcher hauptsächlich Europafragen zu behandeln sind. Eine nur an ‚Volljuristen' gerichtete Ausschreibung verkennt hier, dass Bachelor- und Masterstudiengänge in Deutschland existieren, die neben den deutschen juristischen Grundlagen von vornherein europäische und internationale Rechtsfragen in den Mittelpunkt rücken und eingehend behandeln. Häufig geht hiermit auch eine Ausbildung im Sinne von Uwe Wesel – „Alle *Sprach*gewalt geht vom Volke aus" – in ihrer modernen Variante einher: Die neu gestalteten Studiengänge nehmen zu nicht unerheblichen Anteilen Veranstaltungen in englischer Sprache in ihr reguläres Curriculum auf und sehen Auslandsaufenthalte als regulären Bestandteil vor; zwei Bereiche, in denen die klassische juristische Ausbildung mit zunächst stark national geprägten Inhalten eher wenig Anreize bereit hält.

Andererseits verbleiben die Bedenken hinsichtlich eines möglichen Qualitätsverlusts einer fundierten und breit aufgestellten juristischen Staatsexamensausbildung. „Die Rechtswissenschaft insgesamt ist damit konfrontiert, dass sie sich zur Wahrung ihrer Einheit nicht mehr nur an einem beruflichen Leitbild orientieren kann", stellte der Wissenschaftsrat zu den Perspektiven der Rechtswissenschaft entsprechend fest.[20] Der innere Konflikt wird deutlich.

Auf dem Wege zu einer möglichen ‚salomonischen' Lösung und einer sinnvollen Vereinigung der unterschiedlichen Auffassungen bietet sich ein letzter Blick in die – in diesem Fall jüngere – (deutsche) Geschichte an: schon einmal standen die Rechtswissenschaft und das deutsche Justizsystem vor der Frage der besten Vereinbarkeit zweier unterschiedlicher Ausbildungswege; die Wiedervereinigung machte eine „grundlegende personelle und inhaltliche Neuorientierung erforderlich".[21] Selbstverständlich lassen sich hier nur strukturelle Parallelen ziehen; denn die durch die Dogmatik des DDR-(Un-)Rechts hervor gerufenen personellen und inhaltlichen Herausforderungen nach der Wiedervereinigung sind heute zum Glück nicht zu bewältigen.

Der Diplom-Abschluss mit Examen und Diplomverteidigung befähigte in der DDR zur juristischen Tätigkeit. Es erfolgte auch bereits im Studium in der Regel eine Spezialisierung in inhaltlicher Orientierung an speziellen Berufsgebieten und keine Ausbildung zum Einheitsjuristen wie in der Bundesrepublik. An das Diplom schloss sich eine so genannte ‚Assistenzzeit' an.[22] Es musste dementsprechend nach der Wende eine Heranführung an das bundesdeutsche rechtsstaatliche System erfolgen. Insbesondere galt dies für Studenten, die vor dem 1.9.1990 ihr juristisches Studium in der DDR aufgenommen hatten: Ihr Diplom wurde „als formales Äquivalent zur Ersten Staatsprüfung [anerkannt] und berechtigt[e] damit zum Eintritt in den Vorbereitungsdienst, der zur Zweiten Staatsprüfung führt".[23] Denjenigen Studenten, die damals diesen Weg wählten, fiel es oft schwer, das zweite Staatsexamen erfolgreich zu absolvieren. Aus diesem Grund empfahl der Wissenschaftsrat die Einführung eines auf drei Jahre erweiterten Vorbereitungsdienstes für die Referendare aus den ‚neuen Ländern' und begleitende Arbeitsgruppen zur „Nachqualifikation".[24]

---

[20] Wissenschaftsrat, Perspektiven der Rechtswissenschaft in Deutschland, 2012, S. 55.

[21] Wissenschaftsrat, Empfehlungen zu Forschung und Lehre auf dem Gebiet der Rechtswissenschaft in den neuen Ländern, 1991, S. 2.

[22] Ebd.

[23] Ebd., S. 39.

[24] Ebd.

Aus völlig anderem Grund – nämlich der auch 1991 vom Wissenschaftsrat schon angeregten und durch den Bologna-Beschluss indirekt herbeigeführten Diversifizierung der juristischen Ausbildung – besteht auch heute in der Bundesrepublik wieder eine Situation, die unterschiedlich ausgebildete Juristen kennt. Eine aktive Heranführung und Gleichstellung dieser Gruppierungen soll gemäß dem Beschluss der Justizminister der Länder vom 19. Mai 2011 auch weiterhin nicht erfolgen: Die Bachelor-Master-Ausbildung böte zwar „teilweise Vorteile" gegenüber der gängigen Staatsexamens-Struktur, sie weise jedoch auch „gravierende Nachteile" auf. Insgesamt wurde kein „qualitativer Mehrwert gegenüber der jetzigen Ausbildung" von den Ministern festgestellt, vielmehr würden die Nachteile die Vorteile sogar deutlich überwiegen. Frei gestellt wurde den juristischen Fakultäten die Verleihung weiterer Titel (zum Beispiel des Bachelor-Grades) auf dem Wege zum Staatsexamensabschluss, wie dies auch an einigen Privatuniversitäten (zum Beispiel an der Bucerius Law School) bereits üblich ist[25], aber auch die Verleihung des Grades eines Diplomjuristen zusammen mit dem erfolgreich bestandenen Ersten Staatsexamen.

Es bleibt festzuhalten, dass die Rechtswissenschaft sich in der modernen Gesellschaft und trotz – oder besser: wegen – ihrer zentralen Bedeutung für entscheidende gesellschaftliche Entwicklungen einer Reihe von Herausforderungen ausgesetzt sieht. Diese sind nicht nur inhaltlicher Natur, sondern insbesondere auch strukturell geprägt. Hier ergeben sich viele Berührungspunkte mit der aktuellen Hochschulpolitik. Während im Rahmen der Exzellenzinitiative der Bundesregierung die Rechtswissenschaft nur vergleichsweise geringe Berücksichtigung gefunden hat, existieren insbesondere auch durch nicht-staatliche Fördereinrichtungen unterstützte hervorragende Forschungseinrichtungen wie die Max-Planck-Institute in Hamburg, Heidelberg, Frankfurt, Freiburg und München.

Die Rolle der deutschen Rechtswissenschaft als eine der klassischen Fakultäten schlägt sich auch in ihrer über Jahrzehnte geprägten Ausbildungsform nieder. Dies ist heute eine Besonderheit. Lassen sie mich mit dem dieser Tradition folgenden und sie gleichsam hinterfragenden Zitat von Friedrich Carl von Savigny schließen, von dem ich bereits eingangs den ersten Teil zitiert habe „[...]; irgend eine hier ausgesprochene Ansicht aber zu ändern oder zurück zu nehmen, würde mir auch gegenwärtig unmöglich gewesen seyn," und nun der weitere Wortlaut: „obgleich mein persönlicher Standpunkt sich vollkommen verändert hat [...]".

---

[25] Justizministerkonferenz der Länder, Beschluss zu TOP I.1. Juristenausbildung, II. 2. c) und II. 2. d).

# Autorenverzeichnis

*Prof. Dr. Susanne Baer*
Professur für Öffentliches Recht und Geschlechterstudien / Richterin am Bundesverfassungsgericht, Humboldt-Universität zu Berlin / Karlsruhe

*Prof. Dr. Nina Dethloff*
Lehrstuhl für Bürgerliches Recht, Internationales Privatrecht, Rechtsvergleichung und Europäisches Privatrecht, Rheinische Friedrich-Wilhelms-Universität Bonn

*Prof. Dr. Horst Dreier*
Lehrstuhl für Rechtsphilosophie, Staats- und Verwaltungsrecht, Julius-Maximilians-Universität Würzburg

*Dr. Martina Franzen*
z. Zt. Gastwissenschaftlerin der Forschungsgruppe Wissenschaftspolitik Wissenschaftszentrum Berlin für Sozialforschung (WZB), Universität Bielefeld

*Prof. Dr. Helmut Goerlich*
ehem. Lehrstuhl für Staats- und Verwaltungsrecht, Verfassungsgeschichte und Staatskirchenrecht, Universität Leipzig

*Prof. Dr. Rolf Gröschner*
ehem. Lehrstuhl für Öffentliches Recht und Rechtsphilosophie, Universität Jena

*Prof. Dr. Thomas Gutmann*
Lehrstuhl für Bürgerliches Recht, Rechtsphilosophie und Medizinrecht, Westfälische Wilhelms-Universität Münster

*Prof. Dr. Dr. h.c. Werner Heun*
Institut für Allgemeine Staatslehre und Politische Wissenschaften, Georg-August-Universität Göttingen

*Prof. Dr. Dr. Eric Hilgendorf*
Lehrstuhl für Strafrecht, Strafprozessrecht, Rechtstheorie, Informationsrecht und Rechtsinformatik, Julius-Maximilians-Universität Würzburg

*Prof. Dr. Tatjana Hörnle*
Lehrstuhl für Strafrecht, Strafprozessrecht, Rechtsphilosophie und Rechtsvergleichung, Humboldt-Universität zu Berlin

*Prof. Dr. Matthias Jestaedt*
Lehrstuhl für Öffentliches Recht und Rechtstheorie, Albert-Ludwigs-Universität Freiburg

*Prof. Dr. Eva-Maria Kieninger*
Lehrstuhl für Deutsches und Europäisches Privatrecht sowie Internationales Privatrecht, Julius-Maximilians-Universität Würzburg

*Prof. Dr. Wilhelm Krull*
Generalsekretär der VolkswagenStiftung, VolkswagenStiftung Hannover

*Prof. Dr. Oliver Lepsius*
Lehrstuhl für Öffentliches Recht, Allgemeine und Vergleichende Staatslehre, Universität Bayreuth

*Prof. Dr. Dr. h.c. Hans Meyer*
Juristische Fakultät / ehem. Präsident der Humboldt-Universität zu Berlin, Humboldt-Universität zu Berlin

*Prof. Dr. Martin Morlok*
Lehrstuhl für Öffentliches Recht, Rechtstheorie und Rechtssoziologie, Heinrich-Heine-Universität Düsseldorf

*Prof. Dr. Oliver Remien*
Lehrstuhl für Bürgerliches Recht, Europäisches Wirtschaftsrecht, Internationales Privat- und Prozessrecht sowie Rechtsvergleichung, Julius-Maximilians-Universität Würzburg

*Prof. Dr. Klaus Röhl*
ehem. Lehrstuhl für Rechtssoziologie und Rechtsphilosophie, Ruhr-Universität Bochum

*Prof. Dr. Hubert Rottleuthner*
ehem. Lehrstuhl für Rechtsphilosophie und Rechtssoziologie, Freie Universität Berlin

*Prof. Dr. Joachim Rückert*
ehem. Lehrstuhl für Neuere Rechtsgeschichte, Juristische Zeitgeschichte, Zivilrecht und Rechtsphilosophie, Johann Wolfgang Goethe-Universität Frankfurt am Main

*Prof. Dr. Frank Saliger*
Lehrstuhl Strafrecht II – Strafrecht, Strafprozessrecht und Rechtsphilosophie, Bucerius Law School Hamburg

*Prof. Dr. Helmuth Schulze-Fielitz*
ehem. Lehrstuhl für Öffentliches Recht, Umweltrecht und Verwaltungswissenschaften, Julius-Maximilians-Universität Würzburg

*Prof. Dr. Dr. h.c. mult. Bernd Schünemann*
ehem. Lehrstuhl für Strafrecht, Strafprozessrecht, Rechtsphilosophie und Rechtssoziologie, Ludwig-Maximilians-Universität München

*Prof. Dr. Armin von Bogdandy*
Max-Planck-Institut für ausländisches öffentliches Recht und Völkerrecht Heidelberg / Johann Wolfgang Goethe-Universität Frankfurt am Main

*Prof. Dr. Andreas Voßkuhle*
Institut für Staatswissenschaft & Rechtsphilosophie / Präsident des Bundesverfassungsgerichts, Albert-Ludwigs-Universität Freiburg / Karlsruhe

*Prof. Dr. Christian Waldhoff*
Lehrstuhl für Öffentliches Recht und Finanzrecht, Humboldt-Universität zu Berlin

*Prof. Dr. Peter Weingart*
Institute for Science and Technology Studies (IWT), University of Bielefeld

# Sachregister

# Recht – Wissenschaft – Theorie

## Standpunkte und Debatten

Herausgegeben von
Matthias Jestaedt, Oliver Lepsius, Christoph Möllers und Andreas Voßkuhle

In der rechtswissenschaftlichen Alltagsarbeit stellen praktische Fragen die theoretischen Dimensionen des Rechts in den Hintergrund. Über Theorie und Methode räsoniert man nicht, man wendet sie in der praktischen Arbeit einfach an, lautet eine gängige Einstellung. Die Schriftenreihe *Recht – Wissenschaft – Theorie* rückt demgegenüber den Theoriebezug der Rechtswissenschaft in den Mittelpunkt. Sie bildet das Forum für Monographien, Sammelbände und Streitschriften, die die Selbst- oder Fremdreflexion der Jurisprudenz zum Ziel haben. Dabei geht es sowohl um Fragen der innerjuristischen Arbeitsteilung zwischen den Teilrechtsgebieten und den an der Rechtsetzung beteiligten Institutionen als auch um die interdisziplinäre Anschlussfähigkeit der Rechtswissenschaft zu den Nachbardisziplinen. Es geht um das Proprium der Rechtswissenschaft als einer theoretisch angeleiteten und nicht bloß praktisch motivierten Wissenschaft, mit anderen Worten: um Grundfragen der Rechtswissenschaft, die Standpunkte einfordern und Debatten auslösen.

*Die lieferbaren Bände:*

1 Das Proprium der Rechtswissenschaft. Herausgegeben von *Christoph Engel* und *Wolfgang Schön*. 2007. XIV, 329 Seiten. Fadengeheftete Broschur.
2 Rechtswissenschaftstheorie. Herausgegeben von *Matthias Jestaedt* und *Oliver Lepsius*. 2008. VII, 207 Seiten. Fadengeheftete Broschur.
3 Öffentliches Recht und Wissenschaftstheorie. Herausgegeben von *Andreas Funke* und *Jörn Lüdemann*. 2009. VII, 216 Seiten. Fadengeheftete Broschur.
4 An den Grenzen der Rechtsdogmatik. Herausgegeben von *Julian Krüper, Heike Merten* und *Martin Morlok*. 2010. VIII, 162 Seiten. Fadengeheftete Broschur.
5 Der Eigenwert des Verfassungsrechts. Was bleibt von der Verfassung nach der Globalisierung? Herausgegeben von *Thomas Vesting* und *Stefan Korioth*. 2011. VIII, 395 Seiten. Fadengeheftete Broschur.
6 Richterrecht zwischen Gesetzesrecht und Rechtsgestaltung. Herausgegeben von *Christian Bumke*. 2012. VII, 121 Seiten. Fadengeheftete Broschur.
7 Was weiß Dogmatik? Herausgegeben von *Gregor Kirchhof, Stefan Magen* und *Karsten Schneider*. 2012. VIII, 175 Seiten. Fadengeheftete Broschur.
8 Hans Kelsen und die deutsche Staatsrechtslehre. Stationen eines wechselvollen Verhältnisses. Herausgegeben von *Matthias Jestaedt*. 2013. IX, 289 Seiten. Fadengeheftete Broschur.

9 Rechtssicherheit durch Rechtswissenschaft. Herausgegeben von *Jan C. Schuhr.* 2014. VIII, 244 Seiten. Fadengeheftete Broschur.

10 Selbstreflexion der Rechtswissenschaft. Herausgegeben von *Eric Hilgendorf* und *Helmuth Schulze-Fielitz.* 2015. VIII, 278 Seiten. Fadengeheftete Broschur.

*Mohr Siebeck, Postfach 2040, 72010 Tübingen.*
*Aktuelle Informationen im Internet unter www.mohr.de*